Acid Test

La vague *beat* à peine écrasée sur le sable — nous sommes en 1968, un an après la mort de Kerouac —, un groupe d'*irréguliers* en mal de « départs » se forme autour de Ken Kesey, sorte de Salomon underground traqué par le FBI et qui s'amuse à franchir les frontières à cheval déguisé en cow-boy. Un vieil autocar peinturluré et transformé en labo du Dr Mabuse engrange pêle-mêle filles dingues, drogués, clowns, ventres engrossés, héros de tous poils quoi ! Neal Cassady tient le volant (le « Moriarty » de *On the Road*), et tout ça reçoit à pleins tuyaux, à pleines giclées, l'enseignement le plus tonitruant, la houle démente psychédélique ! Clameurs, hurlements, l'autocar fait son *trip*. Qui monte en cours de route ? qui disparaît ? l'Histoire s'en fout : la machine infernale (« le Paradis, mon vieux ! ») fait sa route. En somme tous sont des *easy riders*. Kesey se surnomme lui-même le *chef charismatique*, le groupe devient *The Merry Pranksters*. Autres repères : Ginsberg à Central Park, les manifs anti-Vietnam à Berkeley, les Hell's Angels, une visite des Beatles, les « Trip festivals » et la première convention nationale de l'Underground...

Le FBI sur les talons, Kesey a une idée : se rendre si voyants, lui, ses amis et l'autocar, que personne n'osera y croire. « La guerre des rêves ! » proclamait-il. Tu parles !

Fin du livre. Et gangrène déjà, bouffant le drapeau.

Tom Wolfe est né en 1931 à Richmond, en Virginie. Il fait ses études à Washington University, Lee University, et passe son doctorat à Yale. Il travaille comme reporter au Washington Post *pendant plusieurs années avant d'entrer au* New York Herald Tribune *en 1962. Il reçoit deux prix du Washington Newspaper Guild, l'un pour son humour, l'autre pour ses « nouvelles de l'étranger ».*

Tom Wolfe écrit régulièrement dans Esquire *et dans* Harper's *: il a rénové la presse américaine par son « new style », et il est généralement considéré comme le fondateur — et le chef de file — de ce que l'on a appelé le « New Journalism ».*

Du même auteur

AUX ÉDITIONS GALLIMARD

Le Gauchisme de Park Avenue
1972

Le Mot peint
1978

L'Étoffe des héros
1982

Sam et Charlie vont en bateau
1985

AUX ÉDITIONS MESSINGER

Le Bûcher des vanités
1988

Tom Wolfe

Acid Test

chronique

TRADUIT DE L'AMÉRICAIN
PAR DANIEL MAUROC

Éditions du Seuil

TEXTE INTÉGRAL

EN COUVERTURE : photo Bernard Plossu.

ISBN 2.02.005414.0.
(ISBN 2.02.001626.5, 1re publication)

Titre original : *The Electric Kool-Aid Acid Test.*

I

Des chaussures noires brillantes genre FBI

Bonne idée, Cool Breeze. Cool Breeze, c'est le gamin avec une barbe de trois ou quatre jours assis près de moi sur le métal étampé qui tapisse l'arrière découvert d'une camionnette. Laquelle n'arrête pas de cahoter. De plonger et de remonter et de se balancer comme un bateau sur ses ressorts pourris. Derrière la camionnette, la ville de San Francisco dégringole la colline ; toutes les chicanes de ces fenêtres sur la baie, à n'en plus finir, ces taudis avec vue, cahotent et déferlent le long de la colline. L'un après l'autre, les panneaux publicitaires s'allument sur eux, ornés de verres de Martini au néon, symboles des bars de la ville — des milliers de verres de Martini magenta-néon plongeant et déferlant de la colline et, en dessous, des centaines, des milliers de gens manœuvrant pour voir ce phénomène, ce camion cinglé dans lequel nous sommes ; leurs blancs visages surgissent des revers de leurs vestes comme de la guimauve — ils déferlent et cahotent le long de la colline — et Dieu sait qu'ils en ont pour leur argent.

C'est pourquoi ça me semble drôle lorsque la voix de Cool Breeze, fort sérieusement, couvre le rugissement de l'engin :

— Je n'sais pas — quand Kesey sortira, je n'sais pas si j'pourrai venir à l'Entrepôt.

— Pourquoi pas ?

— Ben, c'est qu'les flics vont s'ramener comme à la foire, et j'suis sous caution, alors j'sais pas.

Bon, t'as de l'idée, Cool Breeze. Réveille pas les cognes. Fais le mort — comme pour l'instant. Cool Breeze, pour l'instant, a tellement peur de la police qu'il s'est redressé pour bien faire admirer par des milliers de citoyens déjà assez ébahis son espèce de chapeau de gnome, couvert de plumes et de couleurs fluorescentes, digne de la Forêt-Noire des Sept Nains. Face à nous, dans le camion, agenouillée et bien en vue elle aussi, Lois

Jennings, une jeune Indienne métisse d'Ottawa, renverse la tête, l'air radieux. Et elle a aussi un étincelant disque d'argent au milieu du front, dont les feux explosent lorsque le soleil le frappe, ou dont les sillons projettent des arcs-en-ciel, alternativement. Et puis, oh oui, il y a ce Colt 45 à long canon qu'elle a dans la main, sauf que personne, dans la rue, ne dirait que c'est un pistolet pour rire quand elle le pointe, heugh, heugh, sur ces cibles de guimauve, comme le faisait Debra Paget dans... dans...

— Kesey va sortir de prison !

Ils peuvent encore admirer deux autres choses : une pancarte sur le pare-chocs arrière, « Custer Est Mort Pour Racheter Vos Péchés », et, au volant, le Roméo de Lois, Stewart Brand, un blond maigre avec un disque étincelant sur le front, lui aussi, et une cravate toute en perles indiennes. Pas de chemise, cependant, rien qu'une cravate de perles indiennes sur la peau nue, et une veste blanche de boucher, décorée de médailles à l'effigie du roi de Suède.

En voilà un beau, avec une mallette et tout, l'air hargneux du type qui-a-fini-sa-journée, et ces... souliers — ils brillent drôlement ! — et bon sang qu'est-ce que c'est que ces connasses de beatniks — et Lois le vise en plein dans la guimauve, et le type s'enfonce et roule sur la colline...

Et le camion roule et tangue dans ses feux d'argent rouge et sa gloire d'apocalypse, et je doute sérieusement, Cool Breeze, qu'il y ait aujourd'hui un seul flic, dans tout San Francisco, qui ne sache que cet incroyable véhicule transporte une patrouille de guérilleros du redoutable LSD.

Les flics connaissent la musique, maintenant, tout, jusqu'aux tenues, les tresses de cheveux à la Jésus-Christ, les perles indiennes, les serre-tête indiens, les grains d'orge, les clochettes de temple, les amulettes, les mandalas, les yeux magiques, les vestes fluorescentes, les unicornes, les chemises en hommage à Errol Flynn — mais ils ne connaissent pas encore les chaussures[1]. Les pires sont d'un noir luisant, avec des lacets. La hiérarchie part de là, quoique pratiquement toutes les chaussures noires fassent vieux jeu, et remonte jusqu'aux bottes qu'affectionnent les camés, des bottes légères, fantaisie, des bottes anglaises du genre à la mode, tout ce qu'ils peuvent

1. Les camés ont un penchant pour les chaussures.

dénicher, mais ça ne vaut pas des trucs dans le genre des bottes mexicaines, cousues main, avec des pointes à triple épaisseur, Caliente Dude. Alors vous voyez d'ici les chaussures à la FBI — noires, luisantes, lacées — quand le FBI a fini par épingler Kesey…

Il y a une autre fille à l'arrière du camion, une petite noiraude avec d'épais cheveux noirs. On l'appelle Black Maria[1]. Elle a l'air mexicaine, mais elle me dit dans le plus pur et doux accent californien :

— Quand est-ce qu'est ton anniversaire ?

— Le 2 mars.

— Poissons, dit-elle.

Et puis :

— Je ne t'aurais jamais pris pour un Poisson.

— Pourquoi ?

— Tu as l'air trop… *solide* pour un Poisson.

Mais je sais que c'est flegmatique[2] qu'elle veut dire. Je commence à me sentir assez flegmatique. Et je te le dis, Marie la Noire, à New York, j'ai même la réputation d'une espèce de dur. Mais un blazer de soie bleue et une grosse cravate avec des clowns et… une… paire de chaussures noires, basses, je ne sais pas pourquoi, ça ne les inspire pas beaucoup, les camés de San Francisco. Lois ajuste les têtes de guimauve, l'une après l'autre ; Cool Breeze se réfugie dans les méandres de son chapeau de gnome ; Marie la Noire qui, elle, est Scorpion, explore le zodiaque ; Stewart Brand se faufile à travers les rues ; les paillettes explosent de partout — rien d'extraordinaire, du quotidien, le quotidien des camés de San Francisco, c'est tout, rien que de la routine, un train-train qui dérange un peu en route les citoyens de la ville, rien qu'un peu de nourriture psychique pour ces gens merveilleux, et un type de New York qui profite du voyage pour aller attendre, à l'Entrepôt, un Ken Kesey qui sort de prison.

Tout ce que je savais de Ken Kesey, ou à peu près, à ce moment-là, c'était qu'il s'agissait d'un romancier de trente et un ans qu'on tenait en haute estime, et qu'il avait pas mal d'ennuis

1. Marie la Noire *(N.d.T.)*.
2. Jeu de mots sur *solid* et *stolid* *(N.d.T.)*.

pour des histoires de drogue. Il avait écrit *One Flew Over the Cuckoo's Nest* en 1962 [1], dont on avait tiré une pièce en 1963, et *Sometimes a Great Notion,* en 1964. On le citait toujours en compagnie de Philip Roth, de Joseph Heller, de Bruce Jay Friedman et d'un ou deux autres parmi les jeunes romanciers promis à un grand avenir. Puis il avait, à deux reprises, été arrêté pour détention de marijuana, en avril 1965 et en janvier 1966, et il avait fui au Mexique plutôt que de risquer une sévère condamnation. Pour un récidiviste, ça aurait pu chercher dans les cinq ans. J'avais mis la main, un jour, sur des lettres que Kesey avait envoyées du Mexique à son ami Larry McMurtry, l'auteur de *Horseman, Pass By,* dont on avait tiré le film *Hud.* Elles étaient aussi folles que sarcastiques, une sorte de mélange de William Burroughs et George Ade, et parlaient de cachettes, de déguisements, de paranoïa, d'échapper aux flics, de joints qu'on fume et de chercher son Nirvâna dans les égouts du Mexique. Il y avait un passage à la manière de George Ade, à la troisième personne, constituant une parodie de ce que le monde des caves, aux Etats-Unis, devait penser de lui à l'époque :

« En bref, ce jeune et beau père-de-trois-enfants-heureux-en-ménage et couvert de succès n'était qu'une brute droguée et paniquée qui avait pris la fuite pour éviter d'être traîné en justice pour trois crimes et Dieu sait combien de délits, et cherchait en même temps à construire des autels sur ses vieux radeaux — en deux mots, complètement cinglé.

« Lui qui avait jadis été un athlète, et si estimé qu'on lui confiait les attaques et qu'on pariait sur lui pour une compétition nationale de lutte-amateurs, voilà qu'il n'était même plus sûr de pouvoir compter une douzaine de push-ups. Lui qui avait eu un phénoménal compte en banque et qui ne cessait de brandir des coupures, voilà tout ce que sa pauvre femme pouvait lui envoyer, pour l'aider à fuir au Mexique ; huit malheureux dollars. Il avait eu son nom dans le Bottin mondain, quelques années plus tôt, et s'était vu convié à prendre la parole à des réunions aussi cotées que celles du Wellesley Club de Dah-la, et voilà qu'on ne l'aurait même plus laissé parler à celles des Comités de Lutte contre la Guerre au Vietnam. Qu'est-ce donc

1. *Vol au-dessus d'un nid de coucous.*

qui avait amené un homme promis à un si bel avenir à tomber si bas en si peu de temps ? La réponse, mes chers amis, tient en un simple petit mot, une toute petite syllabe trop familière :

« La came !

« Certains défenseurs égarés de ces produits chimiques prétendront que notre héros avait déjà la réputation de prendre des drogues avant ses succès littéraires ; néanmoins, il nous faut souligner qu'il avait donné des preuves de son talent bien avant l'apparition dans sa vie de l'élément psychédélique, sans qu'on y trouve la moindre trace du dérèglement de la pensée qui devait suivre ! »

A quoi il ajoutait :

> « (oh ouais, le vent bourdonne
> dans le temps — dans le temps
> le chevron tambourine et les murs voient
> ... et il y a une porte pour cet oiseau
> dans le ciel ado-o-olescent
> ça fait un temps
> Oh ouais, le ressac ricane
> dans le temps dans le temps
> des choses du dessous tuées lorsqu'on
> chasse le mal et que toutes les
> portes des oiseaux ont disparu
> c'était dans le temps.) »

L'idée m'était venue de partir pour le Mexique, d'essayer de le retrouver, et d'écrire le récit d'un Jeune Romancier Qui A Fui La Vie. J'avais commencé par demander partout où il pouvait bien être exactement. Tous les gens à la coule de New York le tenaient de source sûre. C'était le secret à la mode, cet été-là. Il est à Puerto Vallarta. Il est à Ajijic. Il est à Oaxaca. Il est à San Miguel de Allende. Il est au Paraguay. Il vient de quitter le Mexique sur un navire pour le Canada. Et tout le monde en était sûr.

J'étais toujours en train de me renseigner lorsque Kesey rentra en fraude aux Etats-Unis, au mois d'octobre. Le FBI le rattrapa sur la route du port, au sud de San Francisco. Un policier lui avait donné la chasse sur un quai et lui avait mis la main dessus. Et Kesey était en prison. J'avais donc pris l'avion pour San Francisco. J'étais allé directement à la prison du comté de San Mateo, à Redwood City : le spectacle, dans la salle d'attente, évoquait plutôt celui de la sortie des artistes d'un music-hall. Atmosphère de joyeuse attente. J'y trouvai un jeune psychologue, Jim Fadiman — je devais apprendre que c'était le neveu de Clifton Fadiman ; sa femme Dorothy et lui s'amusaient à fourrer trois vieilles pièces de monnaie chinoises dans la reliure d'un ouvrage de mystique orientale d'une incroyable densité, et ils me demandèrent de passer le message à Kesey. Il y avait aussi une petite brune au visage rond qui s'appelait Marilyn ; elle me raconta qu'elle avait appartenu, quand elle était gamine, à une bande qui traînait dans le sillage d'un groupe de rock' n' roll, les Wild Flowers, mais que maintenant elle vivait avec Bobby Petersen. Bobby Petersen n'était pas un musicien. C'était un saint, à ce que j'avais cru comprendre. Il était en prison à Santa Cruz, et essayait de s'en sortir en expliquant que la marijuana faisait partie des sacrements de sa religion. Je n'avais pas très bien saisi pour quelle raison elle se trouvait alors dans cette salle d'attente de la prison de San Mateo, si ce n'était, comme je l'ai dit, que ça ressemblait à une sortie des artistes, et que Kesey, la vedette, était toujours à l'intérieur.

Il y eut une petite discussion avec les geôliers sur la question de savoir si je pouvais entrer le voir. Les flics n'avaient pas grand-chose à gagner à me laisser rentrer. Un journaliste de New York — ça ne signifiait guère qu'un surcroît de publicité pour ce beatnik à la mode. On s'en tenait là. Kesey n'était qu'un beatnik à la mode sous une double inculpation pour trafic de drogue, inutile d'en faire un héros. Je dois dire que les flics de Californie sont à la redresse. Ils ont tous l'air jeune, ils sont grands, les cheveux coupés court, blonds, les yeux bleu pâle ; on dirait qu'ils sortent d'un placard publicitaire pour une marque de cigarettes. Leurs prisons ne ressemblent pas à des prisons, du moins pour les parties ouvertes au public. Elles sont toutes de bois clair, avec des lumières fluorescentes et du métal couleur classeurs, semblables aux bureaux d'embauche des nouveaux bâtiments de la poste. Ces flics ont tous un doux accent de Californie, sont tirés à quatre épingles, et sont corrects comme des cubes de glace. Réglos. Ils avaient fini par me laisser rentrer voir Kesey pendant les heures de visite. On m'avait donné dix minutes. Je fis un signe d'adieu à Marilyn et aux Fadiman, et à toute cette joyeuse compagnie, et ils me conduisirent par l'ascenseur jusqu'au deuxième étage.

L'ascenseur donnait directement sur un petit parloir. C'était étrange. Une enfilade de quatre ou cinq boxes, comme les isoloirs des vieux programmes de TV où l'on mettait les gens en boîte, barré chacun d'une vitre épaisse derrière laquelle se trouvait un détenu en chemise de travail bleue réglementaire. En enfilade comme des morceaux d'aiglefin sur de la glace. Devant chaque vitre, un rebord avec un téléphone. C'est comme ça qu'on se parle ici. Deux ou trois visiteurs sont déjà penchés sur leurs trucs. C'est alors que j'aperçois Kesey.

Il est debout, les bras croisés sur la poitrine, les yeux fixés au loin, c'est-à-dire sur le mur. Il a de gros poignets et des avant-bras épais; la façon dont il les a croisés les fait paraître gigantesques. Une paire de muscles sterno-cleido-mastoïdiens saillent de son gros cou sur la chemise de la prison comme une paire de cordages. Sa mâchoire et son menton sont massifs. Il ressemble un peu à Paul Newman, sauf qu'il est plus musclé, a la peau plus épaisse, et un tas de petites boucles blondes et serrées tout autour du crâne. Il n'a presque plus de cheveux sur le dessus, mais, d'une certaine façon, cela va assez bien avec son gros cou et son allure de catcheur. Puis il sourit légèrement. Curieux, il n'a pas une seule ride. Après toutes ces corridas, on dirait qu'il en est à sa troisième semaine de sauna; il a l'air serein, dirais-je.

Je décroche mon téléphone, il prend le sien — et c'est vraiment les Temps Modernes. Nous ne sommes guère qu'à cinquante centimètres l'un de l'autre, mais séparés par une vitre aussi épaisse qu'un annuaire téléphonique. Comme si nous nous parlions par vidéophone, d'un continent à l'autre. Les appareils grésillent beaucoup et ne sont pas très hi-fi, surtout si l'on considère qu'ils n'ont qu'un univers d'un demi-mètre à franchir. Il fallait naturellement tenir pour acquis que la police enregistrait toutes les conversations. Je voulais lui poser un tas de questions sur son équipée au Mexique. C'était toujours le titre de mon article. Fuite de Huit Mois au Mexique d'un Jeune Romancier. Mais il aurait eu du mal, avec cette espèce d'hameçon, et nous n'avions d'ailleurs que dix minutes. Je sors donc mon calepin et me mets à lui poser des questions — n'importe quoi. On avait publié un article, dans le journal, selon lequel il avait déclaré qu'il était temps, pour le mouvement psychédélique, de « dépasser l'acide » ; je lui posai la question. Puis me mis à griffonner comme un perdu sur mon calepin, en sténo. Je pouvais voir remuer ses lèvres, à cinquante centimètres. Sa voix grésillait dans le téléphone comme si elle venait de Brisbane. C'était insensé. On aurait dit des exercices cabalistiques.

— Oui, dit-il, je pense qu'il est temps de tirer parti des expériences, de passer à autre chose. La vague psychédélique s'est déclenchée il y a six ou huit mois, quand je suis parti au Mexique. Elle s'est renforcée depuis, mais elle n'a pas avancé. J'ai vu les mêmes trucs en partant et en rentrant. En plus fort, c'est tout...

Il parle d'une voix douce, avec un accent paysan, presque pur son accent paysan, sauf qu'il grésille et grince et se râpe comme du fromage sur cet hameçon de cinquante centimètres ; il parle...

... pas d'esprit créateur, dit-il, et je crois que mon apport personnel a consisté à aider à créer les conditions de la prochaine étape. Je ne crois pas qu'un mouvement quelconque puisse se dessiner à partir de la drogue avant qu'on ait trouvé autre chose...

... de quelque chose, tout ça dans un bon accent paysan — pour être franc, j'avoue que je n'avais aucune idée de ce qu'il racontait. Il s'exprimait parfois à mots couverts, en aphorismes. Je lui confiai que j'avais entendu dire qu'il n'avait plus aucune intention d'écrire.

— Pourquoi ? lui demandai-je.

— J'aime mieux être un paratonnerre qu'un sismographe, dit-il.

Il me parlait de quelque chose qu'il appelait le Test de l'Acide, et de formes d'expression qui aboliraient toute distance entre le public et lui. Tout ceci ne serait qu'une seule et même expérience, tous sens largement ouverts, mots, musique, lumières, sons, toucher — *éclairs...*

— Vous voulez dire dans le genre de ce que fait Andy Warhol ? dis-je.

... Il y eut un silence.

— Je ne veux pas vous vexer, dit Kesey, mais New York a bien deux ans de retard.

D'un ton très patient, avec une sorte de politesse paysanne, comme si... Je ne voudrais pas être grossier avec vous, les gars de la Ville, mais il se passe ici des choses dont vous n'auriez jamais idée, même au bout d'un million d'années de folies, mon pote...

Les dix minutes avaient pris fin et j'étais ressorti. Je n'en avais rien tiré, que ma première vague impression de cet étrange phénomène, de cette étrange fascination du bout du monde, la présence de Kesey. Il ne me restait plus qu'à tuer le temps et espérer que Kesey finirait par être libéré sous caution, et que je pourrais lui parler et en tirer les détails de la Fuite au Mexique du Romancier. Ce qui semblait bien prématuré pour l'instant, Kesey étant sous le coup de deux chefs d'inculpation pour la marijuana et pour avoir déjà franchi illégalement une fois la frontière.

Je louai donc une auto et commençai à me balader dans San Francisco. Mes plus fortes impressions de la ville me ramènent à une formidable conduite intérieure de louage vrombissant sur les côtes, montées et descentes, et patinant sur les rainures et les bords des rails de tramway. Elle glissait et dérivait sur la route de North Beach, la fabuleuse plage de North Beach, Mecque de la bohème de la côte ouest, toujours pleines de fils-à-papa-Untel et de m'as-tu-vu et de petites Wasps[1] et de petites Juives aux longs cheveux qui s'en donnaient à cœur joie avec les négrillots — et voilà que North Beach était fini. North Beach n'était plus que revues à tétons. Au célèbre Q.G. de la Beat Generation, la librairie City Lights, Shig Murao, l'oracle nippon du lieu, trônait, la barbe pendante comme une de ces enluminures de lierre et de fougère que les architectes mettent sur leurs dessins ; il sombrait dans les œuvres de Kahlil Gibran, près de la caisse enregistreuse, tandis que des dentistes rassemblés pour un congrès de la profession fouinaient ici, entre deux spectacles de tétons, à la recherche des beatniks. North Beach n'était que Seins Nus et strip-teaseuses qui s'élargissaient la poitrine avec des injections de silicone.

Le festival — plus précisément les cliques à la coule qui donnaient le ton — avait entièrement envahi Haight-Ashbury. Les marguilliers de la bohème arrivée seraient bientôt tous là, eux aussi, et les voitures s'écraseraient, pare-chocs contre pare-

1. Initiales de « White Anglo-Saxon Protestant » *(N.d.T.)*.

chocs ; ils se frotteraient les pneus, les autocars en goguette afflueraient — « Et voici... le Sanctuaire des Hippies... en voilà un, là-bas » — et les tantes, et les arnaqueurs nègres, et les librairies, et les boutiques. Tout se ramenait à Haight-Ashbury et aux camés de l'acide.

Mais ce n'était pas seulement North Beach qui se mourait. C'était tout un vieux style de vie, de vie à la page — le jazz, les cafés, les droits civils, les nègres qu'on invite à dîner, le Vietnam — tout cela se mourait soudain, je m'en rendais compte, même parmi les étudiants de Berkeley, de l'autre côté de la baie, qui avait été au cœur de la « révolte étudiante », et tout le tremblement. C'en était même arrivé au point que les Noirs n'étaient plus en vogue, fût-ce en guise de totems. Incroyables. Les *Nègres,* qui avaient été l'âme du Hip, du jazz, et du vocabulaire hip, des mots dans le genre de *man,* ça me botte, baby, se tailler, bâfrer, et plus tard, si brillamment, des droits civils, des diplômes à la sortie de Reed College, d'une maison à North Beach, et de la foire avec les négrillots — toute cette bonne vieille technique de la main aux fesses et de la main qui tapote, et de l'amour à revendre pour les nègres — tout ça était fini, mort, incroyablement.

Je commençais à me mettre au diapason de toutes ces convulsions et ondulations du monde de la bohème de San Francisco. Dans l'intervalle, miraculeusement, les trois jeunes avocats de Kesey, Pat Hallinan, Brian Rohan et Paul Robeson, allaient obtenir la liberté sous caution de leur client. Ils avaient assuré les juges de San Mateo et de San Francisco que M. Kesey avait un projet empreint du plus pur civisme. Il était rentré de son exil dans le but exprès d'organiser une vaste réunion de camés et de hippies sur les gradins du Winterland Arena, à San Francisco, pour adjurer La Jeunesse de cesser de prendre un LSD qui était dangereux et pouvait leur mettre la cervelle en écumoire, etc. Ce serait une véritable cérémonie « de fin d'études de l'acide ». Il leur fallait « dépasser l'acide ». Et c'était de cela, sans doute, que Kesey m'avait parlé. En même temps, six amis intimes de Kesey, dans la région de Palo Alto, avaient offert en gage leurs maisons contre les 35 000 dollars de caution que réclamait la cour du Comté de San Mateo. Je suppose que la cour s'était dit qu'elle le tenait de toute façon. Si Kesey prenait la fuite, il jouerait un si sale tour à ses amis, en leur faisant perdre leurs propriétés, qu'il en serait complètement discrédité, comme apôtre de la drogue ou de quoi que ce soit. Dans le cas contraire, il serait obligé de prononcer son discours à La Jeunesse — et ça pouvait être utile. Kesey, de toute façon, allait sortir.

Ce scénario, cependant, n'était pas très bien vu à Haight-Ashbury. Je m'aperçus vite que la came était déjà si populaire, à San Francisco, que le retour de Kesey et son histoire de « dépasser l'acide » provoqueraient chez les camés leur première grande crise politique. Tous les yeux étaient tournés vers Kesey et son groupe, les Merry Pranksters[1]. Des milliers de gosses débarquaient à San Francisco pour y mener une vie à base de LSD et de trucs psychédéliques. *Truc* était le grand mot, à Haight-Ashbury. Ça pouvait être *n'importe quel* truc : les ismes, les façons de vivre, les habitudes, les penchants, les causes qu'on défend, les organes sexuels ; *Truc* et *dingue ; dingue* s'appliquait aux styles et aux obsessions, comme dans « Stewart Brand est dingue des Indiens », ou « le zodiaque — elle en est dingue » ; ou, plus simplement, aux camés en tenue. Le mot n'était nullement négatif. Deux semaines plus tôt, les camés avaient eu leur premier grand « be-in » au Golden Gate Park, au pied de la colline qui montait vers Haight-Ashbury, pour célébrer ironiquement le jour où le LSD était devenu illégal en Californie. Toutes les tribus, tous les groupements communautaires étaient rassemblés. Tous les dingues vinrent jouer leur numéro, leur truc. Un camé nommé Michael Bowen ouvrit le bal. Et ils s'y mirent, par milliers, en grande tenue, à agiter des clochettes, à chanter des hymnes, à danser avec extase, à se défoncer d'une façon ou d'une autre, et, dans un geste satirique qui leur était cher, à offrir des fleurs aux flics, pour enterrer les cognes sous de tendres et juteux pétales d'amour. Oh Seigneur, Tom, c'était fantastique, un cirque à vous faire péter la cervelle, des milliers de camés éperdus d'amour qui faisaient perdre le nord aux flics et à tout le monde, dans un festival d'amour et d'allégresse. Et Kesey lui-même, qui était encore en fuite, s'y était aventuré et s'était mêlé un moment à la foule. Ils ne faisaient plus qu'*un*, même Kesey — et le voici soudain entre les mains du FBI et autres super-flics, Kesey, le nom le plus prestigieux pour ceux de La Vie, qui leur annonce qu'il est temps de « dépasser l'acide ». Qu'est-ce que

1. Littéralement : les Joyeux Lurons *(N.d.T.)*.

ça veut dire, merde, il est vendu, ou quoi ? C'était le début du mouvement — *Arrêtez Kesey* — et jusque dans le monde hip.

Nous remontons vers l'Entrepôt dans ce camion cinglé et... je commence à comprendre que les Lois et les Stewart et les Marie la Noire ne sont que l'aile modérée des Merry Pranksters, celle qui réfléchit. L'Entrepôt est dans Harriet Street, entre Howard Street et Folsom Street. Comme la plupart des rues de San Francisco, Harriet Street est tout en bâtiments de bois, avec des baies vitrées peintes en blanc. Mais nous sommes dans le quartier louche de la ville et, en dépit de la peinture, on dirait que des dizaines de poivrots se sont traînés là, dans les coins sombres, et y sont morts, ont viré au noir, ont gonflé et ont explosé, en faisant gicler des torrents d'escarbilles qui se sont collées sur toutes les planches, tous les panneaux, dans toutes les fissures, tous les picots, toutes les écailles de peinture. L'Entrepôt n'est en réalité que le garage au rez-de-chaussée d'un hôtel abandonné. Il avait servi, pour sa dernière exploitation commerciale, de fabrique de pâte à tarte. Nous arrivons au garage, devant lequel est garé un camion à glissières, couvert de peinture bleue, jaune, orange, de la Day-Glo brillante, et dont le capot est orné d'un BAM en lettres énormes. Du fond de l'antre noir du garage Bob Dylan joue de son harmonica grinçant, et la voix grinçante et grasseyante d'Ernest Tubb en surimpression sur les vieilles rengaines de traîne-savates...

A l'intérieur, un énorme espace chaotique et l'impression, tout d'abord, dans la pénombre, d'une dizaine ou d'une quinzaine de drapeaux américains qui se promèneraient, et qui ne sont en fin de compte qu'un groupe d'hommes et de femmes, des jeunes pour la plupart, vêtus de combinaisons blanches du genre de celles que portent les ouvriers des aéroports, mais cousus de morceaux de drapeau, des étoiles sur fond bleu surtout et, pour certains, des rayures rouges le long des jambes. Tout autour, un tas d'échafaudages de théâtre tendus de couvertures, en guise de rideaux, et des rangées entières de fauteuils de théâtre entassés contre les murs, ainsi que de gros cubes de débris de métal, de cordes et de soliveaux.

L'une des couvertures s'est écartée. Une petite silhouette saute d'une estrade de près de trois mètres de hauteur. Rutilante. C'est un type dans les un mètre soixante coiffé d'une espèce de casque d'aviateur de la Première Guerre mondiale... rutilant de torsades et de boucles vert et orange. Ses bottes aussi ; on dirait qu'il rebondit sur une paire de globes fluorescents. Il s'arrête. Petit visage fin, ascétique, avec une grosse moustache et d'énormes yeux. Ses yeux se rétrécissent, et il ébauche une grimace.

— Je viens de me taper un gosse de huit ans, dit-il.

Il se met à ricaner dans un reniflement et bondit au milieu des débris, dans un coin, toujours aussi rutilant.

Tout le monde rit. Le bouffon de la famille, j'imagine. Du moins suis-je le seul à scruter les échafaudages pour en découvrir les restes.

— C'est l'Ermite.

Je m'avise, trois jours plus tard, qu'il s'est construit dans ce coin une petite cave.

Quelque chose de plus gros luit au centre du garage. Je parviens à distinguer un autobus scolaire... dont les milliers d'enluminures, grandes et petites, rutilent d'oranges, de verts, de magentas, de lavandes, de bleus de chlore, de tous les pastels fluorescents imaginables ; un mélange de Fernand Léger et de Dr Strange, qui jurent et se chassent comme si quelqu'un avait donné à un Jérôme Bosch cinquante seaux de Day-Glo et un vieil autobus scolaire International Harvester 1939 en lui disant d'y aller. Au sol, près de l'autobus, une bannière de quatre mètres cinquante de long sur laquelle on peut lire ACID TEST GRADUATION, à laquelle travaillent deux ou trois Porte-Drapeau. La voix de Bob Dylan grince et grasseye, et les gens s'affairent, et les bébés pleurent. A l'écart, un type d'environ quarante ans, avec un tas de muscles, que l'on peut d'autant mieux voir qu'il n'a pas de chemise — rien qu'un pantalon kaki, des bottes de cuir rouge, et une sacrée carcasse — semble traverser une sorte de transe cinétique ; il ne cesse de lancer en l'air un petit marteau de forgeron, dont il parvient toujours à rattraper le manche en battant sans interruption des bras et des jambes ; ses épaules roulent et sa tête se déboîte dans un rythme de jerk, comme si Joe Cuba était là, quelque part, à jouer « Bang Bang », alors que Bob Dylan ne joue même plus et qu'un haut-parleur, je ne sais où, diffuse une bande magnétique qui déclare, d'une voix spectrale :

— ... Le Rien Nulle Part... on a du papier de bubble-gum...

Avec une sorte d'étrange musique électronique en fond sonore, et des pauses orientales, comme chez Juan Carrillo.

... On va l'arracher de dessous le moule... en travaillant ce Rien Nulle Part... aujourd'hui même, tous les jours...

Un des Porte-Drapeau se rapproche.

— Hé, Mountain Girl ! C'est fou !

Mountain Girl est une grande et belle fille, solide, dont les cheveux châtain foncé retombent sur les épaules, sauf que les deux tiers, dans le bas, ressemblent à un gros pinceau trempé dans du jaune cadmium, depuis qu'elle les a teints en blond, au Mexique. Elle pivote et découvre un cercle d'étoiles au dos de sa combinaison.

— On les a eus dans un magasin d'uniformes, dit-elle. Merveilleux, hein ! Y a ce vieux, là-dedans, qui nous dit : « Vous allez quand même pas vous couper des costumes dans c'tes drapeaux ? » Et j'lui dis : « Et pis on va s'trouver des trompettes et on va défiler. » Tu vois c'truc-là ? C'est pour eux qu'on les a pris.

Elle montre un bouton de sa combinaison. Tout le monde se penche pour regarder. Une inscription y est gravée avec des déliés style art nouveau : « Peut pas les Coincer. »

Peut pas les Coincer !... Un peu plus tard. Après toutes les fois que les Pranksters se sont fait coincer par les flics du comté de San Mateo, les flics de San Francisco, les flics du gouvernement mexicain, les flics du FBI, les flics, flics, flics, flics...

Les bébés pleurent toujours. Mountain Girl se retourne vers Lois Jennings.

— Qu'est-ce qu'on fait, chez les Indiens, pour empêcher les bébés de pleurer ?

— Ils leur tiennent le nez.

— Ouais ?

— Comme ça, y-z-apprennent.

— J'vais essayer... Ça m'a l'air logique...

Mountain Girl va tirer son bébé, Sunshine, une petite fille de quatre mois, d'un petit lit de voyage pour enfant, tubes-et-sangles, derrière l'autobus, et s'assoit sur un fauteuil de théâtre. Mais au lieu de la méthode indienne, elle déboutonne la combinaison qu'on Peut pas Coincer et se met à l'allaiter.

— ... Le Rien Nulle Part... Du rien, faut l'sentir, et l'gueuler, et l'pleurer... — brang tweeeeeng... — J'y suis retournée...

Le jongleur de marteau se propulse ailleurs...

— Qui c'est, ça ?

— C'est Cassady.

Merveilleuse coïncidence. Je me souviens de Cassady. Cassady, Neal Cassady était le héros de *On the Road*, le roman de Jack Kerouac, sous le pseudonyme de Dean Moriarty, le Gars de Denver, le gamin qui courait les Etats-Unis en voiture dans tous les sens, pour fuir la « vie » ou la rattraper ; et c'était lui, à quarante ans, dans ce garage, qui jouait du marteau et se jouait tout seul du Joe Cuba en se propulsant dans tous les sens, et... parlait. Cassady n'arrête pas de parler. Mais ce n'est pas le bon mot. Cassady monologue, mais ne semble guère se soucier qu'il y ait quelqu'un pour l'écouter. Il se lance dans son monologue, tout seul le cas échéant, sans refuser toutefois la compagnie. Il répond à n'importe qui, à toutes les questions, mais pas exactement dans l'ordre : on peut pas s'arrêter là, prochain arrêt à cinquante kilomètres, vous comprenez, en dévidant les souvenirs, les métaphores, les allusions littéraires, orientales, et pour initiés, toutes ponctuées de cet incongru commentaire, « vous comprenez... »

II

La vessie-totem

Les choses continuèrent comme ça pendant deux ou trois jours dans le garage où les Merry Pranksters attendaient Kesey. Les Pranksters m'avaient adopté et ne faisaient plus guère attention à moi. L'un des Porte-Drapeau, une blonde qui ressemblait à Doris Day, mais qu'on appelait Doris Delay, m'avait dit que je devrais... eh bien, mettre un peu plus de *couleur*... dans mes allures. Ça m'avait peiné, Doris Delay, mais je sais bien que ce n'était, dans ton esprit, qu'un amical conseil. Comme je vous le dis. Alors j'avais gardé ma cravate pour montrer que j'avais ma fierté. Mais tout le monde s'en foutait. Je traînais, tandis que Cassady faisait valser son marteau, que jouaient les bandes magnétiques spectrales, que les bébés pleuraient, que j'en avais ma claque, que l'autobus rutilait, que les Porte-Drapeau déambulaient, et que les farceurs risquaient un œil, dans un rayon de soleil, de ce soleil qui venait de la bonne vieille Harriet Street. Je ne me retirais que pour dormir quelques heures ou aller aux toilettes.

Les toilettes, ah oui. Il n'y avait aucun système sanitaire dans l'Entrepôt, même pas un soupçon d'eau froide. On pouvait sortir dans le petit terrain vague à côté, derrière une palissade de bois, et s'accroupir sur les gros flocons de pisse humaine qui fumaient dans la boue, ou grimper à l'échelle qui vous conduisait par une trappe dans le vieil hôtel pour clochards dont les couloirs morts étaient flanqués de cabines de vieux bois pourri, spongieux, qu'un regard suffisait à émietter dans un grouillement de vermine et de moisissure souterraine. Même pour les Pranksters, c'était trop fétide. La plupart allaient à la station Shell au coin de la Sixième rue et de Howard Street. J'avais demandé les toilettes, et le type me jette un de ces regards — le Regard, le sale regard de son « O.K., tu peux même pas te payer de l'essence et tu veux les toilettes » — avant de me montrer du doigt le bidon, là, dans le bureau. La clef des toilettes est attachée à un gros bidon de Shell, vide. Je prends le bidon et sors du bureau, sur le tablier de ciment où l'élite des Cartes de Crédit fait le plein et se dégourdit les jambes et se décolle les caleçons des replis vieillissants et cireux de son scrotum, et me voilà avec un bidon de Shell dans les mains comme un totem, symbole vivant de ma vessie ; je le porte jusqu'aux toilettes, à l'autre bout, et... O.K., et puis après. Mais je me dis brusquement que, pour les Pranksters, c'est de la *routine*. C'est comme ça qu'ils vivent. Hommes, femmes, filles, garçons, dont la plupart ont reçu une éducation bourgeoise, hommes, femmes, filles, garçons, enfants et bébés, c'est comme ça qu'ils vivent depuis des mois, certains depuis des années, d'un bout à l'autre de l'Amérique, aller et retour, avec leur autobus, jusqu'aux Ratières du Mexique, aller et retour, qu'ils naviguent comme des Gitans aux abords des Centres routiers, en mettant leurs urines en boîte et en esquivant les sales regards qu'on leur jette — ils ont même, semble-t-il, des films et des enregistrements magnétiques de leurs démêlés avec les gérants de ces stations-service du cœur de l'Amérique qui essayaient de protéger leurs toilettes de ciment et leurs distributeurs de serviettes vides de ces maniaques de la Day-Glo...

Retour à l'Entrepôt. Tout est en ordre. Une étrange impression m'envahit, insensiblement. Ce ne sont pas seulement les accoutrements, les bandes magnétiques, l'autobus, et le reste. J'ai connu des week-ends d'étudiants aux cheveux courts, organisés par les fraternités[1], qui étaient encore plus bizarres pour les yeux et pour les oreilles, un vrai cabanon. Cette... impression se précise lorsque les Porte-Drapeau commencent à venir me parler, et à me dire des choses comme — bon, quand Cassady lance son marteau, plongé dans la contemplation de l'univers, si bien plongé dans sa foutue contemplation que, *blam*, il le manque, le marteau, et que celui-ci s'écrase sur le ciment du garage, et qu'un des Porte-Drapeau s'écrie :

— Tu sais, le Chef dit que quand Cassady le manque, c'est jamais par accident...

Et ce mot de « Chef », pour commencer. Les Pranksters, en parlant de Kesey, ont deux manières. S'il s'agit de quelque

1. Confréries étudiantes de caractère généralement assez sélectif, sur le plan intellectuel, social ou religieux *(N.d.T.)*.

mondanité, c'est Kesey, tout simplement, comme dans « Kesey s'est fait casser une dent ». S'ils parlent de lui en tant que leader ou inspirateur du groupe, il devient le Chef. Au début, ça m'avait paru toc. Puis j'ai trouvé ça plutôt... *mysto,* à mesure que je me laissais prendre moi-même à ces vapeurs mystiques. Une buée sonore, j'arrive à l'entendre monter en moi, un sssssssss fantastique, comme lorsque vous avez pris trop de quinine. J'ignore si ça arrive à d'autres. Mais dès que je me trouve face à quelque chose de suffisamment étonnant, de suffisamment effrayant, terrifiant, étrange, ou simplement bizarre, quelque chose dont je sens que ça me dépasse, c'est comme si le signal d'alerte s'allumait, et la buée monte...

— Quand Cassady le manque, c'est jamais par accident. Ça veut dire quelque chose. Qu'il se passe quelque chose dans la pièce, qu'il y a quelque chose qui ne va pas, que ça se sent, et qu'il veut nettoyer ça.

Ils y croient. Tout, dans la vie, a... sa signification. Et chacun est sur ses gardes et en guette le sens. Et les vibrations. Les vibrations ne connaissent pas de limites. Je me trouvais, quelque temps après, à Haight-Ashbury avec un gamin, pas un Prankster, un gosse d'un autre groupe communautaire, qui essayait d'ouvrir un vieux secrétaire, du genre qui se rabat pour qu'on puisse écrire dessus, et il se pince le doigt dans un gond. Au lieu de dire oh, merde, ou n'importe quoi, il en fait toute une parabole :

— C'est *typique.* T'as vu ça ? Même le pauvre type qu'a conçu c't'engin, il a fallu qu'y joue le jeu qu'ils voulaient. Tu vois comme c'est conçu, pour s'ouvrir *en dehors ?* C'est toujours comme ça, *en dehors,* et en plein *dedans,* faut qu'ce soit *en dehors,* et *en plein* dans votre vie à *vous,* toujours la même salade, on vous *force* — tu piges ? — ils ont même plus à y penser — tu piges ? — tout est conçu comme ça, t'es là, et ils sont là, et faut toujours qu'ils te tombent *dessus.* Tu vois cette table de cuisine ?

C'est une vieille table de cuisine émaillée qu'on peut apercevoir par la porte.

... Eh bien ça, c'est *mieux conçu* que tous ces trucs rococo, y a pas de doute, sûr qu'elle me botte, cette table de cuisine, tout simplement parce qu'elle est *là,* c'est tout — tu piges ? — elle est là pour recevoir, et ça suffit, c't'un truc passif, merde, qu'est-ce que c'est qu'une table, après tout, j'veux dire ? Freud disait que la table est un symbole de la femme, avec ses quilles ouvertes, et qui s'en paye, en rêve — tu piges ? — et ça, c't'un symbole de quoi ?

Il pointe un doigt vers le secrétaire.

... C't'un symbole de j't'emmerde, j't'Emmerde, *toi,* pas vrai ?

Et ainsi de suite, jusqu'à ce que l'envie me prenne de lui mettre la main sur l'épaule et de lui demander pourquoi tu lui fiches pas un bon coup dans les rotules, et tu laisses pas tomber.

Mais ils ne peuvent pas s'arrêter. Ils sont tous à l'affût des moindres incidents comme s'ils étaient symboliques de toute l'existence. Leur vie, à chacun, est, à tout instant, plus fabuleuse que le plus fabuleux roman. Ça a beau être du toc, bon sang... c'est du *mystique...* et qui va bientôt vous contaminer, vous démanger, comme la roséole.

Les jeux, également, sont importants. Le commun des mortels, d'après eux, est composé de millions d'individus pris au piège, prisonniers de jeux dont ils ne sont même pas conscients. Et voilà un type, un nommé Hassler[1], qui passe le store, rentre dans le garage, et zoom, il n'a même pas besoin de métaphores. Je ne me suis jamais trouvé si vite engagé dans une discussion philosophique avec un parfait inconnu. On s'est tout de suite attaqués à la question des jeux. L'Emmerdeur est un jeune type, assez beau, au visage large, avec de longs cheveux à la chien, exactement comme le Prince Vaillant, dans la bande dessinée, et un jersey à col roulé orné d'étoiles de métal, du genre de celles que les généraux ont sur les épaules.

— Notre culture est tellement inondée de jeux que...

Ça gargouille de partout les jeux de l'ego ça juge tout fout tout en l'air du lavage de cerveau faut se le dire...

... on ne doit pas cesser de s'opposer...

Les mains de l'Emmerdeur se raidissent. Les bords de ses doigts s'opposent comme dans une prise de karaté...

Mais mon esprit est ailleurs. J'ai du mal à l'écouter, fasciné que je suis par une petite boîte de plastique contenant une brosse à dents et de la pâte dentifrice que l'Emmerdeur presse de son pouce. Elle vacille sous ces mains qui s'opposent... Curieuse bande de cloches. Ce type au jersey orné d'étoiles de général nous fait une espèce de sermon sur les péchés de

1. L'Emmerdeur *(N.d.T.)*.

l'humanité, et... Une brosse à dents ! — Mais bien sûr ! — Il se brosse les dents après chaque repas ! — Je vous le jure. Il se brosse les dents après chaque repas en dépit du fait qu'ils vivent tous ici, dans ce garage, comme des Gitans, qu'il n'y a pas d'eau chaude, pas de toilettes, pas de lits, à l'exception d'un ou deux matelas bourrés d'un magma de saleté, de poussière, de moisissures et de vermine qui ne font plus qu'un avec la bourre, et qu'ils s'étendent sur les échafaudages, dans l'autobus, et dans le fond du camion, les narines pleines de lichen...

... Mais tu sais quoi ? Les gens commencent à voir clair, sous leurs jeux. Pas seulement les camés et les autres, mais toutes sortes de gens. Prends la Californie. Ça a toujours été comme une pyramide...

L'Emmerdeur s'interrompt pour dessiner des mains dans l'air une pyramide. Je le regarde, fasciné, tandis que l'étui de plastique reluit, reluit, et remonte un des versants de la pyramide...

— La connerie, ils la transcendent, dit l'Emmerdeur.

Sa voix est sérieuse, claire et douce, comme à une cérémonie de fin d'année, au collège, où il viendrait de prononcer son *puissent nos grands élèves de l'année prochaine se rappeler notre devise...*

... transcendent la connerie...

Un joli trait de lumière borde le tube de plastique, un rayon bien droit, rigide, qui remonte du passé, du passé de l'Emmerdeur, d'où qu'il vienne. Voilà que ça me reprend, ah, l'aimable démangeaison, je viens d'extraire une métaphore, une transcendentale connerie, de ce curieux étui de brosse à dents...

... transcendent la connerie...

Un grand type vient d'entrer dans l'Entrepôt, dans un accoutrement orange et bleu qui ressemble à celui d'un arlequin, et un masque de peinture fluorescente orange sur le visage ; il ressemble extraordinairement à l'Esprit de la bande dessinée, si vous vous rappelez. J'apprends qu'il n'est autre que Ken Babbs, un ancien pilote d'hélicoptère, au Vietnam. Je bavarde avec lui et lui demande comment c'était, au Vietnam, à quoi il me répond, très sérieusement :

— Tu veux vraiment savoir comment c'était, au Vietnam ?

— Ouais.

— Viens par ici. J'vais te montrer.

Il me conduit au fond du garage et me montre une boîte de carton, par terre, au milieu de tous ces débris et de toute cette folie.

— Tout est là-dedans.

— Tout est là-dedans ?

— Oui, oui, exactement.

Je me baisse et en tire un manuscrit dactylographié de quatre ou cinq cents pages. Je le feuillette. C'est un roman sur le Vietnam. J'interroge Babbs du regard. Il me décoche un bon sourire sous son masque de peinture luisante et craquelée.

— Tout est là-dedans ? dis-je. Eh bien, ça doit prendre un certain temps.

— Ouais, ouais, tu l'as dit ! Tu l'as dit ! Exactement ! fait Babbs, qui éclate de rire, comme si je venais de dire la chose la plus drôle du monde. Ouais ! Ouais ! Ha ha ha ha ha ha ha ! Exactement ! Exactement ! de sous son masque qui reluit et se trémousse.

Je replace le roman dans la boîte. Le roman sur le Vietnam de Babbs reste là, par terre, pendant des jours, au milieu de tout ça, comme s'il n'attendait qu'un coup de vent pour essaimer aux quatre vents du comté de San Francisco, et Babbs est toujours dans les parages, en train de confier à quelque autre âme incrédule : « Ouais, ouais, tu l'as dit ! Exactement ! Exactement ! »

Les Merry Pranksters se rassemblaient rapidement, dans l'attente de Kesey. George Walker arrive. Walker n'est pas déguisé. On dirait tout à fait un étudiant, très comme-il-faut, blond, avec un maillot à manches courtes et des pantalons de velours côtelé, souriant et ouvert, le beau gosse de la côte, le bon garçon, typique, sauf pour quelques fausses notes, comme sa voiture de course, dehors, couverte de Day-Glo orange qui s'allume au crépuscule, dans laquelle il patine au travers des banlieues californiennes. Et Paul Foster. Paul Foster, me dit-on, est une sorte de délirant génie, un spécialiste des ordinateurs ; toutes sortes de firmes, des noms comme Techniflex, Digitron, Solartex, Automaton, le poursuivent et lui offrent des fortunes pour ceci ou cela... Je ne saurais dire si c'est vraiment un génie. Délirant, il en a certainement l'air. Il se recroqueville sur un fauteuil de théâtre, dans un coin. Silhouette émaciée sous une vaste accumulation de vêtements. On dirait qu'il porte sept ou huit pantalons de clown l'un sur l'autre, et l'un plus dégoûtant que l'autre, tous aussi noirs, couverts de suie, tordus, pourris et fongueux. Il a le crâne pratiquement rasé, et il est si maigre que la chair semble avoir complètement quitté sa tête, au point que, lorsqu'il contracte les muscles de sa mâchoire, on a l'impression de voir quelque ingénieux diagramme anatomique qui s'animerait, avec de petits muscles faciaux, des striures, des enveloppes organiques, des ligaments, des tissus, des nodules, de petits os, que personne n'aurait soupçonnés, et qui se nouent, pointent et se raccrochent brusquement dans une complexe réaction en chaîne. Il contracte tout le temps les muscles de sa mâchoire, pour se concentrer, tête baissée, les yeux brûlants, pour se concentrer sur le dessin dont il est en train d'orner un bloc de papier, tout petit, mais crucial ; à en juger par sa concentration...

Marie la Noire est assise sur une chaise pliante. Elle sourit ineffablement, mais ne dit rien. L'un des Porte-Drapeau, un type maigre, me parle des Mexicains qui marchent avec des Huaraches. Doris Delay me parle de...

— Ils ont leur cirque à eux, poursuit Hassler. Ça n'a p't'être l'air de rien, mais ils commencent à transcender la connerie. Prends c'te vieille trinité, le Pouvoir, la Situation, l'Autorité, pourquoi révérer toutes ces vieilles divinités et toutes ces vieilles formes d'autorité...

— Le Bon Dieu, j'l'encule... ehhhhh... J'l'encule, le Bon Dieu...

Une voix sort de derrière le rideau d'une couverture, à côté. Il y a quelqu'un, là-dedans, qui se fout pas mal de ce que vient de dire l'Emmerdeur.

... J'encule le Bon Dieu. Vive le Diable.

Mais c'est une voix des plus ensommeillées, des plus rêveuses. Le rideau s'écarte sur un petit bonhomme sec et nerveux, qui ressemble à un pirate. Derrière lui, dans le fond, sous le rideau, s'empilent toutes sortes de fils, d'instruments, de plaques et de haut-parleurs, un étincelant amas d'équipements électroniques, au milieu duquel tourne la bande magnétique : « Le Rien Nulle Part... » Le type, je l'ai dit, ressemble à un pirate. Il a de longs cheveux noirs peignés en arrière, à la Tarzan, une moustache, et un anneau d'or à l'oreille gauche. Il fixe le vide de ses yeux endormis. Mais c'est un Hell's Angel[1]. On l'appelle Freewheeling Frank[2]. Il porte les « couleurs » des Hell's Angels, plus exactement un blouson couvert d'écussons, un blouson aux manches coupées, avec le crâne surmonté d'un casque, les ailes, et un tas d'autres symboles ésotériques.

— J'encule le Bon Dieu, dit Freewheeling Frank. J'encule toutes les formes de... de...

Les mots traînent comme dans un rêve, mais les lèvres remuent, et il a la tête baissée et il s'enfonce en clopinant dans la pénombre, vers l'autobus, les mains renversées, d'un côté, puis de l'autre, comme Cassady, et il part dans ses vaps, comme Cassady, et, d'accord, c'est un Hell's Angel — et notre Emmerdeur se brosse les dents après chaque repas, dans les lieux d'aisance et sur le fer-blanc d'une station Shell...

Mais Kesey vient d'arriver.

1. Littéralement : Ange de l'Enfer. Les Hell's Angels, à l'opposé des Hippies, révèrent la violence. Adeptes de la moto, ils ont souvent le crâne rasé et affectionnent le cuir et les chaînes *(N.d.T.)*.

2. Frank-la-roue-libre *(N.d.T.)*.

III

Le costume électrique

Un camion à glissières traverse le rideau de soleil de l'entrée et descend la pente pour s'enfoncer dans la folle pénombre du garage. Kesey est au volant. Le Chef — en liberté sous caution. Je m'attendrais plutôt à ce que le carnaval éclate en un fluorescent tonnerre, un vacarme incroyable, insensé. De fait, personne ne bouge. On se contrôle, tout demeure cool.

Kesey sort du camion, les yeux baissés. Il porte une chemise de sport, de vieux pantalons, et des bottes de Western. Il semble m'apercevoir, mais pas un bonjour, pas le moindre signe de reconnaissance. Ce qui m'ennuie. Puis je m'aperçois qu'il ne dit bonjour à personne. Personne ne parle. Ils ne se précipitent pas, ni rien. C'est comme si... Kesey est revenu, et il n'y a rien à dire de plus.

Mountain Girl finit par mugir :

— Comment c'était, en prison, Kesey ?

Kesey se contente de hausser les épaules.

— Où est ma chemise ? dit-il.

Mountain Girl part à la pêche dans un bric-à-brac près d'une pile de fauteuils et déniche une chemise de daim marron, échancrée, avec des lacets de cuir rouge. Kesey retire celle qu'il a sur lui. Il a d'énormes muscles dorsaux qui lui font saillir et s'évaser le haut du dos comme les ailerons d'une raie.

Puis il enfile la veste de daim et se retourne.

Mais il ne dit toujours rien, penche la tête de côté, et traverse le garage en direction du tas de fils, de haut-parleurs et de microphones, pour une vérification de détail. « ... Le Rien Nulle Part... » Comme si tout était bien en ordre désormais. On est sur la bonne longueur d'ondes.

Une femme et trois enfants sortent du fin fond du garage — j'ignorais même qu'ils fussent là. Faye, l'épouse de Kesey, leur fille Shannon, six ans, et deux garçons, Zane, cinq ans, et Jed, trois ans. Faye a de longs cheveux alezan ; c'est une des plus jolies, des plus radieuses femmes que j'aie jamais vues. Elle exprime la béatitude, la sainteté. Kesey va à sa rencontre et soulève successivement chacun de ses enfants. Mountain Girl lui amène son bébé, Sunshine, qu'il soulève également un instant. Tout va bien...

Kesey se détend et sourit, comme s'il venait de penser à quelque chose. Comme s'il venait juste d'entendre la question de Mountain Girl à propos de la prison, comment c'était.

— La seule chose qui me tracassait, c'était ma dent, dit-il. Il fait sauter un bridge de la cavité supérieure de sa bouche et propulse du bout de la langue une fausse dent de devant.

... J'avais le plus horrible pressentiment, dit-il. L'impression que ce truc allait sauter comme ça pendant que je serais devant la cour, ou en train de parler à des journalistes, ou je ne sais quoi, et que je me mettrais à mâchonner mes mots.

Il en fait la démonstration en mâchonnant son « me mettrais à mâchonner mes mots ».

Il devait la remplacer, trois semaines plus tard, par une dent ornée d'une étoile orange et de rayures vertes, flanquée d'un support d'émail avec le drapeau des Pranksters. Le gérant de la station d'essence, un Blanc, s'intéresse à la dent, un jour, et appelle son employé, un Noir, et lui dit :

— Hé, Charlie, viens par ici, et montre-lui ta dent.

Charlie grimace et découvre ses dents du haut, parmi lesquelles une dent en or sur laquelle se découpe un cœur d'émail. Kesey lui rend sa grimace et découvre *sa* dent. — Le Noir la fixe un moment, sans souffler mot. Il ne sourit même pas. Puis il se tourne et s'en va, tout simplement. Un peu plus tard, au bas de la route, Kesey nous dit, très sérieusement, d'un ton très peiné :

— J'ai eu tort. Je n'aurais pas dû faire ça.

— Faire quoi ?

— Faire la pige au nègre, dit Kesey.

Lui faire la pige [1] ! Kesey a gardé l'habitude de ces expressions locales, comme « *le plus horrible* pressentiment », tout au long de ses études et jusqu'aux jours de sa gloire littéraire...

— Comment c'est arrivé ? dit Freewheeling Frank.

1. *To outnigger him :* se montrer plus nègre que lui (en y ajoutant la nuance péjorative du « nigger ») *(N.d.T.)*.

Il veut parler de la dent.

— Il a eu une bagarre avec un Hell's Angel, dit Mountain Girl.

— Quoi ?...

Freewheeling Frank est sincèrement abasourdi.

— Ouais, dit Mountain Girl. Le salaud lui a filé un coup de chaîne !

— Quoi ! dit Frank. Où ça ? Comment qu'y s'appelait !

Kesey jette un regard à Mountain Girl.

— Ben, dit-elle.

— Comment qu'y s'appelait ! dit Frank. De quoi est-ce qu'il avait l'air !

— Mountain Girl te fait marcher, dit Kesey. J'étais crevé.

Mountain Girl a l'air confuse. Les bagarres des Anges, pour Frank, c'est pas de la rigolade. Kesey va dissiper... les mauvaises vibrations. Il s'assoit dans l'un des vieux fauteuils de théâtre. Il parle sur le ton de la conversation, doucement, la tête baissée, comme s'il bavardait tranquillement avec Mountain Girl, ou n'importe qui.

— C'est drôle, dit-il. Il y a des types, en prison, qui ont été en prison si souvent, c'est leur grand truc. C'est des mordus. Ils ne parlent plus que le langage des prisons...

Tout le monde se rapproche et s'assoit sur les vieux fauteuils ou par terre. Les vapeurs mystiques vont monter...

... Sauf que c'est pas leur langage, c'est celui des gardiens, des flics, du procureur, du juge. C'est tout en chiffres. Y en a un qui dit : « Qu'est-ce qu'est arrivé à Untel ? » Et l'autre dit : « Oh, il est dans la 34 », qui se trouve être un autre bâtiment. « Ils l'ont pincé pour un 211 » — ils ont des numéros pour un tas de choses, comme les radios de la police — « ils l'ont pincé pour un 211, mais y peut écoper d'un 213, et en avoir de trois à cinq, un et demi s'y s'tient peinard ».

... Les flics aiment ça. Ça les rassure, qu'on joue leur jeu. Ils vous chassent un type, ils lui mettent la main dessus, ils tirent leurs revolvers, il sont prêts à lui faire sauter la cervelle s'il lève le petit doigt, et puis, dès qu'ils l'ont en prison, il y en a un qui s'amène et qui lui demande comment va sa femme, et le type est censé répondre, « elle va bien, merci », et on parle des gosses, sur le ton de maintenant qu'on a joué au gendarme-et-au-voleur, tu peux y aller, on est copains. Et il y en a un tas qui marchent, là-dedans, ils sont habitués.

... Même quand vous êtes en cavale, vous jouez encore leur jeu. Un jour, j'étais à Haight-Ashbury, et j'entends quelque chose qui tombe sur le trottoir, derrière moi. C'était un gosse qui était tombé d'une fenêtre. Les gens accouraient en foule. Il y avait une femme qui pleurait et qui essayait de le relever. J'aurais dû y aller et lui dire de ne pas le bouger, je le savais bien. Mais je ne l'ai pas fait. J'avais peur qu'on me reconnaisse. Et puis, au bout de la rue, j'ai vu un flic qui collait des contraventions aux voitures en stationnement. J'étais sur le point d'aller lui dire d'appeler une ambulance. Mais je ne l'ai pas fait. J'ai continué mon chemin. Et ce soir-là, j'ai écouté les nouvelles à la télévision, ils parlaient d'un enfant qui était tombé d'une fenêtre et qui était mort à l'hôpital.

Voilà où ça vous conduit, de jouer au gendarme-et-au-voleur. Sauf que c'est *moi* qui me le dis. J'en tire des paraboles, et je les regarde. Ils ont tous les yeux fixés sur Kesey, et je n'ai pas le moindre doute qu'ils sont en train de se dire : et *voilà où ça vous conduit, de jouer au gendarme-et-au-voleur.* En dépit du scepticisme qui était le mien, au départ, je partage soudain *leur* impression, *moi.* J'en suis sûr. J'ai l'impression d'être au fait, soudain, de quelque chose que le monde extérieur, le monde dont je viens, ne saurait comprendre, quelque chose comme une métaphore, *oui,* toute la comédie, la vaste et éternelle comédie, plus vaste que...

Deux types surgissent du soleil de Harriet Street, des camés, ils en ont l'air. Ils se dirigent vers Kesey. L'un d'eux, un jeune, est en maillot de corps, avec un collier de perles indiennes auquel pend une amulette — un mordu de l'acide assez typique, en d'autres termes. L'autre, le plus âgé, est étrangement correct. Il a de longs cheveux noirs, mais propres, et une moustache qui se retrousse légèrement comme celle d'un cavalier, mais propre, une chemise abondamment fleurie, mais propre, bien coupée, du genre cher, un blouson de cuir noir, mais pas un blouson de motard, il est plutôt coupé comme une veste, et une paire de bottes anglaises qui doivent bien lui avoir coûté dans les vingt-cinq ou trente dollars. Au premier abord, on dirait qu'il sort de Late North Beach, le genre bohème avec une garde-robe de mille dollars. Sauf qu'il a l'air absolument franc. Un visage émacié, aux traits marqués, et des yeux qui brûlent de sincérité. Il se présente sous le nom de Gary Goldhill. Il voudrait interviewer Kesey pour *l'Oracle,* le journal de Haight-Ashbury. Quand est-ce qu'il pourrait... Mais, pour l'instant, il est clair qu'il brûle de lui dire ce qu'il a sur le cœur.

— Le fait est, Ken — il a l'accent anglais, mais un accent sans prétention, agréable, qui ressemble à celui des Midlands — le fait est, Ken, qu'un tas de gens se demandent vraiment ce que vous voulez dire, quand vous dites, ou quand les journaux disent que vous avez dit, qu'il faut dépasser l'acide. Vous êtes suivi par un tas de gens, Ken, vous êtes un des héros du mouvement psychédélique — il décompose les mots les plus longs en syllabes, à la façon qu'on a en Angleterre, dans les Midlands : le mouve-ment psy-ché-délique — et ils voudraient bien savoir. Il se passe des choses merveilleuses à Haight-Ashbury, Ken. Un tas de gens se déverrouillent la cervelle, pour la première fois, mais il faut que des hommes comme vous les aident. Nous ne pouvons aller que dans deux directions, Ken. Nous pouvons nous isoler dans un monastère, ou nous pouvons constituer une religion, dans l'esprit de la Ligue pour la Découverte Spirituelle — « la Ligue pour la Dé-cou-ver-te Spiri-tu-elle » — et faire reconnaître légalement l'acide et l'herbe comme sacrements, pour que personne ne vive plus dans l'angoisse du coup de sonnette.

— Les prendre comme sacrements, ça peut être pire, dit Kesey.

— Vous êtes resté parti près d'un an, Ken, dit Goldhill. Vous n'êtes peut-être pas au courant de ce qui s'est passé à Haight-Ashbury. Ça s'étend, Ken. Des milliers de gens ont découvert quelque chose d'absolument merveilleux. Ils se sont ouverts et ils sont pleins d'amour, mais la peur, la paranoïa, Ken, l'attente du coup de sonnette — il y a des résultats terribles, Ken. Res-pon-sa-bles d'une quantité de défonces qui tournent mal. Leurs trips tournent mal, Ken, parce que les gens prennent de l'acide, et puis, brusquement, ils ont l'impression qu'il va y avoir un coup de sonnette, d'un moment à l'autre. Il faut qu'on s'organise. Il faut que vous nous aidiez, Ken ; ou ne travaillez pas contre nous.

Kesey relève les yeux. Il ne regarde plus Goldhill, mais se perd dans la pénombre du garage. Puis, d'une voix douce, lointaine, le regard perdu :

— Si vous ne comprenez pas que je vous ai aidés de toutes les fibres de mon être… si vous ne comprenez pas que tout ce que j'ai fait, tout ce que j'ai enduré…

La voix monte, monte…

— Je sais, Ken, mais la répression…

— Nous traversons une période comme saint Paul et les premiers chrétiens, dit Kesey. Saint Paul disait : « S'ils vous chient dessus dans cette ville, allez dans une autre, et s'ils vous chient encore dessus, allez dans une troisième… »

— Je sais, Ken, mais vous dites aux gens d'arrêter de prendre de l'acide. Ils ne veulent pas s'arrêter. Ils ont ouvert des portes dans leur cervelle, des portes qu'ils n'avaient jamais soupçonnées, et c'est une chose absolument merveilleuse, et ils lisent dans les journaux que quelqu'un sur qui ils ont toujours compté leur dit brusquement de s'arrêter.

— Il y a un tas de choses que je ne peux pas dire aux journaux, dit Kesey.

Ses yeux demeurent fixés au loin. Il ne le regarde pas.

… Une nuit, au Mexique, à Manzanillo, j'ai pris de l'acide, et j'ai revomi le Yi King. Et le Yi King — ce qu'il y a de formidable, avec le Yi King, c'est qu'il ne vous envoie jamais sur les roses, il vous secoue quand vous en avez besoin — et le Yi King m'a dit qu'on était arrivé au bout, qu'on était dans une impasse, qu'il était temps de changer de direction — et je suis sorti. Il y avait un orage, des éclairs partout. J'ai tendu le doigt vers le ciel, un éclair a jailli, et, brusquement, ça m'a fait comme une autre peau, une peau d'éclairs, d'électricité, un costume d'électricité, et j'ai compris que nous pouvions être des super-héros, et que nous devions devenir des super-héros, ou rien.

Il rabaissa son regard.

… Je ne pouvais pas dire ça aux journaux. Pas possible, n'est-ce pas ? C'est pas en prison qu'ils me remettraient, mais à l'asile.

La voix monte… monte…

— Mais la plupart des gens ne sont pas encore prêts, Ken, dit Goldhill. Ils se sont à peine ouvert les portes…

— Quand on a franchi cette porte-là, on ne peut pas se contenter de la repasser indéfiniment…

— … et il faut que quelqu'un les aide à franchir cette porte…

— Ne me dites pas de ne plus plonger dans cette forêt, dit Kesey. Ne me dites pas de ne plus jouer les pionniers et de revenir aider ces gens à passer cette porte. Si Leary veut le faire, tant mieux, c'est utile. il faut bien que quelqu'un le fasse. Mais il faut qu'il y ait un pionnier qui trace le chemin aux autres.

Kesey lève de nouveau les yeux, qu'il fixe sur la pénombre.

... Il faut que vous ayez foi en ce que nous essayons de faire. Ce n'est pas difficile, d'avoir la foi, tant qu'on ne sort pas de ce qu'on connaît déjà. Mais il faut que vous ayez foi en nous tout le long du chemin. Un type comme Gleason — Gleason est resté avec nous jusque-là...

Kesey écarte le pouce et l'index de quelque cinq centimètres.

... Il est resté avec nous tant que notre imagination ne dépassait pas la sienne. Dès que nous sommes allés plus loin, il n'a plus compris, il s'est retourné contre nous. Il n'avait pas... la foi.

Pas la foi !... La vapeur monte du brouillard de la baie, et siffle dans ce vieux crâne...

La foi ! Plus loin ! C'est une étrange, insupportable impression, que d'être assis ici, submergé de Day-Glo, dans cet abcès de cette pauvre Harriet Street, et de m'aviser soudain que je me retrouve, dans cette incroyable et folle ex-fabrique de pâte à tarte convertie en garage qu'est l'Entrepôt, parmi cette assemblée : Tsong-Isha-pa et une communion sangha, Mani et la pâle lumière, devant La Porte, persécuté, Zoroastre, Maidhyoimaongha et les cinq fidèles devant Vishtapu, Mahomet et Abu Bekr et les disciples au milieu des pharisiens coraniques de La Mecque, Gautoma et ses frères dans la jungle après qu'ils ont quitté les familles de leur sang et de leur passé pour leur seule vraie famille, celle des initiés du sangha — en bref, au sein d'une véritable fraternité mystique — sauf que nous sommes dans cette pauvre vieille Amérique de Formica et de polyéthylène des années 60, sans un grain de sable du désert, sans une ombre de feuille de palmier, sans une bribe de manne, de fruit sauvage de la nature au-dessus de nos têtes, et que nous ne faisons qu'enregistrer les vibrations des bandes magnétiques et d'un marteau de forgeron, nous gargariser de drogues de laboratoire, de drogues mathématiques comme le LSD 25, le IT 290 et le DMT, en guise d'eau somatique, et que nous allons nous balader en combinaisons d'aéroport cousues de drapeaux américains dans un autobus International Harvester — je n'invente rien ! — au milieu de foules à tête de guimauve et à chaussures noires et luisantes...

IV

Qu'est-ce que vous pensez de mon Bouddha ?

Leur nouvelle lubie... La plupart des Pranksters, maintenant, désertent l'Entrepôt, en fin de soirée, pour aller prendre leur douche chez Gut, un ex-Hell's Angel, qui tient une boutique psychédélique à l'enseigne des Aventures réunies, et baguenauder de-ci de-là... Il ne reste à l'Entrepôt que Kesey et deux ou trois autres. Kesey, dans la pénombre de la Centrale de Contrôle, se détache sur un fond de bandes magnétiques, de boîtes de films zébrées de bandes adhésives, de carnets de notes, de microphones, de fils, de bobines, de haut-parleurs et d'amplificateurs. Les Archives des Pranksters — et un magnétophone bourdonne d'une voix bizarre, débordante de oui-ja :

— ... le bienencontreux contrecoup... un nouveau message d'une importance considérable...

Un nouveau message d'une importance considérable... Leur nouvelle fantaisie... Un mot que Kesey affectionne de plus en plus, pour toutes sortes de plans, d'aventures, de vues sur le monde, d'ambitions. Le mot est heureux. Il est ironique, sans l'être vraiment. Il s'applique à n'importe quoi — se procurer une camionnette (« Ça sera notre fantaisie pour ce week-end »), et des trucs effroyables qui frisent le ga-ga... comme la fantaisie du jour : qu'on vous dise de quoi il retourne, lors du Test Final de l'Acide. Mais comment le dire ? Kesey fouille les boîtes de films et les diverses... Archives... Il n'a jamais été possible de se pointer, tout simplement, et d'*annoncer* la fantaisie à l'ordre du jour, même pas au bon vieux temps où tout semblait si simple, pas vrai ? Prenez Goldhill : il était encore là, il y a un instant, les yeux noyés de vérité. Il en est plus prêt que la plupart des autres. Kesey le voyait bien. Goldhill était ouvert... et dans le bain. Il a sa fantaisie à lui, la Ligue pour la Dé-cou-ver-te Spi-ri-tu-elle, cela ne l'empêche pas d'être de ces rares qui vont jusqu'à accepter de s'associer à *leur* fantaisie, d'associer à la sienne celle des Pranksters. L'espèce est *rare*. Car il arrive toujours un moment où l'heure a sonné de remettre le cirque en route, le cirque Prankster, en route vers la Ville Limite. Mais c'est toujours à ce moment-là que les bonnes âmes s'alarment : Hé, attendez ! Comme Ralph Gleason avec ses articles du *Chronicle* et son idée, à lui, de ce qui est *hip*. Gleason est de ces bonnes âmes... Kesey se les rappelle tous, tous ceux qui le trouvaient formidable tant que sa fantaisie coïncidait avec la leur. Mais chaque fois qu'il voulait pousser plus loin — et il poussait toujours plus loin — ils ne comprenaient plus et se braquaient... La bande magnétique tourne :

— ...le bienencontreux contrecoup... par la communication et avec des chevaux de trait... le sang qu'il pouvait tirer de la communication... nous avait fait croire qu'il pourrait mijoter dans la compote pendant vingt ans...

Seuls les chiens prédestinés et les Merry Pranksters peuvent comprendre ce supersonique gazouillis !... Très probablement...

— ...le bienencontreux contrecoup...

...La fantaisie du jour... Même là-bas, du côté de Perry Lane, où il n'y avait que des jeunes, des intellectuels, à l'esprit analytique, et où on ne connaissait, en principe, d'autre limite que le ciel — il lui était impossible de se pointer et de leur dire, tout simplement : Approchez un peu, mes amis... Ils lui avaient imposé leur propre fantaisie : il était le « diamant à l'état brut ». D'accord, ça lui allait bien, d'être un diamant à l'état brut. Il s'était inscrit en 1958 à l'université de Stanford avec une bourse d'études, littérature expérimentale, et Perry Lane l'avait adopté, ce superbe diamant à l'état brut. Perry Lane était, à Stanford, le quartier de la bohème. Et, pour la bohème, une Arcadie, tout près du terrain de golf local. Un agglomérat de maisonnettes de deux pièces aux bardeaux de bois tanné dans une forêt de chênes, qui n'était pas seulement entouré d'arbres et de verdure, mais aussi de vignobles, de chèvrefeuille en vrilles, tout en boutons et en sarments et en vrilles au vent et en gazouillis, comme dans les meilleurs livres d'Arthur Rackham et les meilleurs numéros de l'*Ours brun*. L'endroit avait, d'ailleurs, une solide réputation littéraire. Thorstein Veblen y avait vécu, ainsi que deux prix Nobel bien connus, mais dont on oubliait les noms. Les maisonnettes ne coûtaient que soixante dollars par mois. On s'installait à Perry Lane comme on rentrait dans un club. Tout le monde se connaissait, sans quoi on ne vous aurait jamais admis, et, naturellement, on devenait vite intime, ce qui faisait qu'on avait toujours l'impression de vivre en communauté. On ne fermait jamais sa porte, à Perry Lane, sauf quand on était en bisbille.

C'était idyllique. La bohème typique des années 50. On déplorait la décadence de l'Amérique, la civilisation des grands ensembles, et, Bon Dieu, se récriait-on en chœur, leur plomberie ne marche peut-être pas, en Europe, mais ils savent vivre. De temps en temps, quelqu'un suggérait bien quelque débauche, ou une beuverie de trois jours, mais c'était toujours dans ce bon vieux style romantique à la Zorba le Grec, en sandales et sans chichis, avant d'en revenir aux grands principes. On se rendait périodiquement en pèlerinage à North Beach, à soixante kilomètres au nord, pour prendre ses leçons.

Perry Lane comptait à l'époque deux célébrités : Robin White, qui venait de recevoir le prix Harper pour son roman, *la Colline de l'éléphant,* et Gwen Davis, le Dawn Powell de la côte ouest. Les respectables habitants de Perry Lane n'attendaient plus qu'un Ken Kesey.

Il avait un côté aventureux à la Martin Eden, à la Jack London, l'aventureux intellectuel, c'était écrit sur son visage. Il en avait le débit traînant ; des muscles et des cals à profusion, et son front se plissait quand il réfléchissait dur. C'était parfait.

White prit Kesey sous sa protection et leur trouva, à lui et à sa femme, Faye, une petite maisonnette. Les gens de Perry Lane furent tout de suite enchantés. On pouvait toujours compter sur White pour que ce soit *parfait.* Comme la fois où ils étaient tous en train de dîner — on dînait souvent ensemble, à Perry Lane — et où un invité pérorait sur l'ineffable délicatesse de style de James Baldwin. Kesey continue de manger, mais essaye quand même de placer son mot : Moi, hein, j'sais pas, mais j'suis pas tout à fait d'accord, l'ami. Et notre White repose soigneusement son couteau et sa fourchette, se retourne vers les autres, et déclare :

— Je serais enchanté de connaître l'opinion de M. Kesey, *quelle* qu'elle soit — dès qu'il aura appris à piquer sa viande dans son assiette avec autre chose que ses doigts.

Parfait ! Kesey avait été reconnu « des plus aptes à réussir » dès le lycée, à Springfield, dans l'Oregon. Il avait décroché son diplôme à l'université de l'Etat de l'Oregon, après s'y être largement consacré aux sports et aux diverses « fraternités ». Le gars bien-de-chez-nous, sur toute la gamme. Champion de lutte dans la catégorie des 85 kilos, et vedette des spectacles. Il était même allé à Los Angeles, après l'université, et avait traîné un moment du côté de Hollywood, avec l'idée de devenir vedette de cinéma. Mais le besoin d'écrire, de créer, avait quand même fini par percer sous cette carapace de balourd et toutes ces conneries bien-de-chez-nous, comme un pourpier qui éclate à l'improviste, et il s'était mis à écrire. Il avait même terminé un roman sur les athlètes à l'université, *la Fin de l'automne*. Ce roman n'avait pas été publié et ne le serait vraisemblablement jamais. Kesey n'en avait pas moins senti le besoin de l'écrire. Et ses origines — formidables. La bonne société de Perry Lane s'était mis dans l'idée qu'il venait d'une famille de l'Oklahoma, qui avait quitté le désert pendant la Crise, et était remontée dans l'Oregon, l'Oregon sauvage et détrempé où ils s'étaient colletés avec la terre et avaient chassé l'ours, l'Oregon où les rivières étaient rapides et où le saumon sautait avec des reflets d'argent, au printemps, dans leurs gros bras maladroits.

Sa femme Faye — même genre de milieu, mais originaire de l'Idaho. Ils s'étaient fréquentés pendant qu'ils étaient au lycée à Springfield, dans l'Oregon, et s'étaient mariés en cachette dès leur première année d'études à l'université. Un jour, ils avaient fait un pari : lequel des deux était né dans la pire cabane à lapins, en fait d'Habitation à Loyer Modéré, lui, dans la vieille cabane de La Junta, ou elle, à Idaho. Il aurait juré mordicus que pour ce qui était de crouler, La Junta était imbattable — jusqu'à ce qu'ils arrivent dans l'Idaho : elle avait gagné son pari, pas un pli. Faye parlait d'une voix encore plus feutrée que Kesey. Elle ne parlait d'ailleurs presque pas. Elle était jolie et extrêmement douce, une véritable madone des montagnes. Et leur maisonnette de Perry Lane — eh bien, si les autres étaient entretenues dans un soigneux délabrement, le genre bohème, de la *simplicité,* avec des lampes japonaises, des robes de moine, des carpettes de paille, des couverts suédois d'acier inoxydable, et des épis de maïs dans un vase de fortune, la leur était franchement Modeste, sans plus. Il y avait toujours un truc en train de rouiller sur le porche de derrière, une vieille machine à laver, n'importe quoi, et des herbes folles, des orties, un tas de saloperies, qui poussaient comme elles pouvaient, dans le fond. C'était vraiment... *parfait...* de les avoir sous la main, Faye et

lui ; les snobs de Perry Lane pouvaient parler de la vie et des arts, et leur donner des *leçons.*

Merveilleux!... La fantaisie du jour... Mais comment leur parler... de tous ces petits mystères, le Capitaine Merveille, et l'Eclair[1]... et de *la Vie* — et des *Superkids* eux-mêmes...

— ... Un nouveau message d'une importance considérable... le bienencontreux contrecoup...

Alors qu'il leur donnait de lui une si claire et si belle image de rustaud des terres de l'Ouest, qui leur arrivait tout droit de Springfield, Oregon. Il était vrai que son père, Fred Kesey, lui avait appris très tôt, ainsi qu'à son frère cadet, Joe, surnommé Chuck, à chasser, à pêcher et à nager, dès qu'ils avaient pu un peu se débrouiller; il leur avait également appris à boxer, à courir, à lutter, à plonger dans les rapides de la Willamette et de la McKenzie sur les tubulaires d'un radeau, avec des masses d'eau et de rochers bouillonnant d'une écume de mort, en contrebas. Mais ce n'était pas comme s'ils avaient appris à dominer les animaux, les forêts et les torrents de cet Oregon sauvage, déchiré, convulsif. C'était pour leur apprendre, plutôt, à imiter le bon exemple — en s'appropriant tout ce sur quoi il avait acquis des droits en mettant la main dessus, quand on est un homme, et pas question de frontière... M. Kesey père avait pris part à la grande migration des années 40 — pas celle des gars de l'Oklahoma, mais celle des gens d'affaires protestants du Sud-Ouest, aux yeux de qui la côte ouest était prometteuse. Il s'était installé dans la vallée de la Willamette avec presque rien, et y avait fondé une coopérative commerciale de produits fermiers, la Coopérative des Fermiers d'Eugène. Il en avait fait la plus importante entreprise fermière de la région, et elle revendait elle-même ses produits sous le nom de Darigold. La réussite de M. Kesey père était l'une des plus belles histoires de l'après-guerre — elle ne s'était pas terminée dans une vieille demeure paysanne bardée de poutres et de paratonnerres , mais dans une maison moderne de la périphérie, toute en longueur et couleur pastel, et donnant directement sur la rue, la Debra Lane. Incroyable vogue de ce pastel électrique dans les banlieues américaines de l'après-guerre ! — elle avait recouvert la

1. Bandes dessinées de l'époque *(N.d.T.).*

vallée de super-autoroutes, de voitures qui ressemblaient à des bateaux de rêve, de centres commerciaux, de vertigineuses superstructures électriques de la Federal Sign & Signal Company, qui atteignaient des dix mètres de haut ! — c'était un vent de liberté et de bougeotte, de voitures, d'argent pour se les payer, de loisirs pour en profiter, de propriétés pour se prélasser dans de luxueuses piscines au carrelage pâle, à moins qu'on ne préfère le monde enchanté de la technologie, traversé du rugissement des moteurs, et, dans le cas d'hommes comme M. Kesey, d'avions de tourisme...

Et tous ces souvenirs de sa vieille ville natale qui lui revenaient brusquement — la vieille baraque de planches déglinguées, peintes en blanc, par exemple, de ce côté, et derrière, à un bout de chemin, la tour de la station de radio KORE, dont le sommet clignotait d'une lumière rouge — et quand il se mettait à genoux, le soir, pour dire ses prières, et découvrait le ciel et cette lumière qui clignotait — et il avait toujours comme l'impression de prier cette lumière rouge. Et la vieille autoroute qui faisait un coude, juste ici, et on avait l'impression qu'il y avait toujours quelqu'un qui passait en voiture, vers trois ou quatre heures du matin, à moitié endormi, et on apercevait les lumières, par là, en ville, du côté où ils construisaient, et on aurait dit que la route filait droit dessus, et on ratait le tournant, et Ken et son papa sortaient voir s'ils pouvaient aider le type à se dépêtrer de la mélasse — on n'a pas idée de courir après des lumières ! — ni de prier le phare rouge de la station KORE ! — et ça finissait par un petit tour au drive-in Gregg, comme il s'appelait, c'est Speck aujourd'hui, au coin du boulevard Franklin et du pont sur la rivière. C'était le drive-in favori de l'école, avec son énorme enseigne pastel sculptée, toute en zébrures, débordante de lettres italiques, A 22, on ne pouvait plus adroites, ses projecteurs, ses plateaux à crampons, les serveuses qui sautaient d'une voiture à l'autre en treillis bleu, un peu lâches, les hamburgers servis dans une espèce de papier ciré filandreux, tout fumant d'oignons écrasés et frits sur le grill, avec de la moutarde et du ketchup dans des cylindres de plastique qu'on pouvait presser dessus. Et les samedis soir, quand tout le monde sort draguer — il y avait un type en voiture chez Gregg qui filait dans le mauvais sens, personne ne pouvait plus avancer. Plus ils klaxonnaient, plus le type insistait. Comme s'il en faisait un *test*. Il remonte ses vitres et boucle ses

portières, pour que personne ne puisse l'attraper, et poursuit sa percée. Ce type-là contre Kesey. Kesey va chercher une des pommes de terre avec lesquelles ils préparent les frites, ressort, et l'écrase dans le tuyau d'échappement du type, ce qui fait tousser le moteur — t'as plus loin à aller, dans c'te direction ou dans une *autre*, mon pote. Le type porte plainte contre Kesey pour lui avoir fait péter son moteur, et Kesey finit devant le tribunal pour enfants, où il essaye d'expliquer au juge comment ça se passe, le samedi soir, chez Gregg : la Vie, quoi — ce qu'on *éprouve* — LA Vie — la Vie des drive-in pour les jeunes Américains de la fin des années 40, début des années 50, c'était *précisément* ça, des trucs comme ça — mais comment expliquer ça à qui que ce soit ?

Oui, bien sûr ! — cette *impression* — par ici, le soir, quand on est libre, avec le moteur qui tourne et l'adrénaline qui monte, quand on navigue sous le festival de néons de la nouvelle nuit américaine — c'était le paradis que d'appartenir à cette première génération des gosses les plus extraordinaires de l'histoire du monde — ils n'avaient que quinze, seize ou dix-sept ans, et portaient des chemises Oxford roses, style *haute couture*, des pantalons tirés, des ceintures étroites et souples, des chaussures de sport — avec tout ce Straight et ce V8 en poudre dans le coffre et cette splendeur de néon au-dessus. Cela rejoignait les super-exploits technologiques des jets, de la TV, des sous-marins atomiques, des supersoniques — les banlieues américaines de l'après-guerre — un monde merveilleux ! et merde pour les intellectuels délicats de la civilisation américaine qui dégénère... Ils ne pouvaient comprendre, à moins de lui avoir donné le jour — cette impression — ce que c'était que d'être des Super-kids ! la première génération au monde de ces petits démons — de se sentir vaccinés, au-dessus des calamités. Les parents se souvenaient d'un ordre des choses qu'on avait rejeté, de la Guerre et de la Crise — mais les Super-kids ne connaissaient que le frisson de la grande revanche, lorsque plus rien n'était ordinaire — LA VIE ! Quel monde magnifique, quelle magnifique époque, je vous le dis ! Une véritable Renaissance de Néon — et les mythes qui vous empoignaient alors — pas ceux d'un Hercule, d'un Orphée, d'un Ulysse, d'un Enée — mais celui d'un Superman, d'un Capitaine Merveille, d'un Batman, de La Torche Humaine, du Sous-Marinier, du Capitaine America, de l'Homme de Plastique, de l'Eclair — bien sûr ! Qu'est-ce qu'ils croyaient que c'était, les gens de Perry Lane — des fantasmagories ? — quand il leur disait que les super-héros des bandes dessinées étaient d'honnêtes mythes américains ? On vivait *déjà* dans un monde de fantaisie ; le monde électro-pastel de la banlieue de Papa-Maman-Frangine-et-les-Copains. C'est là qu'ils vont, dans la voiture familiale, une Pontiac Bonneville blanche — *la voiture de la famille !*— une créature de fantaisie s'il en est une, énorme, insensée, foutrement-puissante, 327 chevaux, un coupé qui vous a des allures lascives de mille-et-une nuits de luxe et de lubricité — *vous y êtes déjà, à Fantasyland,* alors pourquoi est-ce que vous ne plaquez pas votre cale sèche, votre morgue de lit à édredon, et ne vous envolez pas — allez-y, dites-le — Sésame ! Le mot magique — poussez-la, ça la démange déjà : 327 000 chevaux, longue comme une super-autorrute, qui *file en hurlant* vers... la Ville-Limite, et d'ultimes fantaisies, présentes et futures... Billy Watson avait dit Sésame ! Et s'était métamorphosé en Capitaine Merveille. Jay Garricy avait respiré un gaz expérimental dans un laboratoire de rech...

... et s'était mis à voyager et à penser à la vitesse de la lumière... Il était devenu l'Eclair... la fantaisie du jour. Oui. La légende d'un Kesey diamant-à-l'état-pur ne dura pas très longtemps, comme fantaisie. Quant à lui, la plus intéressante personne de Perry Lane n'était aucun de ces intellectuels ou autres romanciers, mais un jeune diplômé de psychologie, Vic Lovell. Lovell ressemblait à un jeune psychanalyste viennois, ou du moins à sa version des universités californiennes. Il était élancé, avec des cheveux noirs, fous, et intellectuellement très sûr de lui, en même temps qu'enthousiaste. Il initia Kesey au Freudisme. Kesey n'était encore jamais tombé sur un tel système de pensée. Lovell pouvait lui démontrer de la manière la plus convaincante comment les traits de caractère les plus mondains et les incidents mineurs qu'on rencontrait à Perry Lane ressortissaient à la plus riche, la plus complexe interprétation symbolique de la vie qu'on ait jamais élaborée, celle de Freud... Et un peu de gaz expérimental par-dessus... Oui. Lovell lui parla de certaines expériences que l'hôpital pour anciens combattants de Menlo Park conduisait, des expériences sur des drogues « psychomimétiques » provoquant des états temporaires proches des psychoses. Les volontaires étaient payés soixante-quinze dollars par jour. Kesey se présenta. Tout était parfaitement au point, clinique. Ils l'avaient mis au lit dans une chambre blanche, et lui avaient donné une série de pilules, sans lui dire de quoi il s'agissait. Vous n'étiez plus rien, un fœtus. L'une de ces pilules, le Ditran, était toujours une terrible épreuve. Kesey la voyait toujours venir, celle-là : les poils de la couverture sous laquelle il était couché se redressaient soudain comme un champ d'épis contaminés, hideux ; il se mettait les doigts dans la gorge et tentait de vomir. Mais l'une d'elles... Ça avait commencé par un écureuil qui avait fait tomber un gland d'un des arbres, dehors, sauf que le bruit était extraordinaire et qu'on aurait dit que c'était dans la chambre même, pas dehors, et que ce n'était pas vraiment un bruit non plus, mais comme l'irruption d'une présence, visuelle, presque tactile, un immense coup de... *bleu...* tout autour de lui. Il se retrouva soudain dans un ordre de conscience dont il n'avait jamais rêvé. Pas un rêve, ni un délire, quelque chose qui faisait partie de son contrôle des choses. Il regarde le plafond. Lequel se met à bouger. Panique — et cependant, pas de panique. Le plafond bouge — pas en tourbillons délirants, mais suivant ses propres dimensions de lumière, d'ombre et de surface, et c'était loin d'être aussi joli et aussi lisse que le Super Plaster Man de plâtrier l'avait conçu, avec la bulle de son infaillible niveau de charpentier glissant dans un tube de miel Karo sombre et sirupeux, et pas aussi sûr que tu croyais, mon pote, y a des petites bosses et des petites arêtes par là, mon pote, et des lignes, des lignes comme des arêtes dorsales sur la crête des vagues d'un sable de désert de cinéma ; derrière chaque crête, prise de loin par la caméra de la MGM, l'ombre de l'inquiétant A-rabe qui descend de la suivante — car seul le sinistre Saracen connaît la route, et tu ignorais le nombre de traquenards que tu as laissés là-haut, Plaster Man, quand tu t'efforçais de *tout* égaliser, *tout,* à l'aide de ta bulle dans le tube de miel d'un niveau de charpentier, pour que nous ne voyions plus qu'un plafond quand nous levons la tête, parce que nous savons bien, tous, ce que c'est qu'un plafond, parce que ça a un *nom,* le plafond, ça n'est donc qu'un plafond — pas de place pour les A-rabes, là-haut, au Pays du Niveau, hein, Plaster Man. Et voici qu'il se sent comme une balle de ping-pong sur un courant de stimuli sensoriels. Son cœur bat, son sang se précipite, sa respiration s'interrompt, ses dents grincent, sa main se promène sur le drap de percale; sur ces trames hérissées comme un feu de brousse, avec le soleil qui reluit et une tringle d'acier inoxydable sous le plein feu des projecteurs, une jolie séquence que tu tiens là, sous tes feux, Hondo, Technicolor, prends-les un par un, comme si tu pêchais des boules de gomme de néon avec une pelle à vapeur dans la Galerie des Miracles. Une balle de ping-pong dans un courant de stimuli sensoriels, tous assez ordinaires, mais... qu'on *découvrirait* pour la première fois, et qui se produiraient... *Maintenant...* comme s'il pénétrait pour la première fois un moment de son existence, et savait exactement ce qui leur arrivait, à ses sens, en ce moment précis, et c'est, à chaque nouvelle découverte, comme s'il se pénétrait tout entier, ne faisait plus qu'*un* avec lui-même ; le désert de cinéma blanc du plafond se transforme en quelque chose de riche, de personnel, à lui, dont la beauté défie toute description, comme un orgasme de derrière les yeux, et ses A-rabes — les A-rabes de derrière les paupières, les films de derrière les paupières, il y a assez de place pour eux, et pour bien d'autres choses encore, dans ses synapses stroboscopiques aux cinq milliards de pensées la seconde — ses héros a-rabes, avec leurs belles moustaches en crin de cheval, des Doubles Ordinaires, enroulées autour de l'Orbicularis Oris de leur bouche...

Un visage ! Le docteur revient et, merveilleux pauvre con de constipé, toubib, Kesey peut maintenant voir *en lui.* Il remarque pour la première fois que la lèvre inférieure du docteur tremble, mais il fait plus que *voir* ce tremblement, il le comprend, il peut — il les voit presque ! — voir chaque fibre de muscle s'étirer, tirer vers la gauche la pauvre gelée de sa lèvre, et les fibres régresser dans les cavernes d'infra-rouge de son corps, par le relais d'un réseau de nerfs aux nœuds comme des transistors de radio, tous en état d'Alerte Numéro Un ; les crochets de ces pauvres benêts tentent désespérément de faire se tenir *tranquilles là-dedans* ces petits tordus de salauds, c'est moi le Docteur, c'est un spécimen humain que j'ai devant moi — ce pauvre benêt a son propre film de désert dans l'estomac, sauf que chaque A-rabe à crins de cheval lui est une menace — si seulement sa lèvre, son visage, pouvaient rester planes, planes comme la bulle de miel du Plaster Man Officiel le lui avait promis...

Miraculeux ! Il pouvait, pour la première fois, *voir à l'intérieur des gens,* véritablement…

Eh oui, cette petite capsule qui lui glissait gentiment gentiment dans le gosier, c'était du LSD.

Vint le moment, très rapidement, de passer à une autre fantaisie, la fantaisie des cliniciens de Menlo Park. Elle se ramenait à ceci que les volontaires, pour les cliniciens, étaient des animaux de laboratoire, qu'il fallait considérer objectivement, quantitativement. Il était bien connu que les gens qui se portaient volontaires pour des expériences sur les drogues étaient, de toute façon, assez instables. Les médecins venaient les voir en blouse blanche, écritoire à la main, pour leur prendre la tension, leur faire un électrocardiogramme, relever leurs urines, et leur poser des problèmes de logique et de mathématiques, tels qu'additionner des colonnes de chiffres et évaluer des temps et des distances. Les problèmes étaient simples, mais il leur fallait répondre devant un magnétophone. Les médecins, quant à eux, étaient *en dehors du coup.* Ils ne prenaient jamais de LSD. Ils ne manifestaient absolument aucune compréhension. Les mots, de toute façon, n'eussent pas suffi.

Il y a des moments où vous avez envie de peindre quelque chose d'immense… Lovell est à la clinique. Il a pris du LSD et se met à dessiner sur le mur un immense Bouddha. Qui semble tout envelopper… Smock fait son entrée. Il ne regarde même pas, et se contente de poser les éternelles questions de son formulaire. Lovell attaque :

— Qu'est-ce que vous pensez de mon Bouddha ?

Smock l'examine un instant et dit :

— C'est très féminin. Et maintenant, voyons à quelle vitesse vous pouvez m'additionner ces chiffres…

Très féminin. Délivrez-nous de ces clichés qui emprisonnent jusqu'au cerveau de ces soi-disant expérimentateurs comme sous le rideau de fer en accordéon d'un magasin de fourrures. Et Kesey avait le même problème avec ses gars. L'un d'eux, un jeune avec les cheveux en brosse, et le visage le plus franc, le plus franc, le plus aimable, le plus lisse, le plus horrible, le plus plat visage à bulle de miel de Plâtrier qu'on ait jamais fait, venait le voir et gardait les yeux écarquillés, comme pour s'assurer que ce gros paquet de muscles, sur le lit, était toujours *doué de raison ;* puis il prenait un ton suffisant qui recouvrait toute la pièce comme un coton hydrophile imprégné de toute la craie des gommes usées du lycée de Springfield.

— Et maintenant, quand je dirai « allez-y », vous me direz « ça y est » quand vous estimerez qu'une minute se sera écoulée. Vous avez saisi ?

Ouais, il avait saisi. Kesey planait. Sa notion du temps était *abolie,* et des milliers de pensée à la seconde se précipitaient entre ses synapses, en une fraction de seconde, alors, merde, qu'est-ce que c'est qu'une minute... Mais une pensée s'incrustait, là-dedans... Ma-*li*-cieuse, *dé*-li-cieuse. Il se rappelait que son pouls battait à 75 à la minute chaque fois qu'ils le prenaient. Aussi, lorsque le Dr Fog lui dit « Allez-y », Kesey glisse-t-il sournoisement son doigt gluant sur son pouls pour compter jusqu'à 75, avant d'annoncer :

— Ça y est !

Le Dr Smog[1] regarde son chronomètre.

— Stupéfiant ! dit-il.

Et de sortir sur ce mot.

Tu l'as dit, mon pote, mais t'es comme un tas de gens, tu n'en sais rien.

Le LSD. Comment peut-on — maintenant que le nom est psalmodié en grosses lettres sur les panneaux de tous les kiosques à journaux... Mais ceci se passait vers la fin 1959, début 1960, deux bonnes années avant que Papa-Maman-Frangine-et-les-Copains aient entendu parler de ces lettres effrayantes, et tombent en pâmoison en apprenant que les Drs Timothy Leary et Richard Alpert s'en servent pour griller la cervelle des gosses de Harvard. Avant même que le Dr Humphry Osmond ait inventé le terme « psychédélique », pour éviter le côté cabanon de « psycho »... Le LSD ! Quelle sacrée chance que d'être tombé dessus par hasard, un secret de taille — le triomphe des souris blanches ! Kesey et Lovell eurent vite fait d'essayer toute la gamme des drogues, le LSD, la psilocybine, la mescaline, le peyotl, le IT 290, la super-amphétamine, le Ditran et son coup de massue, les graines à vous réveiller les morts. Ils avaient découvert ce que les cliniciens de Menlo Park eux-mêmes n'auraient jamais... Quelle merveilleuse ironie : les

1. Jeux de mots sur le nom du docteur : *smock,* blouse blanche ; *fog,* brouillard ; et *smog,* purée de pois *(N.d.T.).*

Blouses Blanches étaient censées se servir d'eux. Au lieu de quoi, elles leur avaient fourni la grande clef. *Et tu ne le sais même pas, mon petit pote... Ces drogues altèrent suffisamment votre perception pour que vous finissiez par ne plus voir que par des orifices oculaires complètement étrangers. Tous tant que nous sommes, une bonne partie de notre cerveau est verrouillée. Ce verrou nous coupe de notre propre monde. Et ces drogues semblent bien être la clef qui peut ouvrir cette porte.* Combien étaient-ils ? Deux douzaines, peut-être, dans le monde entier, à partager cet incroyable secret ! Parmi lesquels Aldous Huxley, qui avait pris de la mescaline et en avait parlé dans *les Portes de la perception.* Il avait comparé le cerveau à une « soupape de sûreté ». Dans la perception ordinaire, les sens communiquent au cerveau un torrent de renseignements, que celui-ci filtre et réduit au minimum pour assurer notre survie dans un univers impitoyablement compétitif. L'homme est devenu si rationnel, si pratique, que ce minimum devient des plus réduits, des plus incolores. Il est efficace, du point de vue de la simple survie, mais il élimine les éléments les plus remarquables de notre expérience potentielle, sans même que nous le sachions. *Nous sommes coupés de notre propre monde.* L'homme primitif avait l'expérience complète de ses sens, de leur vaste et étincelant torrent. Les enfants en ont l'expérience pendant quelques mois — jusqu'à ce qu'une éducation, un conditionnement « normaux » leur ferment les portes de cet autre monde, généralement pour toujours. D'une certaine manière, disait Huxley, les drogues nous ouvrent ces portes immémorielles. Et l'homme moderne peut enfin les franchir, et redécouvrir son droit divin...

Mais ce sont encore des *mots,* mon gars ! *Et les mots ne suffisent pas.* Les Blouses Blanches aimaient à tout réduire à des mots, tels que *hallucination* et *phénomène de dissociation.* Ils pouvaient parfaitement comprendre le côté visuel, les fusées visibles. Donnez-leur un bon cas, un cendrier qui se transforme en piège à mouches vénusien, ou des cathédrales de cristal dans un film intérieur, et ils s'en délectent — *Kluver, ouvrage cité, p. 43n.* Parfait. *Mais vous ne comprenez donc pas ?* Ces trucs visuels ne constituent, avec le LSD, qu'un décor. De fait, vous pouvez fort bien passer par toute l'expérience sans une seule véritable hallucination. Le tout était... dans l'*expérience...* une certaine *sensation,* qui était indescriptible... Indescriptible parce que les mots ne peuvent que vous rafraîchir la mémoire, et on ne peut se souvenir de... L'*expérience* de la barrière entre le subjectif et l'objectif, le personnel et l'impersonnel, le *Moi* et le *pas-Moi,* qui disparaît... Cette *impression*-là !... Vous vous rappelez peut-être quand vous étiez enfant et que vous regardiez pour la première fois quelqu'un rapprocher son crayon d'une feuille de papier, pour dessiner quelque chose... La ligne se précise — c'est un nez ! Et ce n'était pas seulement un graphisme sur une feuille de papier, mais le miracle même de la création, et vos propres rêves se fondaient à cette ligne magique... qui se précisait... et ce n'était plus une image, mais un *miracle...* une *expérience...* Et maintenant que le LSD vous propulse, vous retrouvez la même *impression* — sauf qu'il s'agit de la création de l'univers tout entier...

Cependant, à Perry Lane, ce n'était plus exactement le vieux Rêveur que tout le monde affectionnait. Kesey, soudain — eh bien, sa voix était toujours aussi douce, mais il se révélait plein d'une essentielle vitalité. Le petit théâtre de Perry Lane s'était graduellement mis à graviter autour de lui. L'engagé volontaire s'était mis à la disposition de la science à l'hôpital de Menlo Park — et voici que les drogues se réveillaient et marchaient sur Perry Lane. Le LSD, la mescaline et le IT 290, surtout. Etre à la page, à Perry Lane, comportait désormais un élément auquel personne n'avait jamais rêvé, celui de la drogue qui vous envoie au septième ciel, qui vous fait péter la cervelle. C'était là une épreuve décisive pour certains vieux oracles, qui se révélaient manquer de *cool,* en l'occurrence. Robin White et Gwen Davis étaient contre cette nouvelle vogue. Tant pis, ils commençaient à lui casser les pieds, et c'était Kesey qui avait le pouvoir. La personnalité de Perry Lane s'était comme dédoublée, ce qui revient à dire qu'elle s'était identifiée à celle de Kesey. On aurait dit, la moitié du temps, un groupe d'étudiants en goguette, tout le monde dehors sur l'herbe, un beau samedi après-midi d'automne, à l'ombre mouchetée des arbres et du chèvrefeuille, en train de jouer au football ou au basket-ball. Une heure plus tard, Kesey et son cercle s'envoyaient ce dont ils étaient seuls, avec une petite avant-garde de chercheurs en neuropharmacopée, à connaître même l'existence, ces drogues du futur, ces drogues du domaine de l'utopie libératrice des neuropharmacologues, d'un âge qui verrait...

Ben, merde-alors. Et j'crois qu'on s'fout pas mal non plus aujourd'hui de l'art de vivre des Français, pas vrai, les gars, ils devraient tous avoir leur petite panse, les frogs [1], comme disait Henry Miller, et se mettre au lit tous les soirs en pyjama, avec un col et un passepoil — tenez, les gars, prenez cette lettre et postez-la-moi au vieux Morris, celui des orchidées, à Loredo, Texas, dites-lui qu'il vous faut assez de cactus de peyotl pour garnir toutes les tombes en ruine des veuves d'un petit coin bien tranquille comme Palo Alto. Oui. Ils ont découvert qu'ils pouvaient passer commande de peyotl dans une boutique d'orchidées de Laredo, et l'une des nouvelles distractions de Perry Lane — adieu Robin, adieu Gwen — consiste à voir qui va aller attendre l'express, à la gare, pour prendre livraison, attendu que le simple fait de détenir du peyotl, mais pas du LSD, est déjà illégal en Californie. On leur en livrait de foutus paquets, mille souches et boutons pour soixante-dix dollars — un peu plus pour les boutons seulement. Si vous étiez pris, vous étiez *pris,* pas d'excuse possible. Il n'y avait aucune raison au monde de se procurer ces foutues plantes fétides, si ce n'était pour se défoncer comme un macaque. Et ils se mettaient tous à les découper en lanières pour les faire sécher, ça prenait des jours, et puis à les moudre en poudre ou à les faire mijoter jusqu'à les réduire en bouillie, pour en remplir des capsules de gélatine ou, plus simplement, en tirer leur foutu bouillon, qui était si horrible, si nauséabond, si incroyablement abominable, qu'il fallait le geler pour essayer de détruire le goût, et jeûner la veille pour être sûr de ne rien avoir dans l'estomac, tout ça rien que pour en ingurgiter quelques gorgées. Mais après ça — *hop!* Perry Lane, Perry Lane.

Des kilomètres
des kilomètres
des kilomètres
des kilomètres
des kilomètres
des kilomètres
des kilomètres

1. Grenouilles : argot pour Français *(N.d.T.).*

sous cette bonne vieille végétation du meilleur fleuriste, et des visions de

Visages
de visages
de visages
de visages
de visages
de visages
de visages

qui lui défilent derrière les paupières, de visages qu'il n'a jamais vus auparavant, entiers, avec des fossettes de spectre, des yeux qui ressortent, des boucs filandreux, et soudain : Chief Broom. Le peyotl vous produit cet effet, on ne sait pas pourquoi... Kesey est au cinéma, derrière ses paupières, les visages défilent, des galeries de visages étranges qui se bousculent derrière ses paupières, des visages qui ne sortent de nulle part. Il ne sait rien des Indiens, il n'en a jamais rencontré aucun, mais en voici un soudain, grandeur nature — Chief Broom — sa solution, la clef, la foutue clef de son roman...

Il n'avait même pas l'intention de l'écrire. Il travaillait à un autre livre, sur North Beach, qu'il avait intitulé *Zoo*. Lovell lui avait suggéré de prendre un boulot de garde de nuit dans le pavillon psychiatrique de Menlo Park. Ça lui ferait un peu d'argent, il n'y avait pas beaucoup de travail, la nuit, et il pourrait continuer son roman. Mais Kesey s'était laissé prendre par son travail. Tout leur système — ils n'auraient pas trouvé mieux s'ils avaient voulu mettre au point la parfaite Anti-Cure pour ce dont souffraient les malades. Les rendre dociles, les dompter. Jouer des faiblesses mêmes qui leur avaient fait perdre la boule. Les abrutir de tranquillisants, les salauds, et s'ils continuaient de broncher, les traîner aux « chocs » pour les punir. Admirable...

Il lui arrivait de se défoncer avant d'aller travailler. Il pouvait *voir dans leurs visages*. Il écrivait, parfois, ou dessinait les patients, et, tandis que le stylo à bille creusait leurs traits sur le papier en lignes graisseuses, il pouvait... c'était ce qu'il y avait à l'*intérieur* de ces hommes qui se dessinait dans ces crevasses. Extraordinaire impression. L'angoisse et la douleur ressortaient et coulaient dans les crevasses de leurs visages et dans celles du stylo à bille, les mêmes — elles ne faisaient plus qu'*un!* — désormais, narines noires d'étourneaux, yeux noirs d'étourneaux, cri d'orfraie aveugle et noir sur chaque visage : « Moi ! Moi ! Moi ! Moi ! Je suis — Moi ! » Il pouvait voir en eux. Et... comment parler de tout cela à qui que ce soit? On vous prendrait vous-même pour un cinglé — mais après coup, alors qu'il n'était plus dans les vaps, il *continuait de voir en eux.*

Son roman, *One Flew Over the Cuckoo's Nest,* avait pour héros un vagabond nommé Randle McMurphy. Une bête solide et saine, qui décide de feindre la folie pour sortir de la ferme pénitentiaire où il purge une courte peine de détention ; il lui préfère ce qu'il imagine être le doux confort d'un hôpital psychiatrique. Et le voici qui se présente avec ses boucles blond-roux qui s'échappent de dessous sa casquette, plaisante à tout propos, et essaye de secouer un peu les mabouls du cabanon. Ils n'y résistent pas. L'envie les prend, brusquement, de *faire* des choses. Big Nurse, le tyran qui règne sur le pavillon, le déteste... Il affaiblit la discipline, le Contrôle, le Système. Et nombre de pensionnaires, peu à peu, lui en veulent de les forcer à se conduire de nouveau en hommes, à lutter. Big Nurse sera finalement amenée à jouer son va-tout et à se débarrasser de McMurphy en le faisant lobotomiser. Cependant, cette crucifixion encourage un pensionnaire indien, un schizophrène nommé Chief Broom, à se réveiller, à s'évader de l'hôpital, et à recouvrer la santé : plus exactement, à courir comme un beau diable vers les espaces libres.

Chief Broom. La clef. Sur le plan technique, son trait de génie. S'il avait raconté l'histoire à travers les yeux de McMurphy, il lui aurait fallu terminer par un tas d'homélies exprimant des vues personnelles sur la psychothérapie de son gros cogneur. Au lieu de quoi il l'avait racontée à travers les yeux de l'Indien. Il pouvait, de cette façon, décrire de l'intérieur l'état de schizophrénie de Chief Broom, et présenter en même temps avec plus de subtilité la Méthode McMurphy.

Les orchidées de chez Morris ! Il avait écrit plusieurs passages du roman alors qu'il était sous l'influence du peyotl et du LSD. Il s'était même soumis clandestinement à un électrochoc, pour pouvoir écrire le passage où Chief Broom revient de la « salle des chocs ». Les boutons de Laredo qu'il avalait — il écrivait comme un dératé quand il prenait des drogues. Il se rendait bien compte, après, que ça n'était souvent que de la merde. Mais certains passages — comme ceux qui décrivaient les brouillards schizophréniques de Chief Broom — ressortissaient à une authentique *vision,* un peu de ce que vous découvririez, mes amis, si vous ouvriez les portes de la perception...

Immédiatement après avoir terminé *One Flew Over the Cuckoo's Nest,* Kesey sous-loua sa maisonnette de Perry Lane et repartit pour l'Oregon avec Faye. C'était en juin 1961. Il passa l'été à travailler dans la crémerie de son frère Chuck, à Springfield, pour mettre un peu d'argent de côté. Puis ils s'installèrent dans une petite maison de Florence, dans l'Oregon, à soixante-quinze kilomètres environ à l'ouest de Springfield, près de l'océan, dans une région où l'on abattait le bois. C'est là que Kesey commença à réunir la matière de son second roman, *Sometimes a Great Notion,* qui racontait l'histoire d'une famille de bûcherons. Il avait pris l'habitude de se promener tôt le matin et tard le soir dans leurs « paniers », ces camionnettes qui servaient d'autobus aux bûcherons pour les conduire aux chantiers, et les en ramener. Le soir, il fréquentait leurs bars. Il faisait suffisamment H.L.M. pour bavarder avec eux. Au bout de quatre mois, le couple retourna à Perry Lane, où Kesey allait écrire son livre.

One Flew Over the Cuckoo's Nest fut publié en février 1962 et assura aussitôt sa célébrité littéraire :

« Une écrasante réussite » — *Mark Schorer*

« Un nouveau et grand romancier américain » — *Jack Kerouac*

« Puissant réalisme poétique » — *Life*

« Un étonnant premier roman » — Le *Traveler* de Boston

« Voici un premier roman d'un intérêt tout particulier » — Le *Herald Tribune* de New York

« Sa façon de raconter est si prenante, son style si vibrant, la compréhension de ses personnages si évidente, que le lecteur est conquis... Un vaste et solide talent, qui nous a donné un livre solide et vaste » — *Saturday Review*

Quant à Perry Lane — tout ceci confirmait toutes leurs expériences. A commencer par la vieille Paranoïa de la Drogue — la peur que ce truc sauvage et incontrôlé dans lequel ils s'étaient lancés ne finisse graduellement par... *vous pourrir* la cervelle. Eh bien, voilà la réponse : Chief Broom !

Et McMurphy... Mais bien sûr. La fantaisie du jour... Kesey était un type dans le genre de McMurphy, qui essayait de les faire sortir de leur trou, de leur cale sèche, de leur propre petit jeu de fausses audaces et de fausse existence, de leur jeu d'intellectuels petits-bourgeois, et de partir pour... la Ville-Limite... où l'on avait peur, mais où les gens étaient des hommes. Et si la drogue était ce qui vous permettait de déverrouiller les portes, d'y aller, et de réaliser tout ce qui était en vous, alors tant mieux...

Les gens de Perry Lane eux-mêmes ne semblaient pas vraiment saisir l'importance du livre qu'il était en train d'écrire, *Sometimes a Great Notion*. Il racontait l'histoire d'un clan de bûcherons et de son chef, Hank Stamper, qui défie son syndicat et, par là, une communauté tout entière, en continuant de travailler pendant une grève. Le livre sortait de l'ordinaire. C'étaient les grévistes, dans ce roman, qui étaient les coquins, et le briseur de grève qui était un héros. Le style était expérimental et, parfois, difficile. Et le « mythe » auquel il se référait principalement ne ramenait pas à Sophocle, ni même à Sir James Frazer, mais... oui, au Capitaine Merveille. Les dirigeants du syndicat, les grévistes, les gens de la ville étaient des tarentules, qui faisaient tous allégrement le même serment : « Nous tirerons vengeance et réparation de tous ceux dont nous ne sommes pas les égaux... et cette " loi de l'égalité " sera désormais la seule vertu ; et nous voulons élever notre cri contre tout ce qui s'identifie à une quelconque puissance ! » Hank Stamper, tout à fait consciemment, s'identifiait au Capitaine Merveille. Dont la réputation était celle d'un... *Ubermensch*. La fantaisie du jour...

... à Perry Lane. Une nuit, le soir où Kesey, Faye et les gosses rentrent de l'Oregon, ils prennent la route de leur vieille maison, et ils trouvent un drôle de type devant, dans le jardin, qui sourit et roule les épaules, et fait de grands gestes, dans tous les sens, comme s'il y avait un autre batteur, quelque part, un autre batteur, vous comprenez, qui, en réalité, ne lui sortait que de la calebasse... Bon, eh bien, Salut, Ken, oui, euh, eh bien, t'étais pas dans les *parages*, comme qui dirait, tu comprends, doublement emmerdé, doublement emmerdé, et y m'ont dit que ça te dérangerait pas, quand on est généreux, pas de — hum — oui, j'ai eu moi-même une Pontiac, une Pontiac 47, dans le temps, elle tenait la route, on aurait dit un oiseau préhistorique, tu comprends... et, oui, Neal Cassady s'était ramené, comme s'il sortait tout droit de *On the Road*, et... Qu'est-ce qui va encore nous tomber dessus, Chief ? Ah... une floppée de frisés peinturlurés, un cirque...

Toutes sortes d'individus allaient se rassembler dans les parages. Ils étaient servis, en fait... d'*underground*, nos Hips de Californie. Kesey, Cassady, Larry McMurtry, deux jeunes écrivains, Ed McClanahan et Bob Stone, Chloe Scott, le danseur, Roy Seburn, l'artiste, Carl Lehmann-Haupt, Vic Lovell... et Richard Alpert en personne... toutes sortes d'individus qui n'arrêtaient pas d'arriver et de repartir, ils avaient tellement entendu parler de l'endroit, de ses beatniks — le mot était toujours à la mode — les gosses de la baraque qu'on appelait le Château, Jerry Garcia, avec sa tignasse, et le Cowboy Cadavérique, Page Browning. Tous séduits par les étranges festins dont on leur avait parlé... le fameux Chili de Gibier de Perry Lane, une spécialité de Kesey, un ragoût de gibier assaisonné de LSD, qui vous envoyait les quatre fers en l'air sur la fourche du grand chêne, en pleine nuit, au beau milieu de Perry Lane, jouer au flipper avec les diapos du ciel... Perry Lane, quoi.

Et un tas d'âmes perdues, qui venaient voir... Ils commençaient par être fascinés. C'était trop beau pour être vrai. Le Walden Pond de Thoreau[1], sans les misanthropes qui tournent auteur. Mais une communauté de gens intelligents, très ouverts, le cœur-sur-la-main — c'était l'expression consacrée — des gens au cœur-sur-la-main qui pouvaient vraiment compter les uns sur les autres, et qui *partageaient*... de toutes sortes de manières, c'était même incroyable, et étaient tous embarqués dans une espèce de... *eh bien*, dans l'aventure d'une expérience de la vie. Bon sang, vous pouviez les voir essayer de mettre le doigt dessus... et pui... graduellement, comprendre qu'il y avait ici quelque chose qui leur *échappait* encore... Comme cette fille, un après-midi, dans cette maison, quand Alpert était passé par là.

1. L'étang vaudois *(N.d.T.)*.

Il travaillait avec Timothy Leary depuis un an. Elle l'avait déjà rencontré, deux ans auparavant ; il était alors le jeune clinicien, le psychologue sérieux à cent pour cent — des légions de rats et de chats en cage, système cérébral, corpora callosa et chiasmes optiques découpés, accouplés, coupés en dés, surgelés, au nom de la Méthode Scientifique. Et Alpert se retrouvait assis par terre dans la position du Lotus qu'affectionnaient ces clochards, coudes sur les genoux, en épiloguant fort sérieusement sur le bébé qui rampait aveuglément aux quatre coins de la pièce. Aveuglément ? Comment ça, aveuglément ? Ce bébé est une créature douée de tous ses sens... Ce bébé a du monde une vision totale que vous et moi ne retrouverons jamais. Les portes de sa perception ne se sont pas encore fermées. Il vit encore pleinement le moment dans lequel il vit. Les inévitables conneries de l'existence n'ont pas encore constipé son cortex cérébral. Il voit encore le monde tel qu'il est vraiment, alors qu'il ne nous en reste plus qu'une vague version historique qu'on nous a fabriquée avec des mots et autres conneries officielles — et ainsi de suite, et Alpert se lance dans ses jongleries à la Ouspensky au sujet d'un bébé qui, pour ce qui est de la fille, se traîne, bave, flanche et roule au sol comme tous les bébés... Mais elle apprenait sa leçon... Le monde est impitoyablement divisé en deux catégories : ceux qui ont fait cette *expérience*, et ceux qui ne l'ont pas faite — ceux qui ont franchi cette porte, et...

Etrange impression, pour toutes ces bonnes âmes, que de s'aviser brusquement qu'ici même, dans les chaumières et sous les arbres de leur petit Perry Lane, sous le chèvrefeuille, les libellules, les branches, les feuilles, et les milliers de petits trous par lesquels pointait le soleil, tandis que les âmes honnêtes et laborieuses sorties du tunnel d'eucalyptus de Stanford s'escrimaient au bas des passes sur le terrain de golf d'en face, cette extraordinaire expérience aux limites de la conscience se poursuivait, à la découverte de terrains dont nul d'entre eux, ni personne, n'avait encore entendu parler.

PALO ALTO. CALIF., 21 juillet 1963 — et, un beau jour, la fin d'une époque, comme aiment à dire les journaux. Un entrepreneur avait acheté la plupart des terrains de Perry Lane et allait démolir les maisonnettes pour les remplacer par des constructions modernes. Les bulldozers arrivaient.

Les journaux se ramenèrent pour leurs reportages sur la

dernière nuit de Perry Lane, le noble et vénérable Perry Lane, et se mirent en quête d'intellectuels locaux à la Thorstein Veblen, assez inspirés pour jouer les prophètes de malheur et l'illustrer de vibrantes et amères déclarations sur cette civilisation de la machine qui dévore son propre passé, le vieux cliché de la Fin d'une Epoque.

Ils ne trouvèrent que des espèces de *dingues*, couchés sur un matelas, dans la fourche d'un arbre, complètement dans les vaps, qui offraient à tout le monde, reporters et photographes, une espèce de Chili de gibier — mais on sentait bien qu'il y avait quelque chose dans l'air...

Et au moment des déclarations amères et sentimentales, eh bien, en fait de déclarations, ce grand costaud de Kesey avait sorti de chez lui son piano, et ils s'étaient tous mis à taper dessus comme des forcenés, avec des haches, avant de le brûler, en l'appelant « la plus vieille créature vivante de Perry Lane », sauf qu'ils rigolaient et poussaient des yahoos.

Dans les vaps, d'une drôle de façon, tous. Ils décrochaient les étoiles. Il était diablement difficile de faire un bon papier sur la Fin d'une Epoque avec ce genre de cirque,

mais ils réussirent quand même à en ramener le papier qu'ils avaient amené, le cliché intact, la Fin d'une Epoque. Si seulement ils avaient pu chasser de leurs oreilles les hurlements du *Chi-li de Gi-bier...*

Aucun d'eux n'aurait compris, de toute façon, même si on l'avait mis au courant. Kesey avait déjà acheté une nouvelle maison, à La Honda, en Californie. Il avait déjà proposé à une douzaine d'habitants de Perry Lane de l'accompagner, de transporter la scène, l'Epoque, toute la sarabande, à...

Versailles, son Versailles à Loyer Modéré, de l'autre côté de la montagne, derrière les bois, à La Honda, Calif. Là où — où — dans les feux :::::: la rampe :::::: et la poussière de néon...

« ... un nouveau message d'une importance considérable... le bienencontreux contrecoup... »

V

La poussière de néon Biscotte-Bistre

Une vraie carte de Noël,
  La nouvelle maison de Kesey près de La Honda.
  Une cabane de bois, une crique dans la montagne, un petit pont de bois,
  A vingt-cinq kilomètres de Palo Alto, passé
  Cahill Ridge, là où la 84
  Coupe à travers une gorge plantée d'arbres rouges —
Un mètre de forêt d'arbres rouges!
Une vraie carte de Noël.

Et —
Une stratégique retraite.
  Pas un voisin à moins de deux kilomètres.
  La Honda vivait à la mode des Westerns.
  Une ruche pépère,
  Une oasis,
  Mais tout au fond derrière les arbres rouges.
  On ne pouvait les voir, des gradins de la vieille 84,
  Ces
  Rien que ces deux relais sur la route du Wilde West, le Bazar
  Baw,
  Et le Hilltom Motel, dans le style touriste.
  Avec des enseignes de bois brun aux bouts déchiquetés,
  Bien découpées pourtant, vous savez,
Comme pour vous dire
  Ça chauffe, dans le Wilde Weste, chers visiteurs,
  Mais lunettes sanitaires
  Et pastilles d'ammoniaque dans tous les urinoirs
  Notre Wilde Weste doit rester Sani-pur —

La Conquête de l'Ouest ?
Par les antiseptiques, ma foi.

Le défilé de La Honda
Nous le devons sans doute à ces drôles de pistolets de Younger Brothers
Ils se trouaient la panse en ville
C'est la faute-à-papa, mais s'étaient mis en quatre
Pour nous revaloir ça.
Ils avaient bâti leur magasin tout en bois, ces sacrés farceurs.
Ils étaient comme ça, les Younger Brothers,
De
Et voilà que ce Kesey
Et ses joyeux Hurons, au bas de la route...

... dans les ::::: feux ::::: de la rampe :::::

Ils n'étaient, début 1964, qu'un tout petit groupe. Dans l'après-midi, Faye, l'éternelle et béatifique femme du pionnier, est à la maison, devant son fourneau, sa machine à coudre, ou sa machine à laver ; les enfants, Shannon et Zane, traînent dans ses jupons. Kesey s'est installé un bureau et une machine à écrire dans une petite hutte de bois, près de la crique, et finit de réviser *Sometimes a Great Notion,* qui compte maintenant près de 300 000 mots. Il y a là un ami de l'Oregon, George Walker, un jeune Américain blond, bien bâti, typique, pas encore la trentaine, fils d'un riche propriétaire foncier. Walker a un caractère en or, comme on dit, et est toujours en train de s'écrier, *Non, pas vrai !* sur le ton le plus enthousiaste. Et Sandy Lehmann-Haupt. Sandy est le frère cadet de Carl Lehmann-Haupt, que Kesey a connu à Perry Lane. C'est un beau gosse de vingt-deux ans, grand, mince — exalté. Sandy, par l'intermédiaire de Carl, avait fait la connaissance de Kesey, trois mois plus tôt, le 14 novembre 1963, quand celui-ci était venu à New York pour la première de l'adaptation théâtale de *One Flew Over the Cuckoo's Nest.* Kirk Douglas jouait le rôle de McMurphy. Sandy avait lâché l'université de New York et travaillait comme ingénieur du son. Il avait le génie des bandes magnétiques, des enregistrements, des systèmes audio-visuels, etc. Mais il traversait une période difficile. Si difficile qu'il avait essayé de se faire admettre de son plein gré dans un asile psychiatrique. Carl l'en avait dissuadé de justesse, et l'avait traîné à la première de *One Flew Over the Cuckoo's Nest.* Sandy y avait découvert ce Randle McMurphy... et Kesey... à qui Carl avait demandé d'emmener son frère à La Honda, de le tirer de toute cette bourbe new-yorkaise. Et s'il y avait un endroit au monde pour vous guérir de ce truc, de New York, c'était bien là, derrière chez Kesey, dans les feux :::::: de la rampe :::::: de ce berceau de verdure :::::: au bout du sentier, derrière la maison, en remontant la colline, jusqu'à cette forêt d'arbres rouges. Sandy y avait découvert, tout à coup, une fabuleuse demeure naturelle, quelque chose comme un grand enclos surmonté d'un dôme, du genre auquel pensent les gens lorsqu'ils parlent d'une « cathédrale au milieu des pins », sauf que ces arbres rouges étaient encore plus majestueux. La façon dont le soleil passait à travers les feuilles — troncs et feuilles semblaient s'élever à une centaine de kilomètres au-dessus de votre tête. Il faisait toujours beau et frais en même temps, une belle journée d'automne tout au long de l'année. Le soleil passait à travers des kilomètres de feuilles et s'essaimait comme dans un tableau pointilliste, avec des ombres tachetées de vert sombre, mais une éclatante lumière dans l'immense superstructure vert sombre, une perpétuelle lumière de citron vert, des après-midi vert-et-or, le calme, une paix perpendiculaire, parfumée de l'odeur du bois ; les voitures qui roulaient sur la 84 n'y ajoutaient qu'un fond sonore de pneus, *sheee-oooooooo,* un bruit de zéphyr. Tout ici n'était que paix. Et des plus rassurants !

Sandy, Kesey et Walker montaient parfois dans la forêt avec des haches et coupaient un peu de bois pour la maison — quoique le mot fût impropre pour chez Kesey. Sandy se rendait bien compte que ce dernier n'était pas exactement un homme des bois. La Nature inviolée ne l'emballait pas outre mesure. C'était plutôt comme s'il n'avait vu, dans cette forêt, qu'un fantastique décor de théâtre... un happening, une œuvre d'art de tous les jours...

Il avait placé sur son toit des baffles haute-fidélité. Et soudain un énergumène de macaque qui souffle dans un saxophone de plastique troue l'ozone de cette grande montagne verte du Bon Dieu — un disque d'Ornette Coleman. Un peu bizarre, le chemin que prennent nos trois bûcherons : des mobiles à noisettes pendent aux branches inférieures, surmontés d'un tas de peintures délirantes, fixées aux arbres. Et puis, dans la cavité d'un arbre immense, étincelant dans la pénombre verte, un cheval de fer-blanc, dont le métal est tordu de telle manière que le grotesque petit animal se renverse sur ses genoux, en piteuse posture.

Le terrain qui intéressait le plus Kesey, de fait, était à l'intérieur de sa maison. Elle était en bois, mais ressemblait davantage à un atelier qu'à une cabane. La pièce principale avait de grandes portes à battants vitrés, pour l'effet pictural, des poutres apparentes, et une grande cheminée de pierre dans le fond. Kesey possédait toutes sortes d'appareils enregistreurs, des magnétophones, des caméras, des projecteurs ; Sandy y avait encore ajouté des systèmes de relais et des trucs assez compliqués. Les gens de Perry Lane leur rendaient souvent visite — bien que personne ne se soit encore installé dans les parages. Ed McClanahan, Bob Stone, Vic Lovell, Chloe Scott, Jane Burton, Roy Seburn. De temps à autre, Chuck, le fère de Kesey, et son cousin Dale descendaient de l'Oregon. Ils ressemblaient tous deux à Kesey, mais en plus petits. Chuck était intelligent, tranquille. Direct et sans façons. Dale était un solide gaillard, le plus direct de tous. Kesey, quant à lui, essayait de mettre au point diverses formes d'expression spontanée. Ils s'exerçaient, par exemple… à s'étendre tous au sol et à beugler à qui mieux mieux. Kesey se passe un micro dans chaque manche et leur plonge les mains sur la tête, tel un sorcier à ses passes ; leurs voix éclatent dans les micros qui s'agitent au-dessus d'eux. Les résultats étaient parfois assez jolis…

… bon, un charabia de cinglés pour d'honnêtes oreilles humaines, si vous voulez. Pour l'intellectuel moyen suffisamment ouvert et qui a entendu parler de l'Armory Show, en 1913, d'Erik Satie, d'Edgard Varèse et de John Cage, ça pourrait paraître… *avant-garde,* comme qui dirait, vous savez. De fait, comme tout le reste ici, cela ressortit à la même… *expérience,* celle du LSD. Cet autre monde auquel le LSD ouvrait votre esprit n'existait que dans l'instant — *maintenant* — et toute tentative de planification, de composition, d'orchestration, d'écriture, ne pouvait que vous le dérober, vous rejeter dans un monde de conditionnement et de routine où l'esprit n'était plus qu'une soupape de sûreté…

Ils s'exerçaient à des improvisations encore plus effrénées... telles que les Bandes Magnétiques Humaines, de grands rouleaux de papier de boucherie dont ils couvraient le sol. Ils prenaient des crayons gras de diverses couleurs, et gribouillaient des symboles sur lesquels ils improvisaient tour à tour : Sandy, la grosse caisse rose ici, et il produisait une espèce de *chee-oonh-chunch- chee-oonh-chunch,* et ainsi de suite ; Kesey, la guitare donne par là, *bringa broinga brang brang;* Jane Burton, des éclats de vocalises de ce côté ; Bob Stone, la Voix Off qui raconte des histoires sur fond de Jazz Humain — le tout enregistré sur magnétophone — et puis soudain — quoi ? — de l'acide, du peyotl, des graines, qui étaient drôlement dégueulasses à avaler, des milliards de graines bilieuses qui vous éclataient en pissenlits dans l'estomac, pâteux, gonflés — mais actifs ! — ou de l'IT 290, de la dexédrine, de la benzédrine, de la méthédrine — des amphétamines ![1] — ou de l'herbe et des amphétamines — on arrivait parfois à des combinaisons d'amphétamines, d'herbe et de graines qui... La porte du LSD s'ouvrait dans votre esprit sans avoir à en passer par l'incontrôlable déchaînement qu'il provoquait... Et Sandy en prend, du LSD, et les feux :::::: de la rampe :::::: le berceau de verdure magique se dissout en... *poussière de néon...* Pour du pointillisme, c'en était. Des particules dorées, vertes comme la forêt, brillantes, dont chacune se chargeait de lumière, et qui miroitaient ensemble et ruisselaient comme une mosaïque électronique, de la pure poussière de néon californienne. Impossible de décrire la beauté de cette révélation : *voir* tout à coup, pour la première fois, l'atmosphère dans laquelle vous vivez depuis des années, et sentir en même temps, à l'*intérieur* de votre être, jaillir de votre cœur, de votre torse, et inonder votre cerveau, une fontaine d'électricité... Et... Le IT 290 ! — Sandy et George Walker sont là-haut, sur le grand arbre, en face de la maison, à cheval sur une branche, et Sandy fait l'expérience de... l'intersubjectivité — il sait *exactement* ce que Walker est en train de penser. Inutile de décrire l'ensemble, il suffit de préciser la part de chacun.

— Tu vas peindre les toiles d'araignée, dit Sandy, et moi je peindrai les feuilles de derrière.

— Non, pas vrai ! dit George.

1. Plus connues, en argot américain, sous le nom de « speed » *(N.d.T.)*.

Il le sait bien, que c'est vrai — nous nous promenons tous dans ces combinaisons de conscience collective, d'intersubjectivité ; on va dans la cabane, près de la crique, avec des magnétophones, et on se met à *beugler* — une sorte de conversation par associations d'idées, de conversation instrumentale, de jazz, ou même de monologue, avec tout le monde, n'importe qui, en empoignant les mots, les symboles, les idées, les sons, et en les secouant dans tous les sens, par-dessus... les murs de la logique conventionnelle... L'un de nous découvre un tas de pièces de jeu d'échecs, en bois. Des personnages sculptés, on dirait des hommes préhistoriques, tous des vieillards, que quelqu'un a laissés dehors. Ils ont pris l'humidité et se sont gondolés, fendus, ouverts à leur véritable personnalité. Celui-ci a bien une robe, mais son sexe en est sorti et pendaille. Il porte une lance...

— Vous avez pas vu ma fille ? Elle prétend qu'j'lui fais honte. Elle prétend qu'tout le monde pense que qu'j'ai qu'un con dans la cervelle. A *mon* âge...

— Oui, monsieur, nous sommes au courant. Votre fille n'est qu'une encornée, une petite salope, mais je suis le Roi, et je n'ai pas le choix. Il faut que je vous coupe les couilles...

— Majesté, je vous contre...

— Vos couilles ?

— Exactement ! Avec ces chapeaux de moyeu que vous avez foutus par là...

— ... Exactement ! *Incroyable, à vrai dire.*

Nous avons tous chacun dans la main une figurine, à laquelle nous nous identifions, et nous exprimons par des grognements la personnalité que nous lui voyons, et nous nous mettons à penser en même temps aux mêmes choses. *Moi aussi, je les ai vus, ces drôles de petits creux,* sous la main, pas plus larges qu'une minuscule tête d'épingle, et je les ai pris *pour... des chapeaux de moyeu dorés... J'allais le dire...*

C'est la plus étrange impression de ma vie — cette intersubjectivité — comme si nos consciences respectives s'étaient ouvertes et se répandaient toutes ensemble, et qu'il eût suffi de guetter un clin d'œil ou un tressaillement de la bouche, ou la figurine tremblotante que chacun avait dans la main...

— Une fille avec des tétons de gymnote, vous n'allez quand même pas la croire, Roi ?

— Les tétons de gymnote qui ont ionisé l'épée du Roi Arthur sous l'eau des marais ?

— Les mêmes. Des tétons qu'ont un millier de toutes petites ventouses de succion, une petite encornée de vache, ma parole, du gibier de potence à 120 volts ou j'm'y connais pas...

... Comment, par quel étrange miracle, une expression comme celle-là, du gibier de potence à 120 volts, avait-elle pu venir à l'esprit de tous en même temps...

Mais il y avait aussi quelques marais — ce n'est plus tout à fait le Jardin du Paradis et le miracle de la découverte pour les anciens de Perry Lane. Et l'on entend quelques récriminations dans le vallon magique. Kesey s'est mis à nous organiser nos voyages. Il distribue lui-même les drogues, une pour soi, une pour toi... et à peine commencez-vous à vous détendre et à cuver votre truc qu'il vous secoue — Hop ! Hop ! — Tout le monde debout ! — et organise une balade dans les bois...

Après quoi certains demandent à Kesey un peu d'acide et de IT 290 à ramener à Palo Alto. « Nnnnon », dit-il, en renversant la tête comme pour être sûr de prendre le ton qu'il faut, car le sujet est délicat. « Je crois qu'il vaut mieux que tu le prennes sur place... »

Sur le chemin du retour, quelqu'un murmure :

— On était tous sur le même pied, dans le temps. Aujourd'hui, c'est Kesey qui mène la danse. On vient chez lui. On prend son acide. On fait ce qu'il veut.

Mais que veut-il ? Graduellement, obscurément, il se révèle que l'imagination de Kesey vagabonde encore, qu'elle a même dépassé la leur, aux anciens de Perry Lane. De toute façon, nul ne s'en ressent pour le nouveau grand plan de Kesey — qu'ils déménagent en bloc, avec des tentes et tout le tremblement, et transplantent à La Honda la scène de Perry Lane. Ils commencent à considérer l'endroit comme une sorte de Versailles montagnard, dont Kesey serait le Roi Soleil, un Roi Soleil qui ne cesse de grandir, avec cette grande mâchoire qui découpe son profil sur les arbres et les sommets. On n'en arrive cependant jamais à une franche rupture, ni même au désenchantement. Ils se sentent mal à l'aise, c'est tout. Ils ont l'impression que Kesey veut aller plus loin, à la poursuite d'un rêve dont ils ne savent pas trop s'ils ont envie de l'explorer.

Il y avait un autre ennui : un tas d'autres gens commençaient à se pointer chez Kesey. Certains des anciens de Perry Lane ne savaient trop que penser de Cassady. Et voilà qu'il arrive dans ce Versailles, il s'amène, il s'amène, torse nu, avec ses bras qui gesticulent et ses muscles abdominaux qui lui saillent sur les côtés, on dirait un souleveur de poids... On est hip, on a le sens du sacré, du primitif. Seulement, Kesey a l'air d'insinuer que Cassady a des *leçons* à nous donner, c'est à *vous qu'il parle.* Ce qui était vrai. Cassady recherchait une communion intellectuelle. Mais ces intellectuels ne voulaient voir en lui que le sacré, le primitif, le gosse de Denver, l'homme de la *nature* en notre sein. Cassady sentait bien, parfois, qu'ils ne l'acceptaient pas, sur le plan intellectuel, et se retirait dans un coin pour y poursuivre son monologue de maniaque. « Bon, murmurait-il, j'triperai tout seul, c'est mon trip à moi, tu piges... »

Ou Page Browning. Le Cowboy Cadavérique avait trouvé le chemin, lui aussi. A Perry Lane, c'était un olibrius comme les autres, un fauché qui se pointait de temps en temps. Sauf que, maintenant, Kesey insinue qu'il a des leçons à nous donner. Kesey trouve qu'il y a quelque chose de loyal, de brave et de créateur, de *créateur,* sous ce visage cadavérique, cette pomme d'Adam, ce blouson noir de motocycliste qui doit lui être resté de ses équipées avec les Hell's Angels — et cette grosse voix de basse. L'homme des cavernes de la Shell. C'est peut-être ça, la peur de se sentir un petit peu déplacé, après tout, parmi ces intellectuels si hips... si distingués... Un petit Ahor, comme disait Arthur Koestler ; cette Horreur Ancestrale, qu'il a depuis l'enfance — notre aimable gosse des faubourgs arrive à la station d'essence à bicyclette ; c'est là, du côté des cavernes graisseuses où ils huilent les moteurs, à quatre pattes, que nos durs à cuire se racontent des histoires de chattes, ponctuées de références cliniques aux mouvements de leurs boyaux et à la pétarade. Doux Jésus, vous n'avez pas oublié les avant-bras qu'ils ont, avec leurs veines de basane qui leur font des lanières tout autour, comme des tubes chirurgicaux, gorgés de cette inimitable prétention des durs à cuire de basse extraction, prête à tout moment à nous regarder de haut et à nous *repérer...* nous, les petits poulets bien élevés. Mais Kesey adorait ce genre de fauchés. Il était toujours prêt à chahuter avec. Un de ces jours, il finirait par chahuter avec les fauves de ces véritables abîmes d'Ahor qu'étaient les cavernes de la Shell, les Hell's Angels eux-mêmes...

Rares étaient ceux, parmi les gens de la nouvelle cour de La

Honda, qui sortaient des HLM, mais l'endroit finit par être beaucoup plus relaxe que Perry Lane.

Un des vieux amis de Kesey, Kenneth Babbs, revenait tout droit du Vietnam ; il avait été capitaine de fusiliers marins et avait piloté des hélicoptères. Babbs était sorti de l'université de Miami avec un diplôme de lettres, magna cum laude. Un grand athlète, aussi. Il avait suivi les cours de littérature expérimentale à Stanford, où Kesey l'avait connu. Grand, de carrure puissante, un véritable personnage de Rabelais. Retour de la guerre, il leur était tombé dessus avec le rire cosmique d'un bon gros ours grizzli. Il lui arrivait de porter des jours de suite un costume d'aviateur ; l'endroit importait peu, *on s'envole ensemble*. Et Babbs était capable de sacrées acrobaties. Il contribua largement au nouveau style de la colonie... Oui. C'était lui qui avait eu l'idée des *parades*, de ces grands spectacles publics qu'ils pourraient organiser...

Puis arriva Mike Hagen. Kesey l'avait connu dans l'Oregon. C'était un type assez beau, à la voix douce, bien élevé, de bonne famille, passablement riche, le genre de gosse qui fait sourire les papas-gâteaux quand ils emmènent leur fille de dix-huit ans pour sa première sortie ; Ouais, j'peux dire que j'l'ai bougrement bien élevée. Pas de voyous pour ma petite fille. De gentils petits Chrétiens qui vous disent « Oui, monsieur, Oui, ma'ma », et qui se peignent correctement en mettant de l'eau sur leur peigne. Hagen n'avait pas parqué sa voiture chez Kesey depuis dix minutes qu'il s'était déjà construit son Baisodrome derrière la cabane, un hangar de fortune avec de vieilles planches, orné de restes de tapis, d'un matelas recouvert d'un bout de couverture indienne en tissu imprimé, de bougies, de petites fanfreluches miroitantes, et d'un baffle haute-fidélité — pour le plaisir et le confort des Hagen's Girls. Oh, doux Jésus, ces Hagen's Girls et tout le tintouin qu'elles causaient — Absolument Nues, Anonymes... Mais nous en parlerons plus tard. Hagen, à sa façon, bénigne, et assez agréable, était un joli bonimenteur. Il était particulièrement doué pour le marchandage, le troc, la discussion, et revenait la voiture bourrée de matériel d'enregistrement et de cinéma, de micros, de haut-parleurs, d'amplificateurs, et même de matériel vidéo, flambant neuf. Si bien que la qualité de l'élément audio-visuel s'en était trouvée sensiblement améliorée...

Un autre jour, par exemple, un vieil ami de Perry Lane,

Gurney Norman, qui était écrivain, était venu en voiture du camp militaire de Fort Ord, passer le week-end à La Honda. Il avait emmené un de ses amis, un lieutenant d'infanterie de vingt-quatre ans, du nom de Ron Bevirt. Bevirt, au premier abord, avait dérouté tout le monde. Il faisait tellement militaire. Il était gras, négligé, arborait des cheveux en brosse particulièrement vulgaires, et était totalement nature. Mais Bevirt, lui, *les* appréciait et revenait tous les week-ends avec un tas de nourriture qu'il partageait volontiers avec tout le monde. Il souriait et riait beaucoup, et on ne pouvait que finir par se prendre de sympathie pour lui. Il finit par quitter l'armée et s'installer complètement. Il finit même par maigrir, se redresser, et laisser pousser ses cheveux jusqu'à ressembler au Prince Vaillant de la bande dessinée. Un beau gars, et tout à fait... dans le coup. On ne devait bientôt plus l'appeler que le Bonimenteur, et oublier presque complètement son véritable nom...

Les citoyens de La Honda et les autres, naturellement, finirent par se demander... ce que pouvaient bien *faire* ces petits cons ? Comment savoir ? Mais il était impossible de leur parler de l'*expérience*. Les mots ne suffisaient pas. Les citoyens avaient toujours la même marotte, leur fantaisie à eux, la manie de la pathologie. *C'est des cas pathologiques.* On versait parfois dans la psychologie — d'où est-ce qu'ils viennent, ces gosses, de foyers brisés, ou quoi ? Ou dans le social — Est-ce qu'ils ne seraient pas *aliénés,* ces gosses ? Notre société est pourrie jusqu'à la racine, ou quoi ? Les citoyens ne pouvaient comprendre cette expérience du LSD ; cette porte ne leur avait jamais été ouverte. Etre sur le seuil de... Seigneur ! Comment leur parler de cette vie-là ? La Jeunesse n'avait jamais eu que trois options : l'école, se trouver du boulot, ou vivre chez les parents. Quel ennui — chacune de ces options ! — comparé à l'expérience de... l'infini... et à une vie dont l'objet n'est ni scholastique ni bureaucratique, mais... *Moi* et *Nous,* au même *diapason* parmi les multitudes étrangères à la musique, les multitudes aux chaussures-noires-et-luisantes, *Moi* — les yeux fixés sur ce *trou* presque invisible, là-haut, dans le ciel des arbres rrrrouges...

Bob Stone, un soir, était dans son fauteuil, chez lui, à Menlo Park — il suivait toujours les cours de littérature expérimentale de Stanford — lorsque le téléphone sonna. C'était Babbs qui l'appelait de chez Kesey, à La Honda.

— Viens donc, disait-il, on va faire des choses intéressantes.

— Oh, non, dit Stone.

Il ne s'en ressentait pas trop. Il était assez fatigué, et il lui faudrait bien une heure pour y aller par la montagne, en voiture, et une heure pour revenir. Peut-être qu'une autre fois...

— Allons, Bob, dit Babbs. Ça ne te prendra pas une heure. Tu peux être ici en une demi-heure.

Babbs est en pleine forme. Stone peut entendre de la musique et des voix, dans le fond ; il doit vraiment se préparer des choses.

— Je sais exactement combien ça prend, dit Stone. Ça prend quarante-cinq minutes — une heure. Et plutôt une heure quand il fait nuit.

— Ecoute-moi ! dit Babbs en riant, et qui crie presque dans l'appareil. Un voyageur intrépide peut le faire en une demi-heure ! Le voyageur intrépide peut le faire à la vitesse de la lumière !

Babbs peut entendre, dans le fond, deux ou trois voix reprendre et marteler : « Le voyageur intrépide ! Le voyageur intrépide ! »

... Le voyageur intrépide ! crie Babbs. Le voyageur intrépide n'a qu'à se lever et se mettre en route, et il est ici !

Et ainsi de suite, jusqu'à ce que la résistance de Stone cède, qu'il monte en voiture, et qu'il fonce. Et il arrive. Une heure plus tard, oui.

Dès qu'il s'est garé en face de la maison et descend de voiture, lui parvient, de l'intérieur, du fond des bois, le Grand Tapage ; on dirait des caisses et des trompettes. Les Pranksters ululent et martèlent : « Le Voyageur Intrépide ! »

— Le Voyageur Intrépide !

— Le Voyageur Intrépide !

— Le Voyageur Intrépide !

— Le Voyageur Intrépide !

Il passe la grande porte vitrée. D'extraordinaires lumières blafardes et ocre, des gongs, des flûtes, des grosses caisses, des guitares, sur lesquels on tape comme sur des instruments à percussion...

— Le Voyageur Intrépide !
— Le Voyageur Intrépide !
— Le Voyageur Intrépide...
— ... redresse les lacets !
— Le Voyageur Intrépide...
— ... recourbe les lignes droites !
— Le Voyageur Intrépide...
— ... un rayon de lumière !
— Le Voyageur Intrépide...
— ... un éclair !
— Le Voyageur Intrépide...
— ... raccourcit les circuits !
— Le Voyageur Intrépide...
— ... vous envoie l'orchestre sur ondes courtes !
— Le Voyageur Intrépide...
— ... Et son orchestre de Joyeux Lurons !
— Le Voyageur Intrépide !...
— Et son orchestre de Joyeux Lurons s'en vont dans l'Est.

VI

L'autobus

Je ne pourrais vous dire exactement lequel des Merry Pranksters avait eu l'idée de l'autobus, mais ça sentait son Babbs. Pour une farce, de toute façon, c'était du super. Tout était parti, au printemps 1964, d'une première fantaisie : Kesey et quatre ou cinq autres se procureraient une fourgonnette et monteraient à New York pour la Foire Mondiale. Ils pourraient prendre des films et des enregistrements en route, faire les cons à la Foire, et voir ce qui se passerait. Ils se trouveraient également sur place lors de la publication du second roman de Kesey, *Sometimes a Great Notion*, au début juillet. Telle était, du moins, l'idée de départ.

Puis quelqu'un — Babbs ? — avait vu une annonce pour un autobus scolaire, un International Harvester 1939, qui appartenait à un type de Menlo Park. Celui-ci avait une grande maison, un tas de terrains, une jolie garde-robe de tweeds et de flanelles, et onze enfants. Il avait rafistolé cet autobus pour ses enfants. Il l'avait équipé de couchettes, de bancs, d'un réfrigérateur, d'un évier pour laver la vaisselle, de placards, de rayonnages, et d'une foule d'autres agréments pour la route. Kesey l'avait payé 1 500 dollars — au nom de l'Intrepid Trips, Inc.

Kesey avait passé la consigne. Les Pranksters s'y étaient mis, un après-midi. Ils entreprirent de le peindre, d'installer un équipement sonore, de découper une ouverture dans le toit et d'arranger le dessus pour qu'on puisse s'y installer en plein air et y jouer de la musique, et jusqu'à de la grosse caisse, des guitares et de la basse électriques, et tout le tremblement, ou se laisser rouler, tout simplement. Sandy s'occupa de l'installation électrique et traficota un système qui leur permettrait de diffuser de l'intérieur de l'autobus, avec des bandes et des micros; de puissants haut-parleurs fixés sur le toit balayeraient la campagne. Des microphones placés à l'extérieur enregistreraient les bruits de la route et les diffuseraient dans l'autobus. Il y avait également, à l'intérieur, un équipement sonore grâce auquel les Pranksters communiqueraient entre eux sans être gênés par le tintamarre du moteur ou celui de la route. On pourrait également enregistrer ce qu'on dirait, grâce à un mécanisme qui vous le renverrait une seconde après, avec un décalage réglable, qui vous permettrait de reprendre ce qui vous plairait. Ou vous pourriez mettre des écouteurs et accompagner simultanément de vos martèlements les sons de l'extérieur, sur une oreille, et ceux de l'intérieur, les vôtres, sur l'autre oreille. Il n'y aurait pas un foutu son, de tout ce voyage, de l'extérieur ou de l'intérieur de l'autobus, ou de votre propre cirque, de votre propre larynx, sur lequel vous ne pourriez vous brancher et que vous ne pourriez accompagner.

La peinture était dégueulasse, sauf pour les parties que Roy Seburn avait ornées de jolis et obsédants mandalas. Tout le monde avait apporté sa touche à une frénésie de couleurs crues, des jaunes, des oranges, des bleus et des rouges. C'était dégueulasse, mais avec au moins une qualité : ça faisait bougrement de l'effet. Quant à la destination, on pouvait en lire le nom sur le devant : « Hailleurs » — avec un H.

Ils firent un bout d'essai sur les routes du nord de la Californie. Cet autobus dingue, avec tous ces dingues à l'intérieur, n'avait pas son pareil pour semer tout de suite la consternation, une consternation accompagnée d'une confuse irritation, parmi les honnêtes citoyens. Les Pranksters étaient désormais parmi eux. C'était assez émoustillant — Vise comme les mères nous regardent ! — et ça allait faire un sacré raffut dans le pays. Mais il y avait aussi des gens que cela changerait un peu de la pauvre vie-de-chien qu'ils menaient dans leur patelin, de vieux bonshommes, une dactylo quelconque, à qui la vue de l'autobus inspirerait... un certain frisson, ou du moins quelque désarroi devant cette invitation au voyage. Dans l'un ou l'autre cas, se disaient nos Voyageurs Intrépides, il restait un espoir. Ces gens-là n'étaient pas complètement perdus. L'autobus offrait également d'excellentes occasions de troubler l'ordre normal des choses. Prenez les flics, par exemple.

Les Pranksters, un après-midi, faisaient un bout d'essai sur les routes du nord, à travers les bois. Un incendie de forêt venait de se déclarer. La fumée commençait à s'élever des arbres et de partout. Ils avaient pris de l'acide et étaient tous dans le cirage. Ils l'avaient mis dans du jus d'orange, et au frigo ; il suffisait d'en boire un plein godet de carton pour être complètement défoncé. Cassady était au volant. Il cahotait à travers les bois en flammes, et tordait le gouvernail dans tous les sens, au rythme de son orchestre intérieur, dont les battements étaient troués par les plaintes et les vagissements d'une sirène.

Une sirène ? Un motard, en l'occurrence. On n'a jamais rien vu de si drôle, se disaient-ils in petto. La fumée sort de tous les côtés de la forêt. Ils naviguent à travers des nuages d'explosions, et voilà que ce flic s'en fait pour un malheureux autobus. Le flic le plaque sur le bas-côté et se livre à une espèce d'inspection en règle de cette grosse brute, question sécurité, tandis que de plus en plus de fumée se déverse des bois. La plaque d'immatriculation est pas bien placée, mon gars, elle est pas éclairée, votre clignotant m'a pas l'air en bon état, et les freins, voyons un peu le frein à main. Cassady s'est déjà lancé dans un long monologue, sauf qu'il le ponctue d'un tas de « monsieur » : « Eh bien, monsieur, c'est-à-dire que c'est un frein à crans, un Hammond à deux val-ves, monsieur, vous comprenez, j'l'ai fait mettre pour un ro-dé-o, à Springfield, dans l'Oregon, fallait traverser en marche arrière, des tas de biberons et de piquets jaunes, une piste de slalom, en plein coeur existentiel de l'Oregon, c'est plein de maniaques, par là, vous comprenez, monsieur, service-service, monsieur, oui monsieur, braque dans les quinze tonnes, quinze tonnes, z-avez qu'à regarder ici, monsieur, vous voyez, vérifié par un employé de la Station Shell de Springfield, Oregon, un pur-sang, hiver 62, ses bottes de caoutchouc n'ont jamais gelé, monsieur, quinze tonnes qu'il braque, là, tenez... » Il se remet à tirer sur le frein à main comme s'il était attaché à quelque chose, ce qui n'est pas le cas, il se contente de pendiller, tout en écrasant son pied sur le frein à pédale ; l'autobus en frémit, comme si ce frein à main avait une sacrée prise. Le flic en a complètement perdu le nord. Le monologue de Cassady l'a dérouté, et puis qu'est-ce que ces... *types* sont en train de foutre. Tout le monde est descendu, sur ces entrefaites, et se bouscule dans l'herbe rousse, en riant, en gloussant, en poussant des petits cris ; l'acide les propulse au septième ciel, et les bois sont en flammes, mon pote, le monde entier est en flammes, et le monologue de Cassady sur la sécurité automobile lui sort de la gorge comme une fumée magique, on dirait que le dieu Speed lui grille dans les entrailles, et le flic, représentant des citoyens de Californie devant une situation totalement dingue, ne s'occupe que d'un frein à main totalement inexistant. Et tout ce qu'il voit, le flic, c'est un tas de cinglés en tenus gueulardes, orange et vert, avec des masques, des garçons, des filles, des hommes, des femmes, treize ou quatorze, couchés dans l'herbe, qui font des bruits incroyables, hideux — doux Jésus, on peut pas discuter, nom de Dieu, avec ces... Il les contourne et s'enquiert :

— Qu'est-ce vous êtes, euh — dans le théâtre ?

— Oui, c'est ça, monsieur l'agent, dit Kesey. On est dans le théâtre. C'est pas tous les jours fête, j'vous assure, et ça *va pas* être tous les jours fête, mais c'est l'métier.

— Bon, dit le flic, arrangez-moi ces trucs et...

Il se retourne vers sa voiture, en jetant un dernier regard à ces cinglés.

... faites attention, la prochaine fois...

Il redémarre en trombe.

Il n'y avait pas mèche ! Comment filer une contravention à un ramassis de gens qui se roulent dans l'herbe rousse avec des masques de Day-Glo, des masques grecs, pratiquement, le côté Carnaval phosphorescent, le côté élan en plus, en gloussant, déchaînés, dans leurs accoutrements et leur monde à part, tandis que le Dieu Speed grésille comme un plat de frites dans les boyaux d'un type qui ne s'arrête même pas de parler pour respirer. Une contravention ? Les Pranksters se sentaient plus immunisés que jamais. Ils n'avaient plus aucune raison de demeurer isolés, alors que les gens de La Honda en avaient tellement plein les yeux qu'ils en suppuraient, ces ovoïdes. Les Pranksters pouvaient passer sous le nez de l'Amérique et leur en faire voir de drôles, mais la défonce n'aurait qu'un temps et, l'autobus parti, toute cette Fabuleuse écume qui leur montait à la tête réintégrerait la friteuse cérébrale.

L'autobus de Jérôme Bosch était donc parti de chez Kesey en arobrant son « Hailleurs » sur le devant et, à l'arrière, cet avertissement : « Attention — Drôle de Cargaison. » Bizarre, en effet, mais l'euphorie, à bord, n'en régnait pas moins, tandis que l'autobus cahotait sous le chaud soleil de la Californie, en ce mois de juillet. Ils étaient en route, munis de tout ce qu'ils avaient pu préparer chez Kesey, et en route pour Hailleurs. On se passait les joints ; c'était chouette, on planait, sur les routes d'Amérique. Cassady s'était mis au volant, et on s'en allait avec Kesey, Babbs, Page Browning, George Walker, Sandy, Jane Burton, Mike Hagen, l'Emmerdeur, le frère de Kesey, Chuck, et Dale, son cousin, ainsi qu'un certain Brother John et trois nouveaux venus qui n'étaient là que pour la balade, ou qui voulaient gagner New York, tout simplement.

L'un d'eux était un jeune type assez beau — on aurait dit le Michael Caine du début, dans *Zoulou,* quand il était mince — qui répondait au nom de Steve Lambrecht. C'était le beau-frère de l'avocat de Kesey, Paul Robertson, et il montait à New York retrouver une certaine Cathy de ses amies. Et puis il y avait deux filles : Paula Sundsten, une jeune fille bien en chair, très sexy, qui pétait le feu, et une recrue de son Baisodrome que Hagen avait dénichée sur la plage de San Francisco. Tout l'opposé de Paula Sundsten. Elle était mince, avec de longs cheveux noirs, et pouvait bouder et se taire obstinément comme s'énerver et se déchaîner la minute suivante. Elle était belle comme une ensorceleuse de TV.

Dès San Jose, qui était à peine à quarante-cinq kilomètres, on était déjà pas mal dans le bain. La nuit était tombée. Un bon nombre de Pranksters planaient, lorsque l'autobus eut sa première panne. Ils gagnèrent une station-service, où un employé eut vite fait de plonger son nez dans le capot pour examiner le moteur, que Cassady faisait tourner, tandis que les grands projecteurs fluorescents d'alentour balayaient l'engin de leurs étranges lames. La route ruisselait de phares de voitures. Cassady appuie sur le champignon. Une étrange mélopée monte de l'autobus, par les haut-parleurs, ou par les vitres ouvertes. Paula Sundsten s'est emparée d'un micro branché sur le décalage réglable et s'est avisée d'émettre d'étranges bruits de spectre, un rire de vampire radiophonique ; elle gémit comme une Carabosse et hurle : « Comment ça s'est pass-ay-ay-ay... à San Ho-zay-ay-ay-ay » ; le système réglable reprenant les ay-ay-ay-ay et les doublant, les quadruplant, les décuplant. Un écho sans fin, qui n'arrête pas de ricocher — et ce rire étrange, légèrement hystérique, et les petites plaintes désespérées d'une mandoline par-dessus, celle de la petite amie de Hagen, étendue sur un banc, à l'intérieur, qui pince sa mandoline et rit en même temps — comme ça, sans arrêt...

Au-dehors, il y a un bonhomme, un type du coin, qui s'est approché de l'autobus. L'ennui, c'est qu'il n'a pas du tout l'air impressionné ; tout simplement l'air de quelqu'un qui va voir ce qui se passe et qui fait son diagnostic quand il y a une voiture en panne, c'est la chose à faire, en Amérique, quand on est un Homme.

Il s'adresse à Kesey et à Cassady :

— Vous savez c'que j'crois qu'vous avez besoin ? Z-avez besoin d'un bon mécanicien. J'suis p't'êt' pas un bon mécanicien, mais je...

Et d'avancer son diagnostic, sous les ululements de Paula, ponctués d'effets de vampire, cependant que la Belle Ensorceleuse s'agite et ne se sent plus, et que...

... comme j'ai dit, c'qu'y vous faut, c't'un bon mécanicien, et j'suis p'têt' pas un bon mécanicien, mais...

Et — bien sûr ! — les « Non ». Ce foutu monde tout entier était plein de gens toujours prêts à vous dire qu'ils n'étaient pas qualifiés pour telle ou telle chose, mais qu'ils n'en étaient pas moins résolus à foncer et à s'en mêler. Kesey décida d'être le Non-navigateur. Babbs était le Non-docteur. Le voyage en autobus devenait toute une allégorie de la vie.

Avant de traverser le pays, sur la route de l'Est, ils s'arrêtèrent chez Babbs, à San Juan Capistrano, au sud de Los Angeles. Babbs et sa femme Anita y avaient une maison. Ils rangèrent l'autobus dans le garage et s'assirent pour une ultime et décisive conférence avant de filer vers l'Est.

Kesey se met à parler dans son vieil et doux accent traînant de l'Oregon. Tout le monde l'écoute.

— Voilà c'que j'espère qui va se passer pendant ce voyage, dit-il. Et j'espère que ça va durer — ça a déjà commencé. Chacun se met à son truc à lui, et on va tous continuer, carrément, et personne va essayer de s'attaquer à ce que font les autres.

— Des conneries, dit Jane Burton.

Kesey en reste un moment interloqué, mais profite de l'occasion.

— Je reconnais bien notre Jane, dit-il. C'est son truc, à elle.

Des conneries. Elle a trouvé son truc, et elle y va... Personne va essayer de s'attaquer à ce que font les autres. Si quelqu'un a envie de dire que c'est une connerie, si c'est son truc, il le dit. Si quelqu'un veut vous botter le cul, eh bien c'est pour ça qu'il est du voyage, pour vous botter le cul. Il va y aller carrément, et personne aura rien à y redire. Il aura qu'à vous dire : « Je regrette de vous avoir botté le cul, mais c'est mon truc à moi, de botter le cul des gens, et je le regrette pas. C'est pour ça que j'suis là, je botte le cul des gens. » Il faut que tout le monde soit ce qu'il est. Vous pouvez être n'importe quoi, y a pas à s'excuser. Et pendant tout le voyage, on va s'en payer, de c'qu'on est.

Ramener son cul, et tout ce qu'on est, et tout prendre en film et au magnéto, sur les routes du sud-ouest. Un réfrigérateur, un réchaud, un évier, des rangées de couchettes, des couvertures, de l'acide, des amphétamines, de l'herbe — et Hagen à la caméra, et tout le monde aux micros, et la musique qui écrase les rugissements de l'autobus — du rock'n'roll, du Jimmy Smith. Cassady est remonté comme ils l'ont jamais vu. Torse nu, une parodie de chapeau de cowboy sur la tête, il n'arrête pas de sauter sur son siège, de changer de vitesse — et-que-j't'embraye, et-que-t'embraye, et que j'te secoue le volant et le changement de vitesses, tout en martelant dans le micro accroché au-dessus de lui, comme un guide hystérique, ses commentaires sur la moindre voiture à l'horizon.

— ... Y a un coiffeur qui s'enfile la route à 250 à l'heure, vous pigez...

— Faut toujours se rappeler ces mots-là : sacrifice, fameux, et pour rien ! dit Babbs.

— A manger ! A manger ! A manger ! dit Hagen.

— Sortez l'anti-gomme, sergent ! scande Babbs, à l'adresse de Steve Lambrecht. C'est le seul moyen, pour un joint à la gomme, se le décoller de la lèvre à l'Anti-Gomme effervescente...

Et ainsi de suite. Steve a toujours un joint collé à la lèvre ; il se défonce avec n'importe quoi, tout ce qu'on peut lui refiler, on n'a jamais vu quelqu'un se défoncer comme ça. Il a relevé le mot Zonker[1] au passage...

— ... De l'Anti-Gomme pour le Zonker !

Sur quoi Babbs se met à parodier Cassady :

— ... Et voici Marie-Antoinette en Cadillac...

Et les haut-parleurs gémissent, la mandoline gémit, les rires bizarres gémissent, le décalage réglable gé-é-é-é-é-mit, et quelqu'un — qui ? — tout le monde, bon sang, *tout* le monde gémit :

— ... On commence quand même à y arriver, après trois jours de merde !

Ils avaient atteint Wikieup le second jour. C'était une vieille oasis du Wild West, en plein dans le désert de l'Arizona, sur la Route 60. Un désert tout gris-brun, avec le soleil et le lac, qui ressemblait à un immense étang plein de limon et de varech, mais l'air était fantastique. Sandy était en pleine forme. Kesey tint sa seconde conférence. Ils allaient prendre ici même leur premier acide du voyage, et y tourner leur premier film. Lui-même, et Babbs, et la magnifique et plantureuse Paula Sundsten allaient prendre de l'acide — *Raivaillez-vous*[2] — et les autres allaient prendre le tout. Hagen et Walker tourneraient le film, Sandy s'occuperait du son, et Ron Bevirt des photos.

Sandy ressent ses premières démangeaisons de... Quoi ? Alors... Il n'y aura que de l'Acide Officiel. Et alors... on va les séparer en groupes, les acteurs et les manœuvres, les étoiles et les figurants. Alors... il y a ceux qui sont dans le coup et ceux qui ne le sont pas. C'était tout à fait illogique, car Hagen et Walker étaient certainement plus proches de Kesey qu'aucun autre Prankster, excepté Babbs, et ils étaient « manœuvres », eux aussi, mais c'est comme ça qu'il ressent les choses. Il ne dit rien, pourtant. Pas... ouvertement.

Kesey, Babbs et Paula s'envoient du jus d'orange à l'acide pris dans le réfrigérateur, et attendent les vibrations. Paula est dans une sacrée forme. Elle n'a jamais pris de LSD auparavant, mais elle a l'air crâne, immunisée, prête à tout. Elle s'en envoie une bonne pinte. Ils attendent les vibrations... qui viennent bientôt.

1. Le Démolisseur *(N.d.T.)*.
2. Jeu de mots intraduisible sur le nom de cet oasis et l'injonction « wake up » — réveillez-vous — prononcée avec l'accent local *(N.d.T.)*.

Babbs a une grande canne, qu'il agite dans tous les sens, et ils se mettent tous les trois, Babbs, Kesey et Paula, à courir vers le lac en faisant des galipettes et en hurlant, et Paula plonge — elle en émerge la tête couverte de fange, avec de grandes tresses de varech et de limon vert... si rayonnante qu'elle en irradie toute la surface du lac et du désert. Elle en émerge en pleine euphorie...

— Oooooh ! Ça étincelle !

Elle tire sur ses longues tresses gluantes de limon, et ne se sent plus, toute à son cinéma...

... Ooooooooooh ! Ça étincelle !

Les perles d'eau qui s'accrochent à ses filets de limon sont pour elle autant de diamants, et tout le monde éprouve la même sensation, même Sandy...

— Ooooooooooh ! Ça étincelle !

... En pleine euphorie ! L'euphorie de se voir enguirlandée de longues guirlandes graisseuses de limon, une dingue du limon, il n'y en a pas de plus heureuse dans tout l'Ouest — et Babbs en est tout euphorique, lui aussi, pour elle...

— Gretchen Pêche la Reine des Vases ! crie-t-il en brandissant sa canne vers le ciel.

— Ooooooooooh ! Ça étincelle !

— Gretchen Pêche la Reine des Vases !

— Ça étincelle !

— Gretchen Pêche !

C'est merveilleux ! Tout le monde est dingue et euphorique, comme dans une vaste communion où l'on se défonce ensemble, comme s'ils avaient tous pris de l'acide, brusquement. Kesey est d'humeur athlétique ; il s'attaque aux fougères et autres verdures boueuses du lac. Babbs et Paula — Gretchen Pêche ! — poussent des yahoos aux cieux. Hagen filme fiévreusement toute la scène. Sandy a tiré jusqu'au bord du lac un paquet d'immenses câbles, pour enregistrer le son. Ron Bevirt les mitraille avec son appareil photo. Babbs, Paula — Gretchen Pêche ! — et Kesey ne cessent de plonger dans les entrailles fangeuses du lac.

— Revenez ! se met à hurler le cinéaste Hagen. Vous êtes sortis du champ !

Mais Babbs, Paula et Kesey ne peuvent l'entendre. Ils s'ébrouent de plus en plus loin dans la fange du paradis...

— Ça étincelle !

— Gretchen Pêche — la Reine des Vases !

La Beauté Ensorceleuse de Hagen, pendant ce temps, dans la contagion générale, a filé au réfrigérateur et a ingurgité un peu d'acide. Elle se retrouve près de l'autobus, sur le sable du désert, vêtue d'une blouse en peau de serpent noire et d'une cape noire ; ses longs cheveux noirs retombent dessus comme un tableau pré-raphaélite. Elle s'est étendue dans le désert, son visage blanc de sorcière traversé d'un rictus cosmique, et prend des poses en déclamant des vers. Elle a complètement perdu la boule, mais tout en couplets élisabéthains, en vers insensés et touffus :

« Il me semble que tu as besoin d'une gorgée d'herbe
Et ça t'a vite coupé le verbe
Tu es tombé à terre avec des cris d'orfraie,
Me chavirant le cœur, sautant toutes les haies ! »

Et ainsi de suite. Eh bien, elle ne mettra pas longtemps à faire chavirer le cœur insensé de Hagen, et il a vite déserté le Lac de Vase Euphorique pour se planter sur elle, les jambes écartées, tandis qu'elle continue de déclamer, couchée sur les planches du désert, la caméra braquée dessus comme sur Maria Montez dans une scène d'amour en gros plan — et notre Beauté Ensorceleuse s'envole bientôt pour de bon...

Ils remontent dans l'autobus, et en route pour Phoenix, avec la certitude, puisée dans l'euphorie du limon, que le film — Le Film ! — les nombreuses allégories de la vie qu'il présente — et eux, qu'ils ne peuvent plus rater leur coup. Hagen les talonnait pour le film, à toute heure, dans les entrailles bringuebalantes de l'autobus. Il y eut des moments, dans l'Histoire de ce Film, qui démolirent tout le monde. Et notamment lors de leur arrivée à Phoenix. C'était en pleine fièvre électorale, et dans la ville natale de Barry Goldwater. Aussi tendirent-ils cette banderole : « Si Vous Voulez Qu'On S'Amuse, Votez Pour Barry. » Et de décorer l'autobus de drapeaux américains. Cassady les conduisit en marche arrière dans l'artère principale de la ville, tandis que Hagen filmait la scène. Les drapeaux flottaient à contre-vent. Les citoyens de Phoenix en furent convenablement ébahis, outragés, charmés, estomaqués, et leur tournaient autour avec des yeux écarquillés, ou essayaient au contraire de garder un air détaché en leur jetant des regards furtifs, comme pour bien montrer qu'ils n'allaient pas se laisser impressionner par ces *fantaisies à la con* — quelques-uns même leur souriaient franchement, comme pour leur dire : Je suis de votre côté — si seulement je pouvais être des vôtres !

Le fait qu'ils fussent tous défoncés, aux amphétamines ou à l'herbe, ou à tant de mélanges qu'ils ne s'y retrouvaient plus, créait une atmosphère de grande vie secrète. Une grande vie secrète. Les citoyens ébahis ne pouvaient assister qu'aux manifestations extérieures des incroyables trucs qui se passaient à l'intérieur des crânes. Les Pranksters étaient devenus personnages de leurs propres films, du Grand Film. Ils adoptèrent désormais de nouveaux noms.

Steve Lambrecht devint le Démolisseur. Cassady, Vitesse Limite. Kesey, le Matamore, Babbs, le Voyageur Intrépide. Hagen, qui se propulsait partout avec sa grande caméra et qui planait jusque sur les rugissements de l'autobus, était le Déphasé. Ron Bevirt était chargé de l'ensemble du matériel, outils, fils, câbles, et tout le tremblement, et devint l'Emmerdeur de Quartier, puis, tout simplement, l'Emmerdeur. George Walker était le Presque Invisible. Et Paula Sundsten... Gretchen Pêche la Reine des Vases, bien sûr...

Et un bloc-notes !... Un simple bloc-notes d'enfant pour chaque nouveau personnage du Film, et chacun des personnages de ce film-là peut y écrire lui-même, ou d'autres peuvent s'en emparer et y écrire — savait-on jamais qui écrivait quoi ? Dans le bloc-notes de Gretchen, on pouvait lire ceci :

Enterre-les dans la fange !
Cria-t-elle, en s'ébrouant dans le jardin —
Un brin de persil serré dans
les mains — elle l'écrasait
toujours dans ses mains.
    Drôle d'affaire,
De plus en plus étrange,
dit-elle, en en passant un bout autour
de son doigt, car sa main
est toujours moite... « Naturellement », dit-
elle, « les racines sont profondes ».
    Ce n'était pas surprenant, mais elle

aurait bien aimé
savoir bon sang ce que c'est que
ÇA

Sur quoi il se montra des plus
embarrassés, gloussa en aparté,
et trébucha sur son ombre,
en les emmenant tous deux
dans une inénarrable aventure.

Ils sont en route depuis une semaine à peine que la belle, effervescente et sexy Gretchen, Gretch, est *aphasée.* Kesey, le Matamore en personne, en tire parti. Ça devrait en rester là, mais elle regarde... Babbs... qui a trébuché sur son ombre... ? Hmmmmmmmm... ? Le soleil du sud-ouest fait danser tant d'ombres et de rayons à travers les vitres, partout, au sol, sur les bancs, sur les montants des couchettes ; ils s'échappent en cascade des rugissements de dingue du moteur, et font danser les deux paires d'yeux de Gretch les deux paires d'yeux de Babbs, les quatre paires d'yeux de Gretch les quatre paires d'yeux de Babbs les huit paires d'yeux de Gretch les huit paires d'yeux de Babbs qui sourient vibrent et plongent l'un sur l'autre, et les plongent tous deux Gretch et Babbs dans une inénarrable aventure, vous saisissez. Kesey boude un peu — Kesey lui-même — mais sa bouderie cède aux soubresauts et rebondit, éclate en balles de tennis dans le soleil du sud-ouest. *Conduire une Plymouth 46 dans la poussière de l'Utah, avec une came déglinguée,* dit Cassady. La porte du réfrigérateur s'ouvre en grinçant, glouglou, glouglou, cet acide lui secoue la tuyauterie, il en claque des lèvres, Hagen et sa Sorcière Noire de petite amie s'envoient chacun un bon godet de jus d'orange à l'acide ; le doux visage de Hagen part en spirales, se tord dans le sens des aiguilles d'une montre, côté bon petit gars, et dans le sens inverse, côté bon petit Baisodrome en douce, alternativement. Ils disparaissent tous deux en se propulsant par l'échelle et la tourelle, et rebondissent sur le toit où, dans le soleil du sud-ouest qui pèse drôlement, et à cent kilomètres à l'heure... Hagen ne tarde guère à redégringoler l'échelle, à refiler au réfrigérateur, à s'envoyer un autre godet de jus d'orange, en souriant à la ronde, côté bon petit gars et côté Baisodrome, spirales dans un sens, spirales dans l'autre — et à regrimper au-dessus afin de...

SE DÉPHASER !

Si seulement j'avais 10 dollars, on
pourrait se partager 1/2 dose de Ritalin
avec Margo — J'avale
ça, comme de l'aspirine
Et maintenant, du charme, genre Brooks Brothers[1] —
ça vous impressionne ?

Ce foutu autobus continuait de cahoter dans la nuit, et le bleu argent du sud-ouest l'envahissait, pas tout à fait carrément, mais à la dérobée, par touches, c'était dégueulasse, ainsi que les projecteurs des voitures, et les longues et folles ombres qu'ils dessinaient en courbes étranges sur les parois internes de l'autobus, et le châlit d'amour. Il vous aura, celui-là, si vous vous débarbouillez pas. L'une de ses planches est recouverte d'un sac de couchage. N'importe qui peut s'y glisser quand il a envie de la chose, vas-y mon gars, c'est ton truc, et devant tout le monde, chante-nous ça, et Sandy va voir et y découvre un corps humain... qui danse la gigue dans le sac de couchage, léché par les phares et bercé par le rugissement du moteur, sur ce fabuleux châlit d'amour, et tout le monde — *synchro* — peut le voir, ce sac de couchage, se gonfler littéralement de sperme. Les petits diablotins pataugent comme des fous dans la fange, se collent à la filandreuse merde à bon marché dont ils tapissent le sac, des millions, des milliards, des billions de diablotins qui foncent de partout, ces rusés petits flagellants ; ils veulent *faire mouche*, c'est naturel, et les vierges les plus patentées n'ont qu'à se fourrer dans ce sac pour un brin de sieste, après le déjeuner, et il ne leur faudra pas plus de trois minutes pour un miracle, le ballon en moins de deux — mais ce foutu *cahotage* va donc jamais s'arrêter...

C'est un autobus de ramassage scolaire, pas un Pullman. La suspension et les amortisseurs sont impossibles, et ce foutu

1. Célèbres magasins de vêtements chics *(N.d.T.)*.

moteur qui n'arrête pas de moudre et de grincer le secoue à le faire péter, et les vibrations s'amplifient et se synchronisent comme pas un pour vous tabasser tout le monde sur les couchettes et sur les bancs. Il est presque impossible de dormir. Les jours et les nuits ont leur propre cycle, écœurant, un soleil aveuglant toute la journée, ces projecteurs et ces ombres insensées, à dégueuler, qui vous enveloppent lentement, la nuit, et le bruit, à toute heure. Jane Burton a pratiquement tout le temps la nausée. Comme personne ne peut dormir, ils avalent de plus en plus d'amphétamines pour tenir le coup, des stimulants pour la psyché, comme la Ritalin, n'importe quoi, et fument de l'herbe par-dessus pour atténuer ce foutu effet tachycardiaque des amphétamines, et de l'acide pour en tirer autre chose. Et tout ça se met à valser entre les secousses, les embardées et les bosses qui vous malaxent tout le long de la route — sans parler des innombrables retards, des arrêts et des insupportables attentes sur le bas-côté, en pleine cambrousse, tandis que l'insomnie commence à vous dessécher le corps et le crâne comme un gros haricot, et qu'une fumée graisseuse et aigre comme un feu de cheminée vous caille la cafetière. Il leur faut s'arrêter aux stations d'essence pour aller uriner ou dégurgiter aux toilettes — oubliez pas de fonctionner, les amis — mais ces douze types — combien, quatorze ? — on aurait donc perdu quelqu'un — on aurait donc ramassé quelqu'un — qui dégringolent de l'autobus, lequel est déjà passablement étrange, tous ces gens bizarres qui se déversent, ça dépasse les limites... Le gérant de la station et son Commis Numéro Un n'en reviennent pas — cette musique de Nègres qui éclate dans les haut-parleurs et ces gens bizarres qui se répandent, déguisés pour une bonne moitié, des chemises sinistres avec des rayures rouges et blanches, quelques-uns le visage bizarrement peint, comme des Indiens des bandes dessinées, avec de grands cercles sous les yeux, des yeux rouges, des nez pas bleus, pas bleus du tout, mais des yeux rouges — tous en bande vers les Toilettes Désinfectées, et qui font déjà la queue, pratiquement...

— Attendez une minute, fait le type. Où est-ce que vous vous croyez ?

— Faites le plein, dit Kesey d'un ton très doux, très enjoué. Oui, monsieur, c't'un gros bus, il lui faut pas mal de jus. Ouais.

— Mais *eux,* qu'est-ce qu'y font donc ?

— Eux ? J'suppose qu'y vont aux toilettes. Eh oui, elle vous bouffe une de ces essences, c'te vieille brute, c'est pas croyable...

Tout en faisant signe à Hagen d'y aller de la caméra et du micro.

— Et alors, y peuvent pas tous aller aux toilettes en même temps.

— Y veulent aller aux toilettes, c'est tout...

Kesey s'est emparé du micro, tandis que Hagen se met à filmer — *brrrrrrrrrr* — de la façon la plus détachée, comme si, ben, naturellement, est-ce que ça n'est pas normal, *vous* n'enregistrez pas tout, la moindre bribe de conversation, le moindre propos amical, quand vous vous arrêtez sur ces grandes routes d'Amérique pour pisser un coup à un ou à deux ? Ou à une douzaine ?

— Bon, écoutez ! Vous allez pas utiliser les toilettes ! Vous m'entendez ! Vous voyez ce motel, là-bas ? Il est à moi, et on n'a qu'une seule fosse septique ici, pour ici et pour là-bas, et vous allez m'la faire déborder. Et pis, enlevez-moi c'truc-là de d'sous l'nez !

Kesey a plaqué le micro sous le nez du type. On dirait qu'il enregistre pour le bulletin d'informations de six heures. Il rapproche l'appareil de ses lèvres, exactement comme dans les interview de la TV, et s'écrie :

— Vous voyez cet autobus, là-bas ? Chaque fois que nous nous arrêtons pour faire le plein, ça nous coûte un *gros paquet,* et on aimerait bien que ce soit vous qu'en profitiez, vu votre amabilité.

— C'est pas un petit exploit, du point de vue consommation, dit Babbs.

— Enlevez-moi ces caméras et ces micros d'là, dit le type. J'ai pas peur de vous !

— J'espère bien que non, dit Kesey d'un ton toujours très doux, très direct. Tout c'fric que c'gros bébé va nous sucer. Fichtre !

Plou-ou-ouf — les chasses d'eau, pendant ce temps, donnent de partout. Les rugissements et les gargouillis percent les murs de la bâtisse. Le bruit est tel qu'on dirait que les Etats-Unis d'Amérique ne sont plus qu'un immense conglomérat de Toilettes Désinfectées, de dingues de la Day-Glo, et de caméras et de micros qui jaillissent de partout — le type en reste baba.

Ça ne colle pas avec son petit cinéma intérieur, Les Exploits de l'Homme d'Affaires Américain — *mais alors, pas du tout...*

— Bon, ben qu'y s'dépêchent, ou ça va chauffer !

Et d'aller faire le plein. Y a plus d'respect, dans c'foutu pays.

Mais ils ne se pressent pas. Walker est au téléphone public ; il appelle Faye, à La Honda. Babbs fait le clown avec Gretchen devant la station d'essence, sur le bitume. Jane Burton est furieuse — le tout, c'est d'arriver à New York, pas vrai ? Même avec un autobus scolaire de 1939, on pourrait se débrouiller un peu mieux. Qu'est-ce qu'on attend, qu'est-ce qu'on attend, qu'est-ce qu'on attend, au lieu de perdre son temps à finasser avec ces vieilles barbes dans les stations d'essence. Eh bien, c'est très simple, on attend Sandy. Où est-ce qu'il peut bien être, bon sang. Mais Sandy — ça fait des jours qu'il ne dort pas, et l'envie lui a pris, comme ça, de *descendre de l'autobus* — pas pour dormir, de descendre, c'est tout — pour — quoi ? — avant :::::: quoi ? Et il a filé jusqu'au motel, et s'est mis à inspecter ce gros pavé rose qui miroite dans la brousse — jusqu'à ce que quelqu'un finisse par le dénicher et le ramener. On l'appelle le Dé-monteur, dans le grand film.

— Il y aura des fois où on pourra attendre personne, dit Kesey. Vous êtes dans l'autobus, ou vous l'êtes pas. Si vous êtes avec l'autobus, et qu'on vous perd en route, vous le retrouverez vite. Si vous êtes pas avec l'autobus — on n'en a plus rien à foutre.

Et ils n'avaient pas besoin qu'on leur fasse un dessin. Tout n'était plus qu'allégorie ; la conscience collective comprenait tout, et particulièrement ce « Vous êtes avec l'autobus... ou vous l'êtes pas ».

Sauf la petite amie de Hagen, la Beauté Ensorceleuse. On dirait qu'elle ne descend même pas pour pisser un coup. Elle est assise dans le fond de l'autobus, sans rien d'autre qu'une couverture sur les cuisses, les jambes repliées dans le coin ; elle et ses petits seins nus — elle ne dit pas un mot, et la ressemblance avec une sorcière est extraordinaire. Est-elle avec l'autobus, ou pas ? Elle a pris cette habitude de ne porter que cette couverture, et la rejette quand ça lui plaît. Peut-être que c'est son truc, à elle, et qu'elle y va, et qu'elle *chante avec,* et l'autobus continue de brinquebaler, en route vers Houston,

Texas, et elle devient la Toute Nue du grand film, tantôt toute recroquevillée, mais les yeux grands ouverts, immobiles, tantôt riante et déchaînée, pleine de vie, la Toute Nue, et ils essayent tous de l'accompagner en claquant des doigts, mais voilà qu'elle prend des airs qui n'ont plus rien à voir avec le fait qu'elle n'a rien sur la peau, merde, la belle affaire, elle se fout en rogne, un cirque SENSASS, c'est pas croyable. Elle s'attaque à n'importe qui, pas besoin de prononcer une foutue parole, et le regarde droit dans les yeux avec un air de totale compréhension, cet air de tout pénétrer que l'acide vous donne, on n'a plus qu'un seul cerveau, si on se rendait *visite*, toi et moi, et lui déclare : « Oooooooh, tu *crois* vraiment, je vois c'que tu veux dire, est-ce que tu-u-u-u-u-u-u-u-ueueueueueueueueueueueu... » Son rire s'envole dans un trémolo, comme si elle venait de lire dans votre cerveau, et c'est bizarre, on n'a jamais vu un truc comme ça, merde, votre cerveau se met à eueueueueueueueueueueueueueueueu...

TOUTE NUE !

dans une couverture noire —
    Elle se cherche à tâtons,
et se réveille, un beau matin, ac-
costée de partout par
de   GROS
      HOMMES
qui l'entourent en la menaçant
et leurs voix, leur présence, leur sempiternel
désir la pénètrent
et caressent obscènement son propre
désir et la font rire
et
    RIRE
          incroyable
          ce que tout ça peut être
          ridicule

— mais nul ne cherchait à l'en priver un seul instant, ni la paranoïa aux yeux de poisson, le corps ramassé, ni le déchaînement maniaque et perçant, nul n'y objectait, et elle pouvait gémir, nul ne tentait d'apaiser ce cerveau enflammé qui emportait maintenant Toute Nue dans ces foutus — *arrêtez !* — cahots, dans les torrents de l'autobus vrombissant et rugissant à cent à l'heure sur les routes du Texas, car Kesey lui-même l'avait dit, à San Juan Capitano, fallait que la réaction suive, sur toute la ligne, du négatif au positif, et personne ne devait la ramener au négatif, sous aucun prétexte, il fallait tout faire tourner au positif — *dans le sens du courant* — le sang-froid de chacun serait à l'épreuve, et ce serait un échec, sous quelque prétexte que ce fût, de se mettre à crier Pouce. Et est-ce que Kesey n'avait pas été le premier à passer le test ? Babbs avec Gretchen, est-ce qu'il leur en avait voulu pour ça ? Et Walker, est-ce qu'il n'avait pas appelé La Honda sur le Réseau Téléphonique des USA ? On ne pouvait pas dire le contraire, et dans le sens du courant. Et ils se laissaient porter par le courant, tous les foutus courants d'Amérique. L'autobus se dandine à travers les stations de péage des super-autoroutes, et les micros du toit enregistrent les claquements, les sonneries et les murmures des employés, et les freins qui grincent, et les changements de vitesse, tous les bruits de la véritable Amérique, dont on se protège partout ailleurs, ils leur revenaient tous, et amplifiés, à l'intérieur de l'autobus, tandis que la caméra de Hagen filmait les visages, les visages de Phoenix, les flics, les gérants de stations-service, les traînards et les fouettards d'Amérique, chacun à son cinéma, et tout ça était enregistré, conservé, empilé, dans l'autobus. Ils brinquebalent à travers l'Amérique et leurs micros prennent tout, tout cet immense rugissement, et le micro du dessus se met brusquement à déconner, et *skakkkkkkkkkkkkk* se décroche et mugit sur l'asphalte, et toc, c'est fini, plus un son. Le micro s'est décroché, on ne sait comment, est tombé du toit de l'autobus, et a raclé la route jusqu'à ce qu'il se détache entièrement — Sandy n'arrive pas à y croire. Il attend encore que quelqu'un demande à Cassady de s'arrêter et de rebrousser chemin pour le chercher. Sandy l'avait fignolé avec tant d'amour et y avait passé tant de temps ; c'était son *truc,* à lui, sa part de pouvoir — et ils se sont tous mis à taper et à s'esclaffer sur le bruit que ça faisait — « Hououououououou ! Z-avez — hououououououou » — comme s'ils s'étaient branchés sur un truc totalement nouveau, un truc unique, le bruit d'un objet, d'un micro, qui heurte l'asphalte américaine, la grand-route, à cent kilomètres à l'heure, et ils pourraient, s'ils l'avaient enregistré, l'avoir sur bande, le moment, l'instant, où ce n'importe quoi, ce *n'importe qui*, s'arrache au courant et heurte la Grande Super-autoroute à cent kilomètres à l'heure — et ils l'*avaient* sur bande, et ils le faisaient repasser en variant le décalage — Skakkkkkk-akkk-akkk-akkkoooooooooooo.

ooooooooooooooooooooooooo — la Toute Nue est de plus en plus toquée. Elle se pelotonne et frissonne dans sa couverture noire, la rejette, s'agite comme un spectre, ses petites auréoles rouge sombre sautillent dans des vibrations insensées — jusqu'à ce qu'ils fassent leur entrée dans Houston et prennent la direction de chez Larry McMurtry. Ils s'arrêtent devant la maison de McMurtry, dans les faubourgs. La porte s'ouvre, et voici McMurtry, un type un peu pâle, pâlot, qui a l'air affable et timide. Il sort tranquillement, suivi d'un petit garçon, son fils. Cassady ouvre la porte de l'autobus pour que tout le monde puisse descendre, et Toute Nue hurle soudain : « Frankie! Frankie! Frankie! Frankie! » — c'est le nom du petit garçon qu'elle a elle-même abandonné — et de rejeter sa couverture, de sauter de l'autobus et, complètement nue dans ce faubourg de Houston, Texas, de se précipiter vers le petit garçon de McMurtry, de l'empoigner et de le presser contre son maigre sein en pleurant et en hurlant : « Frankie! Oh! Frankie! Mon petit Frankie! Oh! Oh! Oh! » — Tandis que McMurtry qui ne sait bon Dieu trop que faire étend le bras vers cette épaule complètement nue et plaide : « Ma'me! Ma'me! Une minute, Ma'me... » ... et que les Pranksters jaillissent de l'autobus. Arrêt. L'autobus s'est arrêté. Plus de rugissements, plus de cahots, de folles vibrations, de phares, de bandes magnétiques, de microphones. Seule Toute Nue, le petit garçon d'un autre dans les bras, continue de sauter et de vibrer.

Et c'est là, sous les ormes paisibles de Quenby Road, Houston, qu'ils s'en avisent tous brusquement : cette femme — y en a-t-il même un seul d'entre nous qui la connaisse? — est arrivée au bout de son voyage. Dans le sens du courant. Elle est devenue complètement, mais complètement folle.

VII

Acide Non Autorisé

Toute Nue. Toute Nue. Silence. Mais, bon... Que l'un quelconque d'entre eux finisse par craquer, au cours de l'expérience que poursuivaient les Pranksters, et que cela ait quelque chose à voir avec ce pitre de babouin, avec la Drogue, cela ne leur vint même pas à l'esprit, au point où ils en étaient. La *folie* n'était pas un absolu. Ils s'étaient tous volontairement embarqués dans un même voyage, et dans un état de conscience qui n'était que « folie » selon les normes courantes. Ce voyage, toute l'histoire, de fait, était un plongeon dans l'inconnu, on risquait tout, toutes ses billes, et il était tout simplement normal que tout ce qui, chez chacun, était déjà en puissance, remonte de plus en plus à la surface, et s'épanouisse avec plus ou moins de bonheur. Toute Nue était allée au bout de son truc. Elle s'enfonça dans le vide en rugissant. Les flics la ramassèrent de temps à autre, les portes de l'asile psychiatrique du Comté se refermèrent sur elle, et on n'en entendit plus parler. Les Pranksters d'ailleurs, étaient partis depuis longtemps.

Le voyage avait commencé par une grande explosion, une grande ruée : de la solidité sylvestre de La Honda au cœur d'une Amérique qui ne se doutait de rien. Les meilleurs moments, pour Sandy du moins, étaient quand les Pranksters se répandaient parmi les populations ébahies qui s'évertuaient à éprouver la réaction adéquate — bon sang, qu'est-ce qu'ils peuvent bien *faire,* ces corniauds. Mais le contraire était également vrai. L'autobus, sur ces longues enfilades d'autoroutes américaines, entre deux représentations, était une véritable cocotte minute, une éprouvette, une de ces chambres dans lesquelles les premiers savants atomistes comprimaient leur eau lourde, écrasaient les molécules jusqu'à faire exploser les atomes. La moindre trace de singerie, de jalousie, de rancœur, n'importe quoi, dans cet autobus, était décuplé. Les Pranksters y allaient carrément, c'était certain.

Jane Burton, que l'on appelait plus communément Toujours Affamée, et Sandy — le Démonté — avaient pris l'habitude de filer dès qu'ils le pouvaient, comme à Houston, se payer un repas de bourgeois. Bourgeois sur toutes les coutures, les cousins. Ils filaient droit dans un de ces restaurants bourgeois, steaks à l'américaine, avec de grandes baies vitrées ornées du ridicule petit moulin de plastique des bières Heineken et des autocollants du Diners Club et de l'American Express, poussaient la porte, et se payaient un bon steak-frites, avec d'aimables carottes et petits pois à l'eau, assaisonnés de sauce A-1. Jane, ravagée par le manque de sommeil et la faim, toujours affamée, ou souffrant toujours légèrement du foie, se demandait ce qu'ils pouvaient bien foutre à la lisière sud des Etats-Unis, alors que New York était tout au nord. Et Sandy — avec son subliminal besoin de descendre et, cependant, d'être *avec l'autobus,* à son *niveau* — ne savait pas plus qu'elle que penser de Kesey — toujours ce Kesey...

Et la chaleur. Ils étaient partis de Houston vers l'est, à travers les Etats du Sud, et le Deep South [1], en juillet, était... un volcan. L'air qui s'engouffrait dans l'autobus par les vitres ouvertes était brûlant et poussiéreux comme une invisible fumée, et les enveloppait, quand ils s'arrêtaient, d'une véritable lave. Ils ne s'étaient guère reposés, à Houston, car tout avait recommencé, à cause de la chaleur, personne n'avait pu dormir, et c'était tout ce qu'on pouvait faire, se décrasser aux amphétamines, à l'herbe et à l'acide.

La Nouvelle-Orléans fut un soulagement. Ils purent descendre et se promener dans le Quartier Français, et du côté des docks, avec leurs chemises à rayures rouges et blanches et toute leur Day-Glo, et faire sensation. Les flics étaient venus quand ils étaient dans les docks, et le soulagement avait tourné au comique. C'était du nannan, les flics, depuis le temps. Et ceux de la ville n'arrivaient pas mieux que ceux de la cambrousse à les faire entrer dans leur petit Cinéma de Flics. Hassler leur parlait gentiment comme un dignitaire de Faculté, et Kesey leur parlait

1. Le fin fond du Sud *(N.d.T.).*

directement et tout aussi gentiment, et Hagen filmait le tout comme un morceau de bravoure de cinéma-vérité, et les flics fuyaient en débandade dans leur essaim de voitures-pies, des Ford toutes neuves avec des tourelles lumineuses. Bande de Savonarole.

Ils se promenaient dans La Nouvelle-Orléans avec leurs chemises rayées, en short, et Kesey, avec ses grandes jambes musclées comme celles d'un joueur de football, trottait devant eux comme si l'endroit lui appartenait, comme s'il leur appartenait à tous, et ils reprirent du poil de la bête. Ils montèrent donc au lac Pontchartrain, à la lisière nord de la ville. Ils avaient tous pris de l'acide, mais en petite dose, environ 75 microgrammes — tout le monde était heureux, dans les vaps, et les disques de rock' n' roll donnaient à plein volume — Martha, les Vandellas, Shirley Ellis, tous les vieux succès passaient, à plein tube. Le lac Pontchartrain ressemble à un grand, spacieux — l'espace ! — et superbe parc suspendu. Ils garent l'autobus dans un parking. Il y a plein de beaux arbres autour, et cette belle étendue d'eau qui n'en finit plus. Ils mettent leurs maillots de bain. Walker, qui a une sacrée carrure, enfile un maillot rouge, jaune et noir ; Kesey, qui a une sacrée carrure, lui aussi, en enfile un bleu et blanc ; le Démolisseur, une sacrée carrure, mais en plus mince, enfile un maillot orange. Et le bleu de l'eau, et le vert écorché de l'herbe, et les feuilles, et — une petite brise ? — tout cela se met à danser devant leurs bons vieux regards noyés d'acide comme une carte postale fondue. L'eau ! Ce qu'ils ne savent pas, c'est que la plage est strictement réservée aux Nègres. Les macaques sont tous assis là sur des bancs à les fixer, ces cinglés de Blancs qui sortent d'un drôle d'autobus et se dirigent vers les eaux réservées de La Nouvelle-Orléans, au cœur du Sud, sur le 30e parallèle. Le Démolisseur, cette fois, est vraiment démoli. Il fume au soleil, plus de 40 degrés, plonge, et nage un bout, pour s'apercevoir bientôt qu'il est entouré d'un tas d'hommes orange foncé. Des Nègres, qui piétinent dans l'eau, tout autour, et lui lancent tous de sales regards. L'un d'eux a une dent en or sur le devant, dans laquelle se découpe une étoile d'émail blanc ; l'or, sous le soleil, se met à le mitrailler d'éclairs — *chiiiakkk* — au rythme même de son cœur qui bat de plus en plus vite, de foutus éclairs d'or ponctués d'étoiles blanches, et la Bouche d'Or s'ouvre :

— Y a pas mal de cochonneries dans c't'eau, hein, pas vrai, mon pote ?

— Sûr, pour une fois, tu débloques pas, dit un autre.

— Ouais, mon pote, tu l'as dit, quelle merde, fait un troisième.

Et ainsi de suite. La Bouche d'Or, brusquement, s'adresse à lui :

— Qu'est-ce que toute cette merde fout là, mon pote ?

Le Démolisseur en a le souffle complètement coupé ; et aussi parce que tout, autour de lui, a viré à l'orange, à cause de l'acide — maillots orange, mer orange, ciel orange, et ces macaques oranges qui le menacent.

— Qu'est-ce que tu fous là, mon gars ! s'exclame soudain la Bouche d'Or, d'un ton cinglant.

Orange, énorme, avec un gros dos orange, gros comme une raie orange.

... Tu sais c'qu'on va t'faire, mon gars ? On va t'couper tes p'tits bonbons. On va t'emmener sur c'te plage, et on va *chanter* ensemble !

— Heh-hehhhhhhhhhhhh !

Ils s'y sont tous mis. Le rire gémissant s'enfle.

Mais, bizarrement, fait sourire le Démolisseur. Il le sent s'étaler sur son visage comme un gros morceau gélatineux de sucrerie à l'orange, et reste là, interdit, à piétiner dans l'eau et à sourire, tandis que la Bouche d'Or ne cesse de lancer des éclairs. Elle parle enfin :

— Eh ben, *pour de la cochonnerie,* ça s'pose là...

Et de rire, mais aimablement, cette fois. Ils se mettent tous à rire, et le Démolisseur rit, de son côté, et regagne la côte à la nage.

Une grosse troupe de Nègres, sur ces entrefaites, s'est rassemblée autour de ce dingue d'autobus. Une effroyable musique éclate dans les haut-parleurs, un disque de Jimmy Smith. Le Démolisseur remonte dans l'autobus. On dirait qu'ils sont des milliers de Nègres à danser autour, du rock, et un obscène boogie. Tout est devenu orange. Il contemple cette foule de Nègres qui se tortillent, il en voit par toutes les vitres, rien que des Nègres qui se tortillent et s'écrasent autour de l'autobus, et qui se tortillent, et, d'orange, tout vire au marron. Il a l'impression d'être à l'intérieur d'un énorme intestin agité de contractions. Toute l'équipée va tourner à une horrible déconfiture. Kesey lui-même, qui n'a peur de rien, a l'air inquiet.

— On ferait mieux de filer, dit Kesey.

Mais en purée ? — Rejetés dans de terreuses contractions intestinales ? Heureusement pour le Démolisseur, et pour tout le monde peut-être, les flics arrivent au bon moment, dispersent la foule, et enjoignent à ces Blancs cinglés de poursuivre leur chemin, la plage est réservée. Pour une fois, les Pranksters n'insistent pas. Ils n'essayent pas de s'en mêler. Ils entrent dans le jeu, le Film des Flics, et remballent le leur.

Ils traversent les plaines du Mississippi et de l'Alabama, Biloxi, Mobile ; la Route nationale 90, les plaines et les champs — et cette chaleur qui ne les lâche pas. En route pour la Floride. Sandy n'a pas dormi depuis des jours :::::: combien exactement :::::: Insomnie complète, et tout se *tord* en courbes et en boucles. Le soleil et les plaines. Il fait bougrement chaud — et tout se retord en son contraire. Immobilité de mort et chaleur de l'été sur ces terres perdues du Sud — le cœur de Sandy, frappé de tachycardie, bat constamment la chamade. Sa cervelle bat la chamade et la campagne. Il est absolument essentiel de... *T'arrête pas, Cassady !...* Mais il y a deux Cassady, maintenant. Tantôt Cassady a l'air d'avoir cinquante-huit ans et d'être complètement cinglé — *les amphétamines !* — tantôt il a l'air d'en avoir vingt-huit, et paraît parfaitement paisible — *l'acide* — et Sandy le reconnaît en un clin d'œil, le Cassady paisible, à son nez qui... s'allonge et prend une ligne élégante, presque patricienne, tandis que le Cassady qui perd la boule a l'air complètement abattu. Et Kessey — *toujours Kesey !* — Sandy le regarde... Il a l'air vieux, hagard, le visage flasque... Sandy le regarde de nouveau, et c'est un Kesey jeune, serein, au visage sans rides, rond et lisse comme celui d'un bébé, qui reste assis des heures à lire des bandes dessinées, absorbé dans les ombres pourpres et fuyantes d'un Dr Strange affublé de capes diverses, et s'exclame : « Comment auraient-ils pu se douter que ce joyau pouvait tout bonnement servir de pont entre les DIMENSIONS ! C'était un moyen de nous faire pénétrer ces redoutables DIMENSIONS POURPRES — à partir de notre propre monde ! » Sandy peut s'en évader, mais... l'autobus ne cesse d'être tout entier à Kesey. Le Dr Strange ! Et toujours ces deux Kesey.

Kesey le Prankster, et Kesey l'organisateur. On traverse les vapeurs du sud de l'Alabama à la fin juin, et Kesey émerge en Capitaine Flag[1] de ses bandes dessinées. Il a revêtu un kilt rose, on dirait une mini-jupe, des chaussettes roses, des chaussures de cuir adéquates, des lunettes de soleil roses, et s'est enturbanné la tête d'un drapeau américain, un gros turban qu'il maintien à l'aide d'une flèche sur la nuque. Il monte sur le toit de l'autobus, qui vrombit sur les routes de l'Alabama, et joue de la flûte pour les gens qui passent. Les citoyens qu'ils rencontrent, attirés dans la DIMENSION ROSE, en rajoutent, c'est *Pas Croyable!* Comme George Walker dit toujours, deux fois plus dingues, c'est à en perdre la boule. Ils s'arrêtent dans une station-service de Mobil. La moitié des Pranksters sautent de l'autobus, rutilants de rayures rouges et blanches, et jettent de petites balles de caoutchouc rouges dans tous les sens, comme des fous. On dirait que le Relais est décoré d'un habile entrelacs de guirlandes qui se mettent à danser un ballet effréné. Le type fait le plein, regarde le ballet, puis le Capitaine Flag, puis l'autobus, se fait payer l'essence, regarde Cassady au volant, derrière la vitre, secoue la tête, et dit :

— Pas étonnant qu'vous soyez tellement pleins d'macaques, en Californie.

FORNIE — FORNIE — FORNIE — FORNIE — FORNIE — FORNIE — FORNIE — FORNIE... reprennent les haut-parleurs, à l'intérieur de l'autobus, avec un décalage fluctuant. Ce qui détend tout le monde.

C'étaient les bons moments... sur les routes de l'Alabama. On se traîne et, soudain, Sandy découvre un autre Kesey, vieilli, hagard — l'organisateur. Sandy le voit descendre du toit, par l'échelle, et s'approcher de lui d'un air menaçant. Et il sait — l'intersubjectivité ! — ce que Kesey est en train de penser : « Tu es trop détaché, Sandy, tu n'y vas pas franchement, tu es peut-être assis là, à traîner avec nous au milieu de tout ce potin, sur les routes de l'Alabama, mais... t'es pas avec l'autobus... » Et, tout courbé sous le bas plafond de l'autobus, il s'approche de Sandy, qui ne voit plus en lui qu'un grand singe dont les bras puissants se balancent, comme dans La Brute Incroyable. Et, brusquement, Sandy saute sur ses pieds, s'accroupit comme un singe, les bras ballants, et se met à l'imiter — et Kesey éclate d'un gros rire, l'entoure de ses bras, et l'étreint...

1. Drapeau *(N.d.T.)*.

Il approuve ! Kesey m'approuve ! J'ai enfin *réagi* à quelque chose. J'y suis allé franchement, même si c'est sous le coup de la colère, j'ai *fait* quelque chose, mon truc à moi — et ça a suffi, exactement comme il nous l'avait dit, pour qu'elle disparaisse, cette colère... et que je me retrouve enfin avec, synchro...

Toujours Kesey ! Sandy, dans cette poussée d'euphorie — *Kesey approuve !* — savait que de ce dernier seul dépendait tout, tout ce qui allait bien et tout ce qui allait mal, au cours du voyage, et que personne, pas un seul de ceux qui s'y embarquaient, qui tournaient dans ce film, n'aurait jamais le courage même d'aller le trouver et de lui dire carrément : Je ne suis plus dans le coup. Autant lui dire : Ce Truc Indicible dans lequel on est tous... je n'en suis plus...

Pensacola, Floride, 45 degrés. Un ami de Babbs a une petite maison près de l'océan. Ils s'y arrêtent, mais l'océan n'arrange rien. La chaleur fait des vagues dans l'air, comme au-dessus d'un radiateur. La plupart des Pranksters restent à l'intérieur ou dans le jardin. Quelques-unes des filles font cuire de la viande sur un barbecue près de l'autobus. Sandy est seul dans l'autobus, à l'ombre. L'insomnie le torture. Il faut qu'il arrive à dormir, ou qu'on continue. Il ne peut supporter cette attente. Son cœur bat la chamade. Il va au réfrigérateur et sort le jus d'orange. L'acide de La Nouvelle-Orléans, les 75 microgrammes, ne lui a pas suffi. C'est comme s'il ne s'était pas défoncé une seule fois pour de bon, de tout le voyage, rien... pas un moment de béatitude. Il s'envoie un plein gobelet d'acide Non Autorisé, et se rassoit.

Il aimerait entendre quelque chose d'agréable, de paisible, pendant qu'il est là, tout seul, douillettement enfermé dans l'autobus. Il enfile une paire d'écouteurs. L'oreille gauche est reliée à un micro à l'intérieur de la maison et il entend Dale, le cousin de Kesey, qui joue du piano. Dale a beau avoir l'air d'un péquenot, il étudie la musique depuis longtemps. Il joue bien, et les notes s'infiltrent dans cette... atmosphère... d'acide comme des gouttes d'améthyste liquide qui n'en finissent pas de vibrer. L'oreille droite est reliée à un micro à l'extérieur, et il entend surtout les craquements du barbecue. Ainsi le concerto de Dale et les craquements du feu lui enserrent-ils la tête à travers ces deux gros écouteurs rembourrés... sauf que les sons échappent à tout contrôle. Pas de synchronisation. On dirait que les deux écouteurs se disputent sa tête. Le barbecue crépite et bouillonne, les gouttelettes d'améthyste se cristallisent en un bruit de verre brisé, puis un bruit de fer-blanc, de piano en fer-blanc. Les écouteurs se font de plus en plus grands, on dirait d'énormes coquilles rembourrées qui vont finir par lui recouvrir toute la tête, le visage, le nez — un bruit furieux qui l'ensorcelle, comme si tout allait finir par s'écraser dedans, dans cette grosse boule... *panique* — il saute sur ses pieds, se rue, les écouteurs toujours fixés au crâne, arrache ces derniers, et bondit hors de l'autobus. Pranksters de tous les côtés, en plein soleil, avec leurs chemises à rayures rouges et blanches. Babbs dirige. Il dirige les prises de vues et essaye de filmer quelque chose — le Joueur de Flûte de l'Acide. Sandy cherche. Personne à qui le raconter, qu'il a pris de l'acide tout seul et que ça commence à faire du vacarme. Impossible de leur dire ça comme ça... Il se précipite dans la maison. Les murs dansent et se resserrent bougrement, leurs angles sont soumis à de telles torsions qu'ils semblent sur le point de céder. Jane Burton est seule, assise, l'air fâché. C'est la seule personne à qui il puisse se confier.

— Jane, dit-il, j'ai pris de l'acide... Ça m'fait tout drôle...

Mais il lui faut faire de tels efforts pour parler...

Les ondes de chaleur se solidifient dans l'air comme celles d'un marbre aux yeux d'un enfant. Toutes les perspectives sont devenues toquées. Les murs jaillissent et retombent au loin comme dans un banquet du Titien. Et la chaleur — il faut que Sandy fasse quelque chose pour recouvrer ses esprits. Il va prendre une douche. Il se déshabille et se met sous la douche... De la musique de flûte, celle de la flûte de Babbs ! Elle jaillit du pommeau, et la chaleur est à l'intérieur de son corps ; il a l'impression qu'il pourrait la voir brûler, là, il n'a qu'à regarder. Il regarde : deux jambes nues, un torse qui se dresse devant lui — comme s'il les apercevait pour la première fois. Séparés de lui, comme s'il s'agissait d'un autre être humain, et ils font de drôles de coudes et de saillies, sous les torrents de la flûte, des monticules et des promontoires osseux, on dirait que c'est la première fois qu'il voit tout ça, cette chair, cet étranger. Il n'en croit pas ses yeux — sauf qu'il ne s'agit pas d'un inconnu, mais de sa... mère... Et voici, brusquement, qu'il réintègre ce corps, pas le sien, celui de sa mère — puis celui de son père... Il est devenu alternativement sa propre mère et son propre père. Aucune différence entre le Moi et le Toi dans cette douche de flûtes sur le littoral de Floride. Il tourne l'eau, violemment. La flûte s'arrête. Il est redevenu lui-même — rescapé de sa propre panique — non, *j't'ai eu* — se rhabille, et retourne dans le living-room. Jane est toujours là. Parle, bon sang, parle à quelqu'un — à Jane ! Mais la pièce part en fusée, *zoom*, s'écartèle en de folles perspectives ; un mur entier se plante devant son nez et, zoom, à sa place ; Jane — Jane ! — est sous son nez, à trente centimètres, puis à sa place, sur le sofa, tout au bout, et puis, zoom, repart, tout se balade dans cette chaleur accablante — « Sandy ! » — Il y a quelqu'un qui le cherche, dans la maison... Hagen ? Qui est-ce — Il paraît que Babbs a besoin de lui pour son film. Les Pranksters zébrés de rouge et de blanc brûlent au soleil. Il paraît que Babbs a une idée pour un bout du film. Une scène où Babbs jouerait de la flûte, tout bariolé, tandis que des enfants zébrés de rouge et de blanc lui courraient après dans de pittoresques danses. Ils lui passent une chemise de Prankster, dont Sandy ne veut pas. Elle est trop grande pour lui, des kilomètres de trop. Elle lui pend sur le corps, c'est écœurant, on dirait qu'il s'est desséché au soleil. Sous le soleil — la chemise lui étincelle sous le nez dans le soleil, des faisceaux rouges et argentés comme un disque astral, et qui explosent — on dirait qu'il se meut sous une coupole de faisceaux en furie. Babbs lui fait signe. Sandy esquisse une danse insensée près d'un fil de fer sur lequel sèche le linge, tandis que le ronronnement de la caméra s'éloigne. Il sent son visage prendre un air dément, ses yeux se révulser et tourner au blanc, avec de vagues lueurs rouges et argentées qui lui explosent sous les paupières... et cette chaleur dingue qui danse comme une démente dans le soleil — et Sandy s'écroule.

Il est très important que personne ne sache qu'il a pris de l'acide sans autorisation. Sandy peut faire confiance à Jane... Ce n'est pas régulier, mais il doit garder tout son sang-froid. Chuck Kesey parade dans le jardin en soufflant dans un tuba, *boop boop — boop boop,* à pleins poumons, très fort ; il s'est rapproché de Sandy, le regarde, sourit derrière l'instrument, et reprend, *bup bup — bup bup,* très doucement, tendrement, cette fois ; Chuck *sait* — l'intersubjectivité ! — et il *comprend,* et c'est bien heureux, car c'est un des meilleurs garçons du monde, et Sandy peut lui faire confiance. A condition de garder son sang-froid...

Il reste une demi-livre de marijuana dans une boîte de conserve, près de l'autobus. Sandy se met à quatre pattes pour les aider à la déterrer. Il fait l'imbécile, renverse la boîte, et la marijuana se répand dans la poussière grasse et brune. Ils s'énervent. Hagen essaye de récupérer la marijuana ; Sandy se remet à quatre pattes pour l'aider et enfonce les doigts dans la saleté, qui se fait de plus en plus noire. Il s'extasie sur cette couleur de plus en plus sombre, de plus en plus chaude et riche, et en oublie la marijuana, dont il s'écarte de plus en plus. Hagen l'interpelle :

— Hé ! Merde, qu'est-ce qui te prend ?

Sandy sait bien qu'il devrait tout avouer et lui dire : « J'suis défoncé, mon pote, et c'est formidable, comme couleur », et tout serait dit et oublié. Mais il n'y arrive pas. Il n'arrive pas à tout déballer, franchement. Il ne fait que s'enferrer.

Kesey survient, avec un ballon et un pulvérisateur de Day-Glo. Il voudrait que Sandy le passe à la Day-Glo, pour qu'ils puissent l'emmener, Babbs et lui, et quelques autres, pour jouer près de l'eau, à la nuit tombante. Sandy s'y met, mais le ballon et le bras de Kesey ne font qu'un, et il asperge le bras avec le plus grand sérieux, le plus grand flegme. Kesey s'exclame :

— Hé ! Merde, qu'est-ce qui te prend...

Et Kesey n'a pas attendu sa réponse qu'il *sait* déjà — ce qui, brusquement, devient insupportable.

— J'suis... défoncé, dit Sandy. J'ai pris de l'acide, et... j'en ai pris trop. Et ça tourne mal.

— On voulait garder cet acide pour le voyage de retour, dit Kesey. On voulait en garder pour les Rocheuses.

— J'en ai pas pris *tellement*...

Sandy essaye de s'expliquer, mais un disque des Beatles éclate dans le haut-parleur de l'autobus. Il lui pleut des aiguilles dans le crâne.

... mais ça tourne mal.

Kesey a l'air furieux. Il s'adoucit pourtant.

— Ecoute — t'as qu'à te laisser aller. Ecoute la musique...

— Que j'écoute la *musique !* hurle Sandy. Bon Dieu ! Essaye plutôt de me...

— Je sais ce que tu ressens, Sandy, dit Kesey, très doucement. J'ai connu ça. Mais faut qu'tu te laisses aller, c'est tout...

Ce qui réconforte Sandy : *il est avec moi*. Mais Kesey ajoute :

— Si tu crois que je vais te servir de nurse pendant ce voyage, tu te trompes drôlement.

Avant de tourner les talons.

Sandy se sent devenir de plus en plus paranoïaque. Il

s'éloigne, et arrive à une sorte de clairière assez verdoyante, au milieu des arbres. Babbs et Gretchen sont couchés dans l'ombre, à paresser, mais les jambes de Babbs se soulèvent, ses bras s'agitent, et les jambes de Gretch se soulèvent à leur tour, et Sandy... découvre l'*étang,* dans lequel ils nagent avec indolence. Il sait bien, pourtant, qu'il n'y a que de la terre, mais il les voit *dans l'eau* — et leur demande :

— Elle est bonne ?

— Plutôt humide ! dit Babbs.

Et — merveilleux — quelle agréable sensation — on dirait que Babbs sait exactement ce qu'il a dans la tête — *synchro* —et joue le jeu. Nous ne sommes plus qu'un seul cerveau, et nous sommes tous dans le coup, malgré tout. Et ça n'a jamais été si bien, soudain, dans cette clairière de Floride, on y est retombé en plein dans le grand jeu des Pranksters.

Sandy était rentré le soir. Il s'était retrouvé dans le jardin. Il y avait un million d'étoiles dans le ciel, de minuscules ampoules de néon, entre lesquelles on pouvait voir les feuilles des arbres, des arbres qui semblaient couverts d'un million de minuscules ampoules de néon, et l'autobus s'était morcelé en millions d'ampoules de néon, empilées les unes contre les autres pour former une sculpture, une architecture d'autobus ; la nuit tout entière était poussière de néon, une poussière dont chaque particule était une ampoule, et qui vibrait comme un immense et fraternel univers de cigales néon.

Il descend vers l'eau, une petite crique. Tous les Pranksters y sont. L'endroit est sombre et paisible. Il patauge dans l'eau jusqu'à ce qu'elle lui monte presque au niveau de la bouche ; on se sent très à l'abri, au chaud, au calme, c'est agréable, et il regarde les étoiles, puis un pont, au loin. Il n'en aperçoit que les lumières qui sont dessus, des rubans de lumières qui défilent à toute allure. Elles s'élèvent, s'élèvent — et Chuck Kesey, à ce moment même, fend l'eau dans sa direction et lui sourit comme un gros et amical poisson. Chuck *sait,* on se sent bien — et les lumières du pont ne cessent de s'élever, de s'élever jusqu'à se fondre aux étoiles, jusqu'à ce que le pont s'élève droit au ciel.

VIII

Charmer les multitudes

Ils s'arrêtèrent en Georgie, sur le bas-côté de la route, devant un relais. Il y avait un lac tout près. Le vieux Frère John mit un chapeau à la Robin des Bois et chanta bon nombre de chansons assez salées. On lui décerna le prix MDT, Most Disgusting Trip [1]. Babbs cloua une petite poupée sur un poteau et la peignit à la Day-Glo, avant de la percer d'un tas de clous et de la brûler. Il eut également droit à un prix MDT. Puis il se passa quelque chose qui remplit Sandy de joie. Il avait eu l'idée de se couvrir la main de motifs à la Day-Glo, de sauter à l'eau, et d'en ressortir à toute vitesse en étendant le bras dans la direction de la caméra de Hagen, pour qu'il puisse prendre en travelling cette énorme main phosphorescente qui s'agitait frénétiquement. Tout le monde s'emballa et se mit à l'imiter, si bien que Sandy en tira un certain sentiment de puissance. Tout le monde se peignait une main à la Day-Glo, écartait les doigts, et brandissait une immense et vibrante paume phosphorescente à la face des bourgeois qui traînaient par là dans un semi-coma.

Kesey tint une nouvelle conférence. Sans que personne eût besoin de dire quoi que ce soit, ils commençaient tous à avoir l'impression que ce voyage devenait... une sorte de mission. Kesey leur dit qu'il voulait voir tout le monde y aller de son truc, en vrais Pranksters, mais qu'ils devaient aussi se montrer bougrement adroits. Les balles de caoutchouc rouges qu'ils lançaient de tous les côtés quand ils descendaient de l'autobus, par exemple. Il fallait que chaque Prankster soit toujours sur le qui-vive, prêt à rattraper la balle, même s'il ne regardait pas. Ils devaient toujours être assez agiles, suffisamment sur le qui-vive, toujours à fond dans le jeu du groupe, et bougrement adroits.

1. Littéralement : le Voyage le Plus Dégoûtant. Le mot *trip*, en argot américain, signifie aussi « défonce » *(N.d.T.)*.

Eh bien, il y en avait un qui l'était bougrement, et c'était Cassady. Ils foncèrent le long de la côte est, en direction de New York. Foncer était bien le mot. Cassady n'avait jamais été en meilleure forme. Ceux qui avaient jamais éprouvé la moindre hésitation à son sujet n'en doutaient plus. Cassady, pendant tout le voyage, s'était révélé semblable à un roc, on pouvait compter totalement sur lui. On pouvait toujours compter sur Cassady pour avancer, même lorsque tous les autres s'écroulaient de fatigue, ou sous une pression quelconque. Comme s'il ne dormait jamais, et qu'il n'en eût pas besoin. En dépit de sa façon de conduire comme un fou, il les sortait toujours de la panade au dernier moment, comme sur des roulettes ; il connaissait toujours la sortie. Quand l'autobus était tombé en panne, Cassady avait plongé dans ses antiques entrailles et l'avait réparé. Il changeait les pneus, tirait, soulevait, secouait, vissait ; ses extraordinaires muscles saillaient à tour de rôle, tandis que ses veines jugulaires se gorgeaient de sang et d'amphétamines.

Arrivés aux Montagnes Bleues, ils étaient tous défoncés, à l'acide, y compris Cassady. C'est à ce moment qu'il résolut de redescendre tout du long la route la plus escarpée, la plus sinueuse, la plus horrible qui fût au monde, sans jamais se servir de ses freins. L'autobus fauve dévalait la Chaîne Bleue de Virginie. Kesey était sur le toit, pour être sûr de ne rien perdre. Il épousait le mouvement de l'engin qui donnait de la bande dans les tournants, et de la route qui ondulait et se tordait devant lui comme le fouet d'un toréador. Il se sentait en totale communion avec Cassady, cependant. Qu'il paniquât, et la panique s'emparerait de Cassady, elle se transformerait en une énergie qui secouerait tout l'autobus. Mais il n'éprouvait aucune panique. Ce n'était pour lui qu'une idée abstraite. Il avait une foi totale en Cassady. Plus que de la foi. C'était comme si Cassady, au volant, était dans un état de suprême réceptivité, totalement immergé dans l'instant. Pour autant qu'on puisse l'être. Et ils communiaient tous dans l'instant.

Ils arrivèrent à New York vers la mi-juillet. Ils étaient heureux comme des poissons dans l'eau. Tout le monde était détendu. Ils traversèrent la 42e Rue et remontèrent vers Central Park. Les haut-parleurs tonnaient. New York lui-même en était ébahi. Les Pranksters lui firent leur salut à la Day-Glo, la paume ouverte en signe d'allégresse. Kesey et Babbs montèrent sur le toit de l'autobus, dans leurs chemises à rayures rouges et blanches, et jouèrent de la flûte pour ensorceler les gens. C'était devenu un jeu : vous montiez sur le toit et vous *jouiez les gens* comme si ce pauvre monde comateux était une partition. Quand un type vous regardait avec des yeux ronds, l'air furibard, vous tiriez de votre flûte des barissements d'éléphant mourant. Quand une femme s'énervait et gloussait, votre flûte s'énervait et gloussait à son tour. Vous leur déballiez votre truc en face, carrément, et ils ne savaient que répondre. Et ce New York — quel hymne ! La ville était pleine de gens solennels, épuisés, irritables, qui se bousculaient comme de la merde sur les trottoirs. Des déblayeurs de merde, des types au front plissé, les yeux rivés à terre, qui se traînaient en raclant le pavé comme s'ils en raclaient tout le crottin, en se disant : Non, c'est pas possible qu'on me fasse ça, à moi. Les déblayeurs de merde leur lançaient des regards furieux, mais c'était eux que les Pranksters voulaient soulager. Pour qu'ils puissent contempler cet autobus et se dire : *Les voilà,* les salauds qui sont responsables de tout, de toute cette merde. Les Pranksters s'étaient arrêtés sur la grande artère qui traverse Central Park, devant un grand restaurant, la Taverne sur l'Herbe, et avaient entrepris de charmer les badauds. Ils se débrouillaient, d'une façon ou d'une autre, pour mettre toute la foutue ville dans leur film. Hagen ne laissait rien passer.

L'une des anciennes de Perry Lane, Chloe Scott, leur avait trouvé un appartement, des amis à elle qui étaient partis pour l'été, sur Madison Avenue, au coin de la 90e Rue. Ils garèrent l'autobus devant. Ils allaient s'en payer. Cassady retrouvait tous ses vieux copains de l'époque de *Sur la route.* Parmi eux, Jack Kerouac et Allen Ginsberg.

Ils donnèrent une party. Kerouac et Ginsberg étaient là. Un gars s'était pointé en disant : « Salut, j' m'appelle Terry Southern, et elle, c'est ma femme, Carol. » Un type très drôle, qui vous disait des vacheries le plus aimablement du monde. Il leur fallut une semaine pour découvrir que ce n'était pas Terry Southern, et qu'il ne lui ressemblait même pas. Ce n'était qu'une petite blague, mais ils étaient contents d'avoir marché dans la combine et d'avoir joué le jeu. Kesey et Kerouac ne se parlaient pas beaucoup. Kerouac restait dans son coin, Kesey dans le sien, et Cassady, entre les deux, faisait la navette —

Kerouac et toute la Beat Generation d'un côté, de l'autre Kesey et tout... Quoi ?... quelque chose de plus vaste, de plus extraordinaire et de plus avancé encore. Salut et bon voyage. Kerouac était la vieille étoile. Kesey était la nouvelle comète folle, venue de l'ouest, qui se dirigeait Dieu sait où.

Sometimes a Great Notion était paru. Les critiques étaient soit enthousiastes soit très mauvaises. Maurice Dolbier, dans le *Herald Tribune* de New York, écrivait : « Un arbre gigantesque dans la jungle du roman. » Et Granville Hicks : « Ken Kesey, dans son premier roman, *One Flew Over the Cuckoo's Nest,* avait prouvé quel écrivain puissant, imaginatif et ambitieux il était. Il fait montre des mêmes qualités, à un degré encore plus élevé, dans *Sometimes a Great Notion.* Il nous conte ici, de manière fascinante, une fascinante histoire. » John Barkham, de la *Saturday Review,* écrivait : « Un romancier d'un talent et d'une imagination exceptionnels... Une immense et tumultueuse histoire... » *Time* concédait que c'était un grand roman — mais qu'il était trop travaillé et manquait son but. Certains critiques semblaient rebutés par le côté colonial, le côté ironique, fichtre-oui-mon-gars, du roman, et ce thème inattendu du vaillant briseur de grève et des syndicalistes apeurés. Leslie Fiedler avait publié un article ambigu dans le supplément littéraire du *Herald Tribune,* mais c'était quand même un long article de première page, par un critique important. *Newsweek* disait que le livre « récuse les impératifs de l'art et n'est donc plus, en fin de compte, qu'une parodie ampoulée, une minutieuse contrefaçon d'épopée, qui sonne creux comme un tonneau ». Orville Prescott, dans le *New York Times,* le qualifiait d' « Ennuyeuse Catastrophe Littéraire », et ajoutait : « Ce livre monstrueux est le roman le plus insupportablement prétentieux et le plus définitivement ennuyeux qu'il m'ait été donné de lire depuis de nombreuses années. » Il parlait de Kesey comme d'une « sorte de beatnik » qui avait servi de modèle à Kerouac pour le Dean Moriarty de *Sur la route,* le confondant en l'occurrence avec Cassady. Les Pranksters en avaient fait des gorges chaudes. Le vieux bonhomme confondait tout... Peut-être était-il rebuté par l'histoire de l'autobus, et leur déferlement sur New York : *Halte à l'invasion des Huns...*

Mais on s'en foutait. Kesey disait déjà que l'écriture elle-même était une forme d'expression périmée et artificielle, et citait en exemple à tous ceux qui avaient des yeux pour voir... leur autobus. La presse locale, y compris certaines des feuilles les plus confidentielles et les plus avancées, leur avaient donné leur aval, mais personne ne comprenait vraiment ce qui se passait, sauf qu'il s'agissait d'une sorte de party. Et c'en était une. Mais les gens à la page de New York, ces gens-là eux-mêmes n'étaient pas encore mûrs, en juillet 1964, pour le phénomène ; pour tous ces types qui dévalaient le continent américain dans les grondements d'un autobus couvert de mandalas à la Day-Glo dans tous les sens, en pointant leurs caméras et leurs micros sur le moindre foutu truc qui pouvait se passer dans tout ce foutu pays, tandis que Neal Cassady prenait les pires virages comme un Super Hud, et que le peuple américain s'engouffrait dans son pare-brise comme dans une de ces foutues caméras télescopiques de Cinémascope qui vous tordent les nerfs optiques comme les rubans de caoutchouc des avions pour enfants, et c'est le moment de s'envoyer encore un peu de speed et d'acide, et de fumer encore un peu d'herbe, comme si tout ça venait à peine de sortir du Cosmos, des machines à boules de chewing-gum pour concessionnaires locaux du Dieu des Pranksters...

Le Cosmos !

Hailleurs.

IX

Le voyage dans la crypte

S'il y avait quelqu'un au monde qui fût capable de comprendre ce que les Pranksters voulaient faire, c'était bien Timothy Leary, avec son groupe de la Ligue pour la Découverte Spirituelle, à Millbrook, au nord de l'Etat de New York. Leary et son groupe avaient été chassés de Harvard, chassés du Mexique, chassés de partout, et avaient fini par trouver refuge dans une grande demeure victorienne de Millbrook, sur un territoire privé, domaine d'une riche famille de New York, les Hitchcock. L'autobus prit donc la route de Millbrook.

Ils s'attendaient à la plus fantastique réception. Il est probablement assez difficile, avec tout le recul, de les comprendre. Les Pranksters estimaient que le groupe de Leary et le leur constituaient deux sociétés secrètes, également extraordinaires, les seules au monde à s'être engagées dans les plus fantastiques expériences sur la conscience humaine qui aient jamais été conçues. La chose était totalement nouvelle. Et ces deux sociétés secrètes qui incarnaient le sursaut d'énergie d'un monde nouveau allaient se rencontrer.

Les Pranksters firent leur apparition dans les torsades gothiques et vert sombre de Millbrook, toutes bannières au vent. L'autobus était couvert de drapeaux américains. Le rock' n' roll éclatait dans les haut-parleurs. Sur la route sinueuse et poussiéreuse, à travers les fourrés enchevêtrés et verdoyants, les étangs et les clairières, ils continuèrent de rouler comme un cirque en délire. Arrivés en vue de la grande demeure couleur pain d'épice, toute en tours, en tourelles et en bardeaux emmêlés, Sandy Lehmann-Haupt se mit à lancer, du toit de l'autobus, un tas de bombes fumigènes à fumée verte, de gros boums et de grosses bouffées de fumée verte qui éclataient des deux côtés de l'autobus comme pour la Fête des Rois, tandis que le sinistre engin tanguait et cahotait dans les tournants. On est là ! On est là !

Les Pranksters s'attendaient à ce que les Learystes se ruent à leur rencontre comme les survivants du siège de Kartoum. Ils ne trouvèrent... que deux individus, là, sur la pelouse, qui filèrent aussitôt dans la maison. Les Pranksters sont devant la grande demeure gothique et sépulcrale, solitaire — et sautent de l'autobus en poussant toujours des yahoos et en faisant un foin du diable. Quelques âmes finissent par se montrer. Peggy Hitchcock, Richard Alpert, et Susan Metzner, la femme du Dr Ralph Metzner, autre figure marquante du groupe. Alpert contemple l'autobus sur toutes les coutures, hoche la tête et dit : « Ke-n-n-n Ke-e-e-esey... » Comme pour dire : « J'aurais dû me douter que c'était vous, cette farce de collège. » Ils sont aimables, mais de façon condescendante... *Du calme*, les amis. Maynard Ferguson, le trompettiste de jazz, et sa femme Flo, les ont rejoints et s'extasient devant l'autobus, mais les autres... On les entend d'ici... comme une *vibration :* On est en méditation, quelque chose de plutôt sérieux, et vos cinglés de Californie ne sont pas dans la note.

Peggy Hitchcock en invite finalement quelques-uns à entrer dans la maison, une grande maison moderne, qu'on appelle Le Bungalow, derrière la grande bâtisse pain d'épice. Babbs est du nombre. Babbs et les Pranksters ne s'en ressentent pas pour un après-midi à flemmarder dans la campagne, méditation ou pas. A l'intérieur du Bungalow, Babbs avise une photo prise à Yale, un tas de jeunots de troisième année assis en rangs serrés, qui regardent tous droit dans l'objectif.

— Mais c'est Cassady ! fait Babbs.

— Et l'Emmerdeur !

— Et Kesey !

— Et Sandy !

Ils retrouvent sur cette photo tous les passagers de l'autobus. Les Learystes prennent un air complaisant. Babbs a une illumination : cette maison est « La Demeure Ancestrale des Pranksters ».

Les Learystes allaient leur faire visiter la grande bâtisse pain d'épice. Babbs s'appropria la direction de la visite.

— Et maintenant, mesdames et messieurs, dit-il, nous allons entreprendre la première visite annuelle de la Demeure Ancestrale des Pranksters. Vous pouvez apercevoir là — il désigne un grand et lugubre portrait à l'huile, ou quelque chose de ce genre, accroché au mur — l'un des grands ancêtres des Pranksters, aïeul et rejeton d'une célèbre famille, ce fabuleux lion, Sir Edward the Freak. Sir Edward the Freak — un drôle de numéro. On m'a rapporté qu'à l'époque, quand ça lui chantait, tout un pâté de maisons pouvait y passer. Sir Edward the Freak...

Et ainsi de suite. Les Learystes suivaient, ils avaient l'air de plus en plus renfrognés, comme s'ils flairaient un désastre. Babbs se montrait de plus en plus excité, et accrochait tout, le grand escalier ancestral, les panneaux ancestraux, la cheminée ancestrale — l'éclat de ses yeux était monté à 300 watts...

On descendait dans l'un des quatre « centres de méditation », ces petits sanctuaires où les Learystes se retiraient pour le sérieux, les méditations sur les choses intérieures...

— ... Et maintenant, pour cette partie de la visite, la Descente à la Crypte...

Et les Pranksters entreprirent la Descente à la Crypte, tandis que Babbs se lançait dans une parodie du *Livre des Morts tibétains*. Lequel était un des textes que les Learystes révéraient le plus.

... C'est ici que nous pendons nos adeptes quand ils ont eu leur compte, dit Babbs, la Descente à la Crypte.

La signification en était claire : On vous emmerde, les gars de Millbrook, vous et votre foutue réserve.

Les autres Pranksters étaient restés dehors à s'ébrouer sous une petite chute d'eau dans les bois. Cathy, la petite amie du Démolisseur, qui l'avait levée à New York, s'était assise dessous, et l'eau lui collait au corps, des plus joliment, son bikini, ou son soutien-gorge et ses culottes, on ne savait trop ce qu'elle portait. Hagen filmait la scène. Elle allait devenir la Sensuelle X du grand film.

Où était donc Leary ? Tout le monde attendait la grande rencontre de Leary et de Kesey.

Eh bien, on devait apprendre que Leary était en haut, absorbé dans une très sérieuse expérience, une défonce de trois jours consécutifs, et qu'il ne fallait pas le déranger.

Kesey n'était pas fâché, mais très déçu, blessé même. C'était incroyable — mais c'était Millbrook, après tout, un bloc de glace, tous des constipés.

Les Pranksters firent encore quelques tentatives pour animer les choses, mais on aurait dit que tout le monde était en retraite, dans un coin ou dans un autre. Ils finirent par abandonner. Kesey, avant de partir, demanda à Alpert s'il pouvait leur procurer un peu d'acide. Alpert lui dit qu'il ne pouvait pas, mais qu'il pouvait leur donner quelques graines. Des graines. L'idée de ces graines qui vous colleraient dans le ventre comme un sac de ptomaïnes pendant que l'autobus danserait, cahoterait, tanguerait, et chavirerait dans les tournants, c'était écœurant. Merci quand même, et mektoub, la Ligue pour la Découverte Spirituelle.

Guerres de rêves

Ils repartirent vers l'ouest par la route du nord, à travers l'Ohio, l'Indiana, l'Illinois, le Wisconsin, le Minnesota, le Sud Dakota — le Sud Dakota ! 290 kilomètres à l'intérieur du Sud Dakota...

Il fait bien plus frais, pour commencer... Le voyage de retour, en fait, s'accomplissait comme dans une Cadillac psychique, une de ces confortables machines rembourrées, et ils ne mirent pas longtemps à s'enfoncer et à se prélasser dans leur communion spirituelle. Ils pouvaient laisser loin derrière toutes ces foutues entraves de l'esprit et ne plus se soucier que de poursuivre leur chemin vers un Hailleurs ! Dans cet autobus. Le Démolisseur, par exemple, avait eu l'intention de rester à New York, mais il était reparti avec eux. Il ne pouvait lâcher le groupe au moment de l'envol spirituel, de la Chose Indicible, de la communion de tous en un seul être collectif... Il emmenait Cathy, sa blonde, plantureuse et télépathique petite amie, qui épousa immédiatement le rythme saccadé, tumultueux, fragile, éperdu, de l'autobus, et devint aussitôt l'une des leurs, de la façon la plus ardente, la plus contagieuse, la plus sénile, et la plus ultra-infra-sexy : la plus sinueuse des Pranksters, qui la surnommèrent la Sensuelle X, cette rayonnante amie qui s'en allait si résolument... Hailleurs... Kesey jeta son dévolu sur la Sensuelle — l'adora ! Dans l'autobus. Elle ne fut bientôt plus que l'ex-sensuelle du Démolisseur — il l'avait perdue ! Dans l'autobus. Le Démolisseur est tout d'abord furieux, il a l'impression de s'être fait avoir — c'est un affront ! Puis, grâce à sa passion pour l'aventure des Pranksters, il abandonne toute rancune. On ne saurait en vouloir à personne quand les choses se font ainsi carrément, aux yeux de tout l'autobus.

Il restait fort peu de LSD. Ils prenaient surtout des amphétamines et fumaient de l'herbe. Les Pranksters planaient au-dessus des terres du Nord. Quant à Sandy — un Maître Gourou l'avait pris à part, avec Jane, à Millbrook, et leur avait chuchoté : « Il vaudrait mieux que vous fassiez cette expérience ici tout seuls... » Ce qui, sans doute, voulait dire : sans vos turbulents compagnons, ou plus exactement : ailleurs que dans l'autobus, et Sandy s'était... de nouveau *dé-monté,* et était retourné à Millbrook avec Jane. Le Maître Gourou l'avait initié au DMT, une défonce de trente minutes environ, comme le LSD, d'une féroce et folle intensité. Tout se fragmentait ! Sandy en avait tiré une folle vision d'un monde déchiré, morcelé en fragments de vitraux, dont les échardes se plantaient derrière ses yeux. Quoi qu'il fît, les yeux ouverts ou fermés, le monde éclatait en escarbilles électriques. « Je voudrais pénétrer votre âme métaphysique », lui avait dit le Maître Gourou. Mais Sandy, lui — la paranoïa ! — avait l'impression de n'être plus qu'une lulu peinturlurée à plat sur ses nageoires, un pédé en chaleur, tandis que le monde explosait de partout. Et pas d'antidote pour ce bombardement qui n'en finissait plus... Ils étaient retournés à New York. Jane était descendue de l'autobus et les avait quittés, mais Sandy avait voulu aller jusqu'au bout avec les Pranksters, les suivre sur la route de l'ouest, se propulser avec eux de plus en plus loin — Hailleurs... Et maintenant, à mi-chemin, c'était comme si ce trip au DMT de Millbrook avait constitué une ultime étape, et sa psyché tout entière était désormais condamnée au mouvement, à la vitesse, il ne pouvait plus continuer de filer sur les terres du Nord. Certaines vibrations de l'autobus lui secouaient la cervelle et lui rappelaient les fusées du trip au DMT, et qu'il lui fallait *continuer de rouler,* toujours plus vite. Les doux champs de blé et les fermes d'Amérique défilaient. Verdure et entrelacs, beauté champêtre. Sandy admire cette sérénité... et jette un coup d'œil sur le grand rétroviseur de l'autobus : les champs sont... en flammes::::::: entrelacs et frisures se sont redressés en de hideuses flammes orange:::: Il secoue la tête, et regarde derrière, aussi loin qu'il peut, à l'horizon — tout est redevenu calme, plat, vert — et défile sereinement. Il regarde encore dans le rétroviseur — les flammes jaillissent, fusent, le maïs et le lespidèze sont devenus marron comme un film en couleurs qui prend feu et éclate lorsque le projecteur chauffe trop, le maïs, le blé et le lespidèze ne sont plus qu'une gerbe brunâtre en fusion, la camassia, le sureau, l'iris sauvage, le prismatica, le sarcobate, le toxicodendron, l'aconit, la mandragore, le menispermum, l'herbe qui rend épileptique et celle qui rend fou, l'amarante, l'euphorbe, le tabac coyote, les yeux de crabe, prennent feu — *une mer de flammes* — une mer de feu dans un miroir. Narcisse, lune, jumeaux, thèse et antithèse, infirmité de l'existence, il est contraint d'endurer, à tout moment, cette révélation d'un mystère paléopsychique — et détourne les yeux, et tente de ne plus regarder dans le rétroviseur, et il n'y a plus, de nouveau, que le soleil et le ventre vert de l'Amérique qui défile...

... Sereinement. Il y avait des choses qui se passaient assez bien, à tous les points de vue. Et d'abord, ils avaient appris à conduire leur autobus. Cassady avait dû rentrer à l'avance en voiture, avec l'Emmerdeur, qui devait retourner à sa base de Fort Ord. Les Pranksters conduisaient à tour de rôle. La nourriture, pisser, le film, les enregistrements — ils travaillaient en équipe. Quelques petits problèmes mineurs d'ordre personnel une fois réglés — en toute franchise — et le Mississippi traversé —, ils étaient déjà assez boin vers l'ouest — l'Esprit Collectif prit le dessus, et tout devint très psychique...

L'intersubjectivité !

... Sandy lui-même conduisait l'autobus sur les routes de l'austère Sud Dakota, dont les prairies vertes et dorées étaient recouvertes d'ombres lugubres. Plus de mer de flammes, rien que le vert et l'or d'une mer sereine, descendue des torrents du Nord — on n'a plus besoin de dormir, le temps n'existe plus, il n'y a plus que le Présent, la parfaite expérience de l'instant parfait, parfaitement contrôlée par le pied sur l'accélérateur — pendant près de 285 kilomètres, il ne se fia plus qu'à son cadran. Il va dans le fond de l'autobus. Une carte des USA est collée au toit. Regardez ! Vous voyez cette ligne rouge qui la barre — ce sont exactement les 285 kilomètres qu'il vient de faire, qui se détachent là, au plafond. Il regarde de tous côtés, interroge. Il est très excité. La Sensuelle X lui dit que c'est elle qui a dessiné cette ligne...

— Pourquoi ?

Elle ne sait pas. Pourquoi pas. Elle a pris un crayon, c'est tout, et la ligne est partie dans cette direction...

Pas besoin d'explication. Cathy, la télépathe ! Une ligne, un courant traversent tout l'autobus. L'Esprit Collectif, le Contrôle Cosmique...

L'autobus remonte le Canada, en direction de Calgary.

L'insatiable Hagen, le Hagen du Baisodrome, part à la recherche d'un morceau de choix, et revient avec une jolie petite fille aux lèvres fruitées comme une lampée de jus de raisin, un peu jeunette, mais vous occupez pas, j'suis prête, et embarquée. On la baptise l'Anonyme. Elle se retrouve en culotte et en soutien-gorge, elle adore ça. La Police Montée canadienne a été avisée de la fuite, ou de l'embarquement clandestin de la petite fille. On arrête l'autobus pour vérification...

— Mais je vous en prie, messieurs, voyez vous-mêmes...

Hagen a fait tourner sur eux sa caméra.

Le Chef relit une longue description de la fugitive : un mètre cinquante, cheveux noirs, etc. et examine à travers la vitre la Sensuelle X, Gretch et l'Anonyme...

L'Anonyme, du haut de la vitre derrière laquelle elle est perchée, lit par-dessus l'épaule du Chef et rit de bon cœur. La fugitive doit avoir un drôle d'air. L'Anonyme a le visage entièrement recouvert de motifs dans le style Prankster, de même qu'une bonne moitié de son corps fruité, pour ne pas trop ressembler à la jolie et pauvre petite innocente que Grand-Maman a pu décrire à la Police Montée, qui leur fait signe de passer et guette le véhicule suivant.

Prochaine étape à Boise, dans l'Idaho. Partout, Kesey et Babbs, sur le toit de l'autobus, jouent de la flûte pour ensorceler impitoyablement les foules américaines qui se pressent autour. Ils ne se débrouillent pas mal du tout. Avec des grimaces à gauche et à droite. Et le petit escargot craintif qui se propulse dans ses petits souliers noirs, ses petits souliers qui craquent et qui brillent, sait que c'est pour *lui,* pas d'erreur, c'est lui qu'ils ont choisi — ils me jouent ma chanson, le triste chant de mon cinéma... Kesey et Babbs ne cessent de faire mouche, comme les archers de la légende Zen, car ce n'est plus *pour* les gens qu'ils jouent, mais *à l'intérieur* des gens. Ils jouent à l'intérieur — oh, flots impitoyables. Bien des choses en émergent. Kesey et Babbs contemplent les multitudes des hauteurs de l'autobus, des hauteurs de l'Hailleurs, et les milliards de paires d'yeux de l'Amérique brillent pour eux comme des balises électriques, ce qui n'empêche pas les Pranksters de frémir avec toute cette Amérique de cinémascope, de se laisser emporter par le courant, drapeaux au vent, dans l'autobus, et de tirer leur énergie, comme pour le soleil, de la puissance de ses chevaux, de ses néons — l'Amérique entière est une défonce, et qui ne connaît pas de limites. Bango ! — Oui, c'est ça — le malheur, avec Leary et son groupe, c'est qu'ils ont fait machine *arrière*. Exactement ! Ils sont retournés aux vieux trucs intellectuels, antédiluviens, de New York, ils ont replongé dans le romantisme du passé, lâché le grand jeu de l'Amérique. Les intellectuels de New York se sont toujours cherché... un autre pays, une patrie de l'esprit, où tout serait meilleur, plus pur, plus philosophique, plus simple, plus racé, et où il n'y aurait plus de gadgets : la France, ou l'Angleterre, d'habitude — oh, cet art de vivre qu'ils ont, en France, mes amis. Les Learystes ont fait de même, à cette différence près que, pour eux, c'est l'Inde — l'Orient — avec toutes les antiques sornettes du Bouddha ou des Vedas qui se collent partout comme de la rouille. Leary voudrait que l'herbe pousse bleue dans les rues de New York ; il décrète que tout le monde devrait vivre dans un décor si antique et vénérable, en s'accroupissant sur des tapis de paille et sous des murs à la Paisley, que le Bouddha lui-même, celui de l'an 485 avant Jésus-Christ, pourrait venir et s'y sentir immédiatement chez lui. Et surtout, gardez le silence, pour l'amour de Dieu, tenez-vous peinards, chuchotez, gémissez, murmurez, méditez, et, bon sang, surtout pas de *gadgets* — pas de bandes magnétiques, pas de vidéo, pas de TV, pas de films, pas de basses électriques, pas de décalage réglable, pas de drapeaux américains, pas de néon, pas des Buicks Electras, pas de stations-service nacrées de lune, pas d'autobus dingues, bon sang de bois, pas de courses folles, tagada tsoin tsoin, jusqu'aux confins extrêmes de la côte ouest...

A Boise, ils traversèrent un cortège, obsèques, mariage, ou Dieu sait quoi. Un tas de gens sur leur trente et un, dans le soleil, tout ébahis à la vue des Pranksters, qui s'étaient regroupés près d'une fontaine et déconnaient sous les éclats du soleil. Un gosse — ils lui ont seriné *sa chanson*, et il aime ça — se précipite vers l'autobus, et ils remontent tous en vitesse et se tirent sous le nez du gosse, qui court après. Kesey s'amuse à ralentir et à redémarrer à son approche. Le jeu continue tout au long de six ou huit pâtés de maisons, avant qu'ils n'accélèrent pour de bon. Ils peuvent toujours le voir, dans le fond ; sa silhouette s'estompe et ses jambes courent encore, comme dans un générique de film...

Image allégorique de l'existence !

... Des multitudes qui, bientôt, voudront... elles-mêmes... monter dans l'autobus...

De retour chez Kesey à La Honda,
En plein dans la poussière de néon biscotte-bistre,
Plus synchro que
Jamais,
En plein dans l'Indicible,
Les Pranksters s'alignent maintenant
Devant le choix décisif :
Avant l'autobus et
Après,
Avec l'autobus ou
Pas,
La ligne est nette, diluvienne
— Avez-vous fait le Voyage de votre Age ?
Un aller simple dans les allées du nirvâna,
Les fourrés de l'Indicible sylvestre, *ex cathedra*,
La plongée est des plus paisibles, synchro,
La bacchanale sereine
Pour tout le monde...

... sauf Sandy. Pour Sandy, l'autobus s'est arrêté, mais pas lui. Comme si l'autobus avait embouti un mur, et comme si Sandy avait été projeté par la vitre. Il vivait suspendu dans un interminable moment avant de retomber — quoi ? Il ne savait pas. Tout ce qu'il savait, c'est qu'il s'écraserait, à moins que les Pranksters ne reprennent soudain leur élan et ne le rattrapent, de même que l'Eclair, dans les bandes dessinées populaires des Pranksters, attrapait les balles en se propulsant à leur vitesse exacte, pour les cueillir au vol comme des œufs...

Sandy se promenait l'air absent, nerveux, fébrile. Il ne cessait de s'agiter, et personne n'y comprenait rien. L'autobus était garé devant la cabane. Kesey, par exemple, était monté arranger quelque chose, et Sandy, derrière la portière, l'interpellait et se mettait à discuter avec lui de quelque ésotérique problème de sonorisation. Kesey, disait-il, leur sabotait leurs enregistrements. Un travail d'amateur. Il se contentait, par exemple, quand il était question de « feu », de froisser de la cellophane devant le micro — et ainsi de suite. Il n'en finissait pas de se plaindre ! Jusqu'à ce que Kesey se mette les bras en croix contre la paroi de l'autobus, dans l'attitude du Christ — lui rappelant exactement ce qu'un de ses frères avait l'habitude de faire lorsqu'il l'entreprenait de la sorte. Sandy pique une crise. *Va-te-faire-foutre !* hurle-t-il, en pointant le doigt. Kesey bondit au-dehors et plaque Sandy contre l'autobus — et ça ne va pas plus loin. Sandy est subjugué. Il n'a jusqu'ici jamais vu Kesey employer son extraordinaire force physique contre qui que ce soit. Il lui suffit d'y penser pour être subjugué. Mais tout est oublié en un clin d'œil. Kesey est redevenu parfaitement calme et lui demande de l'accompagner à la cabane près de la crique. Il veut lui parler.

Ils y vont. Kesey lui parle de son attitude. Sandy est toujours *dé-monté,* il déserte continuellement l'autobus, pourquoi ?

— Tu ne comprends pas, dit Sandy. Tu ne comprends pas pourquoi je me démonte. C'est comme quand on grimpe une montagne. Qu'est-ce que t'aimerais mieux, la grimper, ou qu'un hélicoptère te dépose dessus ? L'expérience est plus riche quand on n'arrête pas de grimper, quand on n'arrête pas de *remonter...*

Et ainsi de suite. Kesey hoche la tête d'un air passablement absent.

— O.K., Sandy, dit-il...

Mais Sandy se sent persécuté... Que pensent-ils *réellement* de lui ? Qu'est-ce qui se prépare ? Quelle insidieuse farce ? Il ne peut s'empêcher de les soupçonner d'élaborer à ses dépens quelque farce gigantesque. Une Farce Monstrueuse... Il ne peut dormir. Son cerveau ne cesse de travailler à la furieuse vitesse de l'autobus, comme un éternel voyage au speed.

Kesey avait inventé un jeu, celui du « Pouvoir ». Il avait pris un jeu de fléchettes, l'avait recouvert de Masonite, avait fixé au milieu un mécanisme de roulette, et l'avait divisé en autant de rayons et de sections que de Pranksters. Le surnom de chacun s'y inscrivait, Voyageur Intrépide, pour Babbs, le Déphasé pour Hagen, Vitesse Limite pour Cassady, l'Emmerdeur pour Ron Bevirt, Gretchen pour Paula — elle avait complètement perdu son ancien nom et acquis la nouvelle personnalité de son surnom, Gretchen, ou Gretch. Le territoire de Sandy était marqué d'un « DÉMONTÉ » dont l'accent portait sur la seconde et la troisième syllabe, comme il l'avait lui-même expliqué à Kesey, dans la cabane. Il se sentit submergé de gratitude, de soulagement. Kesey *savait !* Kesey *comprenait !* Sandy était de nouveau avec l'autobus.

Chacun devait formuler des « devoirs » sur des bouts de papier que l'on rassemblerait. La roulette tournerait et, si elle s'arrêtait sur vous, vous deviez tirer du tas le « devoir » qui vous incombait. Les autres vous accorderaient un nombre de points correspondant à la façon dont vous vous seriez tiré de votre tâche, sur une échelle de un à cinq points pour la note maximale. Nombre de ces tâches étaient assez fantaisistes, comme « se mettre quelque chose appartenant à quelqu'un d'autre ». Chacun marquait ses points sur un tableau. On se fabriquait soi-même sa marque. Sandy se fabriqua la sienne en Métal Sculpté, qu'il étira d'abord en longs fils d'araignée, avant de la comprimer brusquement en une horrible boule, pour exprimer ce qu'il commençait de ressentir. Page s'en saisit et lui donna une jolie petite forme, genre pont ; tout le monde était d'accord que c'était comme cela qu'il fallait faire — et la paranoïa de Sandy le reprend...

Pour prix au gagnant : le Pouvoir. Trente minutes de pouvoir absolu, pendant lesquelles vous pouviez faire la loi, et tout le monde devait vous obéir, quoi que vous ordonniez. De plus allégorique, ce jeu. Babbs gagna bientôt une partie. Il leur ordonna à tous d'amener dans le living-room tout ce qu'ils possédaient. Tout le monde partit, et ramena tout son barda ; de l'autobus, des tentes, des sacs de couchage ; des chambres, une montagne hétéroclite de vêtements, de chaussures, de bottes, de jouets, de boîtes de peinture, de pots, de brosses à dents, de livres, de boîtiers, de capsules, de trésors de toutes sortes, de lettres, de détritus, de saloperies. Ils entassèrent le tout au centre de la pièce. Un fabuleux Egout, une montagne de saloperies.

— Et maintenant, dit Babbs, on va redistribuer les richesses.

Et d'élever un échantillon en s'écriant :

... Qui est-ce qui veut une brosse à dents à Gretchen, modèle 1964 ?

Quelqu'un levait la main et héritait de la brosse à dents, que quelqu'un d'autre répertoriait solennellement sur un carnet commercial du format légal.

La roulette s'était arrêtée sur Sandy. Il tire un bout de papier, son commandement. De la main de Gretchen : « Sors préparer un feu de camp. » Il le lit à haute voix, et garde les yeux fixés sur le bout de papier. Et tous les autres ont les yeux fixés sur lui. Ils attendent qu'il se lève et sorte préparer son feu. Il sent ces regards qui le fixent, il le *sait,* maintenant — c'est un habile complot pour le faire sortir de la maison, l'attirer au-dehors, dans l'obscurité, et passer à leur Farce Monstrueuse...

Il éclate. *Je n' peux pas. Vous ne voyez donc pas ? Ça devient infernal — je n'peux pas dormir, tout est comme ça :*

Il se croise les doigts en treillis et regarde à travers les trous, pour leur montrer comment tout se brise, se fragmente continuellement, tout son champ de vision, depuis le trip au DMT de Millbrook, et la mer de flammes, et sa paranoïa, son éternelle paranoïa, il leur sort tout, tout ce qui le retient, et le projette vers... quoi ?

Et, soudain, la cabane de bûcheron est très silencieuse. Tous les Pranksters ont les yeux sur lui, ils l'enveloppent, ils lui donnent toute leur... Attention. Il y est allé, carrément, franchement. Le furieux mouvement s'arrête. Il se sent soudain :::: pacifié.

— Combien est-ce qu'on lui donne de points ? dit Kesey.

Tout le monde fait cercle et s'écrie : Cinq ! Cinq ! Cinq ! Cinq ! Cinq !

— Trois, dit Gretch.

C'est elle qui a écrit ce bout de papier — quant à Sandy, un petit microgramme de paranoïa se faufile de nouveau en lui comme une mite...

Les Pranksters comprenaient maintenant que Sandy filait un mauvais coton. « Il faut nourrir l'abeille qui a faim », avait coutume de dire Kesey. Les Pranksters se mirent à battre la mesure... Pour Sandy, pour essayer de lui donner l'impression d'être à l'abri, au centre du jeu. Mais il se méprenait toujours sur leurs gestes. Pourquoi le fixaient-ils comme ça ? Son insomnie se fit de plus en plus rebelle. Une nuit, il descendit jusqu'aux buildings de Redwood Terrace, pour essayer de trouver un somnifère. Il allait frapper à n'importe quelle porte, au milieu de la nuit, et demander des comprimés de Sominex. Il s'imaginait que c'était comme à New York, dans un immeuble, où il suffit de traverser le couloir, et on emprunte aux gens quelques morceaux de sucre, même si on ne les connaît pas. Il frappe donc à diverses portes, et demande du Sominex. Naturellement, ils sont tous pris de panique et lui claquent la porte au nez, ou lui disent d'aller se faire foutre. Les gens de

Redwood Terrace étaient eux-mêmes devenus un peu paranoïaques, avec tous ces cinglés en bas de la route, chez Kesey.

Dans la journée, cela n'allait pas mieux. A mesure qu'empirait son insomnie, sa vision se fragmentait de plus en plus. Et finalement... il regarde l'autobus violemment peinturluré, et le sinistre chaos de ses entrelacs se mue en... un tunnel ! Le tunnel qu'ils avaient traversé, un long tunnel où il avait été pris d'une intense claustrophobie, avec la paranoïaque certitude qu'il n'en émergerait jamais, et voici que ce tunnel se matérialise avec une horrible précision contre cet autobus. Il se détourne... aperçoit un frais berceau de verdure dans les feux du jour, une cathédrale au milieu des bois, baignés de paix... se retourne lentement vers l'autobus :::::::: IL EST TOUJOURS LÀ ! LE TUNNEL ::::: L'AUTOBUS ! ::::: PEINT MAINTENANT DE LA MAIN D'UN MAÎTRE, UN VRAI TITIEN :::: UN JÉRÔME BOSCH :::: UN MATHIAS GRUNEWALD :::: AVEC LES PLUS HORRIBLES SCÈNES DE MA VIE.

Est-ce le salut ? Kesey leur annonce qu'ils remontent dans l'autobus — on repart ! — et qu'ils partent pour l'Institut d'Esalen, à quatre heures de route en direction du sud, près de Big Sur. Esalen était en lui-même « une expérience », comme on dit, une sorte de station climatique à la dure, perchée sur une falaise de près de trois cents mètres au-dessus du niveau de l'océan. Le décor était des plus dramatiques, dans le genre des paysages marins du XIXe siècle. Les vagues écumaient au-dessus, l'air pétillait au-dessus, de la moitié du monde à l'horizon, montagnes, océan, cieux, tout le spectacle, en un mot, qui faisait la célébrité de Big Sur. Il y avait là un pavillon, une piscine, un tapis de verdure qui s'étendait jusqu'au bord de la falaise, et des sources d'eau chaude et sulfureuse à une centaine de mètres, sur l'un de ses flancs. On pouvait s'y baigner et admirer l'éternité du Pacifique. Derrière le pavillon des rangées de minuscules cabines et quelques voiturettes pour la clientèle. Les clients... Eh bien, Esalen, en deux mots, était le refuge où les gens cultivés de la classe moyenne venaient essayer, l'été, de se désencroûter et de se dégourdir un peu le popotin.

Le grand théoricien d'Esalen était un spécialiste de la Gestalt psychologie, du nom de Fritz Perls. Un grand bonhomme dans les soixante-dix ans, avec un bouc, qui se promenait en combinaison de tissu-éponge bleu. On aurait dit un ours bleu, l'air très digne, très savant et très autoritaire. Perls était le père du Voyage dans le Présent. Sa théorie était que la plupart des gens ne vivent que leurs illusions. Ils vivent entièrement dans le passé, ou en fonction de ce à quoi ils s'attendent, c'est-à-dire, généralement, dans la crainte. Perls essayait d'apprendre à ses patients, à ses élèves, et aux clients d'Esalen, à vivre dans le Présent, pour changer, dans l'instant, à prendre conscience de leur corps et de tout ce que leurs sens leur révélaient, à mettre leurs peurs de côté et à saisir le moment. Ils organisaient des « rencontres marathons », au cours desquelles il vivaient ensemble pendant des jours, se livraient tout entiers, sans plus se cacher derrière les habitudes, et s'exprimaient librement — cris, accusations, étreintes, larmes — c'était merveilleux, bien sûr : « Vous voulez vraiment savoir ce que je pense de vous... » L'un des exercices pratiqués à Esalen, l'exercice dit du Voyage dans le Présent, consistait à répertorier les impressions ressenties sur le moment. Vous les énoncez rapidement, en commençant par le mot « Maintenant » : « Maintenant, je sens le vent sécher la transpiration sur mon front... Maintenant, j'entends un autocar qui remonte lentement sur la route... Maintenant, j'entends un disque des Beatles dans un haut-parleur... »

Un autocar ? Un disque des Beatles ? Les Pranksters sont là, Voyageurs du Présent. Kesey a été invité à Esalen pour y diriger un séminaire : « Un Voyage avec Ken Kesey ». Personne, cependant, n'avait escompté tout l'ensemble des Pranksters, avec leurs lamentations et leur équipement au grand complet. La clientèle d'Esalen avait, en quelques semaines, fait pas mal de chemin, et d'aucuns commençaient à avoir un soupçon de ce que Se Désencroûter voulait dire. Et quand ils virent... On pouvait avoir froid dans le dos, au Pays de la Liberté. Les Pranksters avaient l'air gentils, mais brillaient drôlement dans l'obscurité. Ils s'ébrouaient comme des dératés dans les calmes sources d'eau chaude. Et rares furent ceux qui se portèrent volontaires pour le voyage avec Ken Kesey, fût-ce dans un séminaire.

Sandy, dans l'intervalle, passait abruptement de sensations paranoïaques en sensations... de Pouvoir, de puissance divine. Et c'était toujours avec l'autobus qu'il s'envolait. Tantôt celui-ci se couvrait de scènes à la Jérôme Bosch surgies de ses plus intimes Enfers. Tantôt, c'était lui, Sandy, qui le contrôlait. Un soir, il s'avise qu'il peut dépouiller l'autobus de sa peinture, rien qu'en le fixant. Il dispose de pouvoirs psychiques. Il a dans le regard pouvoir de vie et de mort. Les vagues s'écrasent au-dessous contre la falaise d'Esalen — il fixe l'autobus... et *lui enlève sa peinture*. Il l'enlève sur tout un côté, pour lui restituer le jaune doré de sa fonction originelle d'autobus scolaire. Toute la couche Prankster est partie. Une facétie de l'esprit? Il regarde ailleurs, en direction de l'océan et des étoiles — se retourne brusquement :::::: L'AUTOBUS EST TOUJOURS NU :::: D'UN JAUNE TOUJOURS VIERGE.

Il a ce pouvoir — mais peut-il le protéger de la Farce Monstrueuse ? Les Pranksters partent en autobus pour Monterey, pour voir un film, *la Nuit des Iguanes*. Il est assis au fond, pour mieux les surveiller. Si l'un d'eux tentait quoi que ce fût, il pourrait, d'un seul regard... Ils entrent dans le cinéma. Il traîne un peu, et s'assoit plusieurs rangs derrière. Pour garder l'œil sur eux... On projette un dessin animé, un *Tom et Jerry*. Jerry, la souris, joue des tours à Tom, le chat, qui tombe d'une falaise et *s'écrase*, dans une explosion d'yeux, des milliers de paires d'yeux. Tout le monde rit. Sandy trouve cela écœurant, insupportablement cruel. Il saute de son siège et sort en courant. Il déambule dans Monterey pendant près d'une heure et demie. Puis il se dirige de nouveau vers le cinéma. Hagen est dehors, à l'attendre.

— Où est-ce que t'étais, bon sang ? Kesey te cherche partout.

Sandy se précipite à l'intérieur. *Kesey !* Il regarde l'écran — et la souris. Jerry, joue toujours des tours au chat, Tom, qui glisse de la falaise et *s'écrase*, dans une explosion d'yeux, des milliers de paires d'yeux... Sandy s'enfuit une seconde fois. Kesey est dehors, maintenant, à l'attendre. Il réussit à le faire remonter dans l'autobus, à force de cajoleries, et les voilà tous repartis pour Esalen.

De retour à Esalen, dans sa cabine, Sandy s'endort à moitié... IL RÊVE DE GUERRES ! Son Pouvoir contre celui de Kesey, comme le Dr Strange contre Aggamon. L'un des deux, dans cette guerre, dans ce rêve, va tuer l'autre... Sandy exerce au maximum son énergie psychique... ouvre les yeux, et fait apparaître dans la cabine une machine — un calorifère ? Cela *en a l'air*, mais c'est l'instrument de mort de Kesey ; à ce moment même, le thermostat de la machine se met en branle, une minuscule lumière rouge s'allume — le rayon de la mort de

Kesey ! — Kesey a triomphé, il l'a *tué,* et Sandy tombe de son lit, mort. Il gît au sol et quitte son corps par projection astrale. Il s'envole au-dessus du Pacifique, de la falaise d'Esalen, soixante ou soixante-dix kilomètres, en fusée, et le vent tourne en rafales, *huhhhhhhhhhnnnhh, huhhhhhhhhh, huhhhhhhhhhnnnh,* et il est le vent, même pas un esprit qui vole, mais un être totalement diffus, dissous dans les éthers, et il découvre tout un océan éclairé par la lune, et Esalen dans le fond. Puis revient, et se retrouve sur le sol de la cabine, haletant, *huhhhhhhhhhnnh, huhhhhhhhnh, huhhhhhhhhhnnh.*

— San-dy ! San-dy ! San-dy !

Il fait jour. Ils sont dehors, près de la cabine, et l'appellent, les Pranksters... Pour quelle Farce Monstrueuse ?...

Kesey, de fait, avoir ordonné aux Pranksters de lui consacrer toute leur Attention, d'essayer de le ramener à lui, de le mettre au centre de toute activité. Sandy sort de la cabine. Ils le regardent fixement, et il prend ça pour de l'agressivité, pour une menace... Il remonte cependant avec eux dans l'autobus. Ils partent sous le soleil. Kesey et les Pranksters ont préparé un long document sur Sandy, douze pages de texte et de dessins, très ingénieux, on dirait une notice astrologique ; ils y exposent toutes ses angoisses et les réfutent en toute camaraderie — et ça prend. Sur la route qui longe la falaise, Kesey entraîne Sandy là-haut pour un Voyage dans le Présent. Ils s'assoient sur le toit, au soleil. Le vent souffle en rafales. Kesey s'extasie sur les dessins qui ornent le capot : « Maintenant, je vois une sorte de serpent vert qui traverse le rouge jusqu'au bord, et se fond dans... » Et ainsi de suite. Sandy s'extasie sur le Voyage de Kesey — Kesey ! — Toute son Attention ! — et c'est comme s'il se ressaisissait enfin, il sent qu'il est de nouveau *avec l'autobus.* Il décide d'essayer à son tour, d'entraîner Kesey dans son Voyage, à lui, sur cette falaise. « Maintenant, dit-il, je vois l'océan comme une couche de glace qui glisse vers la rive... Et maintenant, je vois trois soleils... » Et c'est vrai ! Les vibrations de l'autobus l'ont précipité dans une nouvelle réaction au DMT. La vibration et la trépidation de l'autobus se multiplient par trois ; il pourrait se rattraper à un soleil unique, mais il continue d'en voir trois. Kesey lève les yeux au ciel. « Ouais, ouais », dit-il. Il s'extasie avec lui, ce qui réconforte Sandy...

La nuit tombe. « San-dy ! San-dy ! » Ils tentent une nouvelle fois de le faire sortir de sa cabine. Pour quelle raison ? Mais pour lui jouer leur Farce Monstrueuse, bien sûr, mais... il a ce Pouvoir ! Au-dehors, ils ont des bougies, les Pranksters, et organisent une procession le long d'un petit chemin, dans un ravin qui traverse la falaise à pic et débouche directement au bord de l'eau. Pour quelle raison ? Mais pour lui jouer leur far... Mais Faye, la femme de Kesey, s'approche de lui, affectueusement, avec le sourire, et lui donne une bougie. Elle l'allume, elle n'est qu'amour et loyauté, et il les suit, bougie en main. L'écume de l'océan fait mugir le ravin. Pour quelle raison veulent-ils l'entraîner dans cette funèbre procession ? Mais pour la plus Monstrueuse de toutes les Farces — pour *le tuer* au bord de l'eau — mais c'est *lui* qui a le pouvoir... Sa bougie s'éteint presque dans le vent, puis se ranime, au maximum — sauf que ce n'est pas le vent, c'est Sandy, il peut la faire se recroqueviller et s'éteindre progressivement, rien qu'en la fixant, par psychocinétique, et la ranimer, rien qu'avec la force de son esprit, il peut la contrôler totalement, comme elle peut le contrôler, lui, car ils ne font plus qu'un, *Dieu,* et il trottine dans le ravin. Il éprouve de plus en plus le sentiment de sa puissance. Une fille — une nommée Lola — s'est arrêtée, juste devant lui. Il s'approche. La fille vacille, et la cire de sa bougie lui tombe sur les doigts. Elle s'extasie sur cette cire qui lui tombe sur les doigts, et ricane, et sa main de cire devient toute blanche, comme morte, on dirait celle d'un squelette, et son rire, éclairé en dessous par la bougie, se fait cireux et sépulcral — C'EST ICI QUE LA MORT COMMENCE — et Sandy pivote, et remonte le ravin en courant...

Il ne sait pas que cette procession est une cérémonie d'amour, un voyage d'amour, qu'ils l'ont conçue pour lui, pour qu'il se retrouve, une cérémonie à la gloire de Sandy, au pied de l'eau, à la lumière des bougies...

Il est déjà loin, il descend la falaise en courant, sur la route de Monterey. Il court jusqu'à ce que ses poumons l'abandonnent, se remet à marcher, puis à courir encore, en direction des fenêtres éclairées sur les falaises qui dominent la mer, des villas de Big Sur. Il frappe à la porte, pousse des cris incohérents, menace de se jeter à l'eau, jusqu'à l'arrivée de la police. Y t'ont eu ! Quelle blague, il peut les anéantir à tout moment, grâce à son rayon psychocinétique...

Ils le mettent sur le siège arrière et filent vers Monterey, sur la Route n° 1 ; ils prennent les virages de plus en plus vite.

— Pas si vite ! dit Sandy.

— Quoi ?

— Pas si vite !

— Ecoute, dit le flic. Arrête de me fixer comme ça, dans le dos de la tête, et je ralentis.

— Ahhhhhh.

— Regarde par la fenêtre, n'importe quoi. Regarde le paysage. Mais arrête de me fixer dans le dos de la tête.

Il détourne les yeux de son crâne. Ces deux trous fiévreux. Un moment après...

La police de Monterey le retint en prison jusqu'à ce que son frère Chris arrive de New York. Chris, dans la prison, était tombé sur Kesey. « Y faut qu'on le sorte d'ici, dit Kesey. Y a pas à dire. Faut le ramener chez lui, avec les Pranksters. » Chris avait ramené Sandy à New York, pour le faire soigner. Il lui fallut un certain temps pour comprendre ce que Kesey avait, bon sang, bien pu vouloir dire.

XI

La chose qu'On n'A pas Dite

Comment décrire ça... La fantaisie du jour... Je n'avais jamais entendu aucun des Pranksters prononcer le mot de *religieux* en évoquant l'atmosphère intellectuelle dans laquelle ils s'étaient tous retrouvés après le voyage en autobus, et leur étrange séjour à Big Sur. Ils se méfiaient des mots. Et pourtant...

Ils étaient remontés dans l'autobus et avaient repris le chemin de La Honda, sous le bon vieux soleil estival de Big Sur, un soleil gelé, nul n'avait besoin de le préciser : c'était du sérieux, maintenant, *pas comme les autres, c'te merde-là,* préféraient-ils ajouter, pour tout commentaire, comme pour conjurer... l'Indicible. On était en pleine *parapsychologie.* Comme lorsque Sandy, après avoir fait près de trois cents kilomètres sur les routes du Sud Dakota, avait regardé la carte fixée au toit de l'autobus, et les avait vus marqués d'une ligne rouge... Sandy : : : : Il était reparti au pays du Lavage de Cerveau, où les Blouses Blanches ne comprendraient jamais, au grand jamais, d'où il revenait... Cette Ville du Bout du Monde, la Ville-Limite, où ils se retrouvaient tous maintenant... De retour chez Kesey, à La Honda, ils se retrouvent tous assis, le soir, dans la grande pièce. Il commence à faire frais, dehors. *Je crois* que je vais fermer la fenêtre, se dit Page Browning — à ce moment même, l'un des Pranksters se lève et la ferme pour lui, en souri-i-i-ant, sans rien dire... La Chose qu'On n'A pas Dite — et ce genre de choses se produisent constamment. Ils partent en randonnée dans la Sierra. Cassady, au volant de l'autobus, quitte la grand-route pour remonter une petite route de montagne — voyons où ça va. Cette route est si vieille, si désertée, que le bitume est tout craquelé. Ils continuent de grimper en zigzags. La route ne mène nulle part, mais l'air est si pur. Arrivé au sommet de la pente, l'autobus tremblote et s'étrangle, et refuse d'avancer. Il s'arrête. Les Pranksters découvrent qu'ils n'ont plus d'essence. Les voilà dans une belle situation ; l'autobus s'est échoué en plein désert, au milieu des montagnes de l'Ouest, la nuit tombe, et pas une station d'essence à moins de quarante-cinq, peut-être même cinquante kilomètres. Il n'y a plus qu'à s'allonger dans l'autobus et essayer de dormir... Hmmmmmm... Des scorpions avec des bottes — des pantoufles de la TWA Vol Royal Ambassador — votre grande carcasse de Howard Hughes à la manque dans un sac de couchage par terre dans un refuge de marbre en plein désert

L'AUBE

Des crissements, des grincements, un incroyable remue-ménage, les réveillent. Un camion-citerne, un

CHEVRON

plein d'essence, un véritable monstre, remonte la pente et apparaît sur la crête. Il s'arrête, sans façons, comme s'ils s'étaient déjà rencontrés quelque part, leur donne un bidon, et repart sans un mot dans la Sierra, *en avant*, vers

LE VIDE

absolu

Babbs : *Contrôle cosmique, hein, l'Emmerdeur !*

Et Kesey : *Où est-ce qu'il va ? Je ne crois pas que l'homme soit jamais allé jusque-là. Nous sommes sous contrôle cosmique, depuis très, très longtemps, et, à chaque coup, c'est de plus en plus large, c'est de plus en plus fort. C'est comme ça qu'on fait sa connaissance... à Cosmo, et qu'on découvre que c'est lui qui mène la danse...*

La Chose qu'On n'A pas Dite. Le rôle que jouait Kesey, la direction qu'ils prenaient — tous les Pranksters en étaient conscients, mais nul ne l'exprimait, je le répète. C'était même une des règles tacites du jeu. *Il suffit que vous lui donniez un* nom *pour que ça ne puisse plus être* ça... Kesey faisait tous ses efforts pour ne pas définir explicitement son rôle. Ce n'était pas lui qui décidait, c'était quelqu'un d'autre : « Babbs a dit... » — « Page a dit... » Il n'était pas le chef, mais le « non-navigateur ». Le non-maître, aussi. « Tu te rends compte que tu es notre maître à tous ? » Et Kesey : « Sans blague, non mais sans blague », en tournant les talons... Son enseignement verbal était entièrement ésotérique, métaphorique, tout en paraboles et en aphorismes : « Vous êtes avec l'autobus, ou vous n'êtes pas avec l'autobus. — Il faut nourrir l'abeille qui a faim. — Rien ne dure. — C'est avec vos oreilles qu'il faut voir, et avec vos yeux qu'il faut entendre. — Misez ce que vous avez de mieux sur ce qui est le plus rentable. — Qu'est-ce que le miroir vous a dit ? Qu'il en avait marre des gens. » Son enseignement, dans cette mesure, était comparable au bouddhisme Zen, avec ses indéchiffrables colles, comme lorsque le novice pose la question : « Quel est le secret du Zen ? » Et que Hui-neng, le maître, lui répond : « A quoi ressemblait ton visage, avant que tes parents ne t'engendrent ? » C'était le limiter que l'exprimer avec des mots, le définir. Si c'est *ceci,* ça ne peut pas être *cela...* Et c'était là, pourtant ! Chacun s'attaquait à son propre truc, mais tout se retrouvait dans un truc collectif — « La Chose qu'On n'A pas Dite », disait Page Browning, et, en fait de mots, ça suffisait, personne n'avait envie d'aller plus loin.

L'enseignement de Kesey ne comportait donc pas de théologie, pas de philosophie, du moins pas dans le sens d'un *isme.* On ne poursuivait aucun progrès d'ordre moral, aucun progrès d'ordre social, pas question de salut, et certainement pas question d'immortalité ou de vie dans l'au-delà. L'au-delà ! Quelle rigolade. Aucun groupe n'avait jamais été si totalement absorbé dans l'instant et dans l'endroit que celui des Pranksters. Ce qui m'intriguait fort, je me rappelle. Il y avait quelque chose de si... *religieux* dans l'air, dans l'atmosphère même de leur vie, et on ne pouvait mettre le doigt dessus. A première vue, il ne s'agissait que d'un groupe d'individus qui avaient tous connu une même aventure psychologique, qui avaient tous fait l'expérience du LSD...

Exactement ! L'*expérience* — c'était le mot ! Et tout s'éclairait. De fait, aucune des grandes religions établies, le christianisme, le bouddhisme, l'islam, le janisisme, le judaïsme, le culte de Zoroastre, l'hindouisme, aucune n'était partie d'un cadre philosophique, ni même d'une idée centrale. Elles avaient toutes débuté par une irrésistible *expérience nouvelle,* ce que Joachim Wach appelait « l'expérience de la sainteté », et Max Weber « la possession de la divinité », le sentiment d'être un instrument du divin, du Tout-un. Je me rappelle, quand je découvrais ces choses-là dans les livres, que je ne comprenais pas vraiment ce dont ils parlaient. Je me contentais de la pesanteur des mots allemands. Jésus, Mani, Zoroastre, le Bouddha — le guide, au tout début, n'offrait à son cercle de fidèle aucune vie meilleure dans l'au-delà, aucun ordre social meilleur, aucune autre récompense qu'un certain « état psychologique dans l'instant et dans l'endroit », comme l'a dit Weber. Ce que je n'avais pas compris, j'imagine, c'était qu'il parlait bien d'une véritable expérience mentale qui leur était commune, d'une *extase*, en un mot. Dans la plupart des cas, si l'on en croit les écritures et la légende, ça se passait en un éclair. Mahomet jeûnait et méditait sur un flanc de montagne, près de La Mecque, et — *flash !* — ce fut l'extase, la grande révélation, et le commencement de l'Islam. Zoroastre traînait de l'eau, de l'haoma, sur la route, lorsque — *flash !* — il tombe sur l'apparition enflammée de l'Archange Vohu Mano, messager de Ahura Mazda, et c'est le commencement du culte de Zoroastre. Saül de Tarse marchait sur la route de Damas, et — *flash !* — il entend la voix du Seigneur et se fait chrétien. Sans parler de Dieu sait combien de moindres personnages, depuis lors, Christian Rosenkreuz et sa fraternité des Rosicruciens, « éclairée par Dieu », Emmanuel Swedenborg, dont l'esprit s'était soudain « ouvert » en 1743, Meister Eckhart et ses disciples Suso et Tauleur, et, au XXe siècle, Sadhu Sundar Sigh qui — *flash !* — avait eu sa première vision à l'âge de seize ans, et devant en avoir maintes autres par la suite. « ... souvent, lorsque je sors d'une extase, je me dis que le monde tout entier doit être aveugle pour ne pas voir ce que je vois, tout est si proche et si clair... il n'est pas de langage qui puisse exprimer les choses que je vois et que j'entends dans le monde spirituel... » On dirait un camé de l'acide, bien sûr. Ce qu'ils avaient tous vu, en...un éclair, c'était la solution à la grande impasse de l'*être humain*, du *Je* individuel, du *Moi* mortel et impuissant, prisonnier d'un vaste et impersonnel *Ça*, du monde qui l'entoure. Soudain ! — tout-en-un ! — les voici qui se fondent, le *Je* en *Ça*, le *Ça* en *Moi*, et je perçois, dans cette fusion, un pouvoir si proche et si clair, auquel le monde entier reste aveugle. Toutes les religions modernes, et la tradition occulte, à cet égard, parlent d'un Autre Monde — que ce soit celui de Brahma ou celui des soucoupes volantes — auquel le monde rationnel et ordinaire reste aveugle. Le monde — *soi-disant !* — rationnel, mes amis. Si seulement Maman-Papa-La-Frangine-et-les-Copains, si seulement ils pouvaient *à leur tour*, ces chers paumés, connaître le *Kairos*, le moment suprême... On a expliqué ces *visions* historiques de bien des façons, en les attribuant à l'épilepsie, à l'autosuggestion, à des changements du métabolisme induits par le jeûne, ou même à l'intervention des dieux — ou des drogues : le culte de Zoroastre avait commencé par un grand bain d'eau sacrée, la même que le soma des Hindous, et c'était bien une drogue, incontestablement. *Une expérience !*

C'est à la suite de cette *expérience* — après avoir découvert les Pranksters — que je lus le paradigme de Joachim Wach sur l'origine des religions ; il l'avait écrit en 1944, et c'était presque par une sorte d'occulte prescience que je l'avais inconsciemment confronté à ce que savais des Pranksters :

A la suite d'une nouvelle et profonde expérience, illuminant le monde d'une lumière nouvelle, le fondateur [d'une nouvelle religion], *personnalité douée d'un grand rayonnement, se met à enrôler des disciples. Lesquels forment un groupe mal défini mais étroit, liés qu'ils sont par cette expérience même, dont le fondateur a révélé et interprété la nature. On peut parler ici d'un* cercle, *dans la mesure où il tourne autour d'un personnage central, avec qui chacun des disciples est en contact intime. Et l'on peut considérer ces disciples comme autant de compagnons, liés qu'ils sont au fondateur par leur dévouement, par une amitié et une loyauté toutes personnelles. Le sentiment croissant de leur solidarité les lie entre eux et les différencie de toute autre sorte d'association. L'appartenance à ce cercle requiert une rupture totale avec les buts ordinaires de l'existence et un radical changement dans les rapports sociaux. Les liens de famille et de sang, ainsi que les diverses attaches, se distendaient ou se trouvaient coupés, temporairement du moins. Les épreuves, les souffrances et les persécutions guettant ceux qui les rejoignaient étaient contrebalancées par de hautes espérances et de fermes certitudes...* et ainsi de suite. Quant au fondateur de la nouvelle religion, il a « des visions, des rêves, des transes, de fréquentes extases... une sensibilité inhabituelle et une intense vie émotionnelle... il est prêt à interpréter les manifestations du divin... il a [en lui] quelque chose d'élémentaire, une attitude intransigeante, et des manières et un langage archaïques... Il se révèle être un régénérateur de contacts perdus avec les puissances cachées de la vie... il ne vient pas généralement de l'aristocratie, des milieux cultivés ou raffinés ; il émerge fréquemment d'un milieu plus simple, et demeure fidèle à ses origines, même dans un cadre nouveau... il s'exprime de façon mystérieuse, avec des mots, des signes, des gestes, de nombreuses métaphores, des actes symboliques de diverse nature... il éclaire et interprète le passé, prévoit l'avenir en termes de *kairos* (de suprême moment) »...

Le *Kairos !* — L'*expérience !*

... d'une ou deux façons, selon Max Weber : en tant que prophète « éthique », comme Jésus ou comme Moïse, en édictant les règles de conduite de ses disciples et en leur décrivant Dieu comme un individu supérieur qui jugera de la manière dont ils les respectent — ou en tant que prophète « exemplaire », comme le Bouddha : Dieu, pour lui, est impersonnel, c'est une force, une énergie, un courant unificateur, Tout-en-un. Le prophète exemplaire n'édicte pas de règles de conduite. Sa propre vie constitue un exemple pour ses disciples...

Dans tous ces cercles religieux, les associations se font de plus en plus étroites par la formulation de leurs propres symboles, de leur propre terminologie, de leurs propres styles de vie et, progressivement, par l'élaboration d'un culte rudimentaire, de *rites,* englobant souvent des éléments musicaux et artistiques ; tout cela procède de la *nouvelle expérience* et paraît bizarre ou incompréhensible à ceux qui ne l'ont jamais connue. C'est alors que les disciples... « éprouvent un ardent besoin de communiquer le message à tous les hommes ».

... Tous les hommes... A l'intérieur du cercle religieux, les questions de statut étaient toujours simples. Le monde était purement et simplement divisé en deux catégories, les « initiés », ceux qui étaient porteurs du divin, ceux qui en avaient fait l'expérience, et la grande masse des « non-initiés », des « profanes », des « pas-dans-la-note ». Ou bien encore : *avec ou pas avec l'autobus.* Consciemment, les Initiés ne faisaient jamais preuve de snobisme envers les Non-Initiés, mais, dans la pratique, la plupart de ces mollusques de bonnes âmes étaient autant de cas désespérés — *et la musique de votre flûte, que vous leur jouiez de là-haut sur le toit de l'autobus, ne faisait que les raidir davantage.* Mais on traitait quiconque témoignait de quelque aptitude, tout frère en puissance, avec la plus généreuse sollicitude.

... Ceux qui pouvaient être dans la note... Un tas de gens merveilleux commençaient à affluer chez Kesey, à La Honda. On ne mettait personne à la porte. Ils pouvaient rester là, et y

habiter, pourvu... qu'ils aient l'air de s'adapter. Mountain Girl les attendait devant chez Kesey, quand l'autobus apparut dans le défilé, au dernier tournant de la 84. C'était une grande brune, avec une moto noire, en T-shirt et en salopette. Elle n'avait que dix-huit ans, mais mesurait près d'un mètre soixante-quinze, et était assez forte ; et assez bruyante et négligée, avec ça. Mais c'était drôle... elle avait de belles dents, et un sourire qui vous chatouillait le gésier... Son véritable nom était Carolyn Adams, mais on l'appela tout de suite Mountain Girl. Personne, autant que je sache, ne devait plus l'appeler autrement, jusqu'à ce que la police, neuf mois plus tard, entre dans les détails techniques en ce qui la concernait, ainsi que onze autres Pranksters...

Cassady lui avait parlé de chez Kesey en des termes qui l'avaient excitée. Elle travaillait comme laborantine dans un laboratoire de biologie de Palo Alto. Elle avait un petit ami qui — eh bien, je suppose que ce petit bourgeois qui voulait être à la page se prenait pour un « beatnik ». Sauf qu'il n'avait jamais travaillé, son petit ami. Ils n'allaient jamais nulle part. Ils ne sortaient jamais ensemble. Elle sortait toute seule. Un soir, elle avait échoué dans une party pour l'anniversaire de Cassady, organisée par une des petites colonies de la bohème de Palo Alto, allée St. Michael. Cassady disait qu'on descendait de la montagne, jusque dans les bois, et que c'était là.

Dès le départ, Mountain Girl fit un tube, chez les Pranksters. Elle semblait toujours y aller carrément, sans qu'on ait le moindre besoin de lui souffler. Un tonitruant monstre de vitalité. Mountain Girl s'amène — ça vous ravigotait, dès que vous aperceviez son large sourire et ses grands yeux marron, qui s'ouvraient, s'ouvraient, s'ouvraient, on aurait dit qu'ils allaient exploser devant les vôtres comme des taches de soleil, et vous saviez de quelle merveilleuse voix de terroir elle allait chantonner quelque chose dans le genre de :

« Hé ! d'vinez c'qu'on va faire ! On r'vient d'chez Baw's » — le grand magasin du coin — « on va s'trouver des graines, et on va planter d'l'herbe dans leurs pots, d'vant la vitrine ! Vous voyez d'ici ! Dans six mois, toute la ville va s'retrouver dans les vaps ! » Et ainsi de suite.

Mais avec tous ses *on va* et tous ses *s'trouver,* elle devait se révéler probablement la plus futée des filles de la bande, à l'exception peut-être de Faye. Faye parlait très peu, la question était controversée. On devait apprendre que Mountain Girl venait d'une très respectable famille de la haute bourgeoisie de Poughkeepsie, N.Y., une famille d'Unitariens. De toute façon, elle avait tout de suite été dans le coup. Elle avait un caractère décidé, et un aplomb du tonnerre. Elle embellissait constamment. Il lui avait suffi de quelques semaines de riz et de fricot, régime macrobiotique aussi involontaire que traditionnel, et des heures irrégulières de la bande, pour amincir et devenir de plus en plus jolie. Pour le grand profit de Kesey. Il était l'Homme de la Montagne, elle était la Fille de la Montagne. Elle était faite pour lui...

Mountain Girl s'installa dans une tente sur un petit plateau, au haut de la colline derrière la maison, au milieu des bois. Page Browning y avait une tente, lui aussi. Ainsi que Babbs et Gretch. Mike Hagen avait son Baisodrome. Le Baisodrome était un joyau du genre — *déphasé!* Aucune planche n'était droite, aucun clou n'était complètement enfoncé. Tout au plus les planches semblaient-elles s'accoler dans un vague geste de bonne volonté. Un jour, Kesey prit un marteau et en frappa un seul clou au sommet de la cabane : elle s'effondra sur le coup.

— *Rien ne dure,* Hagen ! s'écria Mountain Girl.

Son rire fusa à travers les bois.

Et la Cave de l'Ermite... Un jour, en regardant par la fenêtre de la cuisine, Faye aperçut une petite créature au pied de la colline, derrière la maison, dont le nez pointait au coin du bois comme celui d'un animal affamé. C'était un gosse tout menu, d'à peine un mètre cinquante, mais avec une immense barbe noire, comme un gnome de Barney Google. Il restait planté là, ses grands yeux faméliques sortant de cette masse de poils noirs et fixant la maison. Faye lui apporta une assiette de thon. Il la saisit sans mot dire et la mangea. Et ne repartit plus. L'Ermite !

L'Ermite ne parlait guère, mais se révéla parfaitement cultivé. Il lui arrivait de parler aux gens en qui il avait confiance, comme Kesey. Il n'avait que dix-huit ans. Il avait vécu chez sa mère, du côté de La Honda. Il avait eu pas mal d'ennuis à l'école. Pas mal d'ennuis partout. Un Drôle de Numéro. Finalement, il avait filé dans les bois et y avait vécu pieds nus, vêtu d'une seule chemise et d'une paire de Levi's. Il se nourrissait en tuant des animaux et en ferrant le poisson. Les gens tombaient dessus de temps en temps, de loin ; les gosses des écoles lui donnaient la chasse et démolissaient ses refuges. Ils le tourmentaient de toute espèce de façons. Ses randonnées l'avaient conduit dans les bois qui étaient derrière chez Kesey, une petite savane qu'on appelait le « Parc Sam McDonald », mais qu'on n'avait jamais débroussaillée.

C'était l'Ermite lui-même qui s'était construit sa Cave au creux d'une fosse dans le ravin verdâtre, plein de boue et de mousse, près du petit chemin à travers les bois. Il l'avait rempli d'objets qui brillaient, qui clignotaient, et qui gazouillaient. C'était aussi lui qui veillait sur le dépôt d'acide de la communauté, qu'on avait caché dans sa cave. Et il avait encore bien d'autres secrets. Son journal, par exemple... Les Mémoires de l'Ermite, où la vie réelle et ses phantasmes d'ermite se confondaient dans des méandres pleins de petits garçons et de chasseurs perdus, que seul l'ermite pouvait sauver... Personne n'avait jamais su son vrai nom, jusqu'au moment où quelques mois plus tard, la police, comme je l'ai déjà dit, entra dans les détails techniques...

Babbs découvrit la Day-Glo, la peinture phosphorescente, et se mit à peindre jusqu'aux arbres, à grandes traînées de vert, d'orange et de jaune. Bon sang, il avait même peint les feuilles, et la baraque à Kesey commençait à reluire drôlement, la nuit. Et à résonner. De plus en plus de visiteurs se ramenaient pour des séjours plus ou moins longs. Cassady avait ramené une blonde genre scandinave qui parlait toujours de complexes. Tout le monde avait des complexes. On la baptisa June-la-Lune. Puis une fille qui portait d'immenses chapeaux rouges à volants, et des lunettes de grand-mère, les premières que les Pranksters aient jamais vues. On la baptisa Marge-la-Berge. Puis un sculpteur nommé Ron Boise, un type efflanqué, qui venait de la Nouvelle-Angleterre, avec un accent nasal comme Titus Moody, mais un Titus Moody qui s'exprimait dans une langue décontractée : « *Man,* quoi, j'veux dire, tu sais », etc. Boise avait amené une sculpture représentant un pendu. Ils l'accrochèrent à une branche, avec un nœud coulant. Il avait également construit un grand Oiseau de Feu, un monstre genre Thor-et-Wotan, avec un grand bec, et une calotte d'ambre sur le dos. On pouvait entrer à l'intérieur. Il y avait là un tas de cordes drôlement puissantes, qu'on pouvait tirer, et qui tiraient, et l'Oiseau de Feu tonitruait sur le défilé comme si la plus puissante basse du monde y résonnait, ce monstre. Puis il avait apporté une scène du Kama Soutra, un immense homme de tôle, le visage enfoui dans l'aine de tôle d'une grande poupée de tôle, dont la jambe gauche était en l'air. Elle était creuse. Babbs y avait introduit un tuyau, avait tourné l'eau, et ça s'était mis à gicler. Ils l'avaient laissée comme ça, gicler perpétuellement. On aurait dit un perpétuel orgasme lui giclant du pied gauche.

Et... Sssss — ssss — ssss — Bradley. Bradley, Bradley Hodgeman avait été champion de tennis de son école. Il était de petite taille, mais très musclé. Il nous était arrivé — ou plutôt : il avait fait son apparition, Bradley faisait toujours son apparition — en se conduisant de façon si bizarre que, même chez Kesey, on en était resté ébahi. Il s'exprimait par jets de mots : « Tombé en sortant du bistrot — objets volants qui ne fondent pas, du nitrate — des bourrelets verts près de la porte de derrière — la doublure à la Ray Bradbury de l'unique narine de chrome, vous pigez. » Et de valser dans la pièce avec un sourire indéfini, les cheveux plaqués sur le visage comme un barreur, le dos courbé, avant de tomber dans un rire saccadé — Sssss — ssss — ssss — ssss — jusqu'à ce que quelqu'un essaye d'arrêter le numéro en lui demandant ce qu'il pensait du tennis, ces temps-ci. Le sourire de Bradley s'élargissait. Ses yeux s'ouvraient sur un monde de sous-entendus : « Un de ces jours, j'ai attrapé la balle au vol... elle *n'est jamais retombée...* Sssss — ssss — ssss — ssss... »

On pouvait dire, au début des années 60, qu'il y avait un tas de gosses comme ça, qui étaient... oui, *dans la note.* Des Gens Merveilleux, à mes yeux, à cause des lettres merveilleuses qu'ils écrivaient à leurs parents. A Los Angeles, San Francisco et New York, pour la plupart. Ces gosses constituaient un véritable réseau et permutaient continuellement de ville en ville. Ils venaient en général des classes moyennes, mais pas de la haute bourgeoisie, de la petite plutôt, si on peut encore se servir de ce vieux terme éculé — de familles qui avaient de la Culture, mais pas d'argent, ou de l'argent, mais pas de Culture. C'était du moins l'impression qu'ils me faisaient, à en juger par ceux que je connaissais. La Culture, la Vérité, la Beauté, à leurs yeux, étaient très importantes... « L'art est un credo, pas un cadeau », comme avait dit je ne sais plus qui... Ils étaient jeunes ! Immunisés ! Seigneur, il y avait heureusement encore assez d'argent qui se baladait pour qu'on puisse se payer ça, vivre avec d'autres gosses comme soi — notre truc, à nous ! —

former un petit monde à part, ne pas avoir *un boulot,* vivre selon ses propres critères — Nous ! Et les gens de notre âge ! C'était... *merveilleux,* c'était... *tout un poème,* et les bourgeois ne comprenaient pas, ils ne comprenaient pas ce truc-là, son petit monde à part, et ce que c'était que de n'avoir que dix-neuf, vingt, vingt et un, vingt-deux ans, ou environ, et ne pas commencer au bas de l'échelle, sans appui, tout simplement parce qu'on s'en foutait, de l'échelle — on en était déjà à un... niveau bougrement *déconcertant* pour le monde des bien-pensants ! Les bien-pensants essayaient toujours de se figurer ce qui *n'allait pas* — ils ne connaîtraient jamais ça, eux. Les bien-pensants les appelaient des beatniks. Ces Gens Merveilleux s'identifiaient peut-être au grand remous de la Beat Generation de la fin des années 50, mais leur bohème à eux, leur monde à part, avait un ressort entièrement nouveau : celui des drogues psychédéliques.

El... Es... Dé... En-se-cret... Timothy Leary, Alpert, et quelques chimistes, comme Al Hubbard, et le mystérieux « Dr Spaulding », avaient inondé le circuit hip de LSD, avec une ardeur toute messianique. Le LSD, le peyotl, la mescaline, les graines étaient devenus le nouveau grand *truc* secret de cet univers d'initiés. Un tas de gosses les avaient déjà découverts depuis longtemps et s'installaient dans des appartements mutilés, comme je les appelais. Les chaises, les tables, les lits — plus rien n'avait de pieds. On vivait ensemble par terre, pour ainsi dire, bien que personne ne parlât de « vie communautaire », de « tribus », ou de trucs de ce genre. Ils ne professaient aucune philosophie particulière, quelques vagues réminiscences de bouddhisme et d'hindouisme héritées de la période *beat,* et l'idée empruntée à Huxley des portes qu'il fallait ouvrir dans son esprit, c'était tout, pas de style de vie bien distinct, à part cette Amputation de tous les pieds de meubles... C'étaient... des Gens Merveilleux, des *Beautiful People,* tout simplement ! — pas des « étudiants », des « employés », des « vendeuses », des « cadres stagiaires » — Bon Dieu, ne me ressortez pas vos étiquettes professionnelles à la noix ! Nous sommes les Beautiful People, surgis de vos dépotoirs de robots:::::: Et ils se mettaient à envoyer chez eux ces lettres merveilleuses. C'étaient généralement les filles qui les écrivaient aux mères. Des mères de partout, de toute la Californie, de toute l'Amérique, je suppose, finirent par la savoir par cœur, la Lettre Merveilleuse :

« Chère Maman,

« Je voulais t'écrire plus tôt, et j'espère que tu ne t'es pas fait de mauvais sang. Je suis à [San Francisco, Los Angeles, New York, en Arizona, dans une Réserve d'Indiens Hopis ! ! ! ! de l'Etat de New York, à Ajijic, à San Miguel de Allende, à Mazatlán, au Mexique ! ! ! !] C'est vraiment merveilleux. La vie est merveilleuse. On y est depuis une semaine. Je ne vais pas vous assommer avec toute cette histoire, comment c'est arrivé, j'ai vraiment essayé, pour vous faire plaisir, mais ça n'a vraiment pas marché [à l'école, à la fac, à mon boulot, Danny et moi], voilà pourquoi je suis venue ici, et c'est vraiment merveilleux. Je ne voudrais pas que vous vous fassiez du mauvais sang pour moi. J'ai rencontré des GENS MERVEILLEUX, et... »

... Et le frisson de l'adrénaline en monte instinctivement au cœur de la mammy la moins à la coule de tous les E.U. d'A. : les beatniks, les clochards, les macaques — la *drogue*.

Les journées, chez Kesey, commençaient — à quelle heure ? Il n'y avait pas de pendules dans la maison, et personne n'avait de montre. Les bois étaient déjà éclairés par les feux de la rampe quand on se réveillait. Les premiers bruits commençaient généralement par les cris de Faye, qui appelait ses enfants — « Jed ! Shannon ! » — ou par un placard qui claquait dans la cuisine, ou une poêle dans l'évier. L'éternelle Faye — puis, peut-être, une voiture qui traversait le pont de bois et se garait dans le terrain vague, devant la maison. Quelquefois, c'était un habitué, comme Hagen, qui revenait. Il était toujours en virée quelque part. Ou les sempiternels visiteurs, venus de Dieu sait où, des amis d'amis de vos amis, des amateurs d'émotions fortes, pour quelques-uns, ou des amateurs de came, pour d'autres, des gosses de Berkeley, difficile à dire. Les Pranksters venaient à peine de se lever. Kesey apparaît, en caleçon, il se dirige vers la crique, et plonge dans l'eau ; elle est bougrement froide, c'est sa façon de se réveiller. George Walker est assis sur le perron, vêtu d'une simple paire de Levi's. Il se triture les muscles, les bras, les épaules, le torse, tous les muscles, à la recherche d'un défaut, d'un relâchement, on dirait un chat à sa toilette. Vers la fin de l'après-midi, on était en plein boum, les gens s'affairaient à toutes sortes de projets, dont le plus compliqué, le plus interminable, semblait-il, était Le Film.

Les Pranksters passèrent une bonne partie de l'automne 1964, de l'hiver, et le début du printemps 1965, à travailler... au Film. Ils avaient près de quarante-cinq heures de pellicule en couleurs sur leur voyage en autobus. Le résultat se révéla monstrueux. Kesey avait placé de grands espoirs dans ce film, à tous points de vue. C'était le premier film sur l'acide jamais réalisé, tourné dans des conditions de parfaite spontanéité ; ils avaient tout enregistré au *présent,* sur l'instant, à mesure qu'ils roulaient leur bosse au cœur même de l'Amérique. Cette fantaisie-là constituait... une complète révolution, du point de vue de l'expression... mais aussi quelque chose qui ne manquerait pas de stupéfier et d'enchanter bien des foules, un film que l'on pourrait exploiter commercialement comme dans le monde ésotérique des camés. Mais Le Film, je l'ai dit, était un monstre. Le travail, la peine qu'avait coûtés le découpage de ces quarante-cinq heures de pellicule étaient déjà incroyables. Et par-dessus le marché une bonne partie était complètement décentrée. Hagen, comme tout le monde, avait été dans les vaps la moitié du temps, et les cahots de l'autobus n'avaient rien arrangé — *mais c'était ça, le voyage !...* Pourtant... Il y avait d'autre part fort peu de cadrages, de vues montrant où se trouvait l'autobus lors de tel ou tel événement. Foin de ces vieux trucs d'Hollywood, long shots, medium shots, close-ups, des découpages et des bricolages étudiés, des poupées dans le champ et pas dans le champ, toutes ces conneries. Pourtant... on ne plongeait pas dans ces kilomètres de cahots, de ricochets, de délire, ciseaux en main, sans éprouver l'impression de pénétrer dans une jungle dont les ceps verdorés poussaient plus vite qu'on ne pouvait les couper.

Le film avait déjà coûté une somme fantastique, près de 70 000 dollars, presque rien que pour le développement. Kesey avait investi tout ce que lui avaient rapporté ses deux romans, ainsi que l'adaptation théâtrale de *One Flew Over the Cuckoo's Nest,* dans ces Intrepid Trips, Inc. Son frère Chuck, qui avait une excellente affaire de produits laitiers à Springfield, dans l'Oregon, y avait également investi quelque argent. Le père de George Walker lui avait ouvert un crédit, mais sous certaines conditions ; il en tirait ce qu'il pouvait. Vers la fin 1965, selon les comptes de Faye, Intrepid Trips, Inc. avait investi 103 000 dollars dans les diverses entreprises des Pranksters. Les dépenses ordinaires du groupe se montaient à près de 20 000 dollars par an, chiffre modeste si l'on considère qu'il y avait rarement moins d'une dizaine de personnes à entretenir, et qu'ils avaient généralement deux ou trois véhicules. Les frais de nourriture et de logement étaient entièrement assumés par Kesey.

Un pot rempli d'argent à la porte de devant... Une curieuse petite bibliothèque se montait sur les rayons du living-room, des livres de science-fiction et autres sujets mystérieux, on pouvait sortir à peu près n'importe lequel et en tirer de bien étranges vibrations. Tout le tremblement tout à fait dans le genre de... *ce livre-là,* sur le rayon de Kesey, *Stranger in a Strange Land,* le roman de Robert Heinlein. Ahurissant. Comme s'il y avait entre Heinlein et les Pranksters quelque lien inexplicable, et sans raison précise. Le roman parle d'un Martien arrivé sur la Terre, d'un véritable Super-Héros, né de parents d'origine terrestre, après un vol sur Mars, mais élevé par des êtres infiniment supérieurs, les Martiens eux-mêmes. Les êtres des autres planètes sont toujours infiniment supérieurs dans les romans de science-fiction. Quoi qu'il en soit, une fraternité mystique s'organise autour de lui, rassemblée par une mystérieuse cérémonie, dite du partage de l'eau. Ils vivent à — *La Honda ! Chez Kesey !* Dans une demeure qu'on appelle le Nid. Leur vie transcende tous les jeux terrestres ordinaires : statut social, sexe, argent. Quiconque a partagé l'eau et vécu dans ce Nid ne se soucie plus guère, désormais de ce genre de banales compétitions. Le Super-Héros a placé un pot rempli d'argent dans l'embrasure de la porte d'entrée... Tout se passe franchement, totalement à découvert, dans Le Nid — pas de secrets, pas de complexes de culpabilité, pas de jalousies, on ne reproche jamais rien à personne : « ... Un mariage collectif — une théogamie de groupe... Tout ce qui se passait — ou était sur le point de se passer... était donc d'ordre privé, jamais public. " Y'a qu'nous ici, les dieux " — qui pourrait, par conséquent, s'en offenser ? Des bacchanales, des échanges dont on n'a pas honte, une vie communautaire... toute la gamme. »

Kesey avait fait sonoriser non seulement l'autobus, mais jusqu'aux bois avoisinants. Les fils remontaient la colline et s'enfonçaient parmi les arbres, où les micros enregistraient tous les bruits alentour. Au haut de la falaise, de l'autre côté de la route, d'immenses baffles de théâtre pouvaient inonder de sons tout le défilé. Roland Kirk et sa demi-douzaine de cors braillaient à vous donner le frisson dans les vieilles cavités sinueuses du saxophone sphénoïdal de la forêt.

Le crépuscule ! D'énormes bandes de Day-Glo vertes et orange s'élançaient avec les arbres qu'elles barraient, et brillaient au crépuscule comme si la Nature avait fini par dire : Merde, allez-y, et s'était elle-même barrée. En haut du ravin, derrière la maison, passé la Cave de l'Ermite, des masques recouverts de Day-Glo, un tas de boîtes, de machines et de trucs, luisaient, scintillaient, chantonnaient, sifflotaient, mugissaient ; des microphones enregistraient les bruits des animaux, des ermites, n'importe quoi, et les propageaient du haut des arbres, comme les bruits et le charabia insensé des singes rhésus en fond sonore dans les vieilles évocations radiophoniques de Jim-la-Jungle. *Le crépuscule !* Vous pouviez alors vous affubler d'un truc dans le genre d'un casque de cuir des aviateurs de la Première Guerre mondiale, mais couvert de Day-Glo à en hurler, vous peindre le visage de constellations et, tel un ours ou un bouc, déambuler comme un héros, un totem phosphorescent dans le biscotte-bistre des forêts, sur le haut de la colline, vous y enfoncer en pérorant, d'une voix spectrale, comme l'Ombre, pour y délivrer n'importe quel vieux discours, n'importe quel message, comme par exemple : « *Ici la tour de contrôle, ici la tour de contrôle, dégagez la Piste Numéro Un, les microbes-pumas approchent, une antique charpie saigne de chacun de leurs pores, à la recherche désespérée de la bonne dose, attention, tenez-vous sur vos gardes, vous tous qui dormez dans les baraques sur l'allée centrale, les mottons de vos matelas sont des spores carnivores, des papillons vénériens envoyés par le Cartel pour vous miter la cervelle, un dispositif pour dans toutes les prises de courant — Allumez toutes les prises ! Les microbes-pumas s'avancent comme une armée de fourmis...* » — et vous êtes heureux de savoir que quelqu'un, n'importe qui, pourrait vous répondre, de la maison, ou d'ailleurs, avec un autre micro, qui beuglerait sur les collines de La Honda : « *C'est le Premier Mai, c'est le Premier Mai, laissez retomber toutes les bâches, cachez-vous dans vos règles dépliantes, calibrez vos cervelles pour le décompte des têtes...* » Et Bob Dylan grasseyait et graillonnait au loin dans les sphénoïdes ou Dieu sait quel foutu coin...

A la tombée de la nuit, des Pranksters se retrouvent à la maison. Quelques joints circulent, on salive-live-live-live-live, et on s'enfonce, tout s'enfonce de plus en plus profondément dans l'*instant,* pour ainsi dire. On travaille sur les bandes magnétiques, on les repasse, on les arrête, on les rembobine, on les rejoue, on appuie sur la touche de plastique, clic, ça s'arrête à nouveau... et on se passe un peu de speed à la ronde — quelle houle, Seigneur, sous les branches ! — des cachets de Benzedrine et de Dexedrine, surtout, et on se bouscule au travail et on se remet à cogner dans la nuit... on encourage toutes les expériences, comme de se plaquer des micros sur un ventre nu et d'écouter gargouiller les enzymes. Les ventres de la plupart des Pranksters *gargouillent-galomphbleub,* et la suite, mais celui de Cassady fait *ping ! — dingaping ! — ting !* comme s'il était branché sur 78 tours, et tous les autres sur 33, voilà toute la différence. Puis ils passent une bande magnétique en surimpression sur un programme de variétés télévisées. C'est-à-dire qu'ils tournent le bouton, par exemple, sur l'émission d'Ed Sullivan, mais coupent le son, et lui substituent un enregistrement de Babbs, par exemple, tandis que quelqu'un se charge d'accompagner de ses martèlements la transmutation des paroles. Les images de l'émission et les paroles de la bande magnétique vous obligent à associer deux ordres d'expérience fort dissemblables. Ed Sullivan, sur l'écran de télévision, pétrit les mains d'Ella Fitzgerald comme s'il touchait les premiers bourgeons du printemps, ses lèvres remuent, on imagine qu'il lui dit : « C'était merveilleux, Ella ! Vraiment merveilleux ! Mesdames, messieurs, un autre ban pour cette grande, grande dame ! » Mais la voix qu'on entend lui dit — de façon *parfaitement synchrone : « Les mottons de vos matelas sont des spores carnivores, des papillons vénériens, envoyés par le Cartel pour vous miter la cervelle, un dispositif pour dans toutes les prises de courant — Mesdames et messieurs, Aluumez toutes les prises ! Allumez toutes les prises ! Les microbes-pumas s'avancent...*

Parfait ! Le message idéal !...

... bien que ce genre d'étrange synchronisation ne passât d'habitude, aux yeux des étrangers, que pour simple coïncidence, ou du pur baroque, sans portée aucune, de toute façon. Ils ne pouvaient comprendre la délectation qu'y trouvaient les Pranksters. Inévitable désarroi quand on n'est pas dans la note — comme la plupart de leurs idiosyncrasies, cette pratique des Pranksters dérivait de l'expérience du LSD, sans laquelle on ne pouvait rien y comprendre. Sous l'influence du LSD, c'était vraiment épatant. Le *Moi* et le *Non-Moi* se confondaient. D'innombrables choses qui semblaient jusque-là totalement distinctes se confondaient, elles aussi : les sons devenaient... *couleurs !* Les couleurs... bleues devenaient odeurs, les murs se mettaient à *respirer* comme le dessous d'une feuille, de votre propre respiration. Les rideaux devenaient colonnes de ciment, et commençaient cependant à onduler, ces incroyables masses de ciment ondulaient en vagues harmonieuses, comme le pont du détroit de Puget avant la catastrophe, et vous pouvez le *sentir,* vous sentez toutes les harmoniques de l'univers, de la plus massive à la plus ténue, à la plus personnelle — *presque vu !*[1] — se fondre à l'instant même en un flot unique...

Cet aspect de l'expérience du LSD — cette *sensation !* — peut être lié à la théorie de Jung sur le synchronisme. Jung a tenté d'expliquer les coïncidences significatives qui peuvent se produire, au cours de l'existence, et ne sauraient s'expliquer par une relation de cause à effet, telles que les phénomènes parapsychologiques. Il avait avancé l'hypothèse que l'inconscient perçoit certains schémas fondamentaux qui échappent au conscient. Ces schémas, pensait-il, ont fonction de relier les événements d'ordre subjectif ou psychique aux phénomènes objectifs, le *Moi* au *Non-Moi,* de même que dans la médecine psychosomatique, ou pour les manifestations microphysiques en physique moderne, où l'œil de l'observateur devient partie intégrante de l'expérience. D'innombrables philosophes, prophètes et savants des premiers temps, pour ne pas parler des alchimistes et des occultistes, avaient déjà essayé de formuler ce concept : Plotin, Lao-tseu, Pic de La Mirandole, Agrippa, Kepler, Leibniz, entre autres. Chaque phénomène, et chaque individu, est suivant cette théorie un microcosme de tout le schéma de l'univers. Comme si chaque être humain était un atome dans une molécule d'un ongle d'un être gigantesque. La plupart des hommes passent leur vie à essayer de comprendre les réactions de la molécule dans laquelle ils sont nés, et tout ce dont ils peuvent être certains, c'est des réactions de cause à effet entre les atomes qui la composent. Quelques individus brillants ont pu saisir la structure de l'ongle. Quelques génies, comme Einstein, ont même pu voir que nous sommes tous partie d'une espèce de doigt — *Ainsi l'espace* égale-t-il *le temps,*

1. En français dans le texte *(N.d.T.).*

hmmmmmm... Il arrive cependant que d'aucuns aperçoivent au vol, à l'occasion, l'ongle d'un autre doigt, ou même l'autre doigt, ou le visage de cet être gigantesque, et qu'ils comprennent d'instinct que ceci est partie d'un schéma dont nous relevons tous, bien qu'ils soient totalement incapables de l'expliquer par une relation de cause-à-effet. Et puis, un beau jour... quelque visionnaire, par accident...

... par *accident,* Mahavira ?...

... Facétie du métabolisme, ou influence de quelque *drogue,* les portes de sa perception se sont ouvertes un instant, et il voit presque — *presque vu !*[1] — l'être entier, et, pour la première fois, comprend qu'il existe ici tout... un *autre schéma...* Chaque moment de sa vie ne fait que s'insérer exactement dans la chaîne des relations de cause-à-effet à l'intérieur de son propre petit monde moléculaire. Chaque moment, s'il pouvait seulement l'analyser, lui révélerait le schéma entier, dans son mouvement, de l'être géant, auquel sa vie est exactement accordée...

... ET LORSQUE LE CAMION-CITERNE SUIT L'AUTOBUS VERS... NULLE PART... VOUS DÉCOUVREZ DANS UN ÉCLAIR CE SCHÉMA, SUR UN PLAN NOUVEAU... ET BIEN D'AUTRES PLANS...

Les Pranksters ne parlaient jamais de synchronisme ; ils ne prononçaient jamais le mot, mais adhéraient de plus en plus au principe. L'homme, selon ce principe, n'est évidemment pas libre de ses actes. Inutile de lutter toute sa vie pour changer la structure du petit environnement dans lequel nous semblons enfermés. Mais l'on peut *voir* le schéma qui nous dépasse et aller dans *son sens — dans le sens du courant !* —, on peut l'accepter, s'élever au-dessus de son environnement immédiat, et même le modifier en acceptant un schéma plus vaste, et en en jouissant — *Miser ce que vous avez de mieux sur le plus rentable !*

L'attitude des Pranksters enveloppait graduellement l'essentiel de ce que les mystiques religieux avaient toujours senti, et qui était commun aux Hindouistes, aux Bouddhistes, aux Chrétiens, et, en l'occurrence, aux Théosophes et même aux adorateurs de soucoupes volantes. Plus précisément, l'*expérience* d'un Autre Monde, d'un niveau de réalité plus élevé. Et une certaine perception de l'unité cosmique de ce niveau. Un sentiment d'absence du temps aussi, le sentiment que ce que nous appelons le temps n'est que la manifestation d'une foi

1. En français dans le texte *(N.d.T.)*.

naïve dans le principe de causalité — de l'idée que le A du passé est *cause* d'un B du présent, qui sera lui-même *cause* du C futur, alors que, A, B et C sont en réalité partie d'un schéma que l'on ne peut vraiment comprendre que si l'on ouvre les portes de la perception et que si l'on en fait l'expérience... dans le moment même... le suprême moment... le *kairos*...

Il me fallut longtemps pour comprendre la coutume orientale qu'affectionnaient les Pranksters, le jeu des pièces de monnaie du *Y' King*. Le *Y' King* est un antique texte chinois. On l'appelle le Livre des Changes. Il contient soixante-quatre oracles, tous d'une portée hautement métaphysique. Vous posez au *Y' King* votre question en abattant trois fois trois pièces de monnaie, et vous avez un hexagramme et un chiffre correspondant à un passage précis qui « répond » à votre question... Oui. Mais le *Y' King* ne ressemblait pas beaucoup aux Pranksters. Ça ne collait guère, à mes yeux, avec les câbles, les drapeaux américains à tous vents, l'irruption de pastel électrique à la Day-Glo des Pranksters sur la grande super-autoroute américaine. Mais si — bien sûr ! Le *Y' King* était le livre suprême du *Maintenant*, de l'instant. Car, comme l'a dit Jung, la façon dont les pièces retombent est inévitablement liée à la qualité de tout un moment, de tout un schéma, et « en est une partie — une partie à nos yeux sans signification, mais qui prend tout son sens pour l'esprit des Chinois »... Toutes ces choses

QUE SEULS PEUVENT ENTENDRE LES CHIENS QUI ONT DE LA CHANCE ET LES MERRY PRANKSTERS

— et tous ces mystères du *synchro*, depuis cette époque...

Il y a un autre livre sur l'étagère, dans le living-room de Kesey, qui semble intéresser tout le monde, un petit livre intitulé *le Voyage à l'Est*, de Hermann Hesse. Hesse l'avait écrit en 1932, et pourtant... *le synchro !...* c'est un livre... exactement... sur les Pranksters ! et le grand voyage en autobus de 1964 ! « C'était mon destin que de partager une grande expérience », commence-t-il par dire. « Ayant la bonne fortune d'appartenir à la Ligue, il me fut permis de participer à un voyage unique. » Le livre décrit un voyage étrange et compliqué à travers l'Europe, sur cette route de l'Est qu'avaient empruntée les membres de cette Ligue. Ce voyage avait débuté normalement, d'étape en étape, mais avait progressivement pris une tout autre signification, des plus profondes, quoique inclassable : « Ma félicité ressortait bien au même secret que celui qui vous procure la félicité de vos rêves ; elle ressortait à la liberté d'expérimenter de manière simultanée tout ce que l'on peut imaginer, de m'ouvrir aisément dans les deux sens, vers l'extérieur et vers l'intérieur, de manipuler le Temps et l'Espace comme dans des scènes de théâtre. Et tandis que nous, frères de la Ligue, voyagions à travers le monde sans automobiles ni bateaux, tandis que nous conquérions par notre foi le monde secoué par la guerre et le transformions en Paradis, nous rassemblions et remodelions le passé, le futur et l'imaginaire à l'intérieur du moment présent. » Le moment présent ! Maintenant ! Le *kairos !* C'était comme s'il avait lui-même pris de l'acide et était *avec l'autobus.*

Tous les vendredis soir, ils avaient un briefing. C'était le mot qu'employait Babbs, et qu'il avait retenu de son séjour dans l'armée, au Vietnam. Faye prépare un plat de riz, de haricots et de viande, une espèce de ragoût. Ils vont tous puiser dans les casseroles, garnir leur assiette, et manger dans la cuisine. Quelques joints circulent à la ronde, on salive-live-live-live-live. Puis ils se dirigent tous vers une des tentes dressées sur le plateau, celle de Page. Ils s'assoient où ils peuvent, les genoux repliés sous le menton, et se lancent dans une discussion sur tel ou tel sujet. Assez curieusement, à ce niveau, on dirait une réunion champêtre, l'été, un Comité d'Honneur qui se retrouve dans les bois, après le dîner ; dans une odeur de feu de camp qui s'éteint, de toile de jute humide de rosée et le bruit lointain des sauterelles et des cigales ; les gens se tapent les chevilles pour chasser les moustiques, les insectes, et toute la saloperie. D'un autre côté, l'odeur de la marijuana qu'on vient d'écraser et... bien d'autres aspects... n'évoquent guère le camp de vacances. Les Pranksters, d'ordinaire, attendent que Kesey commence. Il commence généralement par quelque chose de bien précis, quelque chose qu'il a vu, ou qu'il a fait... et en arrive à ses réflexions.

Il parle des systèmes de relais qu'il essaye d'installer entre les magnétophones. Il a, dans la cabane, divers systèmes réglables reliant les micros à des haut-parleurs, devant lesquels sont placés d'autres micros. Ceux-ci enregistrent ce que vous venez de dire, mais avec un moment de décalage. Des écouteurs branchés sur une seconde série de haut-parleurs vous permettent de jouer en contrepoint, comme avec un écho. Ou la même chose avec des bandes, en les faisant passer sur les têtes de lecture de deux magnétophones, de l'un à l'autre ; elles se rembobinent sur le second. Vous pouvez aussi utiliser trois micros et trois haut-parleurs, quatre magnétophones et quatre têtes de lecture, et ainsi de suite, pour jouir au maximum des avantages du système.

Nous avons en nous toutes sortes de relais, dit Kesey. Le plus élémentaire est celui des sens, le décalage entre le moment où ils perçoivent quelque chose, et celui où vous pouvez réagir. Cela peut prendre un trentième de seconde pour les gens particulièrement alertes ; la plupart sont infiniment plus longs. Cassady en est juste à cette barrière d'un trentième de seconde. Il va aussi vite que peut aller un être humain, mais même lui il ne peut dépasser cette vitesse. Exemple vivant de combien vous pouvez être prêt du but sans pouvoir y arriver. Vous ne pouvez pas être plus rapide. Vous ne pouvez, de par votre seule vitesse, corriger le décalage. Nous sommes tous condamnés à passer notre existence devant *notre film* — nous ne faisons jamais que réagir à ce qui vient de se passer. Et qui s'est produit il y a un trentième de seconde au moins. Nous croyons vivre dans le présent, mais c'est faux. Le présent que nous connaissons n'est qu'un film de notre passé, et nous ne serons jamais vraiment en mesure de contrôler ce présent par les moyens ordinaires. Il nous faut surmonter ce décalage d'une autre façon, par quelque radicale forme de percée. Il existe d'ailleurs toutes sortes d'autres décalages parallèles. Le décalage historique et le décalage social, qui font que les gens vivent sur les perceptions de leurs ancêtres, ou celles d'autrui, et peuvent avoir vingt-cinq ou cinquante ans de retard, si ce n'est des siècles. Nul ne peut créer vraiment sans commencer par surmonter tous ces décalages. L'individu peut y parvenir dans une certaine mesure par l'intellect, la théorie, l'étude de l'histoire, etc., et avancer passablement dans la conquête du présent, mais il va toujours finir par se heurter à l'un des pires décalages, le décalage psychologique. Vos émotions restent à la traîne, à cause de votre formation, de votre éducation, de la façon dont on vous a élevé, de vos blocages mentaux, de vos complexes, de tous ces trucs-là, et votre esprit a beau vouloir s'engager dans telle direction, vos émotions ne suivent pas...

Cassady élève la voix :

— Le nez froid et des yeux rouges, y a pas autre chose à dire.

Et, pour une fois, il en reste là.

Mais bien sûr ! — le décalage émotionnel — Et Cassady, en volubile Vulcain qu'il est, vient de tout résumer en une seule image, comme un poème Zen, ou dans les premiers vers d'Ezra Pound — de *petits yeux brûlants et rouges d'animal* étouffés par le *petit nez froid et bleu de nos complexes...*

« Dieu est rouge », dit Bradley, le disciple de Cassady — et, même *lui*, de s'arrêter là. Il est *dans le coup*, pour une fois, cet enfant de putain — tout tient en ces trois mots, plus compact encore que le message de Cassady, comme si Bradley n'avait même pas eu besoin d'y réfléchir, comme si ça lui était sorti comme ça, une variante de *Dieu est mort*, à cette différence près, pour ceux d'entre nous qui en pinçaient pour l'analogie, qu'elle insistait : Dieu n'est pas mort, Dieu est rouge, Dieu est le petit animal rouge que nous étouffons tous en chacun de nous, et qui est entier, complet, tout en sens, et ouvert à tout, sauf que ce sont tous ces décalages qui le tuent...

Kesey ricane doucement et dit :

— J'crois qu'on est vraiment synchro, ce soir...

Quelqu'un se met à parler d'un gosse qu'ils connaissent qui vient de se faire épingler pour avoir été trouvé en possession de drogue, de la marijuana ; les flics lui ont dit quelque chose, il leur a répondu, et ils l'ont tabassé. Tout le monde compatit avec ce pauvre connard incarcéré, et l'on s'étend sur la malheureuse tendance qu'ont les flics à tabasser les gens.

— Ouais ! Ouais ! D'accord ! D'accord ! D'accord ! dit Babbs. Mais c'est dans son film.

Dans son film — d'accord d'accord d'accord — et ils ruminent ça. Ils le *ruminent* — et tout est clair, sans que personne ait besoin de rien dire. Tout le monde, chacun, partout, a son petit film, son propre scénario, et tout le monde joue son rôle, fonce à plein, sauf que la plupart des gens ne savent pas que c'est ce qui les emprisonne, leur petit script. Ils échangent tous des regards, à l'intérieur de la tente, et personne ne prononce les mots à voix haute, parce que personne n'en a besoin. Pourtant, tout le monde, d'un seul coup, le sait : : : : Ça colle, *synchro*, directement, avec ce que Kesey vient de dire, à propos de l'écran de nos perceptions, qui nous coupe de notre propre réalité : : : : et c'est directement *synchro*, en même temps, à ce moment même, avec le film qui se déroule physiquement devant leurs yeux. Le Film, sur lequel ils ont peiné comme des esclaves, cette grande fondrière de film, avec ces kilomètres et ces kilomètres de pellicule et de raccords, en spirales, ces raccords sensass qui dansent autour d'eux, on dirait autant de vies humaines, les leurs, celles de toute la foutue planète, mélangées, fondues, mais toujours aussi cahotiques et rageuses — *en ce moment même* — et Cassady, dans son film, intitulé *Vitesse Limite,* est à la fois un camé du speed, c'est-à-dire des amphétamines, et un être unique en quête de Vitesse, plus vite, bon sang, qui s'enroule en spirale, s'agite, bute, se colle comme une trame à l'écran, à cette barrière de un trentième de seconde devant nos sens, pour essayer de pénétrer le... *Maintenant...*

Le film de Mountain Girl s'intitule *Grande Fille.* Son scénario a pour vedette une fille qui, dès qu'elle grandit, se révèle la grande sensation, la grande personnalité, de tout un aimable quartier, oh *fin de siècle*[1], Poughkeepsie, N.Y., oh, élèves de Vassar[2], et qui ne répond pas aux ambitions qu'on peut avoir pour de délicates jeunes filles en combinaison de sport rayée de bonnes bigotes, avec de tendres chaînettes de joyaux ensoleillés de mille eaux sur la rosée du verdoyant Poughkeepsie, une grande fille qui doit s'épanouir, et qui devient très bien, très vivante, très culottée, pour être plus forte dans ce combat inégal — et découvre plus tard qu'elle est encore plus forte sur un tout autre terrain, qu'elle est intelligente, et qu'elle est belle...

... On échange des regards, et on aperçoit l'Ermite, recroquevillé dans un coin de la tente, l'ermite que tout le monde adore, mais qui vous tape sur les nerfs — pourquoi ? — et on lui dit : Fous l' camp, l'Ermite, pour le regretter aussitôt. Son film, à lui, s'intitule *la Défonce Qui Tourne Mal.* Et c'est lui, pour tout le monde, qui l'incarne, il l'assume à votre place, de la pire façon que vous puissiez imaginer...

Et Page, avec son blouson noir décoré de la Croix de Fer, son film, à lui, s'intitule — bien sûr ! — *le Zé-lote.* C'est comme si chacun d'entre eux, dans l'odeur de la marijuana, se rappelait brusquement ce rêve que Page leur avait raconté. Il dormait sur une paillasse, dans une prison de l'Arizona, où il s'était retrouvé pour avoir, euh, initié les bonnes gens aux Délices Extra-

1. En français dans le texte *(N.d.T.).*
2. Collège d'enseignement supérieur pour filles, de grande renommée *(N.d.T.).*

dimensionnels, eh oui, eh bien... dans ce rêve, un jeune homme nommé Zélote arrivait en ville, habillé de noir, et excitait les bonnes gens à céder à toutes les secrètes envies bestiales auxquelles ils redoutaient le plus de se laisser aller, telles que briser les vitrines de la Grosse Joaillerie, S.A., et tout ra-a-a-a-a-a-fler, sauter ces petites garces de mulâtresses aux fesses bien serrées, toutes les choses défendues, guidés en cela, encouragés, dans toutes les directions, par le brillant et brûlant cavalier noir, Zé-lote — après quoi ils se regardent, dans le matin bleu et diablement froid, le lendemain — *Qui est-ce qui a bien pu faire ça ?* — Toutes ces drogues, tous ces dégâts, tous ces ramonages ? — Qu'est-ce qui nous a pris, Seigneur ? — Cette ville entière, qu'est-ce qui lui a pris ? — Eh bien — *merde !* — c'est pas nous, c'est lui, c'est lui qui nous a empoisonné et enflammé les esprits, ce foutu serpent, le *Zélote* — et ils se mettent en chasse, en se frappant alternativement la poitrine et leurs crâne chauves, en criant qu'ils veulent sa peau, au Zélote, en hurlant son nom, synonyme d'ultime infamie — tandis que le Zé-lote s'éclipse nonchalamment dans le matin noir, et qu'ils ne peuvent plus que contempler de dos sa silhouette noire et la croupe noire de son cheval qui s'éloignent sur la colline, pour poursuivre la croisade et... enflammer... une autre ville...

... Oui...

— Ouais, on est vraiment synchro, ce soir.

Et, bien sûr, tout le monde, dans la tente, a les yeux fixés sur Kesey et s'interroge. Et son film, à lui, qu'est-ce que c'est ? Ma foi, on pourrait bien l'appeler *Randle McMurphy*. McMurphy qui vous talonne, qui vous cajole, qui vous encourage à vous payer un petit film un peu plus important, avec un peu d'action, à vous magner le cul pour sortir votre scénario de sa cale sèche. T'as un sacré matériel qui n'attend plus que toi, ici, à la Ville-Limite, mon pote. Mais faudrait pas s'arrêter là...

Et tous ces trucs nous retiennent en dehors du présent, dit Kesey, hors de notre propre univers, de notre propre réalité, nous ne pourrons rien contrôler tant que nous n'aurons pas réintégré notre univers. Si jamais vous y arrivez, vous vous en apercevrez tout de suite. Ce sera comme si vous aviez un piano de concert qui vous joue des kilomètres à la minute, avec toutes les touches qui sombrent sous vos yeux dans des accords fantastiques, un air dont vous n'avez jamais entendu parler, mais vous êtes tellement dedans que vos mains se mettent à l'accompagner, sans en rater une. Quand vous serez arrivés à ça, alors vous pourrez dire que vous commencez à contrôler votre piano…

… et communiquer à tous votre message…

XII

La Rafle

TANDIS Que La Honda mine du Wilde Weste
Semble promise à ces tueurs de Younger Brothers ;
et
TANDIS Qu'ils se font leurs trous en ville
C'est la faute à papa ils ont trouvé une aimable façon
De payer leur écot ; et
TANDIS Qu'ils se construisent un magasin tout en planches, ces sacrés brigands ;
Mais y-z-étaient comme ça les Younger Brothers,
De vulgaires tueurs ; et
TANDIS Que voilà ce Kesey
Et ses Joyeux Fanfarons qui s'amènent
— Foutus Wild West cinglés
Ob-scènes chiens de camés
Et beatniks pourris
Ils peignent les troncs au phosphore ; et
TANDIS Qu'ils tapent sur leurs casseroles avec des tiges
Et des racines pendant qu'un homme de fer-blanc
Avec des parties tendres en fer-blanc
Enfouit son sourire dans l'aine de fer-blanc
D'une pute de fer-blanc qui éjacule du moignon ; et
TANDIS Que les cinglés n'arrêtent pas de roucouler, de sauter, de frétiller,
De ululer et de pousser des yahoos
Pire que les tueurs ; et
TANDIS Qu'on sait bien ce qu'ils font ces idiots
VOUS ÊTES PAR LA MÊME EN MESURE ::::::::::::

Les Pranksters avaient fini par déborder de tant d'énergie qu'ils se sentaient immunisés, fût-ce contre le danger le plus évident, en l'occurrence : les flics.

Les habitants de La Honda étaient de plus en plus intrigués par ce Kesey et ces Pranksters, de même que le shérif du comté de San Mateo et les responsables du service des narcotiques. Ne sachant à quoi diable attribuer cette folie ambiante, ils en déduisirent apparemment qu'il devait y avoir de la drogue là-dessous, du sérieux — de l'héroïne, de la cocaïne, ou de la morphine. Vers la fin de 1964, ils placèrent la maison sous surveillance. Les Pranksters le savaient, et jouaient des tours aux flics. Le principal représentant pour la région du service des narcotiques était un Chinois de San Francisco, William Wong. Les Pranksters avaient fabriqué un immense écriteau, qu'ils avaient mis sur le devant de la maison :

ON EST BLANCS COMME NEIGE, WILLIE !

C'était marrant, ces trucs-là. Les flics se promenaient dans les bois, la nuit, le long de la crique ; l'un d'entre eux marchait dedans, se mouillait le pied et disait quelque chose. Les Pranksters l'entendaient, grâce à l'un de leurs micros cachés dans les bois, sur quoi la voix de Mountain Girl, de la cabine, se gaussait des flics, dans un haut-parleur suspendu aux branches : « Hé ! Pourquoi est-ce que vous rentrez pas vous sécher les pieds ! Arrêtez de jouer aux flics, et v'nez donc vous envoyer un bon petit café chaud ! »

Les flics jouaient leur jeu, leur éternel jeu de flics. C'était aussi simple que ça, pour les Pranksters.

Les Pranksters, aux environs du 21 avril 1965, apprirent que les flics venaient d'obtenir un mandat et allaient faire une descente. Délicieux ! Les flics allaient vraiment en avoir pour leur argent, à leur en faire péter les mirettes. Les Pranksters accrochèrent une grande pancarte à la porte du domaine :

ENTRÉE INTERDITE. COMPTE A REBOURS DE CINQ JOURS

comme s'ils s'étaient embarqués dans la plus abominable, la plus horrible orgie de came de l'histoire du monde, à s'en faire péter la cervelle. En réalité, ils se mirent à nettoyer les lieux. Le troisième jour, 23 avril 1965, à 22 h 50, ce fut la descente. Oh, Seigneur, les flics avaient mis le paquet, on ne pouvait pas mieux. Ils étaient là, le grand jeu, au complet, le shérif, dix-sept policiers, l'Agent fédéral Wong, huit chiens policiers, des voitures, des fourgons, des pistolets, des agents en uniforme, des cordes, des walkies-talkies, des avertisseurs — cosmique ! Toute la lyre, la grande descente — les Pranksters jouèrent le jeu jusqu'au bout, tel qu'ils le voyaient : une immense farce, un *opéra-bouffe.* Les flics prétendaient qu'ils avaient surpris Kesey en train d'essayer de tirer la chaîne des waters sur un paquet de marijuana. Kesey prétendait qu'il était en train de peindre des fleurs sur la lunette. La salle de bains tenait du cabanon, d'ailleurs — montages de photos, coupures de journaux, fresques, mandalas, tout ce qu'on pouvait imaginer en fait de bizarreries, on aurait dit une réplique de l'autobus. Les flics avaient fait irruption, et l'inspecteur Wong avait ceinturé Kesey par-derrière. Celui-ci devait être bouclé, par la suite, pour avoir résisté à son arrestation, entre autres chefs d'inculpation, à quoi il avait répliqué qu'il se trouvait dans la salle de bains lorsqu'un inconnu du sexe mâle l'avait brusquement étreint par-derrière. Naturellement, il l'avait un peu secoué. C'était une plaisanterie, mais ça ne s'arrêtait pas là. C'était en lui résistant, disait-il, qu'il avait renversé Wong et l'avait envoyer bouler dans la baignoire, en plein sur Page Browning, qui était en train de prendre un bain. Browning fut arrêté pour avoir, lui aussi, résisté à son arrestation. Invraisemblable.

Ils avaient rassemblé tout le monde, treize personnes, alignées contre les murs, et les avaient fouillées, mais comme rigolade, leur jeu de flics, on n'avait toujours rien vu de mieux. L'un d'eux avait plongé la main dans la poche de Mike Hagen et en avait tiré une fiole pleine d'un liquide transparent, sur quoi les Pranksters s'étaient écriés en chœur : « Hé ! Poussez pas ! Poussez pas ! Soyez réglos ! Jouez le jeu, mais réglo » — et ainsi de suite. On n'entendit plus jamais parler de la fiole, quoi qu'elle ait contenu, quoi qu'elle ait été censée contenir. Ils avaient trouvé une seringue hypodermique dans une boîte à outils, dehors ; elle était pleine d'une espèce de liquide — qui se révéla n'être qu'une huile spéciale pour magnétophone. Kesey et les douze autres, parmi lesquels Babbs, Gretch, Hagen, Walker, Mountain Girl, Page, Cassady et l'Ermite, furent bouclés sous de nombreux chefs d'inculpation : détention de marijuana et de tout un équipement de drogué (la seringue), résistance à la force publique et détournement de mineurs

(Mountain Girl et l'Ermite), entre autres. Toute cette histoire, cependant, ne dépassait guère, à leurs yeux, les limites d'un jeu, le jeu du flic-de-la-taule-du-juge-et-de-l'avocat, avec ses grands moments, comme lorsqu'ils se retrouvèrent tous libérés sous caution, et qu'ils tombèrent, en sortant de la prison de San Mateo, sur la mère de l'Ermite. Le dossier de police leur avait appris qu'il s'appelait Anthony Dean Wells. Ils ne lui avaient jamais demandé son nom. Sa mère, armée d'un exemplaire de poche de *One Flew Over the Cuckoo's Nest,* en avait frappé Kesey au visage en criant : « Retournez à votre paddock ! Vous auriez dû rester au nid, au lieu d'essayer de voler, espèce de grand coucou[1] ! »

Impayable, toute cette histoire. Quand les flics les avaient bouclés, Babbs s'était déclaré « producteur de films », et Mountain Girl s'était présentée comme « technicienne de cinéma ». De sorte que Babbs défraya solennellement la chronique locale en tant que grand producteur de films pris dans une rafle en compagnie du grand romancier Ken Kesey. C'était quelque chose. Les journaux de San Francisco prenaient l'affaire très au sérieux et envoyèrent du monde interviewer Kesey dans l'Antre de la Drogue, de telle sorte que la rumeur publique, par ce biais, commença à s'emparer des Pranksters et de leur mode de vie.

On n'aurait pu trouver meilleure publicité, du point de vue, du moins, des cercles intellectuels à-la-page, où les Pranksters pouvaient espérer avoir quelque immédiate influence. Accuser quelqu'un de détention de marijuana était aussi dérisoire que de dire « Je l'ai vu prendre un verre ». On parlait de Kesey comme une sorte de « Christ-à-la-coule », de « mystique moderne », dans le style de Jack Kerouac et de William Burroughs. Comme on pouvait le lire en toutes lettres dans la presse, Kesey était allé encore plus loin. Il avait cessé d'écrire. Il travaillait maintenant à un vaste film expérimental, intitulé — précisaient solennellement les journaux — *Le Voyageur Intrépide et ses Merry Pranksters Partent à la Recherche d'un Endroit Sûr.* « Les écrivains, expliquait-il à un reporter, sont prisonniers de règles artificielles. Nous sommes prisonniers d'une syntaxe. Nous sommes dominés par un instituteur imaginaire, avec un stylo à bille rouge, qui nous colle un zéro pointé pour la moindre

1. Argot pour « corniaud », ou « cinglé » *(N.d.T.).*

infraction. Mon *Cuckoo* lui-même me paraît un roman commercial un peu plus poussé. »

On ne parlait jamais de LSD. Kesey apparaissait surtout comme un visionnaire qui avait sacrifié sa fortune et sa carrière de romancier à l'exploration de nouvelles formes d'expression. Il passa, dans la presse californienne, de la simple renommée littéraire à la célébrité. Si cette descente avait visé à éliminer les dopeniks [1], le retour de flamme n'aurait pu être plus complet, pour les flics et leur petit jeu.

Une interminable querelle judiciaire se poursuivit, après la libération sous caution de Kesey et des Pranksters — mais ils demeurèrent tous en liberté. Kesey chargea une équipe de brillants et agressifs jeunes avocats de présenter leur dossier : le beau-frère du Démolisseur, Paul Robertson, de San Jose, et Pat Halliman et Brian Rohan, de San Francisco. Halliman était le fils de Vincent Halliman, célèbre défenseur de la veuve-et-de-l'orphelin. Peu à peu, les chefs d'inculpation furent abandonnés pour tout le monde, sauf Kesey et Page Browning, et encore se limitèrent-ils finalement, en ce qui les concernait, à la seule détention de marijuana. Ils se pointèrent en groupe une quinzaine de fois, pendant les huit derniers mois de l'année, selon le décompte de Rohan, à Redwood City, chef-lieu de San Mateo. C'était interminable, mais ils étaient tous en liberté...

Oui ! Et les camés, les gosses, les gogos, les touristes intellectuels de toutes catégories, se pointaient de plus en plus nombreux à La Honda.

Sandy Lehmann-Haupt lui-même réapparut. Cela faisait près d'un an, il était retapé, et il avait pris l'avion pour San Francisco. Kesey et quatre ou cinq Pranksters étaient allés le chercher à l'aéroport. Sur la route du retour, Sandy leur avait donné un bref aperçu de ce qui lui était arrivé, à Big Sur, avant qu'il se soit barré.

— ... Et puis je me suis mis à rêver à des bagarres... avec quelqu'un, dit-il.

Il ne voulait pas dire qui.

— Ouais, je sais, dit Kesey. Avec moi.

Il savait !

Et les brouillards mystiques étaient montés de nouveau de la baie.

1. Adeptes de la drogue. Mot formé par analogie avec « beatnik » *(N.d.T.)*.

Norman Hartweg et son ami Evan Engber étaient arrivés en voiture de Los Angeles, dans l'idée de jouer aux Tibétains pendant quelques semaines, et de voir de quoi il retournait exactement. C'était assez drôle, cette idée de jouer aux Tibétains chez Kesey. C'était l'idée de Norman, pourtant. Norman était un jeune auteur dramatique de vingt-sept ans, d'Ann Arbor, Michigan. Un type assez maigre, dans les un mètre soixante-dix, avec un visage maigre, des traits accusés et une barbe. Mais il avait le nez légèrement retroussé, ce qui lui donnait un air adolescent. Il mettait du beurre dans ses épinards en tenant une rubrique dans la *Free Press* de Los Angeles, un hebdomadaire qui était l'équivalent local du *Village Voice* de New York, et en travaillant à des films d'avant-garde. Il vivait dans une pièce sous la piste de danse d'une discothèque de Sunset Boulevard. Il était tombé sur une amie de Kesey, Susan Brustman, puis avait rencontré Kesey lui-même, et celui-ci l'avait invité à La Honda pour le découpage et le montage du Film, et... partager leur expérience... Norman s'était figuré que les gens qui habitaient chez Kesey devaient être, vous savez, des espèces de moines, de novices ; un tas de méditations, les jambes croisées, de chants, on mange de riz, on ressent des vibrations, on se promène à pas feutrés dans la forêt, et on agite de grandes pensées. Sinon, pourquoi rester dans ce trou perdu au milieu des bois ?

Norman était donc monté de Los Angeles avec Evan Engber, qui était metteur en scène de théâtre à ses heures, et devait appartenir, par la suite, au Dr West's Jug Band, et épouser Yvette Mimieux, l'actrice de cinéma. Ils avaient longé la côte, sur la Route N° 1, puis avaient coupé la Route 84 à San Gregorio, et étaient remontés à travers les forêts ; un dernier virage, et les voilà chez Kesey. Mais, Seigneur, ça n'a vraiment pas l'air très tibétain. Non, pas tellement, l'homme pendu à l'arbre, ni la statue du type qui en bouffe. Bon sang, les Tibétains ne sont pas si cons. Plutôt la petite touche bizarre, par-ci par-là. La boîte aux lettres de Kesey, par exemple, qui est peinte en rouge, blanc et bleu, la Bannière Etoilée. Et une grande pancarte encadrée au-dessus de la maison : ON S'EST FAIT ENCADRER. Et la porte du domaine, devant le pont de bois. Elle est faite d'énormes lames de scie de bûcheron, surmontées d'un masque mortuaire — et d'un grand écriteau, de près de quatre mètres cinquante de long : LES MERRY PRANKSTERS SOUHAITENT LA BIENVENUE AUX HELL'S AANGELS. Des haut-parleurs, sur le toit, diffusent de la musique, à plein volume — un disque de Beatles : *Help, I ne-e-e-ed somebody...*

A cet instant, à cet instant précis, Engber ressent une douleur lancinante à l'épaule gauche.

— Norman, dit-il, je ne sais pas ce que j'ai, mais ça me tue.

Ils traversent le pont, pénètrent sur le terrain, descendent de voiture, et entrent dans la maison chercher Kesey. De gros chiens marron se dandinent dans des nuages de puces, dehors, en éructant des mouches à fruits. Engber se tient l'épaule. A l'intérieur, une éclatante lumière vert et or inonde, à travers les battants de la porte, un épouvantable capharnaüm. De grandes pipes pendent aux chevrons de la pièce, toute une rangée, on dirait un énorme xylophone, à la verticale. Des poupées, aussi, des poupées pendues aux chevrons, des poupées restructurées, des poupées avec des têtes qui leur sortent de la hanche, une jambe qui leur sort du col, un bras de l'autre cuisse, une autre jambe de l'épaule, etc., toutes rafistolées aux articulations, le nombril repeint à la Day-Glo. Et des ballons, et des bouteilles de chianti coincées dans les chevrons à des angles bizarres, comme si elles s'étaient immobilisées au moment de tomber, brusquement. Et au sol, sur les chaises, sur les tables, sur le divan, des jouets, des magnétophones, des pièces détachées de magnétophone, à n'en plus finir, du matériel de cinéma, des pièces détachées de matériel de cinéma, à n'en plus finir, des bandes magnétiques et de la pellicule partout, emmêlées entre les fils et les douilles, dans une enchevêtrement de spirales, des vagues de celluloïd, et, collé au mur, un grand titre de journal : SALUT A TOUS LES EXTRÊMES...

Au milieu de tout ça, assise un peu sur le côté, une jeune bohémienne, l'air très scandinave, taquine une guitare dont elle ne sait pas jouer. Elle lève son regard sur Norman et dit :

— On a tous des complexes... Faut s'en débarrasser.

Ouais... ouais... C'est probablement comme ça. Et là... de l'autre côté, il y a un petit bonhomme avec une énorme barbe noire. Le petit gnome lève son regard sur Norman. Ses yeux se plissent. Il sourit brusquement, d'un vaste, inexplicable sourire, regarde Norman droit dans les yeux, puis Engber, et déguerpit en reniflant et en gloussant. Ouais.. ouais... Ça aussi, probablement, c'est comme ça.

— Je ne sais pas ce que ça peut bien être, bon sang, dit Engber, en se tenant l'épaule, mais ça me fait de plus en plus mal.

Norman part à la recherche de la salle de bains. Il finit par tomber dessus. Sauf que c'est un véritable cabanon. Les murs, le plafond, tout n'est qu'un vaste collage, des éclats de rouge et d'orange, blafards, des placards publicitaires et des photos en couleurs, non moins blafards, découpés dans des magazines, des bouts de plastique, de chiffon, de papier, des zébrures de Day-Glo, et tout un mur couvert, depuis le plafond, en diagonale, d'une rangée de rhinocéros en furie, on dirait un millier de minuscules petits rhinocéros qui se courent après, dans un Luna-Park blafard. Le miroir, au-dessus du lavabo, est surplombé d'un petit masque de mort peint à la Day-Glo, suspendu à une broche. Norman le décroche. Dessous, collé au miroir, un message tapé à la machine :

« Maintenant que nous avons toute votre attention... »

Norman et Engber ressortent et remontent le sentier qui conduit dans les bois. Ils partent à la recherche de Kesey. Des troncs d'arbres couverts d'une effroyable couche de Day-Glo, quelques tentes, de-ci de-là, une drôle de cave, dans un ravin, au seuil de laquelle luisent des objets phosphorescents ; ils s'enfoncent dans des clairières vert sombre éclairées par des feux de rampe qui filtrent à travers les arbres — et partout d'étranges objets. Et, soudain, un lit, un vieux lit de fer, à l'ancienne, avec un matelas, et une couverture, mais tout décoré de folles bandes et de folles guirlandes d'orange, de rouge, de vert et de jaune phosphorescents. Et un drôle de jouet, un cheval, au creux d'une branche, qui reluit dans la profondeur des feuilles, avec de superbes cordages qui luisent de toutes les couleurs. Et un appareil de télévision, sauf que l'écran est couvert de folles arabesques de Day-Glo. Enfin, une dernière clairière, un éclair de soleil, et voici Kesey qui descend la pente. Il a l'air deux fois plus grand que lorsque Norman l'avait rencontré à Los Angeles. Il est vêtu de Levi's blancs et d'un T-shirt blanc. Il marche très droit, en laissant se balancer ses énormes bras musclés. Les arbres, tout autour, semblent fuser au ciel.

— Salut, dit Norman.

Kesey se contente d'un léger signe de tête et d'un faible sourire, comme pour dire : Vous aviez dit que vous viendriez, vous y êtes. Il regarde autour de lui, puis plus bas, vers les plateaux où se trouvent les tentes, vers la maison et la route.

— On travaille à bien des niveaux, par ici, dit-il.

Engber se tient l'épaule et dit :

— Je ne sais pas ce que ça peut bien être, Norman, mais ça me fait de plus en plus mal. Faut que je retourne à Los Angeles.

— Bon, O.K., Evan...

— Je reviendrai quand ça sera passé.

Norman se doutait un peu qu'il ne reviendrait pas. Il n'était pas revenu, mais Norman, lui, avait voulu rester dans les parages.

D'accord, Monteur de Film, Journaliste, Observateur et Participant, vous y êtes. Allez-y... Découpez, écrivez, observez. Mais voilà que Norman oublie de se mettre à découper ou à écrire. Il se sent presque immédiatement écrasé par l'étrange atmosphère des lieux. Une atmosphère de — comment la décrire ? — on a l'impression que tout le monde est *branché* sur quelque chose, ou y est *en plein,* mais personne ne veut se donner la peine de vous l'expliquer, avec des mots. Avec des mots — l'ennui, au départ, est qu'il trouve très difficile de se mêler aux conversations, dans cette maison au milieu des bois. Tout le monde est très gentil, et la plupart sont très ouverts. Mais ils vous parlent tous de — comment décrire ça ? — de... la *vie,* de trucs qui sont en train de se passer quelque part, de trucs qu'ils sont en train de faire — ou de *choses* d'un caractère si abstrait et si allégorique qu'il ne peut s'y raccrocher. Il se rend compte, à la vérité, qu'ils ne s'intéressent à aucun des problèmes intellectuels ordinaires qui alimentent les conversations des gens du Los Angeles à la page, les sujets courants, les livres, les films, les nouveaux mouvements politiques... Cela fait des années que ses amis et lui ne parlent de rien d'autre que de produits intellectuels, d'idées, de conceptions, ces sucreries de l'esprit, ces ombres du réel, ces substituts de l'existence. Oui. Ils ne se servent même pas, ici, du vocabulaire intellectuel d'usage — un seul mot, *truc,* la plupart du temps.

Le *truc* à Cassady — Seigneur Dieu — c'est Cassady, et c'est par lui qu'il a un premier aperçu de l'allégorie quotidienne de chez Kesey, de cette vie allégorique où tout acte est démonstration d'une leçon — comme la Conduite Automobile Gestalt de Cassady — mais c'est encore une expression *à vous*... Dès qu'il s'agit de conduire quelque part, c'est l'affaire de Cassady. C'est son truc, à lui, sur un niveau, du moins. Ils montent à Skylonda, en haut de la montagne, sur la Crête de Cahill, par exemple. Au retour, en descendant, Norman est à l'arrière, deux ou trois autres à l'arrière avec lui et à l'avant, Cassady au volant. Ils dévalent la montagne, de plus en plus vite, les arbres défilent comme au manège, dans un parc d'attractions, Cassady est seul à ne pas regarder. Ou bien il lâche le volant. Il triture la radio de la main droite. Il accroche un air de rock'n'roll — *I'm nurding ut noonh er-lation* — ou un autre — *vronnnh ba-bee suckoo pon-pon* — ça n'arrête pas, il ne cesse de cogner la mesure sur le gouvernail, du talon de la main gauche, et la voiture saute avec — et il tourne carrément la tête pour regarder Norman droit dans les yeux, en souriant comme s'ils étaient en train de bavarder le plus familièrement et le plus délicieusement du monde, sauf que c'est Cassady qui, à lui seul, fait toute la conversation, une incroyable distillation de mots, des éclairs nostalgiques : « Une Plymouth 45, tu comprends, un changement de vitesse comme la reine des camionnettes, garée près d'un Chrysler 47, un petit bonhomme excité là-dedans, une face de guimauve qu'avait un changement coincé, un truc à vous ossifier l' monde, tu comprends » — le tout à l'adresse de Norman avec le plus béat sourire du monde...

Eh, toi, espèce d'idiot... Le camion...

Au tout dernier moment, Cassady s'arrange pour ramener la voiture en queue de poisson au bord du tournant, et le camion passe, pleins gaz, elle passe en trombe, cette masse noire, comme une grosse larme de goudron de dix tonnes — Cassady est toujours en train de bavarder, de frapper sur le volant, de battre la mesure et de tambouriner. Norman est terrifié ; il regarde les autres pour voir s'ils... mais ils sont restés assis là, sans bouger, pendant toute cette folle embardée, comme s'il ne s'était rien passé que de très ordinaire.

Oui, peut-être que c'est ça — première attaque de la paranoïa d'Ahor — peut-être que c'est ça, il s'est laissé attirer dans un incroyable piège par une bande de drogués, de cinglés qui vont se servir de lui comme d'un jouet, pour quelle raison, je ne...

Au retour, il décide de jouer son rôle de Journaliste,

Reporter et Observateur. Cela, du moins, lui permettra de faire quelque chose et de rester *en dehors,* détaché, de garder sa raison. Il se met à poser des questions sur n'importe quoi, sur Cassady, sur Babbs, sur ces *trucs* ineffables, sur les raisons pour lesquelles…

Mountain Girl explose.

— Pourquoi ! Pourquoi ! Pourquoi ! Pourquoi ! Pourquoi ! Pourquoi ! Pourquoi ! fait-elle en se tordant les mains et en secouant la tête avec un tel air d'autorité et de conviction qu'il en est abasourdi.

Un peu plus tard, Kesey arrive et laisse tomber, au milieu de la conversation : « Cassady n'a plus besoin de penser » — avant de s'éloigner. Comme s'il avait voulu fournir à Norman un élément de puzzle.

Kesey a l'habitude de ce genre de choses. Comme alerté par un radar, il se manifeste au moment critique, dans la cabane, devant la maison, dans la baraque de derrière, dans les bois. Qu'il s'agisse d'un truc personnel ou d'une crise collective — Kesey surgit, tel le Capitaine Shotover dans la pièce de Bernard Shaw, *Heartbreak House,* et lance sa réplique — généralement quelque chose de mystérieux, d'allégorique, ou de purement descriptif, jamais une opinion, ni un jugement. La moitié du temps, il cite quelque sage du cru — Page dit, Cassady dit, Babbs dit — *Babbs dit que si vous ne savez pas ce qui va se passer, tout ce que vous…* Et disparaît aussi vite qu'il est venu.

Par exemple… Eh bien, on dirait qu'il n'y a jamais de dissensions, par ici, jamais de discussions, de conflits, en dépit de toutes ces personnalités différentes, et parfois bizarres, qui se baladent partout en battant la mesure et en faisant les fous. Mais ce n'est qu'une illusion. C'est simplement qu'entre eux, ils se retiennent. Ils s'en rapportent à Kesey, ils sont tous toujours à l'attendre, à faire cercle autour de lui.

Il y en avait un, un gosse qu'on appelait Pancho Pillow[1], un casse-couilles, un maniaque. Il faut toujours qu'il vous casse les couilles en trouvant un moyen de se rendre si insupportable que, normalement, vous devez l'envoyer balader, après quoi il se sent blessé et peut vous reprocher… *n'importe quoi.* C'était son film, à lui. Un soir, Pancho est dans la maison, avec un livre sur

1. *Pillow :* coussin, ou oreiller *(N.d.T.).*

les tapis d'Orient, plein de belles planches en couleurs. Il n'arrête pas de vous seriner à propos de ces beaux tapis...

— Comme quoi, mon pote, j'veux dire, ces gars-là étaient déjà dans l'coup, *y a dix siècles,* tout le tremblement, ils avaient des mandalas, tu pourrais pas en *rêver* — d'accord ? — regarde-moi ça, mon pote, j'vais t'filer un choc, pour une fois...

Il fourre le livre sous le nez d'un quelconque Prankster — et lui montre une superbe planche en couleurs d'un tapis d'Ispahan, étincelant de rouge, d'orange et d'or, avec un tas de lignes en étoiles qui vibrent dans toutes les directions autour d'un médaillon central...

— Non merci, Pancho, j'ai ma dose.

— Allons, voyons, mon pote ! J'veux dire, quoi, j'vais pas *garder* c'truc-là pour moi, faut que j'te l'*montre,* un truc comme ça, faut l'partager ! J'veux dire, tu sais, quoi, j'voudrais *partager* ça avec toi — tu piges ? — maintenant, regarde-moi c'ui-là...

Et ainsi de suite. Il fourgue son foutu bouquin à tout le monde, en attendant que quelqu'un lui dise d'aller se faire foutre, et qu'il puisse filer, satisfait.

Il faut nourrir l'abeille qui a faim — mais, Seigneur, ce casse-couilles, c'est pas possible. Aussi les Pranksters souffrent-ils en *patientant,* en n'attendant plus qu'une chose, que Kesey se ramène. Des portes s'ouvrent, c'est lui.

— Hé, man ! fait Pancho en se précipitant vers lui. Faut qu'tu voies ces trucs que j'ai trouvés ! Faut qu'j'te fasse tâter de ça, man ! Y a pas, j'veux dire, foutre que ça va t'*filer un choc !*

Et de lui mettre son livre sous le nez.

Kesey se contente de regarder la planche de l'Ispahan, ou du Shiraz, ou du Bakhtiari, on ne sait plus, comme s'il l'étudiait attentivement. Puis, doucement, avec son accent traînant de l'Oregon :

— Pourquoi ? Parce que t'as une mauvaise défonce ?

Sans le regarder, comme si ce qu'il vient de dire avait quelque chose à voir avec ce médaillon en diamant, ou cette bordure de tortues et de palmes...

— Une mauvaise défonce ! hurle Pancho. Qu'est-ce que tu veux dire, une mauvaise défonce !

Et de jeter son livre à terre. Mais Kesey est déjà parti dans une pièce du fond. Et Pancho sait bien que toute cette comédie, de fait, n'est pas pour partager la beauté des tapis, pas du tout, que c'est simplement sa mauvaise défonce, et *ils* savent bien, tous, de quoi il retourne, et il *sait* qu'ils savent, et finie la comédie, à la prochaine, Pancho.

Et cependant Norman finissait par avoir l'impression que même Pancho était beaucoup plus dans le coup que lui, du point de vue du groupe. Il se sentait inutile. Il ne lui avait jamais été donné de travailler sur le film. Vas-y pour le découpage, se contentaient de dire Kesey ou Babbs. Mais il voulait voir tout le film d'abord, une projection complète, pour voir où il allait. Pareil pour le groupe. Il voulait le faire repasser dans sa petite visionneuse intérieure, et voir de quoi le tout pouvait avoir l'air, où ça conduisait. Pendant ce temps, on aurait dit qu'ils le sondaient, qu'ils le tâtaient, qu'ils tâtaient ses faiblesses. Bradley lui-même, un beau matin, lui avait fait une scène. Il l'avait traité de tous les noms, pour essayer de le dégeler un peu, visiblement. Norman était en train de lire une méthode de sanscrit, d'essayer d'apprendre l'alphabet. Il s'était dit que ça pourrait être une idée, puisqu'il n'avait rien d'autre à faire. Et il avait également allumé une cigarette. Bradley attaque.

— Chaque fois que tu lis un bouquin ou que tu fumes une cigarette, crie-t-il, tu *me fais mal.* Regarde Pancho. Il travaille, lui. Il est tout le temps à écrire des poèmes, il m'en apporte un tous les jours...

Ce qui est proprement ridicule. Les poèmes de Pancho sont *si* mauvais. C'est si ridicule, en vérité, que Bradley ne peut réprimer un sourire. Il a marqué un point, cependant. Norman est paresseux, « renfermé ». La lecture n'est faite que pour le seul plaisir du lecteur. Pas du groupe. De même que fumer — ça n'apporte rien. Il explique donc à Norman qu'il paresse, qu'il ne contribue à rien. *Ce qui est vrai. Il a raison.* Mais il cherche la bagarre, ou quoi. Norman s'en amuse et en rit — au visage de *Bradley* — ce n'est que Bradley, pourtant c'est une indication de ce que ressentent les autres. Autrement, Bradley n'aurait probablement jamais rien dit. Norman se fait de plus en plus silencieux, une palourde. On dirait qu'ils se moquent de lui, qu'ils en rient...

— Pas *de* toi — avec toi, lui répète Kesey, qui tente de le secouer, de le débarrasser de tous ses bloquages et de tous ses complexes d'infériorité.

Mais la seule chose qui l'aida vraiment, ce fut l'apparition de Paul Foster.

Foster était un type qui approchait de la trentaine, assez grand, les cheveux bouclés, avec un bégaiement terrible. Il était mathématicien, avait travaillé à Palo Alto comme programmateur sur un ordinateur, et avait gagné pas mal d'argent, apparemment. Il avait pris l'habitude de fréquenter des musiciens, qui l'avaient initié à certaines... aventures spirituelles, depuis quoi sa vie semblait alterner entre des périodes de pur et vulgaire travail de programmation, pendant lesquelles il portait cravate, un chatoyant costume vert sarcelle de Zirconpolyester, et était quelqu'un de vachement important chez les bourgeois, et des périodes avec... le Dieu Speed, le Grand Rotor, au cours desquelles il portait son Uniforme de Prestige. Une veste dont il avait fait un vaste collage. Elle était tapissée de rubans, de badges, de cabochons et de primes de petits biscuits, tout un étalage, qui se chevauchaient et claquaient au vent comme un pourpoint de dingue, rescapé de la cour de Louis XIV. Il s'installa dans un arbre. Sandy avait construit une maison dans un arbre, une plate-forme avec une tente dessus. Paul s'en construisit une autre dessous. O.K., un duplex. Paul Foster était arrivé avec une énorme quantité de trucs, tout son barda. Il avait tout amené, et s'était installé dans l'arbre. Il y avait mis une fenêtre, une porte, et des rayons de bibliothèque. Il avait des livres bizarres. Une encyclopédie, sauf qu'elle datait de 1893, et des livres sur les langues les plus étranges, le tagalos, le ourdou. Il y connaissait apparemment quelque chose, à toutes ces langues... et à de plus en plus de *trucs*. Il avait tout un bric-à-brac, un énorme sac qu'il traînait partout, plein de trucs les plus bizarres, des éclats de verre, d'aluminium, des boîtes de transistor, rien que les boîtes, des clous, des vis, des couvercles, des tubes, et, à l'intérieur de cette étrange poubelle, un second sac, un petit, une miniature du grand, contenant les mêmes échantillons, mais *minuscules...* On avait l'impression qu'il devait y avoir, quelque part là-dedans, un troisième sac, un *tout* petit, contenant de tout *petits* trucs aussi bizarres... et ainsi de suite, jusqu'à l'infini. Il avait également un tas de stylos, dont certains à feutre, de couleur, et il restait assis des heures, dans son arbre, avec son bon vieux routier de Rotor, le fébrile Dieu Speed, à se pressurer les méninges pour en tirer des calembours, à n'en plus finir ; il vous fabriquait des pancartes dans le genre de celle qu'il avait mise à l'entrée du domaine, au coin de la 84 et du pont sur l'autoroute : « No Left Turn Unstoned[1]. » Les gens filaient de son côté. Il les accueillait dans sa demeure haut perchée, que l'on pouvait voir s'éclairer, le soir, comme un fol carrousel, dans de fluorescentes guirlandes de Day-Glo à la Dali ; il s'y enfermait pour dessiner, dessiner, dessiner, dessiner, ou travailler sur un immense album de découpages insensés...

Norman et Paul Foster avaient beaucoup de choses en commun. Ils étaient tous deux d'assez bons artistes. Ils avaient tous deux un certain fonds d'é-ru-di-tion. Foster, avec son terrible bégaiement, appréciait, tout comme Norman, un minimum de vie privée. Foster, naturellement, faisait corps avec les Pranksters beaucoup plus vite que Norman. C'était d'ailleurs assez curieux. Il n'y avait pas de règles. Pas de période d'apprentissage officielle, pas de vote pour décider s'il est des nôtres ou pas, pas de main dans le dos ni de tape sur l'épaule. Et pourtant, un temps pour faire ses preuves, tout le monde le savait, personne n'en parlait. Norman, quoi qu'il en soit, pouvait parler à quelqu'un comme Foster, et c'était toute la différence. Il ne se sentait plus si désespérément seul. Il se rendait brusquement compte aussi qu'il n'était pas le seul — les Pranksters mettaient tout le monde à l'épreuve, pour vous faire déballer vos complexes jusqu'au moment où vous pouviez y aller carrément, vivre dans l'instant, et si ce n'était qu'une question de coups d'aiguille...

Foster la ramène encore, à l'intérieur de la maison, avec sa logique absurde ; quelque chose d'épouvantable, ponctué de bégaiements :

— Im-ma-ma-ma-*ginez* que tout ce que vous per-per-per-percevez n'est que...

Suit une longue digression, que Mountain interrompt :

— M-m-m-m-m-mais, P-P-P-P-P-P-Paul, J'saisis p-p-p-p-pas très bien ton histoire de per-per-per-per-per-per-ception. J'aissaye, m-m-m-m-m-m-m-mais tout c'que je j'saisis, c'est les m-m-m-m-m-m-mots. Tu pourrais pas raipéter ankh-ankh-ankh-ankh-ankh-ankh-ankh-ankh-ankh-ankh-ankh-ankh-ankh-ankh-ankh-ankh-*khore !*

1. Jeu de mots sur l'expression courante « No stone unturned » — sans négliger de retourner une seule pierre — et « pas de virage à gauche à moins — " unstoned " : d'être ivre mort » *(N.d.T.).*

Foster n'en croit pas ses oreilles. Il reste coi, les yeux exorbités, et qui lui sortent de la tête, lui sortent de la tête, lui sortent de la tête, jusqu'à ce qu'il finisse par exploser :

— Vous croyez que c'est drôle ! Ton truc à toi, Mountain Girl, c't'encore pire que de bégayer ! T'as une trop grande gueule, et tu sais pas à quoi t'en servir ! Des saloperies — c'est ton trip, la saleté ! Eh bien, tout c'que je sais...

— Tu vois ! s'écrie Mountain Girl.

Elle sourit, triomphante. Elle rit presque, et claque des mains, tant elle est contente du résultat.

... Quand tu t'fâches, tu baigayes plus !

Foster se ferme de nouveau. Il la fixe, puis pivote, et sort sans ajouter un mot.

Le plus drôle, c'est qu'elle a raison.

Qu'est-ce que c'était ?... Une espèce de... oui ! de *thérapie de groupe,* une sorte de rencontre marathon, au cours de laquelle on est ensemble pendant des jours, à sonder les faiblesses de chacun, à l'amener à tout exprimer. A la différence que ce n'était pas une thérapie de groupe à l'usage des personnes entre deux âges et des ratés, mais des Jeunes ! Et des jeunes Immunisés ! Comme s'il s'agissait, plutôt que de rafistoler des épaves, de blinder les vivants pour quelque incroyable percée, *au-delà* de la catastrophe. Depuis les temps immémoriaux, l'homme s'est toujours et surtout préoccupé de lutter contre la catastrophe, la maladie, la guerre, la pauvreté, l'esclavage ; les cavaliers de l'Apocalypse étaient toujours là. Mais que faire dans ce vide effrayant, d'*au-delà la catastrophe,* où tout, suppose-t-on, deviendra possible — et Norman, là-dessus, tombe sur un autre de ces livres étranges et prophétiques, sur l'étagère de Kesey. *La Fin d'une enfance,* d'Arthur Clarke, dans lequel... la génération de la Percée Totale est née et, dès l'enfance, manifeste des pouvoirs spirituels infiniment supérieurs à ceux des parents ; ils s'en vont former une colonie à part, non pas en tant qu'individus, mais en tant que parties d'un grand être collectif, colonial, au sens biologique que l'on donne à l'animal, jusqu'à ce que la Terre, sa mission accomplie, entre en convulsions et s'effrite. Et les enfants de se dire : « Il se passe quelque chose. Les étoiles s'obscurcissent. Comme si s'élevait un grand nuage qui, très vite, va recouvrir tout le ciel. Mais ce n'est pas vraiment un nuage. Il semble avoir une espèce de structure — j'aperçois un vague réseau de lignes et de bandes qui permutent sans cesse. Presque comme si les étoiles se trouvaient prises dans une sinistre toile d'araignée. Ce réseau tout entier se met à luire ; il frémit de lumière, exactement comme s'il était vivant... Il y a une grande colonne qui brûle, un arbre de feu, elle s'élève au-dessus de l'horizon, à l'Occident. Très loin, à l'autre bout du monde. Je sais d'où elle a surgi : *ils* vont arriver, enfin, rejoindre l'Esprit Supérieur. Leur temps d'épreuve est fini : ils abandonnent les derniers vestiges de la matière... Tout le paysage est éclairé — plus lumineux que le jour — des rouges, des ors et des verts se poursuivent dans les cieux — oh, les mots ne suffisent plus, il n'est pas juste que je sois le seul à le voir — je n'aurais jamais rêvé de telles couleurs... »

En bref, leurs calebasses sentimentales démolies, les voilà en route vers... La Ville-Limite, absolument, mon pote, et on est vraiment synchro, ce soir.

Mais pas de jets d'eau, de chérubins de l'Académie française, pas de bébés au fil de l'eau, pas d'Orientaux à la Bouddha, prosternés dans des toges claquant au vent, à vous souffler au nez leur haleine de détachement spirituel qui pue le Roquefort. Mais ils vont essayer sur place, sur l'autoroute à huit pistes, bordée de lampadaires arqués en cou de héron, qui se perdent au ciel, et ils utiliseront toutes les longueurs d'ondes, ils brandiront leurs drapeaux américains, ils allumeront la Day-Glo et le néon de l'Amérique pastel électrique des années 60, relayés et amplifiés, 327 000 chevaux, un autobus de fantaisie dans un film de science-fiction, tout le monde est le bienvenu à bord, jusqu'aux plus incroyablement miteux spécimens des Relais pour Camionneurs, ou aux plus...

XIII

Les Hell's Angels

Je doute qu'aucun des Pranksters ait jamais vraiment compris Mountain Girl, sauf Kesey. La plupart du temps, elle déballait son jeu à cent pour cent ; elle y allait franchement, bruyante, nette et candide comme un camion de livraison. Nul ne se doutait que tout un côté de sa personnalité pouvait être caché. Sauf Kesey, je l'ai dit. Kesey et Mountain Girl disparaissaient quelquefois dans la cabane de derrière, s'étendaient sur des matelas, et bavardaient, c'était tout. Kesey remettait ça, ce qu'il pensait d'un tas de choses, de la vie, du destin, du Présent — tandis que Mountain Girl, elle — on imaginait ses sorties, interrompant le flot harmonieux de Kesey, sur ce matelas — oui, eh bien, elle lui parlait le plus franchement qu'elle pouvait des dernières quatre ou cinq heures de son existence. Kesey ne comprenait pas tout. A la vérité, elle était épouvantablement seule.

Seule ? Mais comment, Dieu du ciel, Mountain Girl se propulsait partout, en toute occasion, comme vigne folle, comme une Reine de la Jungle. Elle tenait déjà un rang élevé dans la hiérarchie des Pranksters. Nul n'était plus proche de Kesey, pas même Faye, allait-on souvent jusqu'à remarquer. Mais le fait était là. Kesey... Kesey, aux yeux de Mountain Girl, était indispensable à la vie qu'elle menait chez les Pranksters. Sans lui, et sans l'Emmerdeur, une étrange solitude la menaçait... L'Emmerdeur était le seule autre personne à qui elle pût parler. Sans l'Emmerdeur... Il peut y avoir, sous les apparences, une certaine tension, dans une commune ; cela peut être assez beau, à un certain niveau, mais à la condition de bien vouloir faire un petit effort pour que ça n'aille pas plus loin.

C'est drôle, vraiment. Les pommes d'arrosage, cet après-midi, tourbillonnent sur les pelouses de Poughkeepsie, elles les arrosent et les amidonnent. Le soleil du mois d'août vous fait de ces taches brunes, là où les arbres ne protègent pas l'herbe, vous comprenez. Bon, laissez tomber. Il se trouve que la solution, Docteur, porte son nom : Kesey. Et ce bruit qui domine celui des arrosoirs, Docteur, il vous mettrait probablement votre délicat petit cœur en charpie. On dirait une locomotive qui s'avance à travers les bois, et contourne la route 84, en bas. Elle vient de Skylonda. Les Hell's Angels, plus précisément, en formation de course, en masse, ces monstres, sur des Harley-Davidson 74. Mlle Carolyn Adams, de Poughkeepsie, N.Y., s'apprête à faire front à cette primordiale menace, et aboie des ordres, des conneries, à l'adresse des Hell's Angels, qui lui obéissent d'autant mieux que les éclats du soleil aveuglent et stupéfient les monstres. Kesey vous irradie de son énergie, Docteur, et votre pauvre petit cœur, il a pas à s'aiffrayer de rien, bon sang.

Un après-midi, à San Francisco, Kesey avait rencontré les Hell's Angels, par l'intermédiaire de Hunter Thompson, qui était en train d'écrire un livre sur eux. Lequel, d'ailleurs, se révéla remarquable. Il était intitulé *Les Hell's Angels, une Etrange et Terrible Saga*. Kesey et Thompson, quoi qu'il en soit, étaient assis devant quelques demis. Thompson disait qu'il devait aller retrouver un groupe d'Angels dans un garage, le Box Shop. Kesey l'accompagna. Un Hell's Angel nommé Frenchy et quatre ou cinq autres étaient en train de bricoler leurs motos. Ils adoptèrent Kesey tout de suite. Un dur, et aussi coriace qu'eux. Il venait de se faire épingler pour de la marijuana ce qui, aux yeux des Hell's Angels, était un certificat de Bonne Conduite. On ne peut pas faire confiance à un type qui n'a jamais été en taule, lui dirent-ils. Kesey, de toute façon, était bien près d'y aller. Kesey devait dire, par la suite, que le coup de la marijuana les avait impressionnés, mais qu'ils se moquaient pas mal qu'il fût un romancier. Ils étaient quand même au courant, et voilà un type connu qui était gentil, qui s'intéressait à eux, et qui n'était pas un pédé, ou un journaliste, ou aucun de ces autres gogos qui vous tournaient autour et vous collaient, cet été-là.

Et il y en avait des tas, qui vous tournaient autour, cet été 1965. Les Hell's Angels, cet été 1965, étaient devenus tristement célèbres, en Californie. Leur réputation était à son faîte, au plus haut niveau qu'elle ait jamais connu, absolument. A la suite d'une série d'incidents — et d'une étonnante série d'articles dans les quotidiens et les magazines, parmi lesquels *Life* et le *Saturday Evening Post* — les gens du Far West, tous les week-ends, regardaient passer les Hell's Angels comme une invasion de Huns violeurs de nouveau-nés. Les intellectuels de la région de San Francisco, notamment ceux de l'université, à Berkeley, étaient tombés dans le romantisme de l' « aliénation » et de la « génération en révolte », ce genre de trucs. Les gens se mettaient en rapport avec Thompson, pour voir s'il ne pouvait pas leur faire rencontrer les Angels — pas tout le lot, Torero, un ou deux à la fois, peut-être. Eh bien, Kesey, lui, n'avait pas besoin de ces un ou deux à la fois. Il leur suffisait de tirer un peu sur un joint, les gars et lui, et embarqués, les Hell's Angels, dans l'autobus.

Les habitants de La Honda ne tardèrent guère à découvrir cette grande pancarte, devant chez Kesey — une pancarte de 4 m 50 de long et de 1 m de haut, peinte en rouge, en blanc et en bleu :

LES MERRY PRANKSTERS
SOUHAITENT LA BIENVENUE AUX HELL'S ANGELS

C'était un jour d'été, clair, lumineux, radieux, brillant de tous les feux de la rampe sur La Honda, Californie, parmi toutes les créations de Dieu, que ce samedi 7 août 1965. Les braves gens se préparaient à profiter de la journée en bouclant leurs portes. Les flics s'y préparaient en faisant tourner les moteurs d'une escouade de dix voitures-pies équipées de phares et de munitions. Les Pranksters s'y préparaient en se défonçant. Ils étaient descendus dans la gorge couverte de verdure, et se défonçaient à s'en faire péter le ciboulot, dans la cabine et tout autour, sous les branches. Et elle leur remontait pas mal à la tête, aussi, la bonne adrénaline du Bon Dieu. Personne n'en avait parlé carrément, mais c'était pas du toc, une quarantaine de Hell's Angels, en chair et en os, une véritable « sortie », avec tout le tralala, une de ces occasions, pour les Angels, d'y aller de leur truc, en plein, *en masse,* ces pelés, ces galeux, qui vous cassaient les couilles, pétaient le feu, et vous la foutaient en l'air, toute la foutue baraque. Les Pranksters, pour l'occasion, avaient de la compagnie. Un véritable public, on n'attendait plus que les vedettes. Il y avait un tas de vieux amis de Perry Lane, Vic Lovell, Ed McClanahan, et les autres. Il y avait aussi Allen Ginsberg, et Richard Alpert, et un tas d'intellectuels de San Francisco et de Berkeley. Tous le cœur battant, des *tachycardiaques* — mais Kesey était parfaitement calme, il riait même un peu. Il avait l'air solide comme un bœuf, l'Homme des Montagnes, dans sa chemise de daim, et, grâce à lui, tout semblait au point, inévitable, tout coulait de source et tombait à pic. Merde, si les caves du Comté de San Mateo, Californie, les avaient traités comme des hors-la-loi pour une broutille comme la marijuana, foutre oui, que les Pranksters pouvaient suivre le mouvement et leur montrer ce que la saga, elle, appelait des Hors-la-Loi. Les Angels faisaient coller un tas de choses, synchro. Les hors-la-loi, par définition, étaient des gens qui avaient quitté les centres morts pour une sorte de Ville-Limite. Et le plus beau, c'était qu'ils l'avaient fait librement, comme les Pranksters. Ils étaient d'abord devenus des hors-la-loi — pour *explorer,* bbhouger — et puis ils s'étaient fait épingler pour ça. La défonce des Angels, c'était la moto, celle des Pranksters, le LSD, mais tous deux constituaient au même titre une incroyable entrée dans le moment orgasmique, dans le *maintenant*;en moins de quarante-huit heures, les Angels seraient embarqués, à l'acide. Et pour les Pranksters, ce serait... Ahor, l'ancestrale horreur, la peur du petit garçon bien élevé devant les Hell's Angels, les *Hell's Angels,* du fond de la chair sale, s'ils pouvaient ramener dans leur orbite cette sombre machine...

Kesey ! Bon sang, qu'est-ce que... Bande de tachycardiaques...

La voix de Bob Dylan grince et grasseye ses vieilles rengaines, à plein volume, dans les haut-parleurs, sur la cime des arbres qui bordent la falaise boueuse, face à la route — *He-e-e-ey Mis-ter Tam-bou-rine Man...* Elle est au programme de la Non-Station KLSD de Sandy Lehmann-Haupt, de Sandy en personne, cet indomptable dingue et jockey du 45 tours, cette écume stéréophonique de Lord Byron, armé d'un microphone, dans une cabine, et qui les débobine pour vous. Cassady est tellement remonté qu'on dirait un ressort d'homme-rocket. Mountain Girl est prête — *Hé, Kesey !* —, l'Ermite sourit —, Page rayonne —, hommes, femmes et enfants sont tous peinturlurés et en tenue — vrombissements en ricochets autour du vallon de lumière —

Argggggghhhhh — vers les trois heures de l'après-midi, on commence à l'entendre.

On aurait dit une locomotive, à une quinzaine de kilomètres de distance. Les Hell's Angels en « formation de course » dévalaient la montagne sur leurs Harley-Davidson 74. Les Angels, quelque part par là, enfilaient les tournants de la 84, ralentissaient — *thraggggggggh* — refonçaient, et le bruit de locomotive s'amplifiait au point qu'on ne pouvait plus s'entendre parler, ni entendre grasseyer Bob Dylan, et — *thraaaaaaaggggghhh* — les voilà, au dernier tournant, les Hell's Angels, avec leurs motos, leurs barbes, leurs cheveux longs, leurs blousons de rebut sans manches, ornés d'une tête de mort, et tout le tremblement, et leur air le plus royalement dégueulasse. Ils cahotent, un par un, sur le pont de bois et arrivent devant la maison, patinent en freinant dans des explosions de poussière, on aurait dit un film, ou quoi — tous ces hors-la-loi qui sautaient et fonçaient, un par un, sur le pont de bois, les bras sauvagement écartés sur le guidon, et qui patinaient pour s'arrêter, l'un après l'autre, à la queue leu leu.

Les Angels, quant à eux, ne savaient à quoi s'attendre. Personne ne les avait jamais invités nulle part, pas en bande, du moins. Ils n'étaient pas sur beaucoup de listes d'invitations. Ils s'étaient dit qu'ils verraient bien ce que c'était, de quoi il retournait, que tout ça finirait probablement par une sacrée bagarre, et qu'il y aurait du sang, mais que c'était dans l'ordre des choses. Les Angels voyaient toujours tout en noir, ils se méfiaient toujours, dès qu'une situation nouvelle se présentait ; ils flairaient l'ennemi. Mais ils tombèrent complètement à plat, en l'occurrence. Tellement de gens étaient déjà tellement défoncés, à un truc ou un autre, qu'on se dissolvait sur place, pratiquement. Les Pranksters, semblait-il, avaient en réserve près d'un million de doses de la drogue favorite des Angels — la bière — et du LSD pour tous ceux qui voulaient en tâter. La bière rendit les Angels des plus gais, et le LDS étrangement calmes, dans un état catatonique parfois, à l'opposé des Pranksters et autres intellectuels, que ça excitait drôlement.

June la Lune passa un peu de LSD à un Hell's Angel nommé Freewheeling Frank[1] ; il croyait que c'était un truc aux amphétamines, ou dans le même genre — et ce fut la plus extraordi-

1. Frank-la-roue-libre *(N.d.T.)*.

naire expérience de sa vie. Il escalada un arbre, où on le retrouva, à la tombée de la nuit, niché contre un haut-parleur, à se gargariser des sons et des vibrations d'une chanson de Bob Dylan, « The Subterranean Homesick Blues ».

Pete, le coureur d'obstacles des Hell's Angels de San Francisco, barbotait dans un bain de bière, en souriant : « Bougrement épatant, mon pote. On savait pas ce qui nous attendait, mais ça a tourné au poil. C'te fois-ci, c'est pas un boum-boum, c'est du gili-gili. » La gorge résonna bientôt du gros rire de ventre particulier aux Angels, quand y-a-plein-d'bière et qu'on s' paye-du-bon-temps : Haa ! — Haaa ! — Haaa ! — Haa ! — Haaa ! — Haa !

Sandy Lehmann-Haupt, cette écume Stéréo de Lord Byron, s'était emparé du micro, et ce dingue de jockey du 45 tambourinait du haut des arbres, d'une voix qui éclatait jusqu'au-dessus de la route : « Ici la Non-Station KLSD, branchez vos cervelles sur 800 microgrammes, notre programme va vous les faire péter, et vous faire péter vos ficelles, que vous vous retrouverez illico au sommet des bois de Vénus ! » Sur quoi il se lançait dans un long blues parlé sur les Hell's Angels, dans les cinquante couplets, un obscur baratin de camé, des légendes fantastiques, des histoires de tortues qu'on écrase sur la route, des conneries comme ça, chaque couplet se terminant par ce refrain :

Oh, comme c'est merveilleux d'être un Ange,
Et de rester dans la saleté !

Mais bon sang... Voilà un paumé qui a la témérité de claironner sur toutes les routes de Californie que les Anges sont sales — mais, bon sang, on pouvait pas y résister, c'était trop dingue, complètement cinglé... et les Anges, et tous les autres, reprenaient bientôt en chœur :

Oh, comme c'est merveilleux d'être un Ange,
Et de rester dans la saleté !

Allen Ginsberg se retrouvait devant le micro avec des cymbales aux doigts, dans chaque main ; il se trémoussait, la barbe jusqu'au ventre, en chantant des chants hindous dans le micro, qui les répercutait aux quatre coins de la Californie, U.S.A. : *Hare krishna hare krishna hare krishna hare krishna* — merde, qu'est-ce que c'est que ce singe de krishna — qu'est-ce que c'est que ce dingue — mais on ne peut pas s'empêcher, malgré vous, faut qu'on s'en paye, avec ce mec-là. Ginsberg les avait vraiment retournés, les Angels. Il représentait pourtant un tas de choses qu'ils haïssaient, c'était un juif, un intellectuel, un New-Yorkais, mais il était incroyable, le plus à la coule des caves jamais rencontrés.

Et de rester dans la saleté !

Et ces sales cognes — à la tombée de la nuit, les flics étaient en faction le long de la route, une enfilade de voitures, juste en face de la crique, devant la grande porte, à se demander foutre quoi. Le spectacle était vraiment unique. Les Pranksters y allaient de tout leur arsenal électronique, des airs de rock' n'roll éclataient au faîte des arbres, les fuseaux lumineux inondaient le défilé, la Station KLSD trompettait et hurlait sur la tête des flics, des types empanachés de Day-Glo hurlaient et gambadaient dans la pénombre, les Angels poussaient leurs *Haa-Haa-Haa-Haa,* et Cassady qui ne portait plus que sa sacrée carcasse, rien d'autre, rien que sa sacrée carcasse, agitait ses bras dans tous les sens et se propulsait à la lueur d'un projecteur sur le porche de la demeure campagnarde, en brandissant d'une main une bouteille de bière, tandis qu'il menaçait les flics de l'autre :

— Hé, vous, bande de vipères, bande d'enculés ! Merde alors, qu'est-ce qui va pas ! Venez par ici, voir un peu... Allez vous faire mettre, bande de pourris !

Tout en riant, en gesticulant, et en se propulsant.

... Faut pas me faire chier, bande de dégueulasses. Venez par ici. Merde, vous en aurez pour votre grade.

Le comble, les gars, c'est qu'on est devant un immense tas de fumier, des dégradations, des déprédations et des dérogations à cœur joie et ventre à terre, juste sous nos yeux, et qu'il y manque rien, même pas les Hell's Angels, et qu'on peut rien faire qu'éviter que ça s'étende. Techniquement parlant, ils auraient pu intervenir sous prétexte d'attentat à la pudeur, pour Cassady, ou quelque chose de similaire, mais aucune loi sérieuse n'avait été violée, si ce n'est toutes les lois de Dieu et de la nature — mieux valait se contenter de veiller au grain, c'était la meilleure politique. Faire une descente chez ces cinglés, fût-ce avec dix fourgons de flics armés, pour une peccadille comme cet étalage d'obscénité — le ramdam eût été trop grotesque pour qu'on pût l'envisager. Les phares des filcs tournoyaient et éclaboussaient la poussière de la falaise d'un carrousel rouge, tandis que leurs radios de patrouille-à-Q.G. donnaient à plein, accompagnées de piaffements de baryton et de sifflements électro-statiques sur un 220 volts sulfureux — *He-e-e-ey Mis-ter Tam-bou-rine Man* — à vous en faire complètement délirer toute la vallée de La Honda.

Les Angels, dans l'intervalle, étaient en train de découvrir un sacré truc, incroyable. La plupart des endroits où ils tombaient, d'habitude, au cours de leurs virées, ils testaient les nerfs des gens. Qu'est-ce que t'as à me regarder, *toi,* s'pèce de con ? Dès que le choc ou la vulgaire frayeur se manifestaient, ils étaient heureux. Si, au contraire, quelqu'un essayait de leur riposter un peu crânement, c'est qu'il était temps de leur casser la gueule et de leur crever un autre trou du cul. Mais avec ces foutus Pranksters, pas moyen. Les Angels n'avaient eu, avant de venir chez Kesey, qu'un vague soupçon de tout ce qu'on pouvait se permettre. *Laissez-vous aller !* Le plus fort, le plus dur, le plus méchant, le plus terrifiant d'entre eux, était un gros monstre nommé Tiny. Suivi immédiatement d'un non moins fort, dur, méchant et terrifiant Hell's Angel du nom de Buzzard, un grand type osseux et sombre, avec tous ces cheveux et cette barbe noirs, tout poilu et ébouriffé, dont le nez pointait comme un bec, avant une pomme d'Adam qui lui pendait d'un bon pied, on aurait bien dit un énorme busard. Tiny et Buzzard avaient un truc à eux, quand il y avait des Non-Angels dans les parages : ils s'approchaient en tirant la langue et se la léchaient réciproquement, d'un gros lapement flasque, rien que pour choquer les bourgeois, ça les amusait drôlement — et les voilà qui se pointent juste devant la grande poule à Kesey, devant Mountain Girl, et se la-a-a-a-pent la langue — et ils n'en reviennent pas. Elle les regarde bien en face, et sourit, et ses yeux pétillent tout ce qu'ils peuvent, et elle se met à rire, *Haa-Haa-Haa,* comme pour leur dire, en clair : Quelle connerie. C'était dingue, incroyable. Et puis un joint avait circulé, et ils l'avaient passé à Mountain Girl, et elle avait explosé :

— Non, merde ! Vous vous croyez tout permis, merde : vos sales bouches sur un joint ! Il est propre, ce joint, c'est pas pour votre sale bouche !

Personne, de mémoire d'homme, n'avait jamais refusé de tirer sur un joint des Angels, pas pour des raisons sanitaires du moins, jusqu'à ce qu'ils tombent sur cette cinglée ; elle les faisait marcher, au petit doigt, et ils adoraient ça.

C'en était même arrivé au point où Mountain Girl avait vu Tiny se diriger vers le cabanon, la salle de bains, avec une paire de canettes, comme s'il allait se planquer là pour les boire tranquille, mais c'est la salle de bains des filles, elles s'en servent, et Mountain Girl hurle à l'adresse de Sonny Barger, le chef suprême des Hell's Angels :

— Hé, Sonny ! Dis donc à c'merdeux de pas s'approcher de notre salle de bains, elle est propre !

Comme si elle déconnait, bien sûr — et Sonny enchaîne :

— Ouais, espèce de grand merdeux ! T'approche pas de c'te salle de bains qu'est propre ! Y veulent pas de toi, là-dedans !

Et Tony ressort et s'esquive ; il a l'air de déconner, mais il s'esquive...

Ça y est ! On les a. On a les Hell's Angels dans notre film, on les y a mis. Mountain Girl et nombre de Pranksters avaient trouvé la combinaison idéale, avec les Angels. Ils leur témoignaient de l'amitié, plus d'amitié peut-être qu'on leur en avait jamais témoigné de leur vie, mais sans lâcheté, et pas question de se laisser emmerder. La combinaison idéale. Les Pranksters n'avaient même pas besoin d'y penser en ces termes. Ils avaient leur truc à eux, et ça marchait comme ça. Tous ces principes qu'ils s'étaient forgés et dont ils avaient discuté, dans la solitude de La Honda — eh bien, *ils collaient,* et bougrement.

Dans le sens du courant — et quel courant — ces gars-là, ces Pranksters... Les Angels, pour ce genre de grands raouts, y allaient volontiers d'un autre numéro, le *Qui Est-Ce Qui Se Fait Baiser ?* On n'en était même pas encore arrivé là qu'une espèce de blonde qui venait de la ville, une de ces invitées qui s'étaient ramenées de loin, un gentil petit délice aux hormones, avait fait comprendre à trois des Angels qu'elle était prête. Et en route pour la baraque de derrière, où ils se payèrent un joyeux ramdam. Le reste de la troupe ne mit pas longtemps à être au courant de la « nouvelle mama » qui opérait dans cette baraque, et un bon nombre d'entre eux s'y entassèrent. Ils y attendaient leur tour en s'envoyant des bières, en riant, et en formulant leurs observations. La fille avait remonté sa robe rouge et blanche sur sa poitrine ; ils s'y mettaient à deux ou trois, entre ses jambes, ou assis sur sa figure, dans l'écœurante lueur ocre de la cabane, avec un tas de lapements, d'œillades, de glouglous et de ravalements assaisonnés de touffes de poils, tandis que les sommets de son ventre et de ses cuisses s'auréolaient de sueur et de sperme, et qu'elle se tortillait et gémissait, pas pour protester, mais dans un lubrique accès de Dieu sait quoi, et que des hommes sans pantalon attendaient leur tour, ou leur second tour, ou leur troisième, en beuglant et en plaisantant, jusqu'à ce qu'on l'eût ainsi emboutie en divers endroits au moins une cinquantaine de fois. Quelques Angels sortirent chercher son ex-mari. Il se baladait et tanguait dans les parages, complètement rond ; ils le ramenèrent sous les clins d'œil et les rictus. Une odeur de musc et de rut empestait la hutte. Ils lui dirent d'y aller. Sans un mot — merde, ça va trop loin — la fille se lève, toute chancelante, et lui demande de l'embrasser. Il s'exécute, rutilant de sécrétions, puis la monte en titubant, et s'y enfonce, sous les Haa Haa des Angels...

Mais c'est son film, à elle, parole, et on a suivi le courant.

Et tellement de bière — ripaille assez exotique pour les Pranksters, la bière. Mountain Girl et Kesey sont montés dans la clairière inondée de tous les feux. La pleine lune descend à travers les cimes décharnées. Ils tambourinent au clair de lune. Sandy s'aventure jusque-là et s'assoit près d'eux. Il est défoncé à l'acide et fixe le terrain, au pied des arbres, qui ondule sous la lune. Le terrain miroite et roule comme un torrent dans cette clairière magique. Ils sont assis là, quand... un *Busard !* buzzard remonte dans leur direction et, au clair de lune, dans la pénombre, au milieu de la clairière magique... *c'est* vraiment un busard, le plus grand qu'on ait jamais vu, avec un bec, un plumage de mort, le cou plissé de glottes, le dos caparaçonné, les ailes pendantes, les pattes filandreuses et couvertes de nodules — Kaaawwwwwww ! Kesey saute sur ses pieds et agite ses bras, comme on s'y prendrait pour éloigner un busard.

— Aaaaagh ! Un busard ! Hé ! Va-t'en, espèce de busard ! Virez-moi c'busard !

Il déconne, bien sûr, et Buzzard rigole — *Haa ! Haa ! Haa !* — c'est pour de rire, mais non, c'est... un *vrai* busard, c'est du vrai, tout dépend de l'esprit dans lequel vous le voyez — Kaw Kaw Kaaawwwww — Et Buzzard se met à sauter et à battre des bras — et tout... colle, *synchro*, le nom, l'homme, l'oiseau, tout coule de source, peu importe qu'il s'agisse d'un busard ou d'un homme, tout se recolle, tout le monde le voit...

Ils en voient tous tellement. Buzzard s'en va, Sandy s'en va, et

Kesey et Mountain Girl demeurent seuls dans la clairière qui ondule sous la lune. De loin en loin — où ? — Kesey et Mountain Girl... Et il s'en écoule tellement, de ces lumières, de ce délire, des sifflements électrostatiques, en bas, tellement de choses s'éclairent, coulent tellement de source, ce soir-là, sous la pleine lune, là-haut, au-dessus des fléaux, et les beuglements d'en dessous...

La party en l'honneur des Hell's Angels dura deux jours. Les flics n'intervinrent jamais. Angels et Pranksters, tout le monde avait eu du bon temps, et pas de bagarres. Un peu de ramdam, mais la fille s'était portée volontaire. C'était son film, à elle. De fait, les six ou sept semaines qui suivirent ne furent qu'une longue party avec les Angels. La chose s'était ébruitée dans les cercles intellectuels hips de la région de San Francisco et de Berkeley, à une allure de légende. Suffisamment pour placer une fois pour toutes Kesey et les Pranksters, dans ces milieux, fort au-dessus des vulgaires groupes de cinglés à prétentions intellectuelles. Ils avaient triomphé du pire handicap que connaissent les intellectuels — le complexe de la *vraie vie*. Les intellectuels étaient toujours paralysés par cette impression qu'ils n'accrochaient pas à la vie réelle. La vraie vie appartenait à tous ces froussards de macaques, aux champions, aux toreros, aux dockers, aux journaliers qui cueillaient le raisin, aux cloches. *Nostalgie de la boue*[1]. Eh bien, les Hell's Angels, c'était la vraie vie. La réalité ne devait pas aller plus loin. Kesey y avait mis le holà. Mais les gens de San Francisco et de Berkeley affluèrent plus nombreux que jamais à La Honda. On eût dit une attraction pour touristes intellectuels. Kesey parlait des Angels.

— J'ai demandé à Sonny Barger comment il recrutait ses nouveaux adeptes, les nouveaux Angels, et il m'a dit : « On les r'crute pas, on les r'connaît. »

Tout le monde en faisait des gorges chaudes.

Il arrivait souvent qu'on tombe sur eux. Les Angels avaient ajouté le LSD à la liste déjà longue de leurs excitants et de leurs calmants favoris, la bière, le vin, la marijuana, la benzedrine, le Seconal, l'Amytal, le Nembutal, le Tuinal. Certains Angels

1. En français dans le texte *(N.d.T.)*.

avaient de terribles tape-cul — c'était leur expression pour un mauvais parcours à moto, les hips l'adoptèrent très vite pour l'appliquer à un mauvais trip au LSD. Une seule ombre au tableau, le jour où un Angel, sous les premiers effets de la drogue, perdit la boule et essaya d'étrangler sa vieille nana sur le perron de Kesey. Mais il était déjà trop vidé pour faire grand-chose.

C'était magnifique, merveilleux, cette satanique alliance des Merry Pranksters et des Hell's Angels. On pouvait, à toute heure du jour et de la nuit, entendre le grincement de roue et les pétarades de ces derniers sur la Route 84, en direction de chez Kesey ; pour les gens de La Honda, c'était comme une épidémie de peste. Ils se demandaient ce qu'ils pouvaient bien faire. Plus d'un Prankster, d'un autre côté, faisait ses réserves. Une bombe à retardement, ces Angels. Jusqu'ici, ça allait — ils étaient même allés, un jour, jusqu'à balayer et nettoyer la baraque — mais ils étaient capables de se déchaîner à tout instant, et ce serait le carnage. L'adrénaline vous en montait à la gorge. La menace était réelle, car, si l'on y regardait de plus près, rares étaient les Pranksters qui pouvaient leur parler — Kesey et Mountain Girl, essentiellement. Kesey, surtout. Kesey représentait la force et l'aimant, il appartenait aux deux univers. Les Angels le respectaient ; avec lui, pas question de déconner. Un type qui avait du nerf, ils n'en avaient pas beaucoup rencontré comme ça. Un jour, cependant, ses nerfs furent mis à l'épreuve. Ce fut un étrange moment.

Kesey, les Pranksters et les Angels avaient pris l'habitude de s'asseoir en rond dans la baraque de derrière, et d'y aller en chœur de leurs martèlements et de leurs chants. Le grand truc des Pranksters. Tout le monde reprenait. Ils étaient dans les vaps, avec l'herbe qu'ils avaient fumée, et on ne savait jamais où ça allait vous conduire. D'habitude, c'était formidable. Les Angels avaient tout de suite été emballés. Ils semblaient avoir le sentiment intuitif et immédiat du tour que ça prenait. Un jour, Kesey s'était mis à jouer sur une guitare ordinaire, tandis que Babbs s'attelait à une guitare avec ampli, à quatre cordes. Kesey avait improvisé un air, au fil de l'inspiration, une espèce de blues, sur les « vibrations ». Les Angels s'y étaient mis à leur tour, et l'atmosphère, pour un temps, devint drôlement religieuse. « Oh, les vi-bra-tions... Oh, les vi-bra-tions... » chantaient-ils tous à l'unisson.

Après quoi Kesey, quelques-uns des Pranksters, et un tas d'Angels, parmi lesquels Sonny Barger, du Chapitre de Oakland, chef suprême de tous les Angels, toujours assis dans la baraque de derrière, reprirent les martèlements, en se passant des joints. Il s'agissait d'enchaîner sur le thème des « crottes de bique ».

Il y a des gens comme ça, on les reconnaît tout de suite, disait Kesey. Les Angels approuvaient de la tête, ouais, sûr que c'était vrai.

— Prenez, par exemple... dit Kesey, en prononçant le nom d'un Angel qui n'était pas là. C'est une crotte de bique.

Une *crotte de bique* — Eh bien, mon pote...

— Ecoute, Kesey, dit Barger, qui se sentait un Hell's Angel à cent pour cent. C'est un Angel, et personne — *personne* — va se permettre de traiter un Angel de crotte de bique.

Le gant est jeté. C'est dingue. Une éternité. Tout le monde a les yeux fixé sur Kesey. On peut entendre battre le sang de ses veines. Mais Kesey n'a même pas cillé, sa voix n'a même pas bougé d'un demi-ton. Il a toujours son vieil accent traînant de l'Oregon.

— Mais je le *connais,* Sonny. Si j'le *connaissais* pas, j'l'aurais pas traité de crotte de bique.

Ouais — *b-b-bon* — les gars, les Angels, les Pranksters — bon — Kesey le *connaît* — il n'y a plus qu'à mettre son chapeau par-dessus, et c'est ce qu'ils essayent tous de faire ; pas un mot et, au bout d'une seconde, le moment délicat où on pète le feu et où on vous fend le crâne est passé — *Ouais, b-b-bon...*

Certains Pranksters, deux ou trois jours plus tard, finissent par s'aviser qu'ils ne savent *toujours* pas ce que Kesey avait diable bien pu vouloir dire. Il le *connaît.* Ça n'a aucun sens. Le concept n'a aucune base... Et puis après ! Sur le moment, c'était parfait, il n'aurait pas pu trouver mieux. Kesey vivait toujours totalement dans l'instant, il était de taille, il pouvait vous balayer ces vieilles rengaines, vas-y, tire-toi, r'tenez-moi, et en une seconde, fini, le moment con était passé.

Les Pranksters s'étaient pas mal liés avec un certain nombre d'Angels, sur le plan individuel. Gut, Freewheeling Frank et Terry la Cloche, en particulier. De temps en temps, ils en emmenaient un sur l'arbre, et procédaient à une véritable initiation psychédélique. Ils avaient une grosse provision de DMT. Le LSD, on l'a dit, est un long et étrange voyage. Pour le

DMT, c'est comme si un canon vous envoyait bouler. Les Pranksters, sur cet arbre habité, sous les clins d'œil des chouettes, distribuaient du DMT aux Angels. Mountain Girl en apercevait quelques-uns, quand ils descendaient. Freewheeling Frank, par exemple. Ils zigzaguaient dans toutes les directions, l'oreille vaguement aux aguets, les yeux éperdus, vitreux.

— Pour des Anges, on pouvait pas plus nus, confia-t-elle à Kesey.

Un Miracle en sept jours

Oh, les vi-bra-tions...
Oh, les Unitariens...
Séminaristes apostats...
Croquez-moi ces savoureux
Pranksters et Hell's Angels...
Les Anges de qui ?...

Pourquoi cette consternation ?
Levez-vous, antédiluviens,
Savourez-moi ça,
Les Pranksters et les Hell's Angels...
Noé s'y rendait
Et c'est là que ça se trouve :
En première exclusivité sur le mont Ararat
Apis le Taureau dans *Après le déluge*,
Un chouette de film avec un millier d'épaves :
Les Anges de qui ?
Les Anges de l'*Enfer...*
Seigneur, préparez-vous à souffler la tempête
Dans le bleu des Anges.
Oh, les vi-bra-tions...

Parmi ceux qui commençaient à se poser des questions sur les mystères de La Honda,
Quelques pasteurs unitariens, qu'on appelait les Jeunes Turcs ;
Bob Kimball, Dick Weston et Paul Sawyer le disaient : Démantibulons nos cloîtres cérébraux et
Faisons surface ! Pour voir un peu comment s'opère la soi-disant magie à Kesey, la magie des joints.
Les Unitariens, aux yeux des Jeunes Turcs, n'étaient plus que de fantomatiques séminaristes,

Des Kantiens desséchés coupés du Christianisme Originel.
Oh, il y a un siècle, nous étions l'avant-garde, nous débusquions les grossiers spadassins noir
Du Fondamentalisme — et aujourd'hui ? — notre inanité fait *bâiller* d'ennui la Jeunesse.

Oh, les vi-bra-tions...
Oh, les Unitariens...
Séminaristes apostats...
Croquez-moi ces savoureux
Pranksters et Hell's Angels...
Les Anges de qui ?...

Sawyer avait trouvé nos héros de la Day-Glo sur la plage de Pescadoro
Par un bel après-midi, en compagnie d'Allen Ginsberg dans sa plus belle forme capillaire.
L'atmosphère était chargée d'électricité, étrangement sereine cependant
Même après l'arrivée des Hell's Angels, *fétide* mais on ne peu plus chaude.

Sawyer avait amené sa petite fille, et elle avait peur que ça... *tourne mal.*
A l'autobus ! s'était écrié Kesey. Elle avait dit : « Papa, je... ne veux pas y aller. »
Aussi l'avait-il laissée là, mais Sawyer était bien résolu à découvrir.
Le secret de cette vibrante fusion du Noir des Angels & de la Day-Glo des Pranksters.

Oh, les vi-bra-tions...
Oh, les Unitariens...
Séminaristes apostats...
Croquez-moi ces savoureux
Pranksters et Hell's Angels...
Les Anges de qui ?...

On monte ! Et c'était épatant, les Angels s'enfilaient d'énormes cruches de vin

Et s'extasiaient sur l'océan ensoleillé, on aurait dit des dingues de la Nature,
Ils se passaient des joints et poussaient des Haa ! — Haa ! mais traquaient sous leurs rauques aboiements...
Une note plus naïve, la note Gnostique de l'Eglise Primitive : *La Paix de l'Extase !*

Kesey sait exactement ce qu'il fait ! Pas de raout motorisé, on n'est pas des Beatniks
Mais un voyage plus vital que toutes les fadaises kantiennes du monde.
Il atteint à l'inaccessible ! Que vous apporte et vous enseigne l'inenseignable !
Les Jeunes Turcs le doivent à leur Foi : donner le coup de pouce au voyage des Pranksters.

Oh, les vi-bra-tions...
Oh, les Unitariens...
Séminaristes apostats...
Croquez-moi ces savoureux
Pranksters et Hell's Angels...
Les Anges de qui ?...

Pourquoi cette consternation ?
Levez-vous, antédiluviens,
Savourez-moi ça,
Les Pranksters et les Hell's Angels...
Noé s'y rendait
Et c'est là que ça se trouve :
En première exclusivité sur le mon Ararat,
Apis le Taureau dans *Après le déluge*.
Un chouette de film avec un millier d'épaves :
Les Anges de qui ?...
Les Anges de l'*Enfer...*
Seigneur, préparez-vous à souffler la tempête
Dans le bleu des Anges.
Oh, les vi-bra-tions...

Kesey avait donc été convié à participer à la conférence annuelle de l'Eglise Unitarienne de Californie, qui se tenait à

Asillomar, superbe parc régional au bord de la mer, dans les faubourgs de Monterey. Thème de l'année : « Secouer les Fondations. »

Le fait que Kesey eût été récemment arrêté pour une question de drogue était on ne peut plus indifférent à ces Unitariens rassemblés sous les verts ombrages d'Asillomar, y compris les plus âgés. Les Unitariens avaient une longue tradition de libéralisme, pour ce qui touchait à ces questions, et étaient même à l'avant-garde du mouvement pour les droits civiques, en Californie. Ce combat impliquait pas mal d'illégalités techniques et d'escarmouches avec la police — oui, monsieur. Mais *ce...*

... *ce...* Les Unitariens s'étaient rassemblés là en masse, avec leurs chemises de sport d'intellectuels — d'intellectuels qui jouaient les durs, vous comprenez, en chemises de sport à manches courtes et en pantalons aussi confortables que négligés, au large fond, dont la ceinture vous remontait sur la cage thoracique. Ils tiraient négligemment sur leurs pipes. Et voilà Kesey qui s'amène. Mais pas tout seul, figurez-vous. Il était arrivé en autobus, dans un éblouissement d'arabesques à la Day-Glo. Des Pranksters en grande tenue se trémoussaient à toutes les vitres du véhicule. On pouvait lire leur consternation sur pratiquement tous les visages de ces Unitariens entre deux âges, pasteurs et laïcs, qui s'étaient mis la pipe au bec pour une agréable et tranquille petite semaine au grand air, tandis que le bizarre engin roulait et tanguait sur le terrain. Et, dès leur arrivée, les choses... se compliquèrent.

C'est probablement qu'on leur a mis le nez dessus, se disait Kesey. *Les Unitariens se contentent de défendre le libre arbitre, le non-conformisme, un tas de grandes idées, et on leur met brusquement le nez dessus — une bande de drogués, une paire de repris de justice, un homosexuel, et tous ces hommes et ces femmes qui vivent dans un autobus...*

Mais la Jeunesse... les Unitariens de moins de vingt ans ne leur faisaient pas du tout grise mine. Ils s'étaient tout de suite agglutinés autour de l'autobus. Ce qui avait pour effet, bien sûr, que faire se renfrogner encore davantage leurs parents. A la tombée de la nuit, l'Eglise Unitarienne de Californie était divisée en deux camps : avec l'autobus, ou pas.

Les trois quarts des chemises de sport se renfrognèrent tellement dès la première apparition de Kesey sur le podium, que la conférence était bien sur le point de se désagréger. Les principales réunions se tenaient dans un petit bâtiment rustique, genre théâtre d'été. Kesey avait fait son apparition sur la scène, vêtu d'un éclatant blouson. Un blouson iridescent, avec un immense symbole Yin-Yang dans le dos, rouge, blanc et bleu.

— On est là pour une semaine, dit Kesey. Nous avons donc sept jours pour essayer d'accomplir un miracle...

... Et pas seulement en paroles, p'tite tête, mais en le faisant, tous ensemble, et pas en me contentant de *te* parler non plus, mais en nous y mettant tous ensemble, carrément, et en poussant la beuglante avec.

Bien des femmes commençaient à s'extasier devant ce rude et viril homme d'action qui tenait la tribune. Les Chemises de Sport ne manquèrent pas de noter cette lueur d'extase dans les yeux de leurs moitiés.

Paul Sawyer, assis au premier rang, sentait monter la tension. Jusqu'ici, tant mieux. La conférence proclamait qu'il fallait « Secouer les Fondations », alors allons-y. Paul Sawyer était assis près de Mountain Girl. Quelle étonnante créature ! Assis là, près de lui, comme ça, dans son ample robe pourpre. Par une remarquable coïncidence — coïncidence ? — elle avait elle-même été élevée dans la foi unitarienne, et avait appartenu à cet espoir de l'église, la JRL, la Jeunesse Religieuse Libérale. Et maintenant... Mais s'était-elle vraiment éloignée de ce que *devait* être un JLR ? C'était à voir...

Kesey, sur scène, n'avait pas pris la parole de manière conventionnelle. Il s'agissait plutôt d'un *numéro,* d'une démonstration de magie — il parlait de symboles que nous utilisons, des jeux dont nous sommes prisonniers, et nous expliquait qu'on n'a pas véritablement idée d'une émotion quelconque tant qu'on en a pas éprouvé les deux aspects, sur quoi il avait saisi le grand drapeau américain qui décorait le podium et l'avait *piétiné,* l'avait écrasé au sol...

Enorme sensation dans le public, parmi lequel de nombreux moins de vingt ans...

Sawyer est déjà dans le coup. Il a compris ce que recherche Kesey — ne pas se contenter de décrire une émotion, mais l'éveiller, forcer les autres à en faire l'expérience, en en manipulant d'abord le symbole. Il arrive qu'il nous faille ainsi passer par la porte de service pour pénétrer le sens des choses. Sawyer entend des *sanglots.* Il se retourne sur son fauteuil et aperçoit un groupe de moins de vingt ans, derrière lui, originaire de Salt Lake City. Il les regarde et lit sur leur visage l'horreur qui les a saisis — *Le Drapeau !* — et sent toute la panique qui se dégage de la connerie dont on a bourré le crâne de ces enfants dès cet âge ; une vibration qui remonte loin dans le temps, à l'hystérie de l'époque des sorcières de Salem, un cri ancestral, *Mort aux Infidèles* — mais il ne peut s'en faire une raison. Il se lève et apostrophe la foule :

— Attendez une minute. Ce drapeau est un symbole auquel nous attachons nos émotions, mais il n'est pas en lui-même une émotion, pas vraiment ce à quoi nous tenons. Il nous arrive parfois de n'avoir pas conscience de ce à quoi nous tenons, parce que tous ces symboles nous égarent. Je me rappelle, quand j'étais à l'école, on chantait *America the beautiful*, et il y avait toujours quelqu'un qui se promenait dans l'allée avec un drapeau. J'aurais toujours voulu que ça soit moi, mais ça ne m'arrivait jamais. Alors, quel sentiment est-ce que j'éprouvais, vraiment ? Est-ce que c'était du patriotisme ? Ou est-ce que c'était plutôt...

Mais on ne le laisse pas terminer. Une voix hurle :

— Vas-y !

— Quoi ?

— Vas-y !

C'est Mountain Girl qui l'encourage, dans toute la gloire de ses voiles de pourpre. Elle est ravie de la tournure que prennent les événements.

Il n'a même pas eu le temps de comprendre qu'il dirige le chœur et chante *America the Beautiful.* La salle résonne du *O beau-ti-ful for spa-cious skies*, tandis qu'il tient ferme dans ses mains le drapeau, et remonte l'allée, puis la descend, comme pour leur dire — quoi ? Pas d'importance ! Justement ! Faut pas l'expliquer. *Vas-y !*

Comme la plupart des conférences, celle-ci avait son programme bien établi, et imprimé, de repas, de séminaires, de discours, d'activités de groupe. Les Pranksters envoyèrent vite promener tout ça. Ils n'avaient pas de programme, personne ne devait en avoir non plus. Les Chemises de Sport avaient prévu un grand séminaire, destiné à frapper l'imagination des Jeunes — quelque chose dans le goût de La Révolte des Etudiants contre la Médiocrité : Défi et Responsabilité — sauf qu'à l'heure dite la Jeunesse, les étudiants en révolte contre la médiocrité, étaient sur la plage autour de ce foutu autobus où les Pranksters avaient leur programmes à eux, et sans horaire, mes bons amis et voisins, tout se passe dans l'instant, *maintenant,* et tout le monde peut jouer au jeu du Pouvoir : : : :

Quelqu'un vient de gagner et décide qu'on va jouer au football sur la plage, sauf que c'est l'Ermite qui va servir de ballon. Présentement, tout un groupe de Pranksters, de pasteurs et de congressistes se mettent en demeure de ramasser l'Ermite, qui n'arrête pas de glousser, et de se le repasser comme des demi-arrières, avant de plonger pour le récupérer, et ainsi de suite. Mais le côté pénible de la chose — *l'allégorie !* — leur apparaît vite, cette façon de se servir d'un être humain comme enjeu du pouvoir, et toujours du plus faible... Ahhh ! C'est un des jeunes pasteurs, un des Jeunes Turcs qui a le pouvoir, maintenant. Il leur ordonne d'aller tous se laver l'un l'autre les pieds dans l'eau du Pacifique. Signe rituel d'humilité, allégorie de l'existence, mais sans qu'il soit besoin du moindre mot d'explication. Ils s'assoient tous au bord de l'eau et se lavent l'un l'autre les pieds ; ceux de l'Ermite aussi, et des plus méticuleusement. Les Pranksters ne se tiennent plus. C'est formidable. Et les gosses voient maintenant d'un autre œil le Jeune Turc qui a eu cette inspiration. Il a réussi. Les Pranksters sont d'accord !

Les Jeunes Turcs passèrent de plus en plus de temps dans la compagnie des Pranksters, jusqu'à une heure avancée de la nuit ; on entendait la musique de l'autobus, dont les Pranksters battaient les flancs avec d'énormes lianes de varech qu'ils faisaient tournoyer. Ils tapaient dessus comme sur une énorme caisse. Et ils jouaient tous au Pouvoir et s'injectaient le Présent, et pratiquaient tous les non-jeux de la vie, et n'arrêtaient pas de tambouriner, mais faisaient plus encore que tambouriner, ils se sentaient *être,* être *vivants* — les Jeunes Turcs étaient vraiment dans le coup, avec l'autobus. Grâce au manque de sommeil, au rythme qu'ils avaient pris, et à cette nouvelle façon de secouer les fondations, il commençaient à ressentir on ne peut plus profondément le côté *mystique* des choses.

Un matin, vers sept heures, Paul Sawyer rentrait se coucher, après toute une nuit de veille avec les Pranksters, lorsqu'il tomba sur une délégation des organisateurs de la conférence. Ceux-ci voulaient en finir. Et demander à Kesey et aux

Pranksters de partir. Kesey était peut-être sincère, disaient-ils, ils n'en savaient rien. De toute façon, il semait le désordre et était à l'origine d'un schisme parmi les délégués. Il constituait un épouvantable exemple pour la Jeunesse. Il s'avérait que le Dr..., l'une des personnalités les plus libérales de l'Eglise, et un leader du mouvement des droits civiques, avait déjà quitté la conférence en signe de protestation, avec un ou deux autres pasteurs.

— Attendez une minute, dit Sawyer. Il s'agissait de secouer les fondations. Eh bien, on a commencé à les secouer, c'est le moment de voir si nous avons le courage de nos convictions.

— D'accord, Paul, mais il se passe de ces *choses*, les autorités du parc sont très ennuyées. Et d'abord, on les soupçonne fortement de consommer de la marijuana. Cet autobus dégage une odeur tout à fait bizarre. Mais laissons ça de côté. De toute façon, l'autobus constitue un danger certain, du point de vue sanitaire, tous ces gens qui vivent ensemble, sur la plage, ce n'est pas hygiénique. Il y a aussi l'incident des douches. Le personnel du parc a surpris deux de ces... *Pranksters* en train de prendre une douche ensemble, un homme et une femme, dans les douches des hommes. *Nous*, nous pourrions passer là-dessus, mais est-ce un exemple à donner aux jeunes ? Et celle qu'ils appellent Mountain Girl. Chaque fois qu'elle aperçoit le Dr George Washington Henry qui, après tout, est un de nos pasteurs et penseurs noirs les plus distingués, elle se met à crier : « *Voilà la Pastèque !* »

— La Pastèque ?

— Oui, il paraît qu'elle l'a vu manger une pastèque, l'autre jour, et qu'il « trouvait ça bon », comme elle tient à le souligner. Alors maintenant, chaque fois qu'elle l'aperçoit, elle chantonne « Voilà la Pastèque ! » Tu connais le genre de voix qu'elle a. Je suppose qu'ils appelleraient encore ça « y aller franchement », ou je ne sais trop quoi — mais, *réellement : La Pastèque...*

Le résultat est clair, ils veulent virer toute la bande. Sawyer tient bon ; il leur dit que si Kesey et les Pranksters sont expulsés, il les suivra. Ce qui pourrait provoquer le départ en masse des Jeunes Turcs, et être à l'origine d'un schisme encore plus atroce. Les aînés acceptent de laisser couler.

— Nous estimons que tu commets là une grave erreur, Paul. Kesey essaye de *manipuler* cette conférence.

Kesey, de fait, s'était pris d'un extraordinaire intérêt pour tout ce qui touchait au phénomène du... Contrôle. Il s'était avisé que les Pranksters étaient capables de contrôler le déroulement de la conférence, non par quelque machiavélique manœuvre, mais en l'incorporant à leur propre cinéma, tout simplement. La conférence avait un programme, mais les Pranksters arrivaient toujours... *au bon moment,* et, en moins de deux, chacun se muait en acteur. Kesey décida de les réunir quotidiennement.

— A partir de maintenant, leur expliqua-t-il, il faut qu'on garde tous les jours la même tenue. Il faut que tout le monde puisse clairement identifier chacun d'entre nous, pour que partout où vous allez, chaque fois qu'ils vous voient, *hop,* ils soient tout de suite dans le coup, n'importe quoi.

Kesey a revêtu son blouson Yin-Yang. Mountain Girl a sa robe pourpre. Babbs porte un incroyable pantalon, tout en bandes de couleurs, que lui a confectionné Gretch. Ils sont tous en tenue.

— D'accord, mais j'crois qu'on d'vrait plutôt oublier notre identité et nos costumes, objecte Mountain Girl. Chacun son truc, et tout le monde est invité.

— D'accord, mais ça ne sert à rien s'ils n'ont pas une claire idée de ce qu'on fait.

Ils gardèrent donc leurs costumes. Et ça marcha. Il devenait d'heure en heure plus clair que les Pranksters possédaient le secret... d'exercer leur Contrôle sur toute situation, quelle qu'elle fût.

Kesey savait parfaitement choisir son moment. Arrivé au vendredi, il avait tenu beaucoup de discours, sur le podium, en privé, du côté de l'autobus, si bien que les gens auraient pu commencer à se dire que, bon, pour un type qui répète que ce n'est pas en parlant qu'on fait avancer le boulot, il s'en est payé. Kesey sortit de l'autobus, cet après-midi-là, la bouche barrée d'un énorme bâillon de tissu adhésif. Il se promena ainsi toute la journée, en silence, bâillonné, comme pour leur signifier : Finis, les discours.

Les jeunes d'Asillomar trouvaient ça épatant. Ils traînaient de plus en plus nombreux du côté de l'autobus, tandis que les Pranksters brandissaient leurs lanières de varech et s'ébrouaient comme des gosses. La nuit est tombée ; il y a une fille qui se sent vraiment dans le coup, et qui meurt d'envie de se défoncer à l'acide avec les Pranksters. Elle n'en a encore jamais pris. Ils lui en donnent et quelques-uns en prennent eux-mêmes, près de l'autobus, au bord de l'océan, et, Seigneur, voici qu'elle se met à déconner. A ululer. Il ne manquait plus que ça. Le truc qui risque de tout gâcher. Kesey s'en occupe, Attention totale. Ils font cercle autour, tous les Pranksters. Ils la baignent d'Amour et d'Attention. Elle se ressaisit, revient à elle, de l'autre côté de la barricade, et jubile, c'est merveilleux. Comme si toutes leurs théories et toutes leurs professions de foi s'étaient vues mises à l'épreuve dans le monde ordinaire, hors de La Honda, et qu'ils n'aient plus qu'à travailler. Ils ont... le Contrôle.

Le dernier jour, un dimanche, les jeunes de la conférence présentent un spectacle. Une tradition, apparemment. Mais c'est un spectacle sur les Pranksters. Ils les imitent pratiquement tous, à tour de rôle. Leur plus beau numéro était celui de l'Ermite, avec sa façon de détaler, de rigoler et de glousser. Ils imitèrent également Kesey, Babbs, et bien d'autres. En finale, un numéro musical sur l'air de « Help ! », la chanson des Beatles : « Kelp ! I Need Somebody [1] ! »

Les Chemises de Sport y assistèrent et souffrirent en silence. Ils en avaient pris leur parti et, du moins, évité un schisme. L'avaient-ils vraiment évité ? Hmmmmmm...

Paul Sawyer regardait Kesey... Il découvrait en lui un personnage prophétique, qui n'avait ni *enseigné* ni *prêché*. Plutôt, il avait créé... une expérience, suscité une prise de conscience qui illuminait bien plus que le cérébral. Il était, par certains côtés, dans la tradition des grands prophètes. Le monde moderne ne connaît les prophètes qu'à travers la langue austère et déférente des textes sacrés et des savantes exégèses des diverses religions. Kesey, en quelque sorte, avait créé une véritable *aura* prophétique, et d'aucuns, grâce aux Pranksters, avaient fait plus qu'observer, ils avaient fait l'*expérience* de la fraternité mystique, quelque bizarre qu'ait pu paraître... ce miracle en sept jours.

1. Jeu de mots sur « Help » : Au secours, et « Kelp » : Varech — I need somebody : Il me faut quelqu'un *(N.d.T.)*.

Il y eut, l'année suivante, deux conférences de l'Eglise Unitarienne. L'une, comme d'habitude, à Asillomar. Avec les Chemises de Sport, comme d'habitude. L'autre dans les Hautes Sierras. Les Jeunes Turcs tinrent là leur propre conférence, à l'air pur des sommets. Ce ne fut pourtant pas tout à fait ce à quoi ils s'attendaient. Faute d'un certain niveau psychique, d'un certain décibel. Mais l'époque des conneries était révolue. Ils étaient avec l'autobus, et pour de bon. L'année d'après, Sawyer passa un mois à Haight-Ashbury, pour étudier les possibilités qui s'offraient aux jeunes, un nouveau genre de ministère. Avec l'autobus, pour ainsi dire.

Oh, les vi-bra-tions...

Il s'était trouvé que l'une des déléguées féminines à la Conférence Unitarienne d'Asillomar avait fait imprimer son petit résumé personnel des débats, et l'avait diffusé par la poste. Les Pranksters le lurent à haute voix dans le living-room de Kesey :

« Et le Prophète Kesey nous apparut... » et dit ceci et cela.

« Et le Prophète Kesey dit »... ceci et cela.

« Et le Prophète Kesey fit un geste »... qui signifiait Dieu sait quoi.

« Et tout était bien, car comme le dit le Prophète Kesey »...

La phrase se répétait, le Prophète Kesey, et s'ornait de toutes les fleurs de la rhétorique biblique — sauf qu'elle était sérieuse ! conquise ! une vraie croyante ! et s'imaginait que le Prophète Kesey en sauterait de joie.

Les Pranksters le regardent. Il a baissé la tête, et déclare, d'un ton mélancolique :

— On n'est pas branché sur le Christ. Ça a déjà été fait, et ça ne marche pas. On veut prouver qu'on a raison, et ça vous donne deux mille années de guerres. On sait où ça conduit, ce trip-là.

Quand même, le moment était émouvant. La chère demoiselle avait fait de son mieux pour essayer de tout raconter — le rôle de Kesey et la direction que prenaient les Pranksters. Tous les Pranksters — *Dieu sait que pour un* trip, *c'en est un*. Et pour une religion, c'en était une. On aurait dit... que tout ça les conduisait à une sorte de conclusion, une sorte... d'ascension, à laquelle nul ne pouvait donner de nom exact, s'il avait conservé ses esprits. Une grande colonne de flammes qui s'élevait au-dessus de l'horizon, sur l'hémisphère occidental, peut-être...

Kesey lui-même ressemblait à un possédé. Ce foutu carrousel suffirait à vous faire dérailler n'importe qui. Ça tourne au cirque. Tous les cinglés de la Californie se ramènent, les camés, les cloches, les étudiants, les petites souillons, ils viennent chercher des sensations, se flipper au LSD, ou Dieu sait pourquoi. Et même des macaques, comme Heavy, qui se lève la nuit, en plein bois, au milieu des tentes, pour croasser comme un crapaud : *Vous inquiétez pas, ayez pas peur, Heavy-le-joint est là...*

Elle finit même par taper sur les nerfs de Babbs, cette incroyable collection.

— C't'un zoo ! dit-il à Kesey. Y en a marre, de ces effusions !

Et Kesey de rétorquer :

— Quand on est tombé sur c'qu'on a, on peut pas s'arrêter. Faut pousser plus loin. On peut pas s'arrêter et s'en tenir là, faut pousser plus loin, et l'partager avec les autres. Ça ne marche que si on le fait partager aux autres.

Tout le monde pouvait rester, Prankster ou pas, et plus... Mais on s'en fout. Kesey devait également s'astreindre à ses audiences royales, mentir, finasser, canaliser, politicailler avec les policiers, plus qu'un être humain n'en pouvait supporter — on aurait dit qu'il avait, en trois mois, vieilli de dix ans. On lui aurait donné, maintenant, un âge plus qu'indéfini, entre trente et quarante. Il prenait un tas d'amphétamines, et fumait beaucoup d'herbe. Il avait l'air hagard, et son visage semblait tout flasque. Un jour, il était sorti en trébuchant de la baraque de derrière. Sandy l'avait vu : il avait un œil qui regardait dans une direction, l'autre ailleurs, comme par une horrible distorsion... Et toute cette sale merde commençait à lui taper sur les nerfs, à Sandy, lui aussi...

Droit devant, mon pote ! On est à bord du vaisseau spatial, en plein vol... Contrôle... et Attention... Dans le sens du courant, pas moyen d'esquiver les retombées, même les pires merdes. Kesey jouait au flipper avec l'acide, 500, 1 000, 1 500 microgrammes, au lieu des 100 à 250 qu'on devait prendre normalement. Il avait pourtant toujours été contre. Les dingues qui s'amusaient à celui qui en prenait le plus — ils finissaient tous détraqués, cette engeance. Mais on en était au point où on ne pouvait refuser aucune expérience. Un soir, Kesey avait pris près de 1 500 microgrammes ; plusieurs autres Pranksters avaient pris des doses moins fortes. Ils s'étaient tous étendus au sol et s'étaient mis à jouer à Radio-Primate. A babiller, ululer, reprendre en écho toutes les expressions non verbales possibles, parler charabia, pour ainsi dire. Leur idée était d'atteindre, à force, au langage qui vous permettrait de communiquer avec les êtres des autres planètes, des autres galaxies... Ils étaient tous complètement défoncés, bien sûr, mais leur maniaque et végétal martèlement était dominé par cette seule pensée, comme une bulle de bande dessinée : *Et si... on ne sait jamais tant qu'on n'a pas essayé, si on n'a pas...*

Le Pouvoir ! Ils sont assis autour d'une grande table ronde, dans le living-room de Kesey. C'est une grande table de bois, couverte d'initiales et d'inscriptions gravées par les Hell's Angels, « Ralph, de Oakland », etc. Ils jouent au jeu du Pouvoir. Page Browning gagne et leur donne un ordre : Maintenant, on va tous prendre du DMT et se tenir la main, en cercle autour de la table.

Et rrrrrrrrrran, ces fantastiques bulles de néon remontent et se ruent, jaillissent du cube cardiaque dans la bouillie humaine et éclatent dans... *les miroirs du crâne !* sortis d'un kaléidoscope nippon qu'j'ai ramené de Grant à travers une porte de joncs tressés par-dessus les graffiti des Hell's Angels sur cette table qui vient d'entrer dans *Le Film* parce que maintenant, Hondo, sur cet enfin planétaire n'importe *qui* ça n'a plus d'importance y a qu'à les imaginer dans Le Film, si totalement immergés dans le *moment* qu'on peut bouger dans n'importe quel sens le moment tout entier bouge avec, pour *rien,* p'tite tête, il *coule — dans le sens du courant — s'en va*

DEHORS

Kesey entend une voix, qui lui dit de se lever, ce qu'il fait, tandis que Page et les autres Pranksters sont loin de leurs calebasses et se tiennent la main et... scrutent l'espace, les yeux fermés, parce que avec le DMT *ça ne sert à rien d'ouvrir les yeux* — ces films de derrière l'orbite ne cessent d'inonder le living-room et Kesey sort dans la pénombre et la fraîcheur du vallon boisé et voilà que...

JE SUIS L'AS ET FAYE EST LA DAME DE CŒUR

WHOUMP ?

en un éclair la chaudière dehors derrière la maison dans la pénombre — *autrement dit :* un geste, et elle

EXPLOSE

et il le fait et elle explose, la chaudière, bousillée, une sacrée explosion — et la voix dit

SORS SUR LA GRAND-ROUTE

et il sort et traverse le pont de bois, et se retrouve sur la 84 dans le noir et n'aperçoit plus de la maison qu'une toute petite lueur qui vacccccille, et le vent monte. *Drôle de saleté,* mon Commandant — le vent ne monte jamais dans cette gorge, avec toutes ces collines et tous ces arbres et c'est drôle le vent se lève sous la cage thoracique et la moindre feuille convexe et la cathédrale coiffée d'un dais en forme de ballon jette l'ancre et maintenant... lui... c'est

DIEU

C'est fou et délirant et déchaîné et réel, et la moitié de vos mésentères vous disent

T'ES DÉFONCÉ

tandis que l'autre vous dit : Pourtant

TU ES DIEU

Voiture qui descend de La Honda sur la colline au dernier tournant de la Route 84, ses phares balayent les arbres

L'ENNEMI

lui fonce dessus à 75 kilomètres à l'heure tandis qu'il se balance en tapant du talon sur la bande du milieu. Aucune raison de s'inquiéter ni de s'alarmer, cependant. Il n'a qu'à

FAIRE UN GESTE

la voiture ralentit et se traîne en frissonnant dans ce drôle de vent, elle essaye de tenir le coup face à

CET IMPRÉVU

et il sait de façon absolument certaine qu'il a... tous les Pouvoirs et peut faire ce qu'il veut de l'Ennemi quelque forme qu'il prenne — il rabat son bras

FAIT LE GESTE

et la voiture s'arrête. L'ennemi l'épie. Il peut tout faire

DÉTRUIRE

CRÉER

GALVANISER

RENVOYER

Expédier

n'a qu'à décider, sa puissance est trop grande pour en user et trop formidable pour la gaspiller. Il repasse le pont pour rentrer. Le vent tombe. Les miroirs du crâne... *tintent...*

Il sait maintenant que c'était la drogue. Et pourtant — Walker, au même moment, était sur la route, près de Skylonda, et avait soudain senti le vent se lever, et s'était dit : Comme c'est bizarre ! Incroyable !

Oh, oui, mon Commandant, c'était la drogue, vous comprenez, et cependant... il avait les pieds bien enfoncés dans la Pure Vérité du moment et il y avait : : : : : ce Pouvoir, cet Appel, et ce film assez grand pour y inclure l'univers, des millions d'acteurs, des milliards d'épaves... Tour de Contrôle à Orbiter Un

Le contrôle

XV

Nuage

Une grande et lourde pancarte à la porte de devant

LES MERRY PRANKSTERS SOUHAITENT LA BIENVENUE AUX BEATLES

Les Beatles devaient se produire au Cow Palace, dans la banlieue de San Francisco, dans la soirée du 2 septembre. Les journaux, la radio, la télé ne parlaient que de ça. Kesey a eu une idée, sa nouvelle fantaisie : les Beatles viendront à La Honda, après le spectacle, pour un bon raout avec les Merry Pranksters. Quant à être sûrs qu'ils viendront...

Mais il faut admettre que la pancarte fait de l'effet.

LES MERRY PRANKSTERS SOUHAITENT LA BIENVENUE AUX BEATLES

Au détour de la 84, Maman-Papa-La-Frangine-Et-Les-Copains, dans leurs limousines Ocelot Rabies 400, ralentissent, s'arrêtent, et admirent. Pour la dernière pancarte, LES MERRY PRANKSTERS SOUHAITENT LA BIENVENUE AUX HELL'S ANGELS, ils s'étaient surtout contentés de ralentir. La pancarte, après tout, ne disait pas *quand.* Ça pouvait être dans trente secondes — des centaines de ces brutes déferlant au coin de la montagne, une pluie de projectiles et de vermine, écumant de leur dernier festin de cannibales et de leurs derniers viols, à l'autre bout de la route.

Pour les Hell's Angels, ça avait marché. Ils avaient mis leur pancarte, LES MERRY PRANKSTERS SOUHAITENT LA BIENVENUE AUX HELL'S ANGELS, et, pas un pli, ils étaient venus, ces incroyables croquemitaines des classes moyennes, en chair et en os, et ils étaient entrés dans le film des Pranksters, de toute leur savoureuse et juteuse chair d'Anges. Les Pranksters avaient donc mis leur nouvelle pancarte, LES MERRY PRANKSTERS

SOUHAITENT LA BIENVENUE AUX BEATLES, et peut-être que ceux-ci viendraient. A une petite différence près, bien sûr, Kesey *connaissait* les Beatles. Il les invita de vive voix. Ah, c'est qu'il y a un moment où il faut mettre à l'épreuve certaines professions de foi. Contrôle, Attention, et Imaginez-les dans le film, ces petits clowns...

Kesey tambourine au bénéfice de Mountain Girl, dans la baraque de derrière. Ils sont étendus sur des matelas, tandis qu'il poursuit ses martèlements, à n'en plus finir, et que Mountain Girl essaye de les absorber. Depuis Asillomar, Kesey en pince sérieusement pour la religion. Miracles — Contrôle — *Maintenant* — Le Film... tout y passe, et c'est du profond, du pas ordinaire. Mountain Girl essaye de se concentrer, mais les mots s'envolent comme de grandes vagues de... Les mots s'envolent ; elle en entend le son, mais comme si son cortex cérébral refusait de se brancher sur leur contenu. Son esprit glisse et s'entortille sur un tout autre genre de questions, et toujours le même. Comme... un éternel et désespéré calcul. En deux mots, Mountain Girl est enceinte.

Et cependant, malgré tout ce désespoir qu'elle ressasse, il lui arrive de saisir quelque chose, à l'occasion. Ils sont assez bizarres et assez plausibles pour ça, les rêves de Kesey. Le tout est de les imaginer dans le film — les Beatles. Comme si les Pranksters avaient ici le moyen de vérifier expérimentalement tout ce qu'ils avaient appris jusque-là. On ne peut pas *forcer* les Beatles à venir chez nous. On ne peut pas les y *amener* au sens habituel du mot. Mais on peut les imaginer dans le film, et les faire entrer dans le grand courant des effets et des rapports sans cause, et ça se fera tout seul. La pancarte sert de générique, LES MERRY PRANKSTERS SOUHAITENT LA BIENVENUE AUX BEATLES, et notre film devient le leur, celui de Papa-Maman-La-Frangine-Et-Les-Copains, et celui de tous les gosses de Berkeley, de tous les camés et de tous les protocamés de la péninsule de San Francisco, et ce jusqu'à ce que notre fantaisie devienne celle des Beatles... Et quand ils la découvriront pour la première fois... En dépit du vertige, et tout, Mountain Girl ne peut s'empêcher de s'en émerveiller : on a déjà vu... tant de conneries... qui marchaient, pourtant. Intégrer à sa fantaisie les Hell's Angels, les démons les plus redoutables de toute l'Amérique, comme Kesey l'avait fait... et découvrir de Braves Gens comme Buzzard et Sonny et Tiny et Frank et Terry la Cloche, qu'avaient Bien Rendu, et des Gens Merveilleux, comme Gut... Et ces pauvres anges d'intellectuels torturés, à Asillomar, de La Pastèque à cette paumée de Rachel... Kesey avait mystifié toute une semaine, mais ce qui s'appelle *mystifié*, et complètement embobiné toute l'Eglise Unitarienne de Californie. Ils ne seraient plus jamais les mêmes, et c'était tant mieux. Un vrai Miracle, si l'on considère qu'ils n'avaient guère changé depuis si foutrement longtemps. Le Contrôle :::: Et tout devenait si plausible, de la façon dont en parlait Kesey, avec cet accent traînant de l'Oregon. Si peu d'êtres humains ont le *don* d'exercer leur volonté sur le cours des choses, peut-être pas plus de quarante, sur toute la planète, à n'importe quelle époque. Le monde *est* plat, supporté aux quatre coins par une quarantaine d'hommes, quatre peut-être, comme les tortues et les éléphants cosmiques des livres de mythologie. Personne d'autre n'ose. Mountain Girl a dix-huit ans et elle est enceinte, mais c'est Kesey...

Et les *miracles ?* Vous n'en avez encore vu aucun, Job, tant que vous n'avez pas vu les Pranksters entraîner les Beatles dans leur film.

Le 2 septembre, c'est la machine à coudre de Faye. La première chose qu'ils entendent, dès qu'ils se lèvent. Faye et Gretch ont ouvert la grosse commode aux costumes, pleine de toutes sortes de trucs de théâtre dépareillés, des sabres de matamore, des chapeaux à plumes, des chemises de duel à la Errol Flynn, des bottes à la Robin des Bois, des carquois et des masques écaillés, des vestes de travailleurs des ponts et chaussées couvertes de Day-Glo, des ceintures, des médailles, des saris, des sarongs, des stores, des visières, des clochettes, des casques de métallo, des casques d'aviateur de la Première Guerre mondiale, des capes à la Dr Strange, des couteaux de chasse, des bouts de morue, des tenues d'entraînement, des jerseys de football, des tabliers, des cravates ascot, des perruques, des râteliers d'armes, des pantalons de cheval à la Jim la Jungle, des épaulettes de Capitaine Easy et des collants d'équilibristes — et les enduits faciaux du Merry Prankster Page Browning. Les Merry Pranksters se préparent à foncer, complètement défoncés, pour assister à la plus grande sensation de l'histoire de San Francisco, les Beatles au Cow Palace.

Un ami des Pranksters, une relation extérieure, pour ainsi dire, un nommé C..., de Palo Alto, s'était débrouillé pour leur avoir trente billets d'entrée, qu'on disait impossibles à obtenir. C... était un de leurs ravitailleurs en acide. Il y en avait un autre, un vieux, qu'on appelait le Chimiste Fou, amateur de génie qui se trouvait également être un dingue du flingue, C..., quoi qu'il en fût, s'était débrouillé, et leur avait procuré suffisamment d'acide pour le voyage. Juste avant que tout le monde grimpe dans l'autobus, Pranksters, gosses et affiliés, Kesey leur avait distribué leurs rations avec un large sourire. L'acide était en capsules, mais tellement concentré que celles-ci en étaient rendues opaques et avaient l'air d'être vides. Les Pranksters appelaient ça du gaz. Ils prirent donc leur gaz et montèrent à bord. Cassady était Dieu sait où, c'était donc Babbs qui conduisait. Kesey était sur le toit pour diriger les prises de vues. Et pour la couleur, cette fois, on n'en manquait pas. L'autobus était équipé, du super : tout le matériel de sonorisation, deux grands haut-parleurs, des disques, des bandes magnétiques, l'orchestre au grand complet, en haut, les grosses caisses de George Walker, les basses, les guitares, les trombones, des plumes jaillissant de toutes les vitres, un feu d'artifice de Day-Glo, des épaulettes claquant de partout, des épaulettes qui brillaient drôlement, la bande sonore de *Help !* à plein tube, et, là-haut, Kesey, Mountain Girl, Walker, le Démolisseur, et une nouvelle initiée, une petite qu'on appelait Mary Microgram, au milieu des guitares et des caisses — *He-e-e-elp I ne-e-e-e-ed somebody* — tout le carnaval, la bimbeloterie et les yahoos de l'autobus cahotant, brinquebalant et grinçant sur la route de Skylonda, la crête de Cahill, et la descente vers San Francisco par Palo Alto et les docks. Un sacré cirque ambulant, une fois de plus. Tout le monde commençait à se sentir un peu dans les vaps, *flippé,* pour mieux dire, et, progressivement, Mountain Girl, Sandy et Norman, qui étaient à l'intérieur, notamment, à en être au point où le mouvement et le rugissement de l'autobus, d'une part, le rythme et le bruit de la musique, de l'autre, se confondaient dans le même roulis, et Babbs conduit au tempo et à la vitesse exacts des Beatles, puisque tout ça ne fait plus qu'un, et les voilà bientôt tous défoncés comme des babouins qui traversent Burlingame, plein de motels, de panneaux lumineux et de feux de balisage, près de l'aéroport, avec la tour de la Hyatt House, ce motel type de la super-Amérique, qui pique du nez — ils s'enfoncent, tanguent et fusent au rythme *exact* de la musique, puisque c'est la bande de leur film, vous comprenez — quittent l'autoroute devant la sortie du Cow Palace et descendent les zigzags — *ne-e-e-ed somebody* — de la rampe, descendent la pente, descendent la colline, à la tombée de la nuit, tandis que des millions de voitures en délire se bousculent en direction du sud et que le soleil n'est plus qu'une bombe qui s'engloutit dans les collines, passablement démoli, lui aussi. L'autobus ralentit et grince devant le feu rouge, ssunk, les freins crissent comme une flûte de fonte dans un « la » dièse — et à ce moment même, au moment même où il s'arrête — meurt, au même moment, le chant des Beatles, relayé par l'étrange musique de cet endroit du film, *Help!* où l'Arabe surgit derrière Ringo, et le vent choisit cet étrange moment pour se lever sur la route, et ils aperçoivent, sur leur droite, une usine abandonnée, un tas de briques et de verre, de verre surtout, de grands panneaux de verre 1920, qui se tordent étrangement dans le vent et font miroiter des tranches de cet énorme soleil comme un immense œil à mille facettes secoué d'explosions au rythme exact de cette étrange musique arabe — et à ce moment même Kesey, Mountain Girl, Sandy, le Démolisseur, tous... ils n'ont même pas besoin de se regarder, non seulement ils *savent* qu'ils le voient tous en même temps, ils le *sentent*, ils le sentent et s'en imprègnent d'un même esprit, Atman et Brahman, ils ne font qu'un, sur cet autobus, et ne font qu'un avec la masse tordue de ces prismes explosifs où se réfléchit un soleil ratatiné, avec les briques, le verre, tout cet amas, Pranksters, Beatles, et explosions de soleil ponctuées de musique arabe — et, à ce moment *même*, tous, tous confondus, d'un même esprit, dans le même mouvement, ils découvrent le panneau décrépit qui se détache sur le ciel au-dessus du bâtiment :

NUAGE

Et les Pranksters, soudain, ont l'impression que l'univers entier peut entrer dans... leur film...

Et puis, curieusement, quand on plane comme ça — Merde, qu'est-ce que c'est, se demande Mountain Girl. On dirait un abattoir. En réalité, c'est le Cow Palace. Elle n'arrive même pas à concentrer son regard sur la grande masse boursouflée du bâtiment proprement dit, à cause des kilomètres de clôtures qui l'entourent, en cercles concentriques, des clôtures et des barbelés à n'en plus finir, et des millions de voitures qui s'écrasent et qu'on écrase dans le petit crépuscule froid. Curieusement, le spectacle, aux yeux de Mountain Girl, n'est nullement terrifiant. Ce n'est, après tout, qu'un abattoir.

Pour les autres Pranksters, c'est un camp de concentration. On nous boucle pour le restant de notre vie. Tout le monde dégringole de l'autobus. Ils continuent de s'agiter au diapason du terrain et des clôtures concentrationnaires qui dansent dans la brume sinistre, tandis que des milliards de minuscules petits cons s'affairent autour d'eux, en hurlant et en déconnant à qui mieux mieux. Les Pranksters tiennent leurs billets dans la main, comme une dernière planche de salut, mais ils n'arrivent pas à les lire, ces saloperies. Ils sont complètement vidés. Les lettres imprimées se recroquevillent et foutent le camp dans ce flot de microbes. Trente Pranksters, toutes épaulettes et plumes au vent, fixent désespérément ces tout petits billets qui disparaissent dans leurs mains et s'éparpillent entre les crocs des premiers grillages de ce camp de concentration. Ils vont nous arrêter et nous boucler pour le restant de notre vie. Cela paraît des plus certain, comme si on était venus pour ça, pour ainsi dire. Trente camés en grande tenue, avec des gosses innocents à la remorque, qui se sont fait sauter la calebasse au LSD, ont viré de bord et s'échouent dans les pulsations d'un soleil en délire. En public, complètement sonnés, et non seulement en public, mais, dans cette foule d'admirateurs des Beatles qui ne cesse d'augmenter, sous les yeux de deux mille cochons de flics dûment patentés, ils sont en grande tenue de Pranksters, allez-vous-faire-foutre — *Exterminons les monstres* —

... mais... nul ne les touche ni ne dit mot, des milliers de flics, et pas le moindre emmerdement... parce qu'on est *trop* voyants. Norman, en un éclair, a tout compris. On est trop voyants, on les a sonnés. Ils ne savent plus où donner de la tête — on les a aspirés dans le film, ils s'y sont dissous, les salauds...

A l'intérieur du Cow Palace, un chahut d'enfer. Kesey et Babbs parviennent à conduire les phosphorescents cinglés jusqu'à leurs fauteuils. Les Pranksters sont assis en masse compacte, haut perchés au bord d'un précipice d'où ils plongent vers la scène, sur le dos d'un million de microbes en délire. Les petits microbes, des dizaines de milliers de petites filles, ont déjà complètement perdu la boule, quoique les Beatles ne soient pas encore arrivés. De nouveaux groupes, ce ne sont que des avant-gardes, envahissent la salle, *Et maintenant — Martha et les Vandales,* le tonnerre et les vrombissements électriques vous résonnent dans l'aorte et vous secouent les os comme un aspirateur parasonique, et les microbes hurlent tout ce qu'ils savent... de grandes lames de cris comme des lames de pluie dans une bourrasque... *kheew, kheew, pow, pow, pow* — c'est vraiment merveilleux, vraiment au point, se dit Norman. Par-dessus la horde des microbes, la vague des hurlements, c'est vraiment merveilleux, tout à fait au point, cet éclairage qui enveloppe le Cow Palace, des centaines de projecteurs qui explosent de partout, entre les grosses ampoules, et rebondissent partout, ils nous ont vraiment fabriqué un truc...

Mountain Girl sourit... Ces incroyables lumières explosent juste devant elle, un océan de lumières, et puis les voilà qui explosent sur sa rétine, un bombardement solaire de fusées ocres, elle n'oubliera jamais ces images et ces contre-images, jamais...

... pour notre soirée, et il lui faut bien vingt ou trente minutes avant que Norman finisse par comprendre que ce sont des flashes, des centaines, des milliers de microbes armés de flashes, qui visent la scène ou déchargent au hasard, dans un immense orgasme optique. Des vagues de cris, le rock'n'roll, *blam blam,* un océan de flashes — complètement dingue.

Mountain Girl sourit et s'imprègne de tout...

Les autres Pranksters, hébétés, commencent cependant à se sentir vaguement mal à l'aise, y compris Kesey et Babbs. Les vibrations sont des plus mauvaises, il flotte un air de folie empoisonnée...

A chaque groupe de musiciens qui quitte la scène, la horde se dit : *Maintenant,* c'est les Beatles — mais ils ne viennent pas c'est un autre groupe, et la houle des filles se fait de plus en plus agitée et impatiente, et les hurlements montent, et une pensée se fraye son chemin dans le cerveau vacillant et troué de flashes de Norman : : : Les poumons humains ne peuvent pas aller au-delà : : : : Et pourtant quand la voix répète : *Et maintenant — les Beatles...* Que pourrait-elle dire d'autre ?... Et les voilà sur scène — *c'est eux* — John, George et Ringo, et, euh, le quatrième — ç'aurait aussi bien pu être quatre poupées d'importation en plastique, au point où on en était — ce son dont il pensait qu'il ne pouvait pas monter plus haut, il a doublé, ses tympans en résonnent comme du métal sur une enclume, et, soudain, *Ghhhhhhwoooooooooowwwwww,* c'est comme si tout le truc s'était refermé, tout le devant de l'arène n'est plus qu'une masse de petites filles qui tourbillonnent et se contorsionnent, elles agitent leurs bras, une masse de bras roses, c'est tout ce que vous pouvez voir, on dirait un animal exotique agitant un millier de tentacules roses — c'est ça, oui, c'*est* un animal exotique, qui agite son millier de tentacules roses,

L'atmosphère en vibre d'une folie empoisonnée, et l'univers s'emplit de cette minuscule agonie qu'on leur arrache. Tout s'éclaire, pour Kesey : ils ne font plus qu'un *seul être.* Ils se sont tous mués en un seul être.

Mountain Girl sourit et les encourage — le cri ne faiblit pas un instant, que ce soit pendant, après, ou entre leurs numéros, les Beatles pourraient se contenter de les mimer, plus d'importance. Mais il y a quelque chose d'autre... qui en a... de l'importance... et Kesey s'en aperçoit. L'un des Beatles, John, George, ou Paul, plonge dans une direction donnée le long manche de sa guitare électrique, et toute la horde des microbes ondule en suivant exactement la ligne d'énergie qu'il vient de dessiner — puis dans l'autre sens, avec autant d'exactitude. Ce qui les fait sourire, John, Paul et Ringo, ça les amuse de la faire onduler comme ça, dans les deux sens, l'immense pauvre petite bête perdue...

Le Contrôle — c'est parfaitement évident — ils ont conduit cette masse d'êtres humains au point où ils ne font plus qu'un, qu'une seule psyché, où ils sont sortis de leurs crânes, et les Beatles exercent sur eux un contrôle total — sauf qu'ils ne savent foutrement pas qu'en faire, qu'ils n'en ont pas la moindre idée, et qu'il leur échappera vite. La vibration, chez Kesey, n'est qu'un horrible pressentiment de la retombée finale...

Ghhhhhhwoooooooooowwwww, des milliers de corps minuscules se précipitent vers la scène, défendue par une barrière et un solide cordon de flics, qui s'efforcent de repousser l'assaut, tandis que les Beatles continuent de jouer des fesses et des hanches et sombrent comme des acteurs de pantomime sous un hurlement universel. C'est dans ce déferlement, au moment même où vous auriez cru qu'aucun autre son au monde ne pouvait percer, que ça commence — *thwaaaack* — *thwaaaack*

— le bruit des fauteuils pliants de l'arène qui s'effondrent et s'écrasent au sol ; leurs restes, parmi les tentacules roses, ne sont plus que bouillie, petits bouts et éclats, débris que l'on se passe de main en main au-dessus des tentacules roses comme de monstrueux et titubants cafards, atteints de quelque hideuse maladie. Les filles s'évanouissent, elles suffoquent, on les piétine. On se passe leurs corps, débris de cafards et corps de microbes font la navette sur cette mer de gradins, on dirait de la vermine qu'on viendrait d'écraser sur le dos du monstre. Elles hurlent et s'évanouissent et se remettent à pousser des *Ghhhhhwoooooowwwwwws* derrière la barrière de flics, tandis que les Beatles, poursuivant leur pantomime, s'étalent et se liquéfient, tout à fait incapables désormais, de les secouer ou quoi que ce soit, et ayant perdu tout contrôle de la situation...

Un Cancer — Kesey n'a qu'à les regarder, c'est parfaitement évident — tous tant qu'ils sont, les microbes et les Beatles, ils ne sont plus qu'une créature en proie à un incroyable cancer, du pur poison. Les Beatles en sont la tête, les microbes le corps. Mais la tête a perdu le contrôle du corps, lequel se rebelle et devient fou furieux, et c'est ça, le cancer. Un cancer dont les vibrations frappent maintenant les Pranksters de ses vagues nauséabondes. Défoncés à en avoir perdu la calebasse, ils sont restés agglutinés, et réagissent tous en même temps, Kesey... Babbs... Norman...

Mountain Girl a l'air fort surprise. Elle veut voir la suite. Mais Kesey et Babbs sont d'avis qu'ils doivent tous s'en aller — avant que le Monstre frappe le grand coup, avant que le cancer ait tout avalé.

— Attendez une minute, dit Mountain Girl.

Mais les Pranksters se lèvent tous d'un bloc, dans un froissement de plumes, d'épaulettes et de Day-Glo, complètement démolis par l'acide, et toutes sortes de gens se lèvent — mais on dirait du *ciment*. Plus ils s'efforcent vers les portes de sortie, plus ça se referme, une claustrophobie de murs, d'enclos à n'en plus finir. Ils avancent dans de longs corridors de ciment, où s'entassent déjà des centaines de personnes, qui ont toutes l'air passablement éperdues, car — les Pranksters reçoivent toutes leurs vibrations — ils ont tous une même et unique impression : Imaginez que ça nous tombe dessus *maintenant*, qu'il y ait une panique, et que tout le monde se précipite vers la sortie, il n'y en a pas, rien que des murs, des plafonds de ciment qui font peser sur eux des milliers de tonnes, des rampes — qui ne mènent nulle part — qui descendent — puis remontent comme un amas de voûtes — et, en bas, dehors, le ciel, un ciel noir, car la nuit est tombée, et d'écœurants projecteurs ocre, mais ils n'ont guère avancé que d'un enclos, des tourbillons de barrières et de barbelés, avec des gens éperdus et en lambeaux — tous en *fuite* — qui tournent en rond comme des rats, à la recherche de la sortie, laquelle se trouve être un tourniquet, un tourniquet tout en hauteur, avec des barres, comme une damoiselle bardée de fer, il vous faut rentrer dedans, en entier, une personne à la fois, tandis qu'on vous écrase frénétiquement des deux côtés, et tout ça pour une autre aire, un parc à voitures, dans un tourbillon de barrières et de barbelés, où les microbes et les voitures s'écrasent en essayant de sortir tous en même temps, avec un bouchon de huit voitures qui essayent de se faufiler par une ouverture tout juste grande pour une. Des cages, des cages, des cages à n'en plus finir. Et même là, plus loin, là où les voitures qui ont pu s'échapper font la queue, tous phares allumés — elles sont enfermées par les collines, un autre grand enclos qui enserre le tout dans... dans... Les Pranksters se taisent, pétrifiés de peur à l'idée du Grand Coup que le Cancer va bientôt...

Sauf que Mountain Girl leur dit d'attendre une minute...

... et que le Démolisseur, avec son immense et euphorique sourire de Démolisseur, fraternise drôlement avec tous les microbes qui s'échappent et répète à qui veut l'entendre : « Les Beatles vont venir chez Kesey... » et que la rumeur se répand dans la foule de la plus délirante façon...

Kesey replonge à la recherche des survivants. Pour voir s'il n'y a pas de Pranksters qui seraient restés coincés. Il recommande aux autres de regagner l'autobus et de ne plus bouger, et replonge. Les Pranksters ont atteint l'autobus. Leur moral remonte un peu. Ils tournent leurs amplis et leurs haut-parleurs, grimpent sur le toit dans leurs costumes de cirque, et se mettent à taquiner leurs grosses caisses et leurs guitares électriques. Des milliers de petites filles dépenaillées continuent d'affluer dans le parc à voitures ; elles sont toujours aussi remontées, le moteur ne s'arrête pas, et, bien sûr, elles aperçoivent l'autobus et ces étranges créatures phosphorescentes. Un groupe de jeunes trouvent que les professionnels de la musique truquent le jeu ; ils protestent en brandissant des écriteaux et en criant des slogans, s'imaginent que les Pranksters les soutiennent — ceux-ci leur sourient et leur rendent leurs signaux — et chacun s'imagine que ces étranges créatures sont de son côté. Les petits microbes s'agglutinent autour de l'autobus et le bombardent de confiserie, du solide, du genre qu'ils ont amené pour les Beatles. Les Pranksters sont assis sur le toit tandis que les confiseries claquent sur les parois de l'autobus et que les petits microbes déchaînés se bousculent en hurlant — C'est ce que devaient éprouver les Beatles, c'est *ça*, cette énergie aveugle et furieuse qui se soulève devant eux — pourquoi ?

Kesey réapparaît avec la dernière rescapée, Mary Microgram. L'air d'un paysage de campagne après une longue et féroce bataille. Tirons-nous vite d'ici, dit Kesey. Babbs met le contact, et l'autobus démarre et s'ébranle lentement vers la liberté.

Le Cancer! On l'a vu. Il était là. Ils sont tous d'accord : mauvaises vibrations. Des cages à n'en plus finir. Ils sont tous flippés, et dansent sur place.

— Merde, se dit Mountain Girl. On m'y reprendra à v'nir ici avec une bande de p'tits vieux qu'ont encore jamais vu de rock' n' roll.

Sur le chemin du retour, ils repassèrent la bande de *Help!* Inutile. Ils étaient trop déçus. A l'exception de Mountain Girl et du Démolisseur. Mountain Girl disait qu'elle aurait voulu rester voir la suite. Bon — et puis quoi. Le Démolisseur se réjouissait de la venue des Beatles. — Bon — c'était du moins ce qu'il a annoncé au monde entier. Et puis quoi, où est-ce qu'ils pourraient bien aller, *autrement ?* De fait, cette nouvelle lubie — l'imminente arrivée des Beatles — leur était presque complètement sortie de la tête, depuis une heure, Kesey compris. Faut foutre le camp d'ici, c'était le principal. Quant aux Beatles où étaient-ils ? Nul n'en savait foutrement rien. Les petites poupées de plastique s'étaient probablement étalées et liquéfiées dans la houle du temps... Peu probable, de toute façon, qu'ils se pointent à La Honda.

L'autobus arrive finalement au dernier tournant de la montagne et remonte en direction de chez Kesey. Il traverse le pont, ses phares frappent le jardin — le spectacle est à la fois horrible et comique. Le cauchemar, en super-version, du type qui n'a plus qu'une idée en tête : rentrer se coucher. Les Pranksters ont des invités. Trois ou quatre cents invités, qui s'entassent dans la grande cour entre la maison et la baraque de derrière et ouvrent de grands yeux de sucette amère. On dirait que tous les camés, tous les dingues, tous les paumés, tous les illuminés de la côte Ouest se sont rassemblés ici pour leur premier festival, avec deux bonnes centaines de microbes pour faire bonne mesure. La moitié d'entre eux sont affalés au sol, leurs grands yeux de sucre d'orge levés au ciel, comme si quelqu'un les avait recrachés sur le mur de la maison et qu'ils avaient glissé à terre comme des limaces. Ils étaient tous venus pour la grande sarabande avec les Beatles, naturellement. La grande party. Le Démolisseur avait bien travaillé, dans la plus pure tradition Prankster. La pancarte était toujours là, sur la porte :

LES MERRY PRANKSTERS SOUHAITENT LA BIENVENUE
AUX BEATLES

Kesey n'est plus d'humeur à rien, bon sang, et file vers la maison. La foule des camés, des dingues, des paumés et des limaces le fixe de tous ses yeux de sucre d'orge, comme s'il allait d'une minute à l'autre sortir les Beatles de sa manche. Puis ils se mettent à ronchonner, comme une bande de prisonniers qu'on n'a pas nourris mais qui ne savent si l'heure de la révolte des esclaves a sonné. Une catastrophe, mais bougrement comique. Et cet air qu'ils ont.

Cet air, et l'irruption de ce type, Owsley.

Un petit bonhomme effronté, court sur pattes, avec des cheveux noirs, habillé comme un camé, le genre habituel, mais avec une étrange voix de nez, un camé qui aurait des velléités de promoteur de compétitions sur patins à glace — le petit personnage surgit de la multitude des limaces, se dresse devant Kesey, et se présente :

— Owsley.

Kesey ne dit rien, ni « Salut », ni « Kesey ». Il se contente de le regarder, comme pour signifier : « D'accord, Owsley, c'est vous — et puis après ? »

Owsley a l'air ahuri — « Owsley, j'vous ai dit. » Kesey, de fait, n'en avait jamais entendu parler. Se retrouver chez des gens qui n'avaient jamais entendu parler de lui, Owsley, il en restait pantois. Kesey et lui restent là à se regarder dans le blanc des yeux, jusqu'à ce qu'Owsley finisse par sortir un petit sac de voyage. Il l'ouvre ; il est plein de capsules d'acide. C'est bien lui, Owsley, le plus grand fabricant de LSD du monde, à peu de chose près, et en comptant la Sandoz Chemical Corporation.

Mountain Girl regarde et se contente de sourire. Ça devient de plus en plus drôle, chez les rabatteurs de Beatles. Il a sa petite sacoche d'acide. C'est un m'as-tu-vu, Mountain Girl l'a tout de suite jaugé. Kesey regarde toutes ces capsules. Un m'as-tu-vu, mais pour ce qui est de l'acide, il n'en manque pas.

Le plus grand fabricant d'acide du monde, et sans concurrent, attend là, dans l'obscurité, dans ce trou perdu, sous les ombrages, au milieu de ces multitudes de limaces bigarrées.

Peu à peu, ils arrivèrent quand même à s'en débarrasser. Les limaces bigarrées reprirent lentement leur chemin, dans le noir, à la recherche de Dieu sait quoi, puisqu'il n'y avait pas de Beatles. Kesey, Owsley et les Pranksters s'assirent autour d'un feu, près du gros tronc d'arbre. Et voilà-t-y pas que le Chimiste Fou se ramène. Owsley et lui se reniflent et se surveillent du coin de l'œil. On dirait le gros malin de génial jeune neurologue de la Clinique de Mayo et le vieux médecin de campagne rougeaud et bonasse devant le cas le plus difficile et le plus déconcertant de toutes les annales de la médecine. Owsley et le Chimiste Fou se mettent à discuter drogue. Un véritable débat. Les Pranksters, et Kesey lui-même, se gardent bien de s'en mêler ; deux d'entre eux commencent à tambouriner tout ce qu'ils peuvent. Rabats-lui le caquet, à ce m'as-tu-vu, se répète intérieurement Mountain Girl. La plupart des Pranksters partagent le même sentiment. Le petit m'as-tu-vu le met en pièces, le Chimiste Fou. Owsley est jeune, malin, prompt à la répartie, et le Chimiste Fou — le Chimiste Fou est un vieil homme qui a pris trop de came. Il n'a plus toute sa tête. Il essaye de discuter, mais ses idées s'emmêlent. Quant à Owsley, se disent les Pranksters... il se pourrait bien qu'il n'ait même jamais tâté de son acide. Ou qu'il n'en ait pris qu'une fois ou deux. Ça se sent, ces choses-là. Et le pauvre vieux Chimiste, il a pris tellement de came — il s'en est tellement enfilé pendant qu'il révisait ses batteries — qu'il n'a plus toute sa tête, Owsley n'en fait qu'une bouchée. Ecrasé, le Chimiste Fou. Il ne devait plus jamais s'y risquer, qu'une ou deux fois, comme ça, tellement c'était humiliant. Les Pranksters, que cela leur plaise ou non, avaient donc ce petit m'as-tu-vu sur les bras. Mais son acide était fameux, et il avait de l'argent. A eux tous, Owsley et les Pranksters, ils se sentaient de force à convertir la planète.

Peu à peu, le personnage d'Owsley se précisa. Il avait trente ans, bien qu'il parût plus jeune, et un patronyme impressionnant : Augustus Owsley Stanley III. Son grand-père avait représenté le Kentucky au Sénat des Etats-Unis. Owsley avait apparemment eu une enfance assez difficile, d'école primaire en école primaire, avant d'être balancé au lycée. Il était pourtant entré à la faculté des sciences de l'université de Virginie, mais en avait également été balancé. Il avait fini par s'inscrire à l'université de Californie, à Berkeley, où il s'était acoquiné avec une étudiante de troisième année de chimie, une fille à la page et assez bien de sa personne, nommée Melissa. On les avait balancés de l'université, et Owsley avait ouvert son premier laboratoire de LSD 1647 Virginia Street, à Berkeley. L'affaire était en plein essor lorsque la police y fit une descente, le 21 février 1965. Il s'en était pourtant tiré, du fait qu'il ne devait devenir illégal, en Californie, de fabriquer, de prendre, ou de détenir du LSD, qu'à partir d'octobre 1966. Il avait déménagé à Los Angeles, 2205 Lafler Road, s'était intitulé Entreprise de Recherches Baer, et avait versé 20 000 dollars en billets de 100 à la Cycle Chemical Corporation pour 500 grammes d'acide lysergique monhydrate, élément de base dont il avait tiré 1 million 500 mille doses, vendues au prix de gros de 1 ou 2 dollars la dose. Il en avait acheté 300 autres grammes à l'International Chemical and Nuclear Corporation. Il avait expédié sa première grosse livraison le 30 mars 1965.

Il avait du flair, cet Owsley. Il avait livré des millions de doses de LSD, en capsules ou en comprimés. Qui portaient des noms bizarres, pour en préciser la force. Les plus populaires, parmi les camés, étaient les « Owsley blues » — ornés d'une image d'Homme-Chauve-Souris, 500 microgrammes de Super-Héros à se mettre sous le crâne. Les camés raffolaient des Owsley blues, tout comme les vieux poivrots macéraient devant le produit jadis fameux qu'on fabriquait dans le pays natal d'Owsley, en Virginie, le bourbon du comté de Fairfax, mis en bouteille dans les caves. Owsley fabrique un acide impeccable, disaient les camés. Sa cote personnelle n'était pas formidable, qu'il s'agisse des flics ou des camés. Il est arrogant, quoi ; c'est un m'as-tu-vu. Mais cet arrogant petit m'as-tu-vu vous fabrique un acide impeccable.

L'acide d'Owsley avait acquis une renommée internationale. Lorsque la vogue de l'acide s'étendit à l'Angleterre, vers les années 1966-1967, le comble du snobisme était de faire circuler le bruit qu'on avait de l' « acide Owsley ». Ce qui équivalait, dans ces milieux, à la mise en bouteille dans les caves. Du certifié — du garanti — et de la classe. C'était comme cela que les... Beatles avaient pris de l'acide pour la première fois. Mais anticipons un peu : Owsley, après s'être abouché avec Kesey et les Pranksters, avait subventionné un groupe musical, les Grateful Dead[1]. De la rencontre des Dead et des Pranksters devait naître le « rock de l'acide ». Et ce fut ce rock que reprirent les Beatles, après leur première expérience, dans leur célèbre série d'enregistrements, *Revolver, Rubber Soul,* et *Sergeant Pepper's Lonely Hearts' Club Band.* Au début de 1967, les Beatles eurent une idée géniale. Ils se procurèrent un immense autobus scolaire, y entassèrent trente-neuf de leurs amis, et se baladèrent aux quatre coins de la Grande-Bretagne, complètement défoncés. Ils se proposaient de... faire un film. Pas un film ordinaire, mais un film totalement pris sur le vif, avec des caméras portatives, en filmant leur aventure au fil des jours — et de leurs lubies ! Ils déraillaient, tambourinaient, plongeaient dans l'instant, dans un chaos de visionnaire — un rêve ! de la magie noire ! le pur chaos ! Ils en tirèrent des kilomètres et des kilomètres de film, un monstre, une tourbière, tout en flou et complètement décentré — on Démolit ! — qu'ils considéraient non seulement comme une radicale innovation dans le domaine de l'expression, mais aussi comme une réalisation commerciale — elle fut montrée sur les écrans de la télévision britannique — qui pouvait être appréciée en dehors même du monde ésotérique des camés...

LE FILM

était intitulé *Magical Mystery Tour.* Et... la grande pancarte sur la porte des Pranksters finit par se dissoudre dans la nuit, par

1. Les Morts Reconnaissants *(N.d.T.).*

fondre et s'évanouir dans les tourbillons inter-galactiques d'un grand hurlement de fol synchronisme électro-chimique à la Owsley.

LES MERRY PRANKSTERS SOUHAITENT LA BIENVENUE AUX BEATLES

XVI

L'orchestre pétrifié

C'est de synchro qu'on parle !

Les Pranksters sont assis, le soir, dans le living-room de Kesey. Ils s'extasient sur nombre d'étranges événements, comme la nuit du grand Blackout, à New York, la grande panne d'électricité qui avait fait s'arrêter pile le métro, les ascenseurs, les éclairages, l'air conditionné, les télés, les pendules, les bâtiments même et toutes les termitières du grand chancre qu'était la capitale de la côte Est. Les Pranksters s'extasiaient sur le cataclysme, et s'en repaissaient. Quelle consternation dans la capitale du cancer ! Un immense *afflux* d'électricité avait déferlé soudain sur tous les câbles et avait tout fait *péter.* Les services compétents en ignoraient la *cause,* mais, bon sang, ils avaient des experts qui travaillaient dessus, ils trouveraient, et ça ne se reproduirait jamais plus.

Un *afflux,* Mahavira ?...

En attendant, il y avait une histoire, dans les journaux, qui ravissait littéralement les Pranksters. Il paraît qu'un gosse de New York avait fait l'école buissonnière, ce jour-là, qu'il était allé au cinéma, qu'il en était sorti vers 5 h 15 de l'après-midi, et qu'il rentrait chez lui, déjà un peu inquiet, lorsqu'il avait ramassé un bâton dans un caniveau et s'était mis à en battre les parcomètres. Arrivé au coin de sa rue, il avait frappé un grand poteau et

AU MÊME INSTANT

toutes les lumières de New York s'étaient éteintes

SUR LE COUP

et le gosse avait couru chez lui dans le noir, en pleurant, pour tout raconter à sa mère — c'est moi, c'est *moi* mais *j' l'ai pas fait exprès...*

Kesey et les Pranksters étaient ravis. Et, le plus drôle, c'était que le gosse avait raison. Autant, du moins, que les services compétents. Car il y avait eu un *grand coup,* pas de doute là-dessus, les amis, et ce gosse en avait été l'instrument, comme tout être et toute chose qu'on aurait pu identifier à ce moment précis. Exactement comme Severn Darden avait pu souffler, *à cet instant précis,* sur les bougies de son gâteau d'anniversaire, et les envoyer fuser dans tous les transformateurs de la Con Edison, sans qu'ils aient jamais pu non plus en découvrir la *cause.*

COSMIQUE !

Et quand on a découvert ça, le Cosmos, on sait tout de suite que c'est lui qui mène la danse... Comme si nous n'étions que des fils conducteurs tressés dans un grand câble à l'intérieur du compteur, nous, les Pranksters, les Beatles, les gens du Comité pour le Vietnam — *le Comité pour le Vietnam ?* — on est dans le compteur, et c'est le Cosmos qui fournit le courant. La plupart des gens ne vivent que dans deux dimensions. Tout ce qu'ils voient, c'est le devant du compteur, une coupe verticale ; les fils semblent n'être qu'un agglomérat de petits cercles qui grossissent ou rapetissent selon la distance à laquelle on se trouve. Les gens ne voient pas, ne peuvent pas voir, que ces « cercles » ne sont que des coupes verticales d'un réseau de fils qui courent dans les deux sens, sans fin, et que le câble recèle une immense force, et que tous ceux qui sont vraiment dans le secret, qui vont à l'essence de la chose...

> Il y a, dans le *ting,* de quoi se nourrir.
> Mes camarades sont jaloux.
> Mais ils ne peuvent me faire du mal.
> Bonne chance.
>
> Le *Yi King.*

> *... tend à réagir contre le désordre politique parce qu'il s'attache à l'expérience religieuse profonde et de base, aux sources les plus profondes de la vie ; la politique du moment ne signifie rien pour lui.*
>
> Joachim Wach.

C'était sur cette toile de fond, celle de l'ultime et de l'infini, que l'organisation connue sous le nom de Comité pour le Vietnam avait invité Kesey à prendre la parole au cours d'un vaste meeting contre la guerre, qui devait se tenir à Berkeley, sur le campus de l'université de Californie. Je ne puis vous dire quel était le petit malin qui avait pensé à inviter Kesey. On n'avait jamais pu le savoir. Ou, du moins, nul n'en fit l'aveu, en dépit de toutes les questions, de toutes les protestations, et du raffut qui devaient s'ensuivre. « Qui diable a bien pu inviter ce salaud ! » se demandait-on, plus exactement. Ils avaient l'habitude de ce genre de gaffes. L'ennui, avec le Comité pour le Vietnam, était précisément qu'ils ne voyaient guère au-delà de la merveilleuse bacchanale politique qu'ils avaient mijotée. Comment en eût-il pu être autrement ? De leur point de vue, en cet automne 1966, ils étaient près de tout enlever. Berkeley, la Nouvelle Gauche, le Mouvement pour la Libre Expression, Mario Savo, la Génération en Révolte, la Révolution Etudiante, par laquelle les étudiants allaient prendre en main les universités, comme en Amérique latine, et ramoner un peu le rectum éteint de la société américaine — il n'était que de lire les magazines. Et si vous ne le croyez pas, vous n'avez qu'à venir voir par vous-même, Mr. Jones... Etc.

Ils ne voyaient pas plus loin, je l'ai dit, mais, de toute façon, cela n'aurait peut-être servi à rien. Il était peut-être tout simplement impossible à qui que ce soit d'amener le Comité pour le Vietnam à comprendre ce que toute leur salade pouvait signifier pour des gens comme Kesey et les Pranksters. *Manifestez avec nous contre la guerre au Vietnam...* Du point de vue cosmique qu'avaient atteint les Pranksters, la petite charade était si pathétique, et pour tant de raisons, qu'il était inutile d'insister...

Ils avaient invité Kesey, cependant. C'est là qu'on allait commencer à s'amuser. Des manifestants venus de soixante et onze villes et vingt-huit Etats, pour autant que ces chiffres aient un sens, affluaient à Berkeley — des milliers d'étudiants et de professeurs, en tout cas, et venus de partout. Il y aurait des discussions de groupe toute la journée, et un meeting qui débuterait dès le matin, avec trente ou quarante orateurs pour faire mousser les choses ; à 7 h 30 du soir, quand tout le monde serait remonté au maximum, ils marcheraient sur Oakland, en une masse compacte de quinze ou vingt mille âmes, ils marcheraient sur la Base Militaire d'Oakland, d'où les hommes et le matériel étaient embarqués pour le Vietnam. Pour corser encore un peu l'affaire, on avait dérobé une bonne quantité de gélignite, et chacun rêvait d'un Oakland, d'un Berkeley, d'un

San Francisco, de toute la baraque en flammes, une immense explosion de gélignite, un tremblement de terre engloutissant flics, peaceniks, birchistes et, probablement, quelques moricauds et quelques femmes et enfants innocents[1]. On ignorait totalement qui avait bien pu voler cette gélignite, ce qui ne faisait qu'y ajouter du piment.

La menace de la gélignite avait inspiré à Kesey l'idée d'une nouvelle farce. Sa grande vertu était de ne jamais céder au sérieux quand il pouvait faire aussi bien avec quelque cosmique plaisanterie. Il lui avait pris la fantaisie, en l'occurrence, de descendre sur ce vaste meeting contre la guerre avec des allures d'opération militaire. Une idée de génie. Ils allaient se barricader dans l'autobus comme dans une forteresse roulante, hérissée d'armes, et tous les Pranksters revêtiraient un uniforme. Ils se procureraient des voitures, les équiperaient de la même façon, et conduiraient le convoi, semblables à... des Hell's Angels en formation de course, avec des croix gammées partout. Des *croix gammées.* C'est ça qui les ferait bougrement sauter, ou mettraient du moins leurs nerfs à une sacrée épreuve.

Ils recouvrirent d'abord l'autobus de peinture rouge sombre, la couleur même du sang séché. Un étalage de Day-Glo et de design unique au monde disparut ainsi sous une couche de boue sanguinolente. Mais on s'en foutait. *L'art n'est pas éternel.* Puis ils se mirent à orner le sang séché de symboles militaires, de croix gammées, d'aigles américains, de croix de fer, de croix celtiques, de croix rouges, de faucilles et de marteaux, de têtes de mort et de tibias, n'importe quoi, pourvu que ce soit sinistre. Naturellement, les premières pluies de la saison ne manquèrent pas de tomber, cette nuit-là, mais, comme disait le Chef, l'art n'est pas éternel. La peinture coulait de tous les côtés, on n'aurait pu imaginer plus lugubre gâchis. Mais cela ajoutait encore à l'effet. Le lendemain, Gut fit son apparition, avec sa petite amie, Little People. Gut vivait alors une période de transition entre les Angels et les Pranksters. Il portait son vieux blouson sans manches des Hell's Angels, mais il avait retiré les insignes, les lettres et l'emblème du crâne coiffé d'un casque, dont on pouvait encore voir la trace, là où c'était plus clair. Ce que l'on pourrait appeler son salut-je-ne-vous-oublierai-pas aux

1. Peaceniks : surnom donné aux jeunes pacifistes. — Birchers : adhérents de la John Birch Society, association d'extrême droite *(N.d.T.)*.

Hell's Angels. Gut avait émerveillé les Pranksters en peignant sur l'autobus un aigle immense et superbe, un peu primitif, mais imposant. Il avait du talent, ce gros bonhomme de petit Jésus d'Angel. Les Pranksters étaient bougrement contents. Ils avaient l'impression d'avoir tiré de lui le meilleur de ce qu'il pouvait donner. Gut les avait tous stimulés. Ils construisirent une tourelle sur le toit de l'autobus, équipée de deux gros canons gris que l'on pouvait faire pivoter. Norman fabriqua une mitrailleuse en bois et en carton, qu'il peignit en vert sale. D'autres confectionnaient de bric et de broc des fusils de bois de divers types, tous passablement ridicules. La machine à coudre de Faye ronflait. Des Pranksters de plus ou moins stricte obédience affluaient de partout. Lee Quarnstrom, un assimilé, s'était pointé avec une énorme collection d'insignes militaires, d'emblèmes, de brassards, de numéros, de galons, d'étoiles et d'épaulettes. Kesey truffait l'autobus de bandes magnétiques, de micros, d'amplis, d'écouteurs, et de guitares électriques. Hagen préparait sa caméra 16 mm et ses pellicules. Bob Dylan, les Beatles, Joan Baez, Roland Kirk et Mississippi John Hunt ronronnaient et tonnaient dans les grands haut-parleurs à l'autre bout de la falaise. Allen Ginsberg, enfin, était venu de Big Sur avec son ami Peter Orlovsky et un entourage de pâles lycéens hindous. Ginsberg avait chanté des mantras toute la nuit, jonglé avec des clochettes et des cymbales accrochées à ses doigts. Cassady avait avalé des amphétamines et s'était entraîné en s'agitant, en donnant des coups de pied dans le vide, et en dansant — on aurait dit qu'il suivait la machine à coudre le long d'une interminable piqûre. Ginsberg semblait suivre le rythme d'un batteur électrique. Cassady se raclait les cordes vocales, de plus en plus vite, si bien, au petit matin, qu'un peu plus vite, sa voix aurait décollé, comme disait ce vieux Charles Ford, et se serait perdue dans les vibrations de l'absolu positif. Une belle et étrange party.

Le lendemain, au matin du grand jour, le 16 octobre..., les Pranksters, naturellement, ratèrent la matinée, anéantis par la nuit qu'ils avaient passée. Ils étaient en retard. L'art n'est pas éternel, mes bons amis. Ils devaient retrouver les Hell's Angels à Palo Alto et foncer en formation sur l'autoroute. Ils se faisaient passer leurs propres enregistrements. Cassady était au volant. Tout le monde avait grimpé dans l'autobus en tenue militaire de fantaisie, Hassler, Hagen, Babbs, Gretch, le

Démolisseur, June la Lune, Roy Seburn, Dale Kesey, et un tas de gens, y compris le Chimiste Fou — il n'avait pas raté ce coup-là et, à la dernière minute, Mary Microgram. Kesey, enfin. Il portait un grand manteau orange, du genre que portent les terrassiers, sur la route, pour que les voitures les voient. Il avait des sardines sur les manches, et des épaulettes qui lui battaient les épaules. Sur la tête, un grand casque de la Première Guerre mondiale recouvert de Day-Glo orange. Il était si grand et tombait si bas sur son front que ses yeux, sous la visière, ressemblaient à deux ampoules de lampe de poche. Kesey était monté dans la tourelle. Ils s'étaient mis en route. Avant leur arrivée à Palo Alto, à Woodside exactement, les flics les arrêtèrent, pour leur casser les pieds et vérifier le chargement. Les Pranksters, comme à l'accoutumée, sautèrent sur leurs caméras, leurs micros à déclenchement automatique et leurs magnétophones, pour filmer et enregistrer tout ce que les flics pouvaient faire et dire. Les flics les lâchèrent, mais on avait perdu du temps.

— Aha, dit le Chimiste Fou. Première escarmouche.

— Fin de l'Alerte, dit Babbs.

Pas tout à fait. Ils ne cessèrent de se faire arrêter, vérifier, et emmerder, et de perdre du temps. Ils étaient arrivés à leur rendez-vous de Palo Alto — pas de Hell's Angels. Ils attendirent, puis renoncèrent, et reprirent la route de Berkeley.

Le soir tombait presque lorsqu'ils parvinrent au campus de Berkeley. Leur arrivée, au premier abord, ne fit guère sensation. Une phalange de Hell's Angels au grand complet, avec des allures intermédiaires entre la Gestapo et les Tontons Macoutes, oui — ç'aurait sans doute été une autre histoire. Du bruit et de l'effet. Pour le moment, l'autobus s'était simplement garé dans le parking près du bâtiment de l'Association des Etudiants, et les Pranksters avaient fait de leur mieux, en ajustant les oiseaux et les avions de leurs fusils de bois. Le grand meeting avait battu son plein toute la journée. Tout le monde était sur une grande pelouse, une sorte de plazza, au milieu du campus, ils étaient près de quinze mille, ce troupeau de bohèmes, sous les éclats, les grésillements et les grincements des haut-parleurs. Une grande estrade avait été dressée pour les orateurs. Il en avait défilé environ quarante, qui les avaient abreuvés de leurs grondements, de leurs fulminations ou, ce qui était encore pis, de leurs irrésistibles arguments. Le tout, dans ces occasions, est de faire monter l'impatience, la tension et le suspense, jusqu'à ce que, à l'heure de l'action — la marche, en l'occurrence — ils se précipitent au signal donné comme une armée bardée de foi, prête à marcher et à encaisser les coups de matraque et tout ce qui s'ensuit.

Les bataillons de choc de la salive étaient au complet, des orateurs comme Paul Jacobs et M.S. Arnoni, qui portait sur le podium un uniforme de détenu pour la raison que sa famille avait été exterminée pendant la Seconde Guerre mondiale dans un camp de concentration allemand — et, devant eux, une mer d'étudiants et autres Jeunes, le troupeau des bohèmes, les types en bottes de daim, les militants des droits civiques. A bas la guerre du Vietnam. « ... Ils pourraient vous appeler de leurs tombes ou des champs et des rivières où l'on a jeté leurs cendres, pour implorer cette génération d'Américains de ne pas demeurer silencieuse devant ces atrocités et le génocide du peuple vietnamien... » L'éloquence coulait à flots et éclatait de tous côtés dans les haut-parleurs.

Le premier membre du Comité pour le Vietnam à voir Kesey s'approcher de l'estrade fut Paul Krassner, rédacteur en chef du *Realist.* La plupart des Pranksters étaient restés dans l'autobus à jouer avec leurs fusils, à la plus grande stupéfaction des badauds. Kesey, Babbs, Gretch et George Walker montèrent sur le podium. Kesey arborait son manteau orange à la Day-Glo et son casque de la Première Guerre mondiale. Krassner était quasiment seul à la direction de son journal, aussi savait-il que Kesey y était abonné. Il n'était donc pas si surpris que Kesey le connût. Ce qui l'époustoufla, ce fut que Kesey se mit à lui parler comme s'ils reprenaient une longue conversation qui s'était trouvée interrompue... Etrange. On est, pour ainsi dire, tout de suite sous le charme qui se dégage de ce type, malgré cette Day-Glo insensée, ou plutôt qui vous attire vers lui, d'une façon assez comparable à ce que quelqu'un avait écrit à propos de Gurdjieff : « On ne pouvait s'empêcher d'être attiré, presque physiquement, vers lui... comme si l'on était aspiré par un vaste aspirateur spirituel. » Mais, sur le moment, c'était à Flash Gordon que Krassner avait pensé.

— Regardez-moi ça, dit Kesey, tout en s'avançant vers l'estrade.

C'était Paul Jacobs. Jacobs a du goût pour l'éloquence, et le micro et les haut-parleurs vous avantagent. On peut entendre s'enfler et tonner sa voix, avec la puissance d'un Wotan, sur cet océan de grandes oreilles et de visages fiévreux ; on se sent omnipotent, de plus en plus éloquent, lyrique, déchaîné — *C'est écrit, mais je vous le dis, en vérité... les chacals de l'histoi-oi-oi-re...* De l'endroit où ils se trouvent, sur un côté de l'estrade, il leur est difficile de saisir les paroles, mais ils entendent le son aboyer, gronder, et se répercuter, et ils entendent la foule aboyer et hurler de concert, et peuvent voir Jacobs qui se penche, solide et massif, sur le micro, et qui martèle de gestes son discours, et son menton pointu comme un cantaloup qui se détache sur le crépuscule flamboyant...

Kesey dit à Krassner :

— Il ne faut pas écouter les mots, rien que le son, et les gestes... Vous voyez qui ?

Krassner, soudain, a tellement envie de voir juste. Il est sous le charme. Il voudrait tomber juste.

— Mussolini... ?

Kesey hoche la tête : D'accord, d'accord — mais ne cesse de regarder cette mâchoire qui saille.

D'autres Pranksters, sur ces entrefaites, se sont approchés de l'estrade. Ils ont déniché des prises de courant et ont amené jusque sur l'estrade de longs raccords pour leurs guitares, leurs basses et leurs trompettes. Kesey est l'avant-dernier orateur. Il sera suivi par un dernier orateur, un incendiaire, et puis ce sera le grand sursaut — et la marche sur Oakland.

Dès que Kesey monte à la tribune, c'est un sacré choc. Son manteau reluit dans le crépuscule, de même que son casque. En rangs derrière lui, d'autres cinglés, avec des casques d'aviateurs, des lunettes, des tenus de vol, des tuniques militaires, Babbs, Gretch, Walker, le Démolisseur, Mary Microgram, et des gosses couverts de Day-Glo ; la moitié d'entre eux portent des guitares électriques et des trompettes, et se baladent et s'agitent dans des éclairs de Day-Glo. Nouveau choc, la voix de Kesey, si peu éloquente. Il parle doucement, avec l'accent traînant de l'Oregon, on dirait qu'il bavarde avec quinze mille personnes :

Vous savez, vous n'allez pas arrêter cette guerre avec votre meeting, ni avec votre marche... C'est leur technique, à eux... *Ils organisent des meetings et des marches... Ça fait dix mille ans qu'ils ont des guerres, et vous n'allez pas l'arrêter comme ça... Dix mille ans, et c'est comme ça qu'ils s'y prennent... Ils tiennent des meetings et organisent des marches... et vous jouez le même jeu...* leur *jeu...*

Sur quoi il tire de son grand manteau phosphorescent un harmonica et se met à en jouer dans le microphone. *Home, home on the range* — il leur bousille leur truc en fredonnant : *Home... home... on the ra-a-a-a-ange hawonkawonk...*

La foule s'est douloureusement tendue. La plupart se demandent s'ils ont bien entendu ; ils se tordent le cou et se dévisagent. Ce ton de conversation, d'abord, et ces accords que ces dingues de derrière arrachent à leurs guitares électriques, et ce bourdonnement général dans le micro — Est-ce qu'on a bien entendu...

Kesey est toujours en train de fredonner sur son foutu harmonica : *Home, home on the ra-a-a-a-a-a-ange* — ahhh, ça doit être ça... Ils s'imaginent que c'est prévu, un truc scénique — et sont prêts à enchaîner : Ouais ! *Chez soi,* on connaît ça ! On le connaît, c't'*horizon*-là ! Ce pourri de chez soi et ce pourri d'horizon qu'on a, aux U.S.A. !...

Mais c'est toujours la même voix traînante et familiale : *Je regardais l'orateur qui m'a précédé... Je ne pouvais pas entendre ce qu'il disait... mais j'en entendais le son... et votre bruit, à* vous... *Et je pouvais voir ses gestes...*

Kesey se met ici à parodier Paul Jacobs agitant ses petites mains, sa façon de se pencher, et sa...

... et je pouvais voir sa mâchoire qui saillait... sur le fond du ciel... et vous savez qui je voyais... et qui j'entendais ?... Mussolini... C'était Mussolini que je voyais et que j'entendais, ici même, il y a à peine quelques minutes... Ouais... C'est leur jeu que vous jouez...

Et de se remettre à fredonner *Home, home on the range,* sans discontinuer, à cette allure de vieux chien battu d'harmonica-près-d'un-feu-de-camp — tandis que les Pranksters le soutiennent de leurs instruments, Babbs, Gretch, George, le Démolisseur, qui s'entortillent, là-haut, dans un superbe festival de Day-Glo...

Bon sang — quelques sifflets, mais, surtout, beaucoup de confusion — nom de Dieu, qu'est-ce que ces connards peuvent bien...

... Nous avons tous déjà vu, nous avons tous déjà entendu ça... Mais ça ne nous empêche pas de continuer... Je suis allé voir les Beatles, il y a un mois... J'ai entendu hurler après eux vingt mille

poupées... Je ne pouvais pas entendre ce qu'elles criaient non plus... Mais c'est pas nécessaire... Moi ! Moi ! Moi ! Moi ! Voilà ce qu'elles criaient... C'est moi !... Le cri de notre ego, c'est le cri de ce meeting !... Moi ! Moi ! Moi ! Moi !... Et c'est pour ça qu'il y a des guerres... L'ego... Parce qu'il y a tellement de gens qui veulent crier qu'on fasse attention à eux !... Ouais, c'est leur jeu que vous jouez...

Et de continuer à fredonner *hawonkawonkawonkawonka-wonka...*

La foule commence à s'effondrer. Comme si le meeting, la journée entière, n'avait été qu'une longue et minutieuse préparation ; on avait gonflé d'hélium le ballon, pour lui permettre de s'envoler — et voici que quelqu'un a ouvert la valve. Ce n'est pas ce qu'il *dit*, non plus. C'est le son et la vue de ce spectacle dingue, et ce sinistre harmonica, bon sang, et cette musique chinoise idiote que jouent ces dingues, derrière Kesey. La seule chose que leur esprit martial ne puisse supporter — la comédie, la farce, la chansonnette, la quille dans l'anus.

Le Comité pour le Vietnam s'agite au bord de l'estrade : « Qui diable a bien pu inviter ce salaud ? » « C'est *vous* qui l'avez invité ! » « Merde, on s'était dit que c'était un écrivain, et qu'il serait contre la guerre ! » « Vous n'aviez donc pas assez d'orateurs ? » dit Krassner. « On a besoin de toutes les célébrités qu'on peut trouver, pour secouer la foule. » « Bon, voilà ce qui vous attend quand on veut se payer des célébrités », dit Krassner. S'ils avaient prévu un de ces crochets d'amateurs comme on en avait du temps du vaudeville, ils auraient pu se débarrasser de Kesey en un clin d'œil. Oui, justement, pourquoi est-ce que quelqu'un monte pas le virer ! Il fout tout par terre. Mais quand ils voient tous ces dingues phosphorescents, les hommes, les femmes, les enfants, qui se tortillent, en transe, pendant qu'ils pincent leurs guitares et soufflent dans leurs trompettes, et se trémoussent tant qu'ils peuvent dans le soleil couchant... Et ce spectacle du plus grand meeting contre la guerre de l'histoire de l'Amérique qui finit dans une débauche de Day-Glo sur l'air de *Home, home on the range...*

Leur foutu harmonica cesse soudain de fredonner. Kesey se penche sur le micro :

Il n'y a qu'une chose à faire... qu'une chose à faire qui peut avoir un résultat... Et c'est que chacun la regarde en face, la regarde en face, cette guerre, et lui tourne le dos, et lui dise... Va te faire foutre...

... hawonkawonkawonkawonka...

Ils ont bien entendu. Le son de ces mots — *Va te faire foutre* — est si étrange, si choquant, même ici, dans cette citadelle de la Libre Expression, dans ce haut-parleur, comme ça, sur la tête de ces quinze mille âmes...

... Home, home on the range hawonkawonkawonka... Les Pranksters se sont mis à enchaîner de la plus délirante manière, derrière l'harmonica ; on dirait une parodie clownesque de Juan Carrillo, qui vous fignolait 96 tons différents sur le siège arrière d'une jeep, il avait mis de côté pendant toute la guerre, sou par sou, pour se la payer, vous comprenez, des pièces de zinc, jusqu'à ce que les pustules bleuâtres que lui avait laissées sous le doigt sa cithare puissent s'y tarir, vous comprenez...

... qu'à la regarder en face, et lui tourner le dos, et lui dire... Va te faire foutre...

hawonkawonkawonka blam

... Va te faire foutre...

Hawonkatefairefoutre... mes bons amis...

Il était impossible d'affirmer que Kesey avait réussi. Mais le meeting contre la guerre s'en ressentait. Le véritable Incendiaire avait parlé. Le Comité essaya d'insuffler à ses troupes un ultime souffle d'enthousiasme avant de donner le signal du départ, et la grande marche sur Oakland s'ébranla dans le crépuscule. Quinze mille âmes... au coude à coude, comme dans les vieilles affiches de grève. Une phalange de policiers et de Gardes Nationaux disposés en arc de cercle les attendaient aux limites d'Oakland et de Berkeley. Le groupe frénétique des gens du Comité marchait en tête ; il se demandait s'il devait forcer le cours des événements, provoquer un *affrontement physique,* avec baïonnettes et gueules cassées — ou leur faire faire demi-tour au moment opportun. Nul ne semblait avoir de solution. « On n'a pas le choix, il faut faire demi-tour », disait l'un d'eux — il s'en trouvait toujours un autre pour le traiter de Martin Luther King. C'était, à l'époque, la pire insulte dans les milieux de la Nouvelle Gauche. Martin Luther King avait fait demi-tour au moment critique, devant le pont de Selma. « Nous ne pouvons pas exposer nos dévoués militants à se faire fracturer et abîmer le crâne par des gens qui n'hésitent pas à recourir lâchement à l'arsenal de leurs armes », avait-il dit. Et de discourir de sa voix sépulcrale, comme un Nègre de Sciences Po — ce grand prêcheur solennel d'Oncle Tom. Ouais ! Vous, espèce d'Oncle Tom, vous, vous, espèce de Booker T. Washington, Prix Nobel à la noix de salle de conférences, camé de la médaille, vous, *Oncle Tom* — quand tout avait été fini, Martin Luther King n'était plus, pour la Nouvelle Gauche, qu'un Fregoli stupide... Et voilà qu'ils en étaient arrivés à se traiter de Martin Luther King et autres incongruités — mais plus personne n'avait assez de poigne pour reprendre les choses en main — Où est donc le Zélote qui nous en a fichu plein la vue et nous a si bien embobinés — et il ne leur restait plus qu'à narguer un peu la Garde Nationale, avant de lui tourner le dos : Qu'est-ce qui a bien pu nous arriver, bon Dieu ? Qui est-ce qui nous a fait ça ? L'Homme au Masque de Day-Glo, bien sûr...

L'immense bataillon fit donc demi-tour et se dirigea vers le Civic Center Park de Berkeley. Et de rester là à manger des hamburgers en écoutant un orchestre de fortune — qui devait plus tard se faire connaître sous le nom de « Country Joe and the Fish » — en se demandant ce qui, merde, avait bien pu se passer. Quelqu'un s'était mis à leur jeter des bombes lacrymogènes d'un toit voisin, et Bob Scheer les avait courageusement exhortés à se coucher sur l'herbe, car les gaz montent — mais l'orchestre n'avait pas bougé. Les musiciens étaient restés là, pétrifiés, leurs mains et leurs instruments figés dans l'attitude qu'ils avaient lorsque la bombe avait éclaté. Il paraît qu'ils étaient déjà dans les vaps, pour une raison ou pour une autre, et que la combinaison du gaz et de ce qu'ils avaient déjà pu avaler... les avait littéralement *pétrifiés*. Ils restaient là, droit comme des piquets, *in medias res*, comme s'ils posaient pour un Iwo Jima allégorique illustrant le plus grand meeting contre la guerre qu'ait jamais connu le peuple américain. Le meeting n'était plus qu'une immense farce, et l'orchestre pétrifié illustrait parfaitement le résultat.

XVII

Départs

PRÉPAREZ-VOUS POUR LE MEXIQUE

Après quoi Kesey afficha ces mots énigmatiques sur le bulletin
de bord de la baraque :
Préparons-nous pour le Mexique et ne pensons plus qu'à ça.

A chaque bouchée, avec chaque livre, dans les vaps
ou la mélasse, à chaque coup de Day-Glo...
Mais sans jamais dire pourquoi ni quand.

MOUNTAIN GIRL RENTRE A POUGHKEEPSIE

Mountain Girl s'imprègne totalement de leur envol psychique
Elle est le compteur radio de leur course super-psychique.
Nul n'a jamais plongé plus avant dans le tourbillon psychédélique
Ni mieux resplendi aux embrasures de l'espace
intérieur.

Mais Isis elle-même ne peut échapper à la crise
Qui submerge la psyché d'une femme lorsqu'elle va porter un
enfant.
Pas facile de se retrouver à quatre mille cinq cents kilomètres de
Kesey
Mais il fallait qu'elle s'Arrête !
Essaye de s'en imprégner
davantage... et retourne un moment dans l'Est.

SANDY RENTRE A NEW YORK

Le chemin était doux comme velours, mais Sandy l'avait
entendu venir —
Ahor ! Il avait surgi, s'était matérialisé d'entre les brumes de sa
dévotion.

Le démon Speed se débat, l'abandonne, et Sandy vacille.
Etourdi par une démoniaque et quasi folle implosion de DMT

A l'origine de ses syndromes psychosomatiques et psychocorticaux,
Et même de la synarthrose partielle de son maigre visage.
Il essaye de se soigner, de se purifier de ce venin,
Mais les artifices de ce sanctuaire magique et ébloui des Pranksters ne servent plus à rien.

Le *Yi King* lui-même préconise des radios du cerveau, tous les trucs cliniques
Qui coûtent de l'argent — Kesey ! Laisse-moi mettre l'Ampex au clou,
Un magnéto de quatre cents dollars, c'est moi qui l'ai amené, après tout

Si l'on va par là — et puis, du fond de son cortex synarthrotique
Cette pensée : Kesey lui a refusé l'Ampex, la machine miracle des Pranksters.
Il retourne dans l'Est pour les trucs cliniques, mais ça ne s'arrêtera pas là, Guerrier du Rêve...

Le démonisme du Cosmos

« POUVEZ-
VOUS
PASSER LE
TEST DE L'ACIDE ?... »

C'est l'heure de la question
gravée sur l'œil de chaque Prankster
en caractères gothiques
Tandis que nous gémissons
Dans ce cimetière parmi les dalles en pierres de lune avec un
philosophique
C'est *tes* oignons —
Pouvez-*vous* passer le Test de l'Acide ?

Babbs et Kesey se baladent
Dans un cimetière de Californie, ils aboient
dur
Dans la synchro
Défoncés au LSD au bord
d'une sacrée pente
Leur croisade mystique :
Pouvez-*vous* passer le Test de l'Acide ?

Tombes !
Caveaux, cercueils et squelettes qu'on date
Une transfusion de rêve
Du Sein de la Communauté :
Pouvez-*vous* passer le Test de l'Acide ?

L'esprit du groupe
Vole haut, mon Commandant, mais pas à l'aveuglette au clair de la lune
Excité
Par la cérémonie qu'il faudrait à la lueur de l'astre
Pour lancer
Le message des Pranksters aux quatre coins
De la Terre. Une fête de l'esprit : un vaisseau lunaire
Le Test de l'Acide...

... Et Kesey émergea de cette étrange nuit dans le cimetière avec une vision : il mettait le monde entier dans le coup, littéralement, et s'y prenait, sur le plan pratique, d'une étrange façon —

LE TEST DE L'ACIDE

Car, on l'a écrit... *il est hanté par le besoin pressant de communiquer à tous son message... il met au point tout un rituel, qui englobe souvent de la musique, des danses, une liturgie, des sacrifices, pour aboutir à une projection matérielle et stéréotypée de l'expérience religieuse orogiginelle et immédiate.*

Dieu ! Tant de mouvements, avant de leur, avaient connu le même problème. Chaque vision, chaque révélation du... cercle...: originel, procédaient de la même *nouvelle expérience...* le *kairos...* et comment le raconter ! Comment le communiquer aux multitudes qui n'avaient jamais connu ça ? *Impossible de le traduire avec des mots.* Il vous fallait créer des conditions telles qu'elles puissent éprouver approximativement la *même impression,* celle du sublime *kairos.* Il vous fallait les plonger dans l'extase... Celle des moines bouddhistes qui, par le jeûne et la contemplation, s'enfoncent dans l'amour cosmique, celle des Hindous qui se perdent dans la Bhakti, cette ferveur amoureuse qui vous donne la possession de Dieu, celle des illuminés qui se fondent dans Krishna à travers leurs orgies sexuelles ou des Bacchanales de nourriture, celle des Chrétiens qui atteignent à la Ville-Limite par un onanisme gnostique, ou par le Cœur de Jésus, ou la plaie saignante de l'Enfant-Jésus — ou

LES TESTS DE L'ACIDE

Et Kesey s'avise soudain qu'ils ont, eux, les Pranksters, l'expérience et le matériel requis pour faire éclater les bornes de l'esprit comme on ne l'avait encore jamais fait, le remonter, l'éclairer, l'étendre, et... le contrôler à fond — sans parler de la plus souveraine clé qu'on ait jamais conçue pour ouvrir les portes de l'esprit d'un univers entier : le LSD d'Owsley.

Cela faisait des mois que Kesey travaillait à... cette fantaisie... le Dôme. Un grand dôme géodésique au sommet d'une tour. Elle ressemblerait à un grand champignon. De nombreux étages. Les gens grimperaient un escalier le long du cylindre — *faudrait-il payer son billet ?... Bbbben...* — et pourraient s'étendre, en haut, sur un sol recouvert de mousse de caoutchouc. Enfoncés dans cette mousse, au-dessous du niveau de l'étage, il y aurait des projecteurs de films, des projecteurs de bandes vidéo, et des projecteurs de théâtre. Et partout, sous le dôme, des haut-parleurs, des microphones, des magnétophones, en direct, en différé, à décalage réglable. Les gens pourraient prendre du LSD ou des amphétamines, ou fumer de l'herbe et rester étendus pour se laisser aller à n'importe quelle expérience, entourés et submergés par une planète de lumières et de sons tels que le monde n'en aurait jamais connu. Des lumières, des films, des bandes vidéo, des bandes qui les représenteraient, illumineraient le toit et tourbillonneraient sous les faisceaux qui surgiraient d'entre les corps. Les sons déferleraient dans ce globe comme un typhon. Films et bandes du passé, bandes magnétiques, bandes vidéo, discours et images du présent, bandes et sons des êtres du futur — tous confondus dans l'*instant* — ici, maintenant, — le *kairos* — et un cortex cérébral qui se dilate...

Ce dôme géodésique était, naturellement, une idée de Buckminster Fuller. L'idée des projections lumineuses revenait essentiellement à Gerd Stern, du groupe USCO, quoique Roy Seburn eût déjà réalisé pas mal de choses dans ce domaine, et que Page Browning eût fait preuve là d'un talent qui avait surpris tout le monde. Mais le dôme magique, la nouvelle planète, c'était Kesey et les Pranksters. L'idée allait au-delà du spectacle multiforme qu'on allait découvrir par la suite, et qu'on retrouve aujourd'hui dans toutes les « discothèques psychédéliques ». Les Pranksters disposaient d'un élément supérieur, d'une quatrième dimension — l'acide — le Cosmos — le Tout-en-un — le Contrôle — Le Film...

Mais pourquoi un dôme ? La réponse à toutes leurs lubies, publiques et privées, l'ultime solution — les Pranksters l'avaient déjà trouvée ; et ça avait été la party avec les Hell's Angels. Ce raout de deux jours avait été plus qu'une party, un spectacle. Plus qu'un spectacle : une incroyable concentration d'énergie. Non seulement les Pranksters, mais des gens venus de partout, des camés, des non-camés, des intellectuels, des amateurs de sensations, et même des flics s'étaient ramenés, ils avaient été transportés par l'incroyable énergie de toute l'affaire. Ils s'étaient retrouvés dans le film des Pranksters. Un spectacle où l'on n'avait pas séparé les artistes des clients, où ceux-ci ne s'étaient pas contentés de payer leur billet en se disant : Bon, maintenant, allez-y. Tout le monde s'était flippé, ensemble, chacun y était allé de son petit truc, et au bénéfice de tous les autres ; les Angels avaient joué les Angels, Ginsberg avait joué les Ginsberg, les Pranksters avaient joué les Pranksters, et les flics avaient joué les flics. Même les flics y étaient allés de leur petit truc, en les éclaboussant du haut de la falaise avec les gros méchants clignotants rouges et obscènes de leurs tourelles, en emmerdant les voitures, et en grognant et en aboyant de tous les côtés.

POUVEZ *VOUS* PASSER LE TEST DE L'ACIDE ?

Quiconque pouvait prendre du LSD pour la première fois et passer à travers tout ça sans crouler... Leary et Alpert prêchaient « le confort et le décor ». Tout dépendait, quand on prenait du LSD et qu'on voulait connaître une expérience enrichissante et sans accident, du confort et du décor. Il fallait le prendre dans une atmosphère plaisante et sereine, une maison ou un appartement décoré d'objets de bon goût, des tapisseries turkesmanes, des peaux de chèvre grecques, des vases bleus inestimables, des lumières basses — pas des lampes de papier japonaises, mais des abat-jour chinois, en tissu, et sans glands — en bref, la retraite campagnarde pour Bohème de la Haute à soixante mille dollars par an de loyer, idéalement, avec le *Requiem* de Mozart dans toute sa liturgique solennité sur la chaîne haute-fidélité. Quant au « confort », c'était celui de l'esprit. Il fallait se préparer à l'expérience en méditant sur soi-même, et en se demandant ce qu'on espérait découvrir ou accomplir au cours de ce voyage à l'intérieur de soi. Il fallait aussi s'assurer d'un guide qui avait lui-même pris du LSD, familier de toutes les étapes de l'expérience, que l'on connaissait et en qui on pouvait avoir confiance. Et puis merde !... Cela ne faisait qu'étendre la constipation du passé, coincer dans d'éternels *décalages* ce qui devait se passer dans l'*instant*. Contentons-nous d'un décor aussi peu serein et aussi sinistre que celui dont l'art Prankester est capable, et n'ayons d'autre confort que ce que tu peux avoir... *en tête,* mon gars, et tant pis si le guide en qui on peut avoir confiance, celui qui nous tient la main et nous emmaillotte les yeux, n'est qu'une bande de cinglés de la Day-Glo dont un des slogans favoris est qu'il ne faut « Jamais faire confiance à un Prankester ». Ces Tests de l'Acide ressembleraient à la party avec les Hell's Angels, plus toutes les idées associées à celle du Dôme. Tout le monde prendrait de l'acide, n'importe quand, que ce soit six heures avant le début du Test, ou sur le moment, à n'importe quel stade du voyage, dès qu'ils voudraient pénétrer sur la nouvelle planète. Et, de toute façon, ils se retrouveraient sur une nouvelle planète.

Les mystère du synchro ! Inouï... Les Test de l'Acide se révélèrent, en fin de compte, être une forme d'art qu'avait pressentie l'auteur de cet étrange livre, *la Fin d'une enfance,* et qu'il avait appelée « l'identification totale » : « L'histoire du cinéma donnait la clef de leurs actes. D'abord le son, puis la couleur, puis la stéréo, et le Cinérama, rapprochaient de plus en plus le vieux " cinéma " de la réalité. Où cela s'arrêterait-il ? On atteindrait certainement le stade final lorsque le public oublierait qu'il était le public, et participerait à l'action. Il faudrait, pour y parvenir, stimuler tous les sens, et peut-être même faire appel à l'hypnose... Le but atteint, l'expérience humaine en serait immensément enrichie. N'importe qui pourrait — pour un moment du moins — devenir n'importe quel autre, et participer à n'importe quelle aventure concevable, réelle ou imaginaire... Le " programme " épuisé, il en garderait un souvenir aussi vivace que n'importe quel souvenir de son existence réelle — et, de fait, ne pourrait le distinguer de la réalité elle-même. »

Bougrement vrai !

Le premier Test ne s'était guère distingué des vieilles bacchanales de La Honda, autant dire qu'il n'était pas sorti de leur cercle, et que l'affaire était restée assez informe. Elle aurait dû être publique ; mais les Pranksters n'étaient pas des génies dès qu'il s'agissait d'organisation structurelle, comme par exemple de louer un local. Le premier Test aurait dû se passer à Santa Cruz. Ils n'avaient pu louer un local à temps. Il leur avait fallu se replier chez Babbs, qui habitait une petite communauté aux abords de Santa Cruz, Soquel. Une espèce de ferme délabrée, qu'on appelait le Spread[1]. La vesce et la cuscute sauvages y gagnaient constamment du terrain, là du moins où il était desséché ou réduit à de l'argile boueuse. De gros chiens roux, des véhicules hors d'usage, des machines rouillées, des auges pourries, des pneus rafistolés, et une vieille petite ferme dont les planchers étaient recouverts de linoléum, avec le genre de vieux fauteuils graisseux que les puces de literie recouvrent de leur litière, et qui se déplacent d'un bon centimètre chaque fois que vous faites un geste dans leur direction. Mais Babbs avait décoré les murs et les plafonds de fresques à la Day-Glo, et l'endroit était intime et isolé. Ils n'avaient d'ailleurs pas d'autre solution.

Ils n'avaient pu faire de publicité que le jour même du Test. Norman Hartweg avait peint un placard sur du carton, fixé à des bouts de planche dont Babbs s'était servi pour les raccords du film, et l'avait placé dans une librairie, la Hip Pocket Bookstore. POUVEZ-VOUS PASSER LE TEST DE L'ACIDE ? La librairie, spécialisée dans les livres de poche, était tenue par des sympathisants Pranksters de Santa Cruz, Hassler et Peter Demma. Les Pranksters leur avaient annoncé dans l'après-midi que ça se passerait chez Babbs. Quelques représentants de la bohème locale avaient vu la pancarte et étaient venus, mais on se retrouva essentiellement entre Pranksters et sympathisants, ce soir-là, y compris un bon nombre d'étudiants de Berkeley habitués à La Honda. Ainsi qu'Allen Ginsberg et son entourage.

Cela avait commencé comme une simple party. Avec des extraits du film projetés sur les murs, des lumières et des bandes magnétiques. Les Pranksters s'occupaient de la musique, pour ne pas parler du LSD. Leur étrange musique atonale chinoise était diffusée sur toutes les fréquences, à la manière de John Cage. Ce n'était guère différent de leurs parties de La Honda —

1. Littéralement : l'étendue *(N.d.T.)*.

lorsque, vers trois heures du matin... Les gens qui n'étaient pas dans le coup, ceux qui n'étaient là que pour le ramdam, ceux qui n'avaient pas vu la Direction, comme les gens de Berkeley, étaient tous repartis, et on en était arrivé au moment critique... Kesey s'était retrouvé à un bout du living-room de Babbs, Ginsberg à l'autre, et tout le monde s'était regroupé autour de ces deux pôles comme autour de deux aimants, les amis de Kesey de son côté, les amis de Ginsberg du sien — la Crème de la côte Ouest et la Crème de la côte Est — et la conversation était tombée sur le Vietnam. Kesey y était allé de sa théorie des multitudes qui devaient se rassembler, se donner la main, et tourner le dos à la guerre. Ginsberg expliquait que tout ça, toutes ces guerres, étaient le résultat de malentendus. Ceux qui se battaient vraiment ne l'avaient jamais *voulu ;* si tout le monde pouvait s'asseoir comme ça, amicalement, et vider son sac, on en viendrait à la racine du malentendu, et tout s'arrangerait... C'est alors, du fond de la pièce, du côté des troupes de Kesey, que s'éleva la voix du seul d'entre eux qui eût été à moins de mille kilomètres du théâtre des opérations, la voix de Babbs :

— Oui, disait-il, c'est *tellement évident.*

C'est tellement évident...

Commentaire magique, sur le moment ! Le moment magique de l'acide, huit heures après — et comme tout était clair — Ginsberg l'avait dit, Babbs, le guerrier, l'avait authentifié, tout s'était ramené à cette phrase, et comme tout, soudain, devenait... clair...

La soirée, en fait de test, avait tourné court, bien sûr. On n'avait pas... remué le monde... Mais ! Bientôt... les Rolling Stones, l'un des deux groupes pop les plus délirants d'Angleterre, viendraient à San José, à soixante kilomètres au sud de San Francisco, le 4 décembre, pour une soirée au Civic Auditorium. Kesey voit déjà la scène, il l'a déjà vue. Tous ces petits microbes remontés, déchaînés, toutes ces multitudes de tous acabits qu'avait déversées le Cow Palace, après la soirée des Beatles, la bête aux tentacules roses en petits morceaux, encore frémissante d'extase, avec ses bonbons, toute désemparée, et ne sachant dans quelle direction se répandre... C'est tellement évident.

Pendant trois ou quatre jours, les Pranksters avaient cherché une salle à San José. Ils n'avaient pu en trouver une — naturellement — il semblait si naturel, presque dans l'ordre des choses, que rien ne fût sûr, jusqu'à la dernière minute. Ce qui était certain, c'était qu'ils en trouveraient une, à la dernière minute. Les multitudes *ignoreraient* jusqu'à la dernière minute où ça se passerait ? Eh bien, mais ceux qui devaient vraiment y être — ceux qui étaient dans le coup — y seraient. On était avec l'autobus, ou on n'était pas avec, c'était valable pour le monde entier, même à San José, Californie. Et Kesey, à la dernière minute, persuada une personnalité de la bohème du cru, un nommé Big Nig, de leur céder sa grosse vieille baraque.

Kesey s'était abouché avec un orchestre de rock'n'roll, « Les Morts Reconnaissants », dirigé par Jerry Garcia, le paumé qui avait vécu un temps au Château, à Palo Alto, en même temps que Page Browning et ces autres espèces de nullités, de lumpenbeatniks, qu'il fallait vider quand ils se ramenaient pour essayer de bousiller les parties de Perry Lane. Garcia s'en souvenait — leurs visites et la façon dont ils se faisaient foutre dehors « par Kesey et les buveurs de vin ». *Les buveurs de vin* — la bohème bourgeoise de Perry Lane, autrement dit. Kesey et Garcia, à l'époque, venaient d'horizons différents, mais cherchaient tous deux à se mettre dans le coup, et Garcia, maintenant, était devenu, oui, un type épatant, tranquille, dans le coup, et un grand guitariste. Garcia avait d'abord appelé son groupe « Les Warlocks », au sens de sorciers, ou de magiciens ; ils vivotaient en jouant pour les buveurs de bière, dans les boîtes de jazz et autres lieux des environs de Palo Alto. Cette musique de buveurs de bière, même quand elle se qualifiait de jazz, n'était à leurs yeux que de la bibine. Les Warlocks tenaient à cette distinction. Pour Kesey, c'était leur truc, à eux — ils jouaient.

Les Morts avaient un organiste, un nommé Pig Pen, possesseur d'un orgue électrique Hammond qu'ils installèrent dans la vieille baraque de Big Nig, où il rejoignit leurs guitares et leurs basses électriques, ainsi que les guitares et les basses, les flûtes, les trompettes, les équipements lumineux, les appareils de projection, les bandes magnétiques, les micros, et les chaînes haute fidélité des Pranksters. Tout ceci s'entassait dans un enchevêtrement insensé de câbles et de fils, les éclats de l'acier chromé et les clignotants des amplificateurs, sous les yeux incrédules de Big Nig. L'installation électrique de sa vieille maison pouvait à peine supporter un grille-pain. Les Pranksters sont en pleine forme et en grande tenue. Paul Foster a revêtu son Uniforme de Prestige. Il a maintenant une grosse tignasse de cheveux bouclés, et une grosse moustache frisée qui lui remonte en grosses côtelettes bourrues et frisées sur les joues. Page Browning est le roi des paysagistes faciaux. Il s'est fait un visage vif orange d'authentique Démon, dont les yeux sont au centre de deux grandes étoiles d'argent ; ses cheveux sont recouverts de poudre d'argent, et ses lèvres sont argentées. Les Pranksters, cette nuit-là, se sont tous installés devant des crayons gras et des stylos-feutre de couleur, et fabriquent à toute pompe leurs prospectus sur des feuilles demi-format : POUVEZ-VOUS PASSER LE TEST DE L'ACIDE ? Avec l'adresse de Big Nig. Dès que les foules de gogos sortent du concert des Rolling Stones au Civic Auditorium, les Pranksters se précipitent. Un Démon orange et argent, une espèce de fou sanglé dans ses boutons — les Pranksters ! Les Pranksters ! — leur distribuent ses prospectus comme un défi, tandis que des espèces de démons, de sorciers, en vérité, viennent canaliser toute cette énergie sauvage et désormais sans objet que leur ont insufflée les Rolling Stones.

Ils affluent chez Big Nig, et c'est une marée d'acide et de folie. L'orgue électrique résonne dans tous les ventres, les gosses dansent, non pas le *rock*, ni le *frug*, ni le — quoi ? — ni le *swim*, mon pote, ils dansent leur *extase* même, sautent, tournent comme des derviches, se tordent les mains au-dessus de la tête, avec des allures de courtisans en émoi qui vous sortent des tripes — oui ! Les projecteurs de Roy Seburn balayent toutes les têtes, Cassady tambourine, Paul Foster distribue d'étranges petits objets qu'il tire de son Sac à Malices, de vieux sifflets, des grillons de fer-blanc, des clefs calcinées, de lugubres poignées de plastique. Les yeux s'allument comme des ampoules, les plombs sautent, c'est le noir — wowwww ! — tous ces trucs qui tremblent, vibrent, ronflent et pètent dans ce noir — avant que quelqu'un ne plaque de nouveaux plombs et que la grosse vieille baraque ne retombe sur ses pieds ; les fils électriques se tordent et s'éparpillent comme des serpents qui fondent, les orgues reprennent leur vibro-massage des ventres, les plombs resautent, les cervelles hurlent, les crânes explosent, les voisins appellent les flics, deux cents, trois cents, quatre cents étrangers se voient pris dans Le Film, ils y ont mis le pied du moins, leur masse semble plus proche et plus formidable que tous les rassemblements de l'histoire, ça ne fait pas de doute, et Kesey fignole les choses, la petite manette par ici, un peu de vaseline, N° 634-3, diluée dans du tétrachlore de carbone, pour la huiler, et ça les *secoue*, mon Commandant, ça les *secoue*, et pas pour rien, les quatre cents badauds sont dans la note, la multitude se précipite, elle est attirée, c'est la première expérience collective massive de l'acide, le crépuscule de l'Ere Psychédélique, de la Génération des Fleurs, et tout le tremblement, et Big Nig réclame son loyer.

— Z'en tirez ?

Z'en tirez...

... J'veux dire, quoi, tu sais, dit Big Nig à Garcia. J'ai rien compté à Kesey pour se servir d'la maison, *pour rien*, quoi, t'sais ? Et maintenant, c'est la règle, faut qu'tous les potes *contribuent*, quoi, pour aider à payer le loyer.

Payer le loyer...

... Ouais, quoi, j'veux dire... dit Big Nig.

Il fixe Garcia avec le plus profond air d'autorité que puisse vous conférer votre ferveur de macaque à la page, et gentil, obséquieux, avec ça...

Ouais, quoi, j'veux dire — Garcia, pour sa part, ne sait d'où part le premier éclat, de la musique, ou de son rire orange. Il suit, du coin des yeux, la retombée de ses cheveux noirs sur son visage — ils sont si longs, jusqu'aux épaules, et pointent comme une tignasse de soldat soudanais — et la mimique du gros visage noir et convaincu de Big Nig, juste devant lui, qui tremblote et se fond comiquement dans l'océan rouge des visages reluisant de toutes les lueurs de l'acide, au loin, entre les lacs rouges des galaxies murales...

— Ouais, quoi, le *loyer*, j'veux dire, les gars, dit Big Nig, vous m'avez déjà *grillé* six plombs.

Grillé ! Six plombs ! Garcia plonge la main dans sa guitare électrique ; les billets en surgissent comme un immense rire orange, tout en paillettes électriques de plombs sautés dans les couleurs dansent sur l'océan luisant des visages. Quelle rigolade — impayable. Une nouvelle étoile est née, une ampoule dans une matrice, et Big Nig réclame son loyer — une nouvelle étoile est née, une nouvelle planète se forme, Ahura Mazda scintille dans les entrailles du monde, là, sous vos yeux — et Big Nig réclame son loyer, le pathétique pauvre macaque.

Et quelle drôle d'idée, après coup. Cette espèce de grand froussard de moricaud, avec son air pathétique et paumé.

Depuis vingt ans qu'on était dans le coup, ça n'existait même plus, les Nègres paumés, qui en avaient l'*air.* Ils étaient devenus les archétypes mêmes de l'Ame. Mais après tout, l'Ame, les Froussards, les Cools, les Babies, ça ne voulait plus rien dire — dans ce monde nouveau de l'extase, du Tous-en-un... du *kairos...*

Si seulement ils avaient pu trouver l'endroit idéal, un endroit assez vaste pour les multitudes et assez isolé pour éviter les flics, avec leurs couvre-feux et leurs perpétuels emmerdements. Ils l'avaient découvert peu après, cet endroit idéal, par acc...

Par *ac*cident, Mahavira ?

Le troisième Test devait avoir lieu à Stinson Beach, à vingt kilomètres au nord de San Francisco. Stinson Beach était déjà le lieu de rendez-vous des camés de la région. On pouvait y passer l'hiver dans de petits bungalows sur la plage, pour presque rien. Il y avait aussi, sur cette plage, une belle salle des fêtes, toute en briques, du solide, tout était parfait — mais, à la dernière minute, l'affaire avait raté, et ils s'étaient rabattus sur Muir Beach, à quelques kilomètres plus au sud. Les prospectus étaient déjà distribués dans tous les cercles de camés de San Francisco : POUVEZ-VOUS PASSER LE TEST DE L'ACIDE ? Ils annonçaient, avec le numéro de vaudeville de Cassady et Ann Murphy, la *probable* présence d'un certain nombre de célébrités, parmi lesquelles toutes celles qui se trouvaient en ville, ou pouvaient s'y trouver, les Fugs, Ginsberg, Roland Kirk, etc. Il y avait toujours de jolies fleurs de rhétorique au subjonctif et au conditionnel dans les prospectus des Pranksters, mais tout le monde *pouvait* s'y retrouver, dans leur Film, c'était indéniable...

Ils avaient cependant opté pour Muir Beach, à la dernière minute. Certains, n'ayant pas été avertis du changement, iraient à Stinson Beach ; ils risqueraient d'y geler dans le noir et ne pourraient dénicher la bonne adresse — cela ne semblait guère les émouvoir. Cela faisait partie d'un étrange ordre analogue des choses de l'univers. Norman Hartweg avait avalé sa dose de LSD — l'acide était en capsules, ce soir-là — et songeait à Gurdjieff. Gurdjieff n'annonçait jamais ses réunions qu'à la dernière minute. C'est ce soir qu'on se réunit. Les gens n'avaient qu'à se débrouiller, ce qui, en soi, était déjà une leçon.

Toujours la même, bien sûr : *On est avec l'autobus, ou on n'y est pas.*

Ceux qui étaient avec l'autobus, même s'ils n'étaient pas des Pranksters, les Marshall Efron, ce Mercure rondouillet des cercles hip de Californie, ou les Hell's Angels... s'étaient débrouillés. Mais pas les flics. Ils s'étaient laissé flouer, apparemment, par les prospectus de Stinson Beach.

Muir Beach avait un grand pavillon de bois, genre cabane pour les bals, les banquets, et autres réjouissances. Lequel se dressait, surélevé, au beau milieu des herbes d'un vague marécage desséché. L'immense plage était déserte, par ces nuits d'hiver. Quelques petites cahutes de bois pour les touristes, flanquées de portes bleues de chaque côté, et toutes vides. Le pavillon avait trois grandes salles et mesurait près de trente mètres de long. Il était tout en planches, en chevrons et en poutres apparentes. Un enchevêtrement de bois sombre en forme de vaisseau, et qui en avait vu de dures. Les Morts Reconnaissants s'y entassèrent avec leur matériel, et les Pranksters avec le leur, qui comprenait désormais un orgue électrique. Hammond pour Gretch, et un grand projecteur stroboscopique.

Le strobe ! Le strobe, ou stroboscope, était à l'origine un instrument pour étudier les mouvements, comme, par exemple, ceux des jambes d'un coureur. On dirige, dans un endroit clos et obscur, une lumière clignotante et vive sur ses jambes ; le projecteur clignote à une vitesse qui peut aller jusqu'à trois fois celle du rythme cardiaque normal. Chaque fois qu'il s'allume, les jambes du coureur sont dans une position différente. Ces images successives du mouvement tendent à se figer dans votre esprit, du fait que le projecteur s'éteint avant que le mouvement puisse normalement brouiller votre vision. Le stroboscope, pour les camés de l'acide, a d'autres propriétés magiques. A certaines vitesses, les lumières clignotent en telle harmonie avec les ondes du cerveau qu'elles peuvent provoquer des crises chez les épileptiques. Les camés avaient découvert qu'elles pouvaient provoquer chez eux nombre de sensations identiques à celles que leur procuraient le LSD. C'était ça, *le strobe !*

Pour les gens qui se trouvaient sous ce puissant projecteur, tout semblait s'éparpiller. Pour les danseurs en extase... leurs mains s'envolaient, se figeaient en l'air — les visages luisants se décomposaient — un éclair de dents en ellipse par ici, une paire de pommettes en bossoir illuminées par là — tout s'effritait et se fragmentait comme dans les vieux films muets — des tranches d'homme ! — tout un monde épinglé sur le tableau de chasse d'un collectionneur de papillons : c'était ça, l'*expérience*. Le strobe, les autres projecteurs, les micros, les bandes magnétiques, les amplis, les décalages réglables Amplex — tout s'entassait donc et reluisait dans un coin du pavillon communal, le Lincoln Log. Babbs tripotait les boutons et testait les micros. Les camés commençaient à affluer. Marshall Efron et Norman étaient là, Norman déjà passablement défoncé... Et voici qu'arrive Kesey, par la grande porte...

Tout le monde le regarde. Son visage est fermé, sa tête légèrement penchée. Il va *faire* quelque chose. Tout le monde regarde, ça a l'air tellement important. Ils sont déjà comme aspirés par son aura. Kesey se dirige vers le poste de contrôle. Il ne dit rien à personne, et plonge dans une galaxie de boutons. Une seule... petite mise au point de détail... Oui ! Une manette, interrupteur bipolaire, rejet simple, deux temps, dans l'allégorie du Contrôle...

Babbs est là, il plane, mais s'affaire à démêler les écheveaux luisants des bandes, des projecteurs, et du reste. Tous les Pranksters planent, mais n'en ont pas moins chacun une tâche assez épuisante à remplir. Norman fixe désespérément les boutons — il ne peut même pas distinguer les chiffres, tellement il est défoncé, ils se tortillent et foutent le camp comme d'immenses parasites lumineux dans un microscope — mais... *l'acide ne doit pas vous empêcher de fonctionner*. C'est Babbs qui le dit : « L'une des raisons pour lesquelles ont fait ça, c'est pour apprendre comment fonctionner sous l'effet de l'acide. » Naturellement ! Il faut se préparer pour le Grand Jour — quand les multitudes, des millions d'êtres humains, des civilisations entières, prendront de l'acide et seront prêts, à votre signal, ça approche, le vague s'étend.

Les camés sont tous assis sur le sol. Ils sont près de trois cents. Dans le Maelström ! Oui. Chez Big Nig, à San José. Les gosses que les Pranksters avaient dragués à la sortie des Rolling Stones n'avaient pour la plupart pas pris de LSD, ce soir-là, bien qu'il y eût suffisamment de camés défoncés à n'importe quoi pour susciter cette sympathique vibration qu'on appelait l' « ivresse du contact ». Mais aujourd'hui, c'est différent. Pratiquement, tous ceux qui ont pu trouver l'adresse sont suffisamment dans le coup pour connaître l'importance de l' « acide » dans un Test.

Un fort pourcentage en a pris depuis près de quatre heures déjà, et est prêt, après les premiers tourbillons... à le cuver... Les deux projecteurs fusent : Le Film tourne. L'autobus et les Pranksters escaladent les murs du pavillon. Babbs et Kesey les accompagnent de leurs martèlements. L'Autobus trébuche, vibre et rebondit, immense, des vallons de têtes et de couleurs — Norman, démoli, affalé au sol, est partagé entre la terreur et l'extase, bien qu'il reconnaisse confusément là le schème habituel que prend pour lui le Test : rester assis à regarder, traverser le tourbillon et tenir le coup jusqu'à trois ou quatre heures du matin, les heures magiques, puis se mettre à danser — mais tout danse tellement, cette fois ! Le Film et la machine lumineuse de Roy Seburn balancent aux quatre coins du pavillon des mers rouges de science-fiction, intergalactiques ; l'huile, l'eau, les colorants des aliments sont écrasés entre les plaques de verre et projetés sur une telle échelle que le limon même de la Création cellulaire semble s'évader en ectoplasme dans l'éther, et les Morts tombent là-dedans avec leur immense vibrato sous-marin, qui vibre, *boume,* des rocs aléoutiens aux falaises mythologiques du golfe de Californie. L'étrange son de l'orchestre des Morts ! Une agonie-dans-l'extase ! Sous-marine, trouble la moitié du temps, extraordinairement bruyante, mais comme si on était assis sous une chute d'eau pleine de vibratos genre spectacle de vampires, comme si les cordes des guitares électriques s'étendaient sur la moitié d'un pâté de maisons, et résonnaient dans une pièce emplie de gaz naturel, sans parler de leur grand orgue électrique Hammond, on dirait un juke-box de cinéma, une machine de diathermie, une radio locale et un camion de voirie qui broie ses ordures, vers quatre heures du matin, tout ça sur la même fréquence... Puis, soudain, un autre film

L'HOMME-GRENOUILLE

Babbs, Gretch et Hagen l'avaient tourné à Santa Cruz. C'était l'histoire de Babbs l'homme-grenouille émergeant des eaux du Pacifique en nylon noir d'Homme-Grenouille, des battoirs à ses œillères d'insecte, le joyeux monstre ; il tombait amoureux d'une Princesse, Gretch, le tout envahi d'un tas d'autres images — le Film de l'Autobus ? — par éclairs stroboscopiques, et l'Homme-Grenouille la courtise, la conquiert, et la perd dans les projections sous-marines des Méandres du Pacifique

BABBS ! GRETCH !

Norman n'a encore jamais vu de film après avoir pris de l'acide. Et ce film gagne de plus de profondeur, de perspective, on n'a jamais fait mieux, comme trois dimensions, jusqu'à ce qu'ils se trouvent nez à nez, ces contes de fées de nylon et lui, et le Pacifique est si loin, maintenant, si noir, derrière les marais qui entourent le pavillon de Muir Beach, jusqu'à ce qu'ils soient maintenant dans la pièce, Babbs et Gretch, en chair et en os, chacun dans un coin, là devant moi sur la plage et là dans cette pièce dans ce pavillon sur cette plage, Babbs au micro et Gretch pas loin devant l'orgue — tellement *synchro !* qu'ils puissent raconter et orchestrer leurs vies, comme ça, avec le décalage, toute une série de décalages

HEEEEEEEEE

et c'est Owsley maintenant qui sort du gouffre. Owsley, tout flambant dans sa tenue de camé à six cents dollars, émerge de son souterrain d'espions et de paranoïaques pour assister de ses propres yeux à cette expérience des Pranksters, et, dans le vertige de la contagion, en prend à son tour, du LSD. Ils ne l'ont encore jamais vu en prendre. Il prend du LSD et

RRRRRRRRRRRRRRRRRRRRRRRRRRRAN

le tourbillon l'aspire et le projette dans le panopticon stroboscopique et stéréoptique des Pranksters avec tout le décalage de rigueur

QUELLES CRÉATURES

Des Hell's Angels arrivent en trombe, dégoulinants de Day-Glo, et s'assoient par terre, dans un coin, sous la lumière noire, et se font Bouddhas, des plus délicatement, religieusement, se passent divers insignes de leur ésotérique panoplie, étincelante, des Croix de Fer, des couteaux, des boutons, des pièces de monnaie, des clefs, des tournevis, des bougies d'allumage, et s'extasient sur cette bimbeloterie qui clignote sur fond de Day-Glo. Un démon orange et argent se glisse entre les danseurs et leur saupoudre au passage son sourire de Zé-lote sur le visage, et Kesey tapi au milieu des monticules miroitants est aux

CONTRÔLES

Il jette un regard sur le tourbillon stroboscopique — les danseurs ! jettent et se font rejeter ! *en extase !* tournent ! lévitent ! des tranches d'hommes ! des balles de ping-pong ! dans l'essence crémeuse et nue des choses ! et on atteint à une

SYNCHRONICITÉ

qu'il n'a encore jamais vue. Des camés venus des quatre coins du monde de l'acide, qui tourbillonnent dans cette pâte. On va leur montrer ce que c'est que

LE CONTRÔLE

Kesey s'empare du stroboscope, un petit coup sur la manette du mercure vers le

HAUT

et leur rythme s'accélère

MAINTENANT

le tourbillon tout entier, ils sont tellement dedans. Ils dansent de plus en plus vite, leurs mains tordues au-dessus de leurs têtes s'envolent comme des confettis dans les éclairs du stroboscope, leurs visages épanouis se désagrègent et s'échangent, car je suis toi et tu es moi dans cette démonologie. Vers le

BAS

et ils ralentissent — On Le redescend — Il — Le Cosmos — redescend, mais toujours parfaitement synchro, unique cerveau, unique volonté, unique courant d'intersubjectivité. Elle est *possible,* cette alchimie dont ils rêvent tant, tous les camés. Ça marche, il l'a vu, le

CONTRÔLE

Curieusement, après la première fièvre du Test, on assistait à de longs intervalles d'un ennui des plus exquis. D'autant plus exquis qu'il était tellement inattendu dans cette frénésie générale. Il ne se passait plus rien, au sens ordinaire du moins. Ceux qui n'étaient... pas avec l'autobus... finissaient par se rendre compte que rien n'était programmé. Les Morts Reconnaissants ne jouaient pas par *séries :* huit morceaux à la file, par exemple, suivis d'une pause de vingt-cinq minutes, et ainsi de suite, quatre ou cinq reprises, avant le finale. Les Morts vous jouaient de façon continue leurs cinq ou leurs trente minutes d'affilée. Qui donc les minutait ? Qui *aurait pu* les minuter, alors que l'histoire elle-même était découpée en tranches ? Et les Morts pouvaient se défoncer autant que n'importe qui. Ceux... qui n'étaient pas dans la note pouvaient faire le tour, il y en avait de toutes sortes, des camés, y compris ceux qui menaient la danse, les Pranksters, ils étaient tous affalés contre les murs comme des tranches de gélatine. A attendre. Personne n'avait l'air de vouloir remettre ça. Ceux qui n'avaient pas envie d'attendre avaient tendance à s'éloigner, défoncés ou pas, et le Test reprenait. On en revenait au solide. L'orchestre des Pranksters entamait son étrange cacophonie chinoise, tandis que Gretch faisait sangloter l'orgue électrique. Norman s'était levé pour danser, c'était son heure. Il s'était même mis à bricoler des petits effets lumineux de sa composition, bien qu'il ne se sentît pas très compétent, mais on en était arrivé aux heures magiques. Du velours électrique. Kesey, au micro, parlait doucement. Ils étaient au centre mort de l'ouragan, au cœur des choses.

C'est l'aube — une lumière bougrement froide se lève sur l'herbe des marais et sur la plage. Une ombre pourpre s'étend sur l'océan, brise immense et froide comme pierre. Soudain, la grande porte d'entrée se rabat. C'est Owsley.

Owsley titube, tâtonne et hurle :

— Survivre !

On dirait un jet de vapeur qui siffle en s'étranglant dans une petite fente.

— Survivre !

Owsley, le Roi de l'Acide, dans sa tenue de camé à six cents dollars, tâtonne dans la brise bleue de l'aube ; ses yeux sont béants comme des cratères de désastre. Il siffle :

— Survivre.

La vue de Kesey a dû provoquer chez lui un afflux d'adrénaline, car il recouvre sa voix et attaque :

— Kesey !

Kesey ne peut pas recommencer. C'est la fin, voilà tout. Les Tests sont terminés. Kesey est un maniaque, ces Tests sont maniaques, et la coupe est pleine. On déchaîne trop de forces, à prendre du LSD en groupe, un groupe si monstrueux, trop de furieuse énergie, ça provoque des trucs complètement dingues, complètement destructeurs, et ainsi de suite. C'est son acide, et il vous dit que c'est la fin. Personne ne saisit exactement ce qu'il dit, si ce n'est qu'il a flippé, et c'est la faute à Kesey.

Peu à peu, ils reconstituent l'histoire. Il s'est drôlement défoncé, tout seul, avec son propre LSD, notre Owsley. Il appert qu'il a dû en prendre une bonne dose, et que la combinaison du stroboscope et de cette incroyable variété de décalages l'a tellement secoué et liquéfié qu'il est tombé hors du temps, ou plutôt dans une dimension parallèle. Les camés en parlaient constamment. Ils pouvaient citer nombre de penseurs sérieux, des scientifiques même, comme C. D. Broad et sa théorie de la *seconde dimension temporelle* — « des événements séparés par un fossé temporel dans une dimension peuvent coïncider dans l'autre, de même que deux points qui, sur la surface de la Terre, à des longitudes différentes, peuvent être à la même latitude » — J. W. Dunne et sa théorie du sérialisme, ou de la rétrogression sans fin — ou Maurice Maeterlinck. Les camés en parlaient constamment. Owsley en était un bon exemple. Il planait. Le tourbillon l'avait emporté, les effets spéciaux des systèmes de décalage réglable lui avaient fait perdre la boule — et l'on reconstitua comme suit la légende de son trip :

Il était retombé dans le dix-huitième siècle. Le comte Cagliostro ! Non plus le vulgaire Giuseppe Balsamo, originaire de Palerme, cet Oakland de la Méditerranée, mais le bon comte, l'alchimiste, le prophète, le magicien, le maître-lecteur de l'avenir, le devin de toutes ses loteries, l'alchimiste qui avait créé, à partir d'éléments de base... *ce diamant,* le plus célèbre et le plus mystérieux de l'histoire — *celui-ci,* M. le cardinal de Rohan — *mais !* — le comte qu'on avait persécuté comme thaumaturge — jeté dans le gouffre de ce noir donjon, la Bastille, ruisselant d'eau croupie, de mousse pourrie, et disséquant des rats démembrés, anatomisés à la lueur fugitive du diamant, incroyable, un tibia par ici, un métacarpe par là, des dents, des yeux, des queues de rats qui sautaient et s'immobilisaient en l'air comme les lumières de la ville — et ce bruit — la populace est descendue dans la rue — son salut, peut-être — ou bien — la Bastille va se désintégrer en cubes de feutre mou...

Et ainsi de suite. Le monde se désintégrait autour de lui. Tombait complètement en ruine, se démantelait, et Owsley n'en était pas encore revenu au vingtième siècle, il était coincé — où ça ? — dans le Paris de 1786 ?... Le monde entier se désagrégeait maintenant, molécule par molécule, nageant comme des bulles de graisse dans une tasse de café, et disparaissait dans le limon et les gaz intergalactiques qui l'entouraient — y compris son propre corps. Il perdait sa peau, son squelette, les veines de ses poumons — ils se faufilent dans le limon comme des anguilles qu'ils sont, et ils exhalent des vapeurs de phosphore, ses ganglions nerveux — effilochés comme des vers cuits au fil des caniveaux intergalactiques ; toute sa substance se dissolvait en un néant gazeux, jusqu'à ce qu'il fût réduit à une unique cellule. *Une unique cellule humaine :* la sienne. C'était tout ce qui subsistait de tout un univers. Qu'il perdît le contrôle de cette cellule, il ne resterait plus rien. Le monde connu aurait *disparu,* pour ainsi dire. Il lui faut se reconstruire lui-même et reconstruire le monde entier, par un gigantesque acte de volonté, à partir de cette cellule — c'est écrasant. Par où commencer ? Par la Route Nº 1, en Californie, pour qu'il puisse partir en voiture ? Ou se retrouvera-t-il dans l'ignoble rue Ventru, tout simplement, devant les populaces de la Bastille ? Ou doit-il commencer par la voiture ? Le calcul différentiel ? Comment les fabrique-t-on, ces salauds ? Ou la plage ? Tous ces foutus grains de sable ? L'herbe des marais ? Les cabines pour les touristes ? Faut-il remettre *toutes* ces portes bleues à leur place ? Ou l'océan ? Ou le laisser à sec ? Sauf ces ignobles animaux noirs et aveugles de la bathosphère, par là-bas... ou le ciel ? Jusqu'où va-t-il ? Le Grand Plongeur ? L'Ursa Minor ? Le Delphinium ? Croyez-vous qu'il s'agisse vraiment d'une infinité de sphères de cristal, concentriques, produisant une infinité de vibrations sous-marines et gélatineuses ? Les Morts ? Les Pranksters ? Kesey ? Kesey est *rayé,* pour de bon, Kesey et les brutes de la bathosphère — mais il s'y met, dans un effort super-héroïque. Il a réussi à se reconstituer, mais il n'en peut plus. C'est écrasant. Il reconstruit sa voiture, le parking, et un bout de la route. Il reconstruira le reste au fur et à mesure. *Du vent ! Barre-toi !* Abandonne le reste de ce monde à ses propres moyens, au fond des gaz. Il saute dans la voiture et démarre en trombe. Et s'écrase contre un arbre. Un arbre qu'il n'a même pas encore *remis* en place. Mais le choc a fait resurgir le monde entier, on ne sait comment. Le voilà, ressorti des bouillonnements gras du limon. La voiture est en miettes, mais il a survécu. Survécu !

SURVIVRE !

Et de plonger dans le pavillon à la recherche de ce maniaque de Kesey. Il est retombé sur ses pieds, lui *aussi,* c'salaud-là.

XIX

Le Festival

Owsley déraille ! Owsley en était devenu obsédé. Dès qu'il était question de LSD — ce qui, dans son entourage, se produisait la plupart du temps — Owsley vous racontait l'expérience qu'il en avait faite à Muir Beach. Elle semblait l'horrifier et l'intriguer en même temps — les détails en étaient à la fois si morbides et si merveilleux. Tout le monde l'écoute... Est-ce possible ? Owsley, quoi qu'il en soit, semblait tenir Kesey pour un démon, et parlait de leur couper ses livraisons de LSD.

Richard Alpert, lui aussi, n'était guère satisfait de ces Tests. Alpert, comme Timothy Leary, avait sacrifié sa carrière universitaire au mouvement psychédélique. Il était déjà assez dur d'empêcher les multitudes de non-initiés de piquer des crises d'hystérie dès qu'on leur parlait de LSD, fût-ce dans les meilleures conditions — à plus forte raison quand il servait à de folles orgies dans des bâtiments publics. Les camés de la tendance Leary et Alpert avaient même un sacré mal à croire que les Pranksters puissent aller jusqu'à ce genre de farce à la manque. Ils s'attendaient d'un moment à l'autre à voir le mouvement exploser, tomber en pleine débâcle, dans une sorte de déconfiture générale et panique, dont la presse profiterait pour enterrer définitivement le psychédélisme. La police les surveillait de près, mais n'y pouvait pas grand-chose, si ce n'était les épingler, à l'occasion, pour une histoire de marijuana, car il n'y avait pas encore de loi contre le LSD. Les Pranksters poursuivaient leurs Tests à Palo Alto, à Portland, dans l'Oregon, deux à San Francisco, quatre à Los Angeles et dans les environs — et trois au Mexique — sans enfreindre aucune loi, inspecteur — sinon toutes les lois de Dieu et de l'homme... Bref, ils nous défient, nom de Dieu, et on n'y peut *rien*...

Les Tests étaient de ces défis, de ces *scandales* qui créent les nouveaux styles ou les nouvelles visions du monde. Ils sont tous là à glousser, à fumer, à grincer des dents, à récriminer contre le mauvais goût, les mauvaises mœurs, l'insolence, la vulgarité, les enfantillages, la folie, la cruauté, l'irresponsabilité, la fraude, et ils s'excitent tellement, ils en bavent tellement, une telle inflation, qu''ils n'arrivent pas à s'en libérer. Cela devient une parfaite obsession. Ils vont vous montrer, maintenant, comment il aurait *fallu* s'y prendre.

Les Tests étaient à l'*origine* du style psychédélique et de pratiquement tout ce qui en était sorti. Je ne veux pas seulement dire que les Pranksters avaient été les premiers, mais que tout procédait directement de ces Tests, pour aboutir en droite ligne au Trips Festival de janvier 1966. Tout s'étalait désormais au grand jour. Les « Spectacles Complets » — ils procédaient directement de leur combinaison de lumières, de projections cinématographiques, des stroboscopes, des bandes magnétiques, du rock'n'roll et de la lumière noire mêlés. Le « rock acide » — aussi bien le *Sergeant Pepper* des Beatles que les vibratos électroniques aigus des « Jefferson Airplane », des « Mothers of Invention », et de tant d'autres groupes — c'étaient les Morts Reconnaissants qui avaient tout inventé, au cours de ces Tests. Les Morts étaient la contrepartie *audio* des projections lumineuses visuelles de Roy Seburn. Et Owsley, indirectement, n'y était pas étranger. Retombé sur terre après sa grande crise, il s'était mis à financer les Morts Reconnaissants et, par là, les Tests. Peut-être, crise ou pas crise, s'était-il dit qu'ils étaient la mode de l'avenir. Peut-être avait-il pensé que le « rock acide » était la musique de l'avenir, et qu'il serait un peu le Brian Epstein des Morts Reconnaissants. Je ne sais. De toute façon, il leur avait payé un équipement comme aucun orchestre de rock'n'roll n'en avait jamais eu, même les Beatles, toutes sortes de tuners, d'amplis, d'écouteurs, de baffles, de micros, de cassettes, de bandes, de trompettes, de caisses, de lumières, de platines, d'instruments, de mixers, de sourdines, de mésochromiques serviles, tout ce qu'on pouvait trouver sur le marché. Le son passait par tant de microphones, était filtré par tant de mixers et de décaleurs, éclatait dans tant d'amplis, se répandait dans tant de haut-parleurs, et était repris par tant de micros, qu'on aurait dit une raffinerie. Il y avait là quelque chose de totalement nouveau, étrange, délirant ; pratiquement tout ce qui était nouveau dans le rock'n'roll, le rock jazz comme je l'ai entendu appeler, en sortait.

L'art de l'affiche psychédélique, des détails comme les enluminures genre *art nouveau* des lettres, le design, les couleurs vibrantes, les pastels électriques et la peinture spectrale, sortirent de ces mêmes Tests. D'autres impresarios et artistes, plus tard, devaient recréer le style Prankster avec un raffinement dont les Pranksters n'avaient jamais rêvé. *L'art n'est pas éternel, mes amis.* Les affiches devinrent des œuvres d'art, au sens traditionnel. D'autres encore arrivaient même à recréer la musique des Morts avec plus de succès qu'eux, sur le plan commercial, du moins. Et d'autres mélangèrent si bien les formes d'expression qu'ils réduisirent chaque fois la chose à une pure sucrerie intellectuelle, du fourré à la crème. Ce qui faisait dire à Kesey : « Ils savent où c'est, mais ils ne savent pas pas *ce que* c'est. »

C'est Steward Brand qui avait eu l'idée du grand Trips Festival de janvier 1966. Brand et un artiste de San Francisco, Ramon Sender. Brand avait vingt-sept ans. Il avait été biologiste et avait assisté à des cérémonies de culte du peyotl chez les Indiens de l'Arizona et du Nouveau-Mexique. Il avait fondé une association intitulée « L'Amérique A Besoin des Indiens. » Et puis, un jour, il avait pris du LSD, juste après le lancement d'un satellite Explorer qui devait photographier la Terre. Et tandis que ses bons vieux synapses commençaient à lui tambouriner dans le crâne à une vitesse de cinq mille pensées à la seconde, il s'était brusquement posé une de ces questions qui vous enflamment un cerveau : *Comment se Fait-il Que Nous n'Ayons Encore Jamais Vu de Photo de la Planète Tout Entière ?...* Il avait traversé toute l'Amérique en voiture, de Berkeley, Californie, à la 116e Rue, à New York, en vendant en chemin des badges ornés de cette légende à tous les Gauchistes, Droitistes, Fondamentalistes, Théosophes et mécontents, à quiconque avait une âme ou une flamme de paranoïa, ou un soupçon d'innocence...

Son ami Sender et lui avaient eu l'idée de faire appel à toutes les nouvelles formes d'expression qui tentaient à ce moment-là leur chance dans le monde hip, et d'organiser à bureaux ouverts un Super Test. De louer une salle et de battre le rappel des multitudes. Ils avaient trouvé un impresario, Bill Graham, un New-Yorkais qui avait pas mal de réputation dans le monde hip de San Francisco, en tant que membre d'une troupe de mimes locale, et qui avait l'habitude de s'attirer des ennuis pour monter des spectacles politiques muets dans les jardins publics, et autres trucs du même genre. Le Trips Festival était fixé pour le vendredi, le samedi et le dimanche soir, 21, 22 et 23 janvier, dans le Hall des Débardeurs de San Francisco. Les affiches annonçaient une grande célébration reconstituant, sans LSD, une expérience de la drogue, fondée essentiellement sur les effets de lumière et la musique. La grande soirée aurait lieu le samedi et s'intitulerait le Test de l'Acide, avec le concours de Ken Kesey et des Merry Pranksters.

Kesey et les Pranksters se préparaient pour le Festival. Même Mountain Girl était sur les rangs. Elle avait bien mijoté son truc dans sa petite cervelle, et avait réintégré l'autobus. Les Pranksters venaient d'organiser un Test au Fillmore, une grande salle de danse en plein cœur d'un des grands bidonvilles noirs de San Francisco, le quartier de Fillmore. La soirée avait été déchaînée. Des centaines de camés et de bohèmes étaient venus des quatre coins de la baie, défoncés jusqu'à l'os. Paul Krassner était de retour en ville. Il avait eu vent de la rumeur qui courait dans... Le Milieu. Tout le monde s' « enverrait de l'acide » vers cinq ou six heures du matin, afin d'être prêt pour le Test, qui débuterait le soir à neuf heures au Fillmore. Krassner arrive et — merde — que voit-il ?

... Une salle de danse surréaliste, couverte de corps, près de deux mille, défoncés à s'en faire péter la cervelle, dans des costumes dingues, obscènement fardés, un orchestre de rock'n'roll qui s'égosille, des lumières stroboscopiques, une espèce de machine qui tonne, des ballons, des perles, des serpentins, tout un équipement électronique, et un type, de dos, qui crie. Il ne faut pas croire à la magie *à une danseuse dont les cils sont si longs, quatre bons centimètres, que, rien qu'à les regarder, on se sent déjà planer.*

Kesey lui demande de prendre le micro et de leur improviser un petit commentaire. « Tout ce que je peux vous dire, proclame-t-il au milieu du vacarme, c'est que si j'étais un flic, j'en perdrais le nord. »

Ils étaient venus, les flics, et ils en avaient bien perdu le nord. Ils étaient venus vider la salle vers deux heures du matin, en vertu d'un arrêté municipal. Le spectacle atteignait au délire. Mountain Girl s'était emparée d'un micro et encourageait de ses hurlements les danseurs qui flanchaient. Babbs balayait de ses projecteurs les camés défoncés qui titubaient de toutes parts, et les harcelait de ses lugubres questions dans un autre micro — Hé, là-bas, dites-moi, qu'est-ce qui va pas ?... Z'avez *p-e-r-d-u l-a bou-ou-ou-ou-ou-ou-ou-oule !* Page Browning poussait des ricanements de Zé-lote. Les flics commencèrent par leur crier de fermer ; mais ils ne pouvaient se faire entendre, et se mirent à tout débrancher, les micros, les baffles, les stroboscopes, les amplis — mais il y en avait tellement, de ces sacrées fiches, un nœud de vipères, le plus monumental enchevêtrement de câbles et de fiches qu'on ait jamais vu, à peine en avaient-ils débranché sept ou huit que Mountain Girl en remettait une dizaine en place. Mountain Girl avait fini par empoigner un micro, quelque part au balcon, et leur crier ses instructions, aux flics comme aux danseurs — *Plus fort, la musique, ramenez le vin* — impossible de la dénicher. Les flics finirent par ordonner aux Pranksters de vider les lieux, ce à quoi ils obtempérèrent, sauf Babbs, qui restait assis dans un fauteuil et refusait de bouger.

— On t'a dit d'te secouer, firent les flics.

— J' suis pas obligé, dit Babbs. C'est moi l'patron. C'est pour *moi* qu'*ils* travaillent.

— Ouais ?...

L'un des flics avait saisi Babbs par sa veste phosphorescente. Il ne réussit qu'à la lui ôter. Babbs était agité d'un rire de dément, mais prenait soudain un air des plus imposants et des plus féroces.

— On t'arrête !

— Pour quoi ?

— Pour avoir *raisisté.*

— Raisisté à quoi ?

— Tu vas nous suivre gentiment, ou est-ce qu'y faut qu'on t'embarque de force ?

— Comme vous voudrez, dit Babbs, qui arborait maintenant le plus effrayant sourire, comme s'il allait directement leur voler dans les plumes, et les étendre en moins de deux avec quelques coups de karaté. Les deux côtés, brusquement, se figent — les yeux étincellent, mais personne ne lève le petit doigt. Ce qui ne manque pas, bien sûr, de déclencher un beau chahut. Les avocats de Kesey surviennent sur ces entrefaites, calment tout le monde, baratinent les flics, baratinent Babbs, et tout s'apaise dans les grognements lointains de la vallée, comme si tous ces emmerdements faisaient partie de la Weltmerde.

Deux avocats — oui. Les premières poursuites contre Kesey, à la suite de la grande rafle de La Honda, pour cette histoire de marijuana, avaient traîné pendant neuf mois devant les cours du comté de San Mateo. Les avocats de Kesey avaient attaqué le mandat de perquisition qui avait permis aux différentes forces de l'ordre d'opérer leur descente. L'affaire avait débuté par une audition devant le Grand Jury, dont la procédure, naturellement, était secrète. Le comté prétendait posséder toutes sortes de preuves établissant que Kesey et les Pranksters avaient distribué de la drogue à des mineurs. Les avocats de Kesey tentaient d'obtenir le rejet pur et simple de toutes les charges, en arguant de l'illégalité du mandat. Cela n'avait pas marché. Kesey n'avait plus de choix qu'entre laisser courir et risquer un tas de témoignages assez corsés, ou réclamer un procès public et laisser le juge trancher sur la base des premières minutes du Grand Jury. On s'était finalement mis d'accord pour la seconde solution. Il s'en tirerait probablement avec une légère condamnation : il pourrait toujours faire appel, en arguant encore de l'illégalité du susdit mandat. La solution du juge équivalait, *grosso modo,* à plaider sans débats. Le 17 janvier 1966, quatre jours avant le Festival, le juge avait déclaré Kesey coupable et l'avait condamné dans les formes à six mois de travail dans une ferme de l'administration pénitentiaire, et trois ans de liberté conditionnelle. C'était à peu près ce à quoi s'attendaient ses avocats. Et ça n'était pas si terrible. Ironie de la chose, la ferme était tout près de La Honda, et les prisonniers passaient le plus clair de leur temps à dégager un bout de forêt juste derrière chez lui. Ce qui ne manquait pas de piquant. On dégageait la scène pour les multitudes. Il y avait plus drôle : McMurphy, dans *One Flew Over the Cuckoo's Nest,* commençait par passer six mois dans une ferme pénitentiaire, dans les mêmes conditions. Kesey finirait peut-être par visiter son personnage de l'intérieur. Peut-être... ça n'était pas le bout du monde, bon sang, de toute façon. C'est alors qu'il y avait eu un pépin.

La nuit du 19 janvier, deux jours avant le Festival, Kesey, Mountain Girl et quelques-uns des Pranksters s'étaient rendus chez Steward Brand, dans son appartement de North Beach, près de San Francisco, pour préparer les choses. Un peu après minuit, Kesey et Mountain Girl étaient montés sur le toit de l'immeuble et avaient étendu là, sur le gravier, un vieux matelas bleu qu'ils avaient trouvé à l'arrière d'une camionnette. Ils s'étaient allongés pour admirer les paisibles vestiges de la plage. C'est un endroit pittoresque, agréable, bohème, on se sent chez soi, à North Beach. Un bidonville avec vue sur la mer. Les lumières de la baie, dans le fond, les bateaux de pêche, avec tout le tintamarre, les lumières qui escaladent les collines de San Francisco et, plus près, les carrés de bitume des toits ; les carrés de bitume, les dégradés, les échelles d'incendie — ils admiraient toute cette architecture agréable et paisible, un peu tarabiscotée, mais c'est ça, North Beach. Mountain Girl disparaissait sous ses cheveux châtain foncé et ses grands yeux bruns, qui prenaient un air espiègle et sophistiqué — se dit tout à coup Kesey — *On dirait plutôt les yeux d'un petit chiot, d'un fox-terrier, qui viennent de passer d'une folâtrerie insouciante et maladroite aux devoirs de l'affection.*

Mountain Girl se montre enthousiaste.

— Avec ce grand haut-parleur, dit-elle, on va pouvoir arranger c't'endroit qu'on entendrait péter une *puce !*

Folâtrerie insouciante et maladroite aux devoirs de...

Kesey se sent vieux. *Un étalon jadis si gorgé et résonnant de force...* Son visage se sent tiraillé par l'effort, par... ces emmerdements à n'en plus finir, ces chicaneries juridiques, ces mensonges à tout le monde sanctionnés par les lois, ces finasseries, ces couleuvres à avaler, ces leçons qu'on vous fait, ça vous étire drôlement votre vieux rictus diplomatique...

— ... entendre péter une puce !

— C'est pas encore du tout cuit, dit Kesey.

— Avec tout le temps qui reste pour nous préparer ? D'habitude, on s'y mettait le soir, et on était prêts avant même qu'on soye terminés l'lendemain matin.

Et ainsi de suite — Kesey et Mountain Girl sont couchés sur l'estomac, le menton dans les mains ; ils contemplent les quatre étages qui dscendent dans l'allée, au-dessous d'eux, raclent occasionnellement un peu de gravier et le jettent par-dessus le toit...

Oui... hummm... A 1 h 53 du matin, les flics du commissariat du 19e reçoivent un appel d'une femme qui habite au 18 Margrave Place et leur dit que des espèces de sadiques, qui doivent être saouls, lui jettent des rocs sur sa fenêtre. Peu après deux heures du matin, une voiture de police s'engage dans l'allée. Kesey et Mountain Girl s'en gargarisent. Ouais, une voiture de police, juste en dessous, viens par ici, petite voiture. Un feu rouge clignote sur une montée, à près de cinquante mètres de là. Un feu rouge clignote et une voiture de police s'engage dans l'allée. Ah, toujours le *synchro,* les amis. Les flics entrent dans le bâtiment. On se demande Dieu pourquoi. *J'apprendrai donc jamais* rien ? *Est-ce que je vais encore rester planté là à marmonner sans y croire, pendant que ces deux flics grimpent les cinq étages pour me foutre au bloc...* Oh, logique du rêve et du synchro. Kesey et Mountain Girl ont tout compris, d'un coup, c'est si clair. Tellement évident que c'en est fascinant. Ils ont tout compris, tout pigé — *Barre-toi, fous le camp, cours, fuis, cache-toi, disparais, désintègre-toi* — l'alerte est si nette, le feu rouge n'arrête pas de clignoter, rouge, rien, rouge, rien, rouge, rien, rouge, rien, et pourtant — quoi : *partir ?* Et tout *rater ?* Tout tourne-t-il donc si lentement dans le mixeur ferrométrique ? C'est comme cette fois, si bizarre, où il était aux éliminatoires de lutte pour les Jeux olympiques, en 1960, au Club Olympique de San Francisco. Premier round, une espèce de gros dur, il avait pris deux ou trois pilules de vitamines avant le combat, ça l'avait remonté, remonté, pas *dopé,* oh papa-maman-la-frangine-et-les-copins, mes chers corniauds, tous les athlètes des Olympiques sont dopés, on en fait des camés de la pilule, on les gave, regardez comme on les traîne, gorgés de muscles qui luisent comme des veines, les cheveux en brosse, jusqu'aux tables de massage, une collection de capsules devant chaque assiette, on dirait des verres à vin sur la table d'un gourmet, des capsules de fer, des capsules de calcium, des capsules pour vous presser le colon et vous assouplir le cœur, des capsules de B 12, puissantes comme de pures amphétamines, qui vous transforment en noirs serpents les vaisseaux sanguins, des capsules qui vous donnent une mâchoire de brute avide, qui vous font des bras nets et nerveux, une nuque de primate fou, des défenses rapides, un plexus solaire de panthère, une collection de jeunes taureaux à la courte crinière, des produits de laboratoire, qu'on gave de force à chaque plat — et qu'on ne cesse de remonter en attendant que l'arbitre détende le bras pour ouvrir le match, *toc*... C'est tellement fascinant... On dirait un moteur qui embraye et fonce à toute vitesse... Curieux, plus qu'impressionnant, la façon dont ce grand étalon lui saisit la cuisse, au-dessus du genou, de son énorme main, et se met à tirer — Kesey s'est dédoublé, il est remonté, ici, sur ce matelas, et là, dans l'éther, comme un corps astral, il observe — intéressant ! — difficile de trouver plus fort, le type vous étend rien qu'en vous tirant sur le genou — pas de danger, les amis, ce n'est que de la fascination — et le type a gagné son trophée, le placage le plus rapide de la tournée, le moteur était remonté, *synchro*, mais branché sur un autre...

... Tellement... *fascinant !*...

... que deux flics ont surgi devant la porte scrofuleuse et tarabiscotée qui ouvre sur le toit, les sergents Fred Pardella et L. O'Donnel, envoyés par le commissariat du 19e...

La suite devait fournir matière à deux procès, bien des mois après, à San Francisco, qui finirent tous deux devant d'implacables jurys, le second à 11 contre 1 contre Kesey. Pardella et O'Donnel déclarèrent qu'ils avaient trouvé les suspects, Kesey et la fille Adams, en possession d'un sac de plastique contenant une certaine quantité de végétaux brunâtres. O'Donnel avait voulu s'emparer des preuves, Kesey l'avait pris à bras-le-corps pour l'en empêcher, et avait jeté ledis sac sur un toit rectangulaire adjacent, en manquant de l'y précipiter avec, sur quoi O'Donnel avait tiré son arme et tenu Kesey et la fille en respect. Le sac de plastique qu'on avait récupéré contenait 3 grammes 54 de marijuana.

Une sale histoire, pas à dire. A la seconde condamnation pour détention de marijuana, c'était automatique : cinq ans et pas de libération sous condition. Il risquait à tout le moins les trois ans ferme que lui avait promis le juge du comté de San Mateo s'il continuait de fréquenter les Pranksters. Mountain Girl était prête à tout prendre sur son dos. « C'était la dernière, dit-elle aux journalistes. Y devait plus fréquenter des cinglés et des écervelés comme nous. C'était la dernière fois qu'on s'voyait... » Elle avait essayé, en tout cas. Le flic du comté de San Mateo chargé de surveiller Kesey le lui avait dit, pourtant : pour l'amour du Ciel, qu'il n'aille pas à ce Festival, ou il était bon — mais il n'était plus question d'être bon, ni du comté de San Mateo, on en était loin, en route vers la Ville-Limite.

Kesey quitta le tribunal de San Francisco le 20 janvier, en compagnie de Mountain Girl et de Steward Brand ; il remonta dans l'autobus plein de Pranksters pour annoncer le Festival à travers toute la ville. Ils descendirent à Union Square. Kesey portait des jeans blancs, dont le fond était décoré de lettrines composant, à gauche, le mot CHAUD, le mot FROID à droite, et le mot TIBET au milieu — ainsi qu'une paire de bottes bleu ciel. Et de se mettre tous à tirer de folles vibrations de la Grosse Machine de Ron Boisie, en plein cœur de la ville.

La deuxième arrestation de Kesey avait eu, du moins, l'avantage de faire une énorme publicité au Festival. On ne parlait que de cela dans les journaux de San Francisco. Dans les milieux hip, intellectuels, et jusque dans les autres couches sociales, la nouvelle du Festival se répandait comme une fièvre. *Le LSD, cette redoutable drogue.* Des camés. Une expérience de LSD, sans LSD, annonçait-on — et les gens y croyaient. Mais c'était surtout l'idée d'un nouveau style de vie : Croyez-vous que ce soit... la *nouvelle vague... ?*

Z'avez qu'à acheter vot' billet, bon sang — idée absurde, pour un Norman Hartweg — *si vous voulez nous aider* — tout ça était absurde, mais ils avaient afflué au local des Débardeurs, et par milliers, dès la première nuit, qui avait été principalement une nuit indienne, un drôle de programme préparé par L'Amérique A Besoin des Indiens, le truc de Brand, mais aujourd'hui, samedi soir, c'est la grande bousculade pour le Test. Norman, complètement démoli à l'acide, regarde tous ces corniauds qui se précipitent. Il n'est pas le seul. « Une expérience de LSD, sans LSD » — quelle plaisanterie. Les camés, de fait, sont venus par centaines, défoncés à s'en faire péter la calebasse, des centaines de camés qui, pour la première fois, vont se défouler en public. Comme la fois où les Pranksters étaient allés au concert des Beatles en grande tenue, ils avaient l'air si bizarres, si totalement *bourrés,* qu'on n'y croyait pas. Personne ne s'y *risquerait,* en public, comme ça. Bon, eh bien, voilà, c'est une expérience de LSD sans LSD, c'est tout, et ça y ressemble. Un immense maelström. C'est chouette. Des projecteurs et des films qui balayent les murs ; cinq films en même temps et Dieu sait combien de machines lumineuses, interferrométriques, des mers intergalactiques de science-fiction sur tous les murs, le hall tapissé de baffles, on dirait des chandeliers qui brûlent, des éclairs et des explosions stroboscopiques, des faisceaux de lumière noire sur des objets peints à la Day-Glo, de la Day-Glo pour tout le monde, les lumières rouge et jaune de la ville qui clignotent derrière toutes les ouvertures, deux orchestres, les Morts Reconnaissants et « Big Brother & the Holding Company », une troupe de drôles de filles en tenue léopard qui jouent du sifflet à chien dans les coins — et les Pranksters. Paul Foster s'est emmitouflé les chaussures et les chevilles de sparadrap, ça lui remonte le long des jambes, autour des hanches, et jusqu'à la cage thoracique, au ras d'une chemise blanche, et il s'est entouré le visage et le crâne d'un bandage blanc, avec une fente pour les yeux, surmontée de lunettes noires. Il porte une pancarte au bout d'une hampe : « Vous êtes la Génération du Pepsi et je suis un petit connard boutonneux ! » C'est le rotor ! Les camés sont venus de partout, avec des voiles, des colliers de mandala, des serre-tête indiens, des colliers indiens, c'était la grande mode, il y en avait même un en justaucorps de cuir dont le dos s'ornait de cette inscription : « GUERRIER MOJO ET GRAND SORCIER DE MES FESSES ». Mojo ! Oh, ces stroboscopes dingues qui vous font jaillir d'une cervelle en chou-fleur des balles de ping-pong gaufrées — *j'peux pas supporter ça* — une fille arrache sa blouse et danse les seins nus ; de ses grands nénés jaillissent les fontaines de ses tétons rigides et rouges comme des rubis dans la voie lactée des lumières stroboscopiques. Une danse extatique, un charmant macaroni de gorges sans soutien qui se trémoussent, de fesses en ventouses qui s'escriment, de bras innombrables qui se tordent et se projettent dans tous les sens. Des milliers d'intellectuels et d'érudits bon teint, et de hippies de fantaisie, style North Beach, qui se déhanchent de leur mieux et font des progrès. Le Dr Francis Rigney, psychiatre en titre de la Beat Generation, surveille le spectacle, et tous les Big Daddies [1] rescapés du temps du Beat, Eric « Big Daddy » Nord et Tom « Big Daddy » Donahue, et tous les journalistes, se sentent vibrer à l'unisson de la grande machine de Ron Boise. On était en plein raout, et un fameux.

Au centre du hall, la Tour de Contrôle des Pranksters. On y était arrivé, et c'était parfait. Babbs avait supervisé la construc-

1. Appellation familière des Grands Ancêtres *(N.d.T.)*.

tion d'un grand échafaudage de barres et de plateaux, qui n'avait cessé de s'élever à mesure que les Pranksters y ajoutaient, à cette tour, tout leur matériel, tous leurs micros, leurs amplis, leurs spots, leurs projecteurs, et tout le tremblement, toute l'architecture du Contrôle. Babbs était aux commandes, Hagen était en haut, à filmer, pendant qu'on projetait Le Film. Kesey se trouvait au contrôle sur un plateau encore plus élevé, au balcon, dans une tenue de vol spatial argent, à laquelle il ne manquait rien, pas même la grosse cloche de la tête. C'était à ses yeux un déguisement qui lui permettrait d'être là sans provoquer ni chiffonner les divers tribunaux, mais tout le monde, bien sûr, avait immédiatement reconnu l'Homme de l'Espace, perché maintenant au-dessus du maelström avec un projecteur dont on pouvait se servir pour projeter sur les murs des messages de la taille d'un mammouth, rédigés sur de l'acétate.

Le Démolisseur dansait dans un tournoiement de pure béatitude ; il planait plus haut qu'il n'avait jamais plané, ce qui, pour lui, crevait le plafond. Norman était rétamé, mais il avait une mission. Circuler parmi les multitudes avec une caméra. Mais il n'avait pas de batterie portative, aussi avait-il dû brancher dans une prise un long raccord. Il s'écrasait l'œil dans l'objectif et, graduellement, le tourbillon se réduisait à la dimension de cet œil unique, à cette unité. Norman étant le *je*, le vaisseau dans lequel tout se déversait, Atman et Brahman, et qui laissait tout couler jusqu'à ce que — *le signal* — tout soit parfait, et qu'il se sente devenir Dieu. Il a fait des kilomètres à travers le macaroni grouillant de cette foule en extase, sa caméra est-elle toujours branchée ? — Qu'est-ce que ça peut bien faire ? Il en est le *deus ex machina*, dans l'œil unique de qui s'écoule le monde. Il devient essentiel qu'il puisse atteindre le Nœud Central, la Tour de Contrôle, le grand mât électrique du micro planté à l'horizontale sur le toit de l'échafaudage pour enregistrer l'orchestre — *le voilà* — c'est là, tout y est. Il se met à escalader l'échafaudage, avec son énorme caméra sur l'épaule et toujours vissée à son œil, où tout continue de s'engouffrer, tandis que le raccord et sa douille serpentent derrière lui à travers les multitudes. Et *ces* formes en furie, qui ça peut-il bien être ? — C'est Babbs, et Hagen, Babbs qui lui fait de grands gestes pour qu'il dégage le plateau, il les gêne *y a pas de place, fous le camp d'ici, bon sang* — il éclate d'un rire cosmique, visiblement ils ne savent pas à qui ils ont affaire, qu'ils ont affaire à Dieu, autrement dit. Norman le doux, le tendre, l'humble, l'effacé, éclate d'un rire cosmique et continue d'avancer. Il est pleinement conscient de ce qu'il peut, à tout moment, les avaler... du regard, et ils ne seront plus, au fond de son œil, Babbs et Hagen, que deux petits grumeaux dans le flot universel.

— Norman, si tu fous pas le camp d'ici, bon sang, j'te *balance !*

Babbs a l'air immense, indomptable, la même posture que devant les flics de San Francisco, au Fillmore, et la fente se dessine dans l'esprit de Norman, légèrement, entre les deux globes, comme un défaut, d'un côté une certaine peur durable, irrépressible, de se voir balancé par-dessus bord, lui Norman, et de l'autre le rire Cosmique du Dieu devant la dérisoire attitude de Babbs ; Norman oscille entre le Dieu et le non-Dieu, mais le rire l'emporte, la réalité cosmique de ce que lui, Norman, a osé, du *défi,* de ce nouveau *Moi,* et ils n'y peuvent plus rien, absolument rien — Babbs fixe, éberlué, cette silhouette grimaçante, complètement rétamée, qui escalade l'échafaudage avec une énorme caméra. Babbs se contente de lever les bras au ciel, il abandonne, et Norman monte. *Dieu !* Dans la grande Tour de Contrôle. *Bon, eh bien, si je suis Dieu, je peux contrôler ça.* Il jette un coup d'œil, en bas, sur le tourbillon. Un geste — ça va y être ! — une ondulation de la foule *par ici,* un autre, une ondulation *par là* — ce qui *va* se passer c'est tellement clair, il peut le prédire, cette masse-*là,* sous les stroboscopes, une immense éruption de danses extatiques, ça *va éclater,* et ça éclate, bien sûr — la vibration suit la fente, le défaut, entre les deux globes, la *synchronicité* a parlé, elle a joué, et ils y *vont* — *allez-y, la musique !* — et elle y va — le signal, dans le Nœud Central, comme il était dit — mais, en vérité, je vous le dis — et à ce moment apparaît sur le mur un énorme message en rouge :

TOUS CEUX QUI SAVENT QU'ILS SONT DIEU, MONTEZ SUR SCÈNE

Tous, vraiment ? Les deux globes vibrent, le Dieu et le non-Dieu. Norman, soudain, comprend tout : c'est Kesey qui a écrit ça. Kesey est au balcon dans son costume spatial, c'est lui qui l'a écrit et vient de le projeter sur le mur, avec sa machine. Que faire, O mon Archange ? Norman fixe la scène, il n'y croit pas — à quoi exactement ne croit-il pas ? — et voici que grimpe un moricaud avec une énorme tignasse de cheveux frisés, ils sont naturels, et un serre-tête autour qui lui fait une houppe de gros pissenlits gris, une immense chemise qui flotte sous les projecteurs ; c'est Gaylord, un des rares moricauds du Festival. Son visage reluit et étincelle sous le rictus de l'acide, il est complètement démoli et esquisse une charmante et divine petite danse, le Seigneur Gaylord... Merde, alors. Norman fait un geste en direction de la foule ; elle ne bouge pas. Ni de ce côté-ci ne de celui-là. Ce groupe-*là* va s'élever dans une lévitation extatique, il peut le prédire. Mais non. Il s'écrase au sol, au contraire, comme un crachat, leurs tristes yeux de lune s'agglutinent dans le regard collant de l'acide. Et pourtant... Et pourtant...

Ce Festival immense et déchaîné dura trois jours. Un truc considérable, à tout point de vue. Et d'abord, il avait rapporté 12 500 dollars, presque sans frais, et un nouveau style de danse et de cabaret était né. Deux semaines plus tard, Bill Graham travaillait au Fillmore, où il devait organiser un Festival du même genre tous les week-ends, et remplir à chaque fois la salle. Quant aux camés, le Festival avait constitué pour eux les premières assises nationales d'un mouvement underground qui jusque-là n'avait existé que sur le plan de la cellule locale et dans la clandestinité. Les camés étaient stupéfiés de découvrir combien ils étaient nombreux et ravis de pouvoir se produire en public, flippés comme des babouins, sans que le ciel, et la police, leur tombent sur le dos. La presse avait marché : une expérience de LSD sans LSD. Mais personne dans les cercles hip de San Francisco n'avait de ces illusions, et la grande époque de Haight-Ashbury datait de ce week-end.

Le Festival avait changé bien des choses. Mais dès que le tourbillon s'était apaisé, Kesey s'était bel et bien retrouvé au point de départ, en ce qui concernait les juges grimaçants et renfrognés de San Mateo, et de San Francisco. Les cognes cherchaient à le coincer. Ils l'avaient déjà délogé de La Honda. L'une des décisions du juge avait été que Kesey quitte La Honda, vende sa maison à quelqu'un qui n'avait rien à voir avec lui ou avec ses entreprises, ne remette les pieds dans le comté de San Mateo que pour voir son tuteur judiciaire emprunter l'autoroute qui le traverse, ou en franchir les limites territoriales par la voie des airs, bref, qu'il débarrasse ledit comté de son influence comme de sa personne. Kesey, Faye et les gosses avaient donc déménagé chez Babbs, à Santa Cruz. Kesey y arriva le 23 janvier — un mandat d'arrêt pour s'être soustrait à la surveillance à quoi il était soumis l'y attendait.

Bon, c'est leur Film, mon gaillard, et on sait tous comment ça finit. Trois ans de donjon à San Mateo, sans parler des cinq, huit ou vingt ans de rabiot à San Francisco, pour vous apprendre, et que tous ces chiens de camés se tiennent à carreau, on en a autant pour eux. Kesey tint donc aussitôt un conseil de guerre. Il se rappelait ce dont il avait été question, deux mois plus tôt, quand on avait parlé d'un éventuel départ pour le Mexique... Une abjuration ?

Ils s'étaient donc réunis chez Babbs.

— Si la société veut faire de moi un hors-la-loi, dit Kesey, d'accord, je serai un hors-la-loi, et un fameux. Les gens ont besoin de ça. Ils ont toujours besoin de hors-la-loi.

Les Pranksters avaient tous très bien compris.

Voici donc la fantaisie du jour : ce soir, il va filer au Mexique. Il traversera la frontière caché à l'arrière du camion de Ron Boise. Boise se trouvait là, chez Babbs ; il avait un camion qui lui servait de studio itinérant. Il y avait tout son matériel à souder, les lampes à acétylène et tout le tremblement, et s'y installait pour travailler, sur les terrains boueux, derrière la maison, à des scènes érotiques tirées du Kama Soutra, qu'il modelait dans de vieux pare-chocs de voiture. Le vieil engin psychédélique de Roy Seburn, son autobus miniature, qui était totalement hors d'usage, avait fini par y passer, lui aussi. Rien ne dure. L'art n'est pas éternel. Ils prendraient la route de Puerto Vallarta. Ils utiliseraient le permis de conduire d'un autre Prankster, un nommé J.D., pour le cas où ils en auraient besoin, au Mexique. En attendant, pour camoufler le tout, un dernier tour de leur façon. Le Voyage Suicide.

Kesey laisserait une note annonçant son suicide. D... — qui lui ressemblait extraordinairement — s'habillerait comme lui, monterait dans un vieux camion à glissières qui se trouvait dans les parages, remonterait la côte en direction de l'Oregon, choisirait une falaise appropriée, écraserait le camion contre un arbre, après en être descendu à temps, laisserait le message sur le siège, et jetterait ses bottes bleu ciel au bas de la falaise ; on croirait qu'il avait plongé et était parti à la nage, pour ne plus jamais revenir dans ce marécage de misères. D... ressemblait suffisamment à Kesey, et surtout cette tenue de Prankster, pour que quiconque l'apercevrait sur la route en retienne une image répondant à son signalement. Qu'y s'débrouillent avec ça. Et même si ça ne prend pas, ça peut toujours permettre de gagner du temps. Pas la peine de se décarcasser, c'connard est *p't'être* au fond de l'océan, on sait jamais avec ces foutus drogués...

— J'espère que D... va pas dé-conner, dit Mountain Girl.

Mais elle était optimiste. Il y avait, dans toute cette histoire, comme un grand *élan du Prank*[1].

Kesey et Mountain Girl, cette nuit-là, s'étaient défoncés à la marijuana et s'étaient mis à rédiger la fameuse note :

« Mes dernières volontés. Votez pour Barry si vous voulez vous marrer[2]. Je soussigné Ken Kesey, sain de (humm) corps et d'esprit, lègue toute la baraque, argent liquide et le reste, à Faye & Co (je me rends compte maintenant que personne ne tombera dans ce panneau, et je me rends compte maintenant que c'est encore mieux comme ça)... »

Me-erde, c'était marrant. Ça chauffait dur, ils s'en payaient, et toutes les métaphores sur le destin, toutes les rimailleries du bon poète qui déraille, toutes ces conneries qui leur venaient à force de regarder la Grande Faucheuse dans le trou du cul :

« Vent, vent, en avant, ne m'abandonne pas ici... »

Encore ! Encore ! Plus fort, la musique, un peu plus de vin !

« ... Océan, océan, océan, c'est moi qui aurai le dernier mot, j'te démolirai, cette fois. je te crèverai les côtes, tes côtes faméliques, et à coups de talon... »

Ils n'en finissaient plus, comme s'ils décrivaient au fur et à mesure la course folle le long de la côte, à la recherche de la falaise idéale, d'où il serait supposé s'être envoyé bouler dans la houle ; ils voyaient tout, ça carburait, sa cervelle et celle de Mountain Girl, sur le tapis rugueux du living-room de Babbs. Merde, un peu d'acide par-dessus le marché — ils y *croiront,* il a pris de c't'horrible LSD, c'foutu connard de drogué, et y s'est cassé la gueule pour de bon — et puis merde, on le fout contre un arbre, c'foutu véhicule, et l'on arrose tout le littoral :

« ... J'ai encore perdu l'océan. Merveilleux. J'ai fait des centaines de kilomètres à la recherche de la falaise élue, j'ai

1. En français dans le texte *(N.d.T.)*.
2. Barry Goldwater, candidat aux élections présidentielles *(N.d.T.)*.

plongé si loin dans l'acide que je ne peux trouver l'océan, et finis par m'abattre sur un arbre... »

Merveilleux. Prêt, Ron ? Il monte dans le camion de Boise, et ils filent vers le sud, en direction de San Diego, de la frontière mexicaine, de Tijuana, de la terre promise de tous les bons Hors-la-loi.

XX

L'Electric Kool-Aid Acid Test

Ce qui était arrivé aux Pranksters après la fuite au Mexique de Kesey ressemblait tellement à ce qui était arrivé à la Ligue après la fuite de Leo dans *le Voyage à l'Est* de Hermann Hesse — c'était drôlement bizarre, cette *synchro*-là... Point par point... les Pranksters ! Et le grand voyage en autobus de 1964 ! Tout leur film. Mais non. Il continuait. L'imagination de Hesse avait suivi la leur, tout du long. Et son histoire *continuait,* elle aussi — tout du long, jusqu'à cette bizarre coupure...

Le chef de la Ligue, dans *le Voyage à l'Est,* s'appelait Leo. Il n'en avait jamais été officiellement le chef : comme Kesey, il était le « non-navigateur » de cette fraternité. Et Leo l'avait brusquement quittée « au beau milieu du dangereux défilé du Morbio Inferiore », alors que la Ligue était au cœur de son aventure, dans la phase la plus critique d'un voyage contre lequel on récriminait, et que l'on exaltait, alternativement. « A partir de ce moment-là, il n'y eut plus dans notre communauté ni certitude ni unité, bien que nous eussions toujours en commun un grand dessein. Je me les rappelle si bien, nos premières disputes ! C'était quelque chose de si nouveau, de si impensable, au sein d'une Ligue jusque-là si parfaitement unie. Nous discutions entre nous avec une certaine politesse, un certain respect les uns pour les autres — dans les premiers temps, du moins. Nos discussions, au début, ne conduisaient à aucun conflit violent, non plus qu'à aucun reproche ou aucune insulte personnels — nous constituions toujours à travers le monde une fraternité d'être unis, inséparables... » Les choses s'étaient de plus en plus détériorées, et « H », le narrateur, avait quitté la Ligue après le passage du Morbio Inferiore. Et Hartweg, le narrateur, les avait quittés après...

Etrange, vraiment, cette *synchronicité !*

Kesey parti, Babbs était devenu le chef. Il n'y avait pas eu de réunion, pas de vote, pas même une dernière recommandation de Kesey. Babbs était devenu le chef — l'esprit... collectif du groupe ne s'y était pas trompé, pas d'hésitation. Ils avaient tout emballé, à La Honda, et tout ramené en Oregon dans la maison des parents de Kesey. Ils cachèrent leurs Archives chez Babbs, à Santa Cruz, puis, plus tard, chez Chuck, dans l'Oregon. Ils distribuèrent le reste à divers camés, comme la grande table ronde incrustée de graffiti par les Hell's Angels. Ils l'avaient donnée à un nouveau groupe psychédélique, les Artistes Anonymes d'Amérique, qui s'était installé au Rancho Diablo, à Skylonda. Ils emportèrent tout ce qui pouvait encore leur servir pour les Tests.

Babbs avait choisi Los Angeles pour les poursuivre. L'autobus y avait donc échoué. Ils y étaient à peine arrivés que les premiers murmures se firent entendre. « Il n'y eut plus dans notre communauté ni certitude ni unité, bien que nous eussions toujours en commun un grand dessein. Je me les rappelle si bien, nos premières disputes ! » *Babbs nous donne trop d'ordres* — Kesey, le non-navigateur, se contentait d'exprimer un vœu, et d'attendre qu'il se fraye un chemin dans l'Esprit du Groupe. *Babbs se croit à l'armée... chez les boys-scouts...* Ses facéties semblaient soudain n'être plus que de purs sarcasmes. Ses commentaires énigmatiques, sa candeur paraissaient cruels. Certains Pranksters s'étaient même pris d'amitié pour des pauvres types comme Pancho Pillow, ce pauvre ballot de Pancho, qui n'arrêtait pas de tambouriner et qu'on n'arrêtait pas de charrier. Tenaillé par ses accès d'auto-flagellation, il se mourait toujours d'envie d'être *avec l'autobus*. Le pauvre diable avait dépensé jusqu'à son dernier sou pour voyager de San Francisco à Los Angeles, et avait, un beau jour, rattrapé l'autobus à Lemon Grove. Il était arrivé en se dandinant, avec un immense sourire de fraternité, et se disposait à grimper sur le marchepied lorsque Babbs l'arrêta à la portière.

— J'crois qu'personne veut d'toi, là-d'dans, dit Babbs.

— Comment ça ? dit Pancho. J'peux pas monter ?

— Personne veut d'toi, dans l'autobus.

Le sourire de Pancho s'évanouit, naturellement ; ses yeux battent comme un flipper, en essayant de distinguer les visages, à l'intérieur — *Allons, vous m'connaissez, c'est moi, Pancho !*

— Bon... j'sais bien qu'y en a à qui j'tape sur les nerfs, dit

Pancho, mais j'ai fait tout c'chemin pour être avec vous, les gars, j'ai tout dépensé pour venir...

— On s'en moque, fait une voix, *dans l'autobus.*

— Ecoute, dit Pancho, j'la bouclerai, j'ferai tout c'que vous voudrez. N'importe quoi, mais j'voudrais aider aux Tests...

— On s'en moque, fait une voix, *dans l'autobus.*

— N'importe quoi, des p'tits coups d'main, des courses, y doit y avoir des milliers d'trucs...

— On s'en moque.

Pancho reste planté là, le souffle coupé. Son visage est devenu cramoisi.

— Tu vois, dit Babbs, j'te l'avais dit. J'crois qu'personne veut d'toi, là-dedans.

Pancho l'Ahuri redescend et s'éloigne en clopinant.

Ça les avait bien fait rire. Ce dingue de Pancho Pillow ! Il n'y en avait pas deux comme lui pour vous gâcher un trip ! Un *extraordinaire*[1] casse-couilles ! Le pare-chocs humain par excellence :::: Mais la plaisanterie, une fois qu'on avait ri, avait un arrière-goût métallique :::::

Babbs avait déniché, à Los Angeles, une vieille demeure, le Sans-Souci, une grande baraque pourrie, incroyable, avec un dôme et une balustrade de pierre, tout délabrée et pourrie, mais qui avait du style. Le propriétaire avait paniqué quand il y avait trouvé cette bande de *beatniks,* mais trop tard. En attendant, un jour qu'ils étaient tous là, l'un des Pranksters avait dit quelque chose qui n'était pas du tout dans leur style.

— J'ai quelque chose à vous dire : J'peux pas supporter Margie, j'la veux plus dans les parages, avait-il déclaré.

In-croyable, quoi. C'était de Marge la Berge qu'il voulait parler. Tous les yeux s'étaient tournés vers Babbs, à qui échouait désormais le rôle de tout régler, qu'avait assumé Kesey. Babbs s'était tourné vers Marge la Berge et lui avait demandé :

— Qu'est-ce que tu en penses ?

Et Marge avait répondu :

— J'pense que c'est ridicule, sur un tel ton de placide et tranquille conviction que personne n'avait plus rien dit.

Un petit incident — mais un incident de plus dans le cadre du schisme naissant entre les partisans de Babbs et ceux-qui-en-

1. En français dans le texte *(N.d.T.).*

ont-assez. Ils se rendront compte plus tard qu'ils ne faisaient, dans bien des cas, que reprocher à Babbs le mystérieux sentiment de désarroi qui s'était emparé d'eux. Ils lui cherchaient une explication, et l'avaient trouvée : c'était lui, Babbs. C'était, en réalité, le ciment magique que constituait pour eux le charme de Kesey qu'ils avaient perdu. « Il semblait que plus sa perte se révélait définitive, plus il leur semblait indispensable ; sans Leo, son beau visage, sa bonne humeur et ses chansons, sans son enthousiasme pour notre grande entreprise, cette dernière semblait elle-même, de mystérieuse façon, perdre toute signification. »

Babbs, de fait, s'était attaqué aux Tests, à Los Angeles, avec une surprenante énergie. Les Pranksters avaient quitté leur territoire, la région de San Francisco, mais témoignaient d'une efficacité dont ils ne se seraient jamais crus capables. Comme s'ils répondaient à l'exhortation de Babbs, il y avait de cela des mois : « Il va falloir apprendre comment fonctionner quand on a pris de l'acide. » Ils étaient eux-mêmes complètement dans les vaps, mais cela ne les empêchait pas de mijoter des Tests qui vous avaient l'air d'être parfaitement orchestrés.

Babbs était en grande forme, comme je l'ai dit. Il s'était abouché avec un extraordinaire camé, un nommé Hugh Romney, poète, acteur, comédien qui avait bouclé le cercle, de la Beat Generation au LSD, et avait « découvert le Management », comme il disait. « Et quand vous découvrez le Management, il ne vous reste qu'à vous y mettre. » Romney et son amie Bonnie Jean avaient rejoint l'autobus, et ils s'y étaient tous mis — rien de plus, rien de moins — à *convertir Los Angeles au Management...* Oui, m'sieur... Le premier Test avait eu lieu dans l'église de Paul Sawyer, à Northridge, juste à la sortie de Los Angeles, dans la vallée de San Fernando... Sawyer est toujours prêt à tout essayer et est lui-même avec eux, dans l'autobus. Et si nos Chemises de Sport pouvaient les voir, ces... *nouveaux* rites qu'on essaye... *avec de la musique, des danses, et des sacrifices* — Des sacrifices ? — Bon... il ne s'agissait pas d'un Test, à proprement parler, mais d'un « happening », mot qui était devenu tout à fait inoffensif et dépourvu de tout impact dans les Cercles Culturels, y compris l'église unitarienne-universaliste de Sawyer. Une superbe construction moderne en forme de gros oignon des Bermudes, une sorte de grand... Dôme, avec une acoustique fantastique, dont on aurait dit qu'il avait été spécialement conçu pour leur nouvelle lubie. Les Pranksters s'y étaient donc installés. Ils avaient préparé et équipé les lieux, et des centaines d'amateurs étaient venus pour le « happening », qui mêlait la magie des Pranksters au chili à l'ananas, mixture passablement exécrable qu'on leur servait, mais qui n'en était pas moins du *chili à l'ananas,* une fameuse trouvaille. Cassady avait son micro et se mettait à tambouriner, Romney en avait un autre et tambourinait, lui aussi, et il était formidable, et il y avait Babbs, et Paul Foster au troisième ciel, avec le Dieu Rotor, et qui ne bégayait plus... Les gens dansaient d'une façon on ne peut plus extatique, ils étaient tellement pris, même les multitudes, même les caves, qu'eux *aussi* ils avaient pris des micros, et que, soudain, il n'y avait plus eu de fossé entre animateurs et spectateurs, plus rien de cet air condescendant, si-vous-pouviez-voir-cet-air-de-caves-que-vous-avez, des happenings habituels. Par centaines, ils se voyaient plongés dans *une expérience,* une expérience qui tournait à un typhon de rêve, dont la spirale centrifuge était baignée d'un doux liquide de paix. Bref, tout le monde dans Le Film, avec l'autobus, c'était merveilleux... On aurait dit qu'ils... *planaient !* — Les Pranksters avaient maintenant entrepris d'en attirer des centaines, des milliers, des millions, pour leur faire partager cette *nouvelle expérience,* et, en quelques jours, ils étaient accourus :::::

::::: Clair Brush, par exemple. Oui. C'était une jolie brunette, dans les 25 ans, qui travaillait pour Art Kunkin, le rédacteur en chef de la *Free Press,* l'hebdomadaire des milieux hip de Los Angeles. Son vieil ami Doc Stanley l'avait fait venir à l'église de Sawyer, avant le Test, et lui avait dit : « Clair, il va y avoir un happening dans une église unitarienne de la vallée. Tu ne devrais vraiment pas rater ça », etc. Mais l'une des fonctions de Clair à la *Free Press* était de tenir le calendrier des événements pour la clientèle hip, c'était la grande saison des « happenings », elle avait déjà vu tout ça une douzaine de fois, on lui avait à chaque fois annoncé le grand truc de l'avenir, et ça n'avait jamais manqué de foirer. Elle n'était donc pas venue. Hummmm ::::: Pourtant :::::

::::: Elle en avait entendu parler par des gens qui, eux, y avaient assisté, et elle avait décidé de se rendre au suivant :::::

::::: qui devait avoir lieu à Watts, le jour anniversaire de la naissance de Lincoln, le 12 février 1966. *Watts !* Le même Watts où avait éclaté, à peine cinq mois plus tôt, la fameuse révolte des Noirs, le symbole de toutes les catastrophes et de toutes les fatalités de la société américaine, et *quel est cet étrange vaisseau spatial qui s'approche maintenant de Watts, et du Youth Opportunities Center*[1] *— Youth Opportunities ! — pour un voyage au-delà de toute catastrophe : : : : :*

: : : : : — Je crois que ce qui m'a décidée — me raconte Clair — c'était la description que quelqu'un m'avait faite de la façon dont Art Kunkin avait spontanément participé à cette soirée dans l'église, et en avait été enchanté. La plupart des gens se livraient à toutes sortes d'improvisations, comme on le leur demandait, mais Arthur et moi étions restés dans notre coin, au milieu de la foule.

« Bon. On avait choisi Watts — il s'agissait plus précisément de Compton, une ville mitoyenne — pour des raisons que j'ignore. Les meilleures explications qui me sont revenues tournaient autour des raisons politiques qu'il y avait à organiser ce genre de rencontre dans un quartier récemment secoué ; c'était un geste d'amitié, et un choix assez piquant — ironique ? — pour de telles démonstrations.

« Le bâtiment était un entrepôt qui faisait partie du Centre, mais qui était encore vide. Ils — les gens du Centre — l'utilisaient, ou avaient l'intention de l'utiliser, comme atelier pour la formation aux métiers manuels, ceux qui, probablement, ne réclament pas d'installation ? Recyclage, etc. Le groupe de Kesey le louait régulièrement pour 24 ou 48 heures, en payant, et le gardien du Centre était toujours présent pendant les Tests.

« Les annonces avaient été faites comme à l'ordinaire, la Free Press, le calendrier des événements locaux, etc. Un public d'environ 200 personnes. Lorsque je suis arrivée, rien n'avait commencé... Les gens s'agglutinaient en petits groupes, assis sur des nattes et des couvertures le long des murs. La salle, la grande salle, était immense... Je n'ai pas le sens des mesures et de ces trucs-là, mais je dirais dans les 60 par 30. Il y avait une plus petite salle d'un côté, des lavabos de l'autre, et un corridor au fond, avec des fenêtres ouvertes, sans vitres, à hauteur d'homme... par lesquelles on pouvait observer le spectacle.

« J'étais venue en voiture avec deux autres personnes, mais je les avais immédiatement abandonnées... pour rejoindre des

1. Association d'aide à la jeunesse *(N.d.T.)*.

amis qui avaient apporté du rosé et étaient assis sur une natte. Comme je vous l'ai dit, rien n'avait commencé, aucun de leurs effets... On nous annonça bientôt (je crois que c'était Neal Cassady, mais je ne le connaissais pas à l'époque) que la soirée allait débuter. On nous projeta des films sur le mur du fond, avec un commentaire... des films sur l'Hailleurs, l'autobus, les gens dans l'autobus... Ce commentaire était assez ennuyeux, et le film semblait confus, et manquait de brio.

« N'oubliez pas que je suis une novice. Je ne m'étais jamais " flippée ", qu'il s'agisse d'" herbe ", de pilules quelconques, ou de quoi que ce soit... Je n'avais jamais rien essayé de plus fort que l'alcool. Je connaissais bien quelques " camés ", mais je n'avais pas beaucoup réfléchi à la question... Bien essayé un peu d'herbe de temps à autre, ça ne m'avait pas impressionnée, sauf pour le goût assez déplaisant que ça vous laisse.

« Ça vous expliquera peut-être pourquoi un tas de gens adoraient le film, et riaient, et aussi pourquoi ils étaient venus si nombreux... Je suis sûre que j'appartenais à la petite minorité qui ne savait pas à quoi s'attendre. Ils avaient dû se donner le mot. Pas à moi. Je crois également qu'un tas de gens, dans ce public, avaient entendu parler des trucs de Kesey, et se rendaient parfaitement compte de ce qui se passait. Pas la pauvre Clair. Pas dans le coup, comme d'habitude.

« On continuait de projeter le film. Et des diapos de fleurs, de formes, des trucs et des machins... Et puis ils ont amené une grande poubelle de plastique dans le milieu de la salle, et invité tout le monde à venir se servir. Elle était pleine de Kool-Aid[1]. On ne s'est pas trop bagarré pour les rafraîchissements... Les gens y allaient tranquillement, on les servait dans des tasses en carton. On boit beaucoup de Kool-Aid chez pas mal de mes amis, comme Del Close et Hugh Romney, j'ai donc trouvé tout naturel qu'on nous en serve... J'en ai bu une tasse, une autre, me suis baladée et ai bavardé un peu, une troisième... »

... Le piquant de l'affaire, pour Clair du moins, était que c'était justement Romney qui avait eu l'idée de servir du Kool-Aid Electrique, comme il l'appelait. Ils y avaient... mais oui... mélangé une bonne dose d'acide. Une farce, en partie, mais une conclusion naturelle, surtout, une apogée des Tests. Un geste, de la pure générosité, que de distribuer gratuitement tout cet

1. Boisson tonique et rafraîchissante *(N.d.T.)*.

acide ; on voulait vraiment convertir le monde, l'inviter à partager l'extase des Pranksters, l'expérience du Tous-en-un... de ces vaisseaux du divin qu'ils étaient tous devenus, à l'unisson, et tout est là, dans du Kool-Aid et une tasse en carton. Cassady en but immédiatement près de cinq litres. Il y en avait deux baquets, d'ailleurs. Romney s'empara du micro et déclara : « Celui-ci est pour les petits estomacs, et celui-là pour les grands. De ce côté-ci pour les minets, et de ce côté-là pour les lions », et ainsi de suite. C'était tout juste s'il ne mettait pas une pancarte « LSD » sur le baquet qui en contenait. Romney était tellement à son affaire qu'il ne lui était pas venu à l'idée que quelques âmes plus innocentes auraient pu s'égarer là, à la suite d'une erreur d'aiguillage, et tout simplement ignorer... ou penser que ces subtiles allusions devaient se référer à du gin, comme les deux grands bols de cristal pleins de punch qu'on place aux deux bouts d'une longue table nappée de blanc, dans les buffets de mariage... ou ne rien entendre, tout bêtement, comme Clair Brush...

« Severn Darden était là, et Del Close, bien sûr. Je les avais connus au Second City de Chicago. Severn et moi nous trouvions sous le faisceau d'un strobe (c'était le première fois que j'en voyais un, c'est rigolo), et on leur faisait une petite improvisation... Il jouait le rôle d'un mari jaloux, et moi celui de la femme infidèle, quelque chose de simple et d'amusant. Il me secouait et me flanquait par terre (gentiment, bien sûr), et voilà que, brusquement, je me suis mise à rire... à rire... Un rire primitif, à vous déchirer les tripes, j'avais jamais vu ça. Il me sortait de si profond, d'un endroit que je n'avais encore jamais senti... Et ça continuait... C'était incontrôlable... et merveilleux. Et puis, toc, je suis revenue à moi, et il n'y avait plus rien de drôle... plus de quoi rire... De quoi donc est-ce que j'avais bien pu rire ?

« J'ai regardé tout autour de moi. Les gens avaient des visages tordus... Des lumières s'allumaient de tous les côtés... Il passait trois ou quatre films en même temps sur l'écran (des draps) au bout de la salle, et le stroboscope clignotait de plus en plus vite... L'orchestre, Les Morts Reconnaissants, jouait toujours, mais je ne pouvais plus entendre la musique... Les gens dansaient... Quelqu'un est venu vers moi, j'ai fermé les yeux, et il a projeté des images, avec une machine, sur l'intérieur de mes paupières (j'y crois, vraiment... J'ai demandé, ils avaient une machine comme ça)... Plus rien n'avait de sens, plus une touche de normalité ou de réalité... Et j'avais peur, je croyais sincèrement que c'était dans ma tête, et que j'avais complètement craqué.

« J'ai cherché quelqu'un à qui je pouvais me fier, j'ai demandé à un tas de gens ce qui se passait... La plupart se mettaient à rire, ils ne croyaient pas que je ne savais pas. J'ai trouvé un type que je ne connaissais pas très bien, mais avec qui je me suis tout de suite sentie en confiance. Je lui ai demandé ce qui se passait, et si c'était moi, et il s'est mis à rire, et il m'a tenue serrée, et il m'a dit qu'on avait un peu " corsé " le Kool-Aid, que j'en étais au début de ma première expérience de LSD... que je ne devais pas avoir peur, ni accepter ni rejeter... mais que je devais me laisser aller, sans lutter ou essayer d'arrêter. Il m'a serrée pendant un bon moment. On n'aurait pas pu se sentir plus près... nos os s'étaient emmêlés, on n'avait plus qu'une peau, il n'y avait plus un endroit où on aurait pu se séparer, un endroit où il s'arrêtait et où je commençais. Impossible de décrire cette sensation autrement qu'en termes de mélodrame... Pourtant, j'avais vraiment l'impression qu'on s'était fondus ensemble, qu'on ne faisait plus qu'un, au vrai sens du mot, que plus rien ne pouvait nous séparer, et que c'était plus important que tout ce qui avait jamais pu nous arriver. (Il faut noter qu'un an et deux... ou trois mois après... j'ai lu des trucs, par la suite, sur cette " empreinte ", selon quoi il était possible qu'on garde un lien entre nous, quelles que soient les circonstances... Je crois que c'est vrai... La personne en question continue de jouer un rôle très spécial dans ma vie, et moi dans la sienne, bien qu'on n'ait pas de contact régulier et qu'on se voit très peu... Nous avons partagé quelque chose qui va durer. Oh, merde ! On peut pas parler de ça sans avoir l'air ballot.)

« Je n'avais plus peur, et je me suis mise à regarder partout. La scène que je viens de décrire se passait dans la petite salle, qui n'était éclairée qu'à la lumière noire. C'est une lumière qui donne aux gens un coloris et une texture superbes. J'ai vu une dizaine de personnes assises directement sous cette lumière noire, qui se détachait sur un drap blanc (devenu lavande et lumineux) ; elles étaient en train de peindre des mannequins désarticulés avec de la peinture fluorescente... et de se peindre, mutuellement, leurs vêtements, etc. Je m'étais mise sous la lumière. Des gouttes de peinture étaient tombées sur mon pied, sur ma sandale, c'était exquis. Je suis retournée dessous assez souvent... Impossible de décrire ce calme, cette beauté. Ma peau prenait une épaisseur, un grain... du velours pourpré. J'aurais voulu qu'elle conserve toujours la même couleur, je me rappelle. (Je le voudrais toujours.)

« Dans la grande salle, il se passait beaucoup de choses. Les gens dansaient. L'orchestre jouait — mais je ne pouvais pas les entendre. Je ne peux pas me rappeler une seule note, tellement les vibrations étaient fortes. J'ai du goût pour la musique — je chante, je joue des instruments, etc. — c'est pour ça que ça me paraît si bizarre. J'étais près de l'orchestre, je me laissais envahir par les vibrations. Ça me prenait aux doigts de pied, et tout mon corps en frissonnait, centimètre par centimètre... Elles remontaient mon système nerveux (je me souviens d'avoir pensé à ces tableaux des nerfs qu'on étudiait en biologie, c'était moi), et elles se promenaient partout, le moindre petit tracé, avant de m'arriver au sommet du crâne, où elles éclataient en un feu d'artifice de couleurs et d'arabesques... un peu comme un dessin de Steinberg, peut-être ?... Des couleurs très intenses, je me rappelle, mais toujours avec des lignes noires... pas des dessins, exactement, mais des traits et des bordures.

« Leur strobe était resté en panne... Je crois que quelque chose avait pété, à l'intérieur... C'était un soulagement. Ça m'attirait, mais ça distrayait cette partie de moi qui voulait s'accrocher à la réalité... Je n'avais jamais essayé ça, de jouer avec le sens du temps... C'était fascinant, mais effrayant.

« On nous avait servi le Kool-Aid vers 10 heures. Presque dès le début, l'entrée de la salle était bloquée par les gens qui entraient et sortaient, et les policiers. Il y en avait eu six différents groupes, au cours de la soirée... La police de Compton City, pour commencer, et puis la police de la route, celle du shérif, celle de Los Angeles, la brigade mondaine. Par groupes de cinq ou six, si je me souviens, juste sur le pas de la porte. Ils surveillaient, il leur arrivait de parler aux gens, mais pas de gestes hostiles, pas de menaces. Ils devaient se rendre compte, probablement, qu'ils n'étaient pas de taille à s'occuper de plus près de ce qui pouvait bien se passer... 150 personnes qui ont pris de l'acide, dans une prison, ce n'est pas très souhaitable... Alors, ils se contentaient de regarder, de faire des réflexions ; ils s'en allaient, d'autres venaient... Ça a duré toute la nuit.

« Il y avait même des personnalités locales... Elles étaient venues vers minuit, mais j'avais complètement perdu le sens du temps, je ne l'ai retrouvé que vers les 6 h du matin, au moment où j'ai fini par m'asseoir (j'étais restée constamment debout depuis 10 h, à me promener ou à danser, je ne voulais pas m'asseoir... je me demande encore pourquoi). Deux ou trois femmes, et peut-être sept hommes. L'un des hommes portait un costume blanc et un calot — je croyais que c'était Elijah Muhammed[1]. Ils regardaient, souriaient, parlaient aux uns ou aux autres... Ils sont restés environ une demi-heure et sont repartis en nous souhaitant une bonne soirée. Le Kool-Aid avait disparu, bien sûr... on s'était dépêché de l'enlever. Naturellement, c'étaient des Nègres. Ils ne paraissaient pas avoir le moindre soupçon qu'il pouvait s'agir d'autre chose que d'une réunion de jeunes, et se montrèrent enchantés de nous accueillir dans le quartier. Je me rappelle qu'une des femmes portait un enfant dans ses bras. Pas mal de gens s'étaient penchés pour jouer avec... un petit garçon, il devait avoir dans les deux ans.

« Le gardien du bâtiment était resté là, Il devait retourner de temps en temps dans les bureaux pour dormir un peu, ou plus simplement fuir le bruit et le chaos... mais revenait régulièrement s'assurer qu'il n'y avait pas d'histoires. Il se montrait amical, enjoué, mais très, très désorienté par ces étranges activités.

« Pour moi, le Test était surtout un chef-d'œuvre de mise en scène. Tout était des plus soigneusement agencé et calculé pour produire les mêmes effets que le LSD, de sorte qu'il m'est impossible de dire où s'arrêtait la mise en scène et où commençait ma propre fantaisie. Les films qu'on nous montrait étaient tellement prenants, avec des formes et des détails d'arbres et de fleurs et, souvent, rien que de la couleur soulignée par des lignes noires, ou des paysages qui défilaient très vite, des mains vues de près, et des trucs du même genre... Encore une fois, j'évitais de trop les regarder pour ne pas me laisser saouler...

« Il y avait des gens dehors... La nuit était froide et claire... Quelqu'un avait paniqué, était remonté en voiture, et avait démarré en trombe... Je voulais rentrer chez moi, mais je savais bien qu'il aurait été fou de conduire moi-même. Bonnie (la

1. Leader des Black Moslems, mouvement politique des Noirs américains convertis à l'islam *(N.d.T.)*.

bonne amie de Hugh Romney) était là, toute seule... On s'est effleuré la main et on a souri. On se comprenait, on compatissait. L'Hailleurs était garé dans la rue. J'y suis allée toute seule. Je me suis assise dans l'autobus. J'entendais, je sentais les esprits des gens qui vivaient là-dedans... On (l'autobus et moi), on était partis pour un voyage dans le temps, et je les connaissais tous si bien... Je suis rentrée, et j'ai vu un type qui avait le visage peint moitié or, moitié argent, avec une tignasse bouclée tout ébouriffée. Je l'avais déjà vu. Il m'avait paru effrayant, étrange... »

C'était Paul Foster — « Je l'ai regardé, et j'ai compris. Les costumes des Merry Pranksters avaient d'abord pu paraître bizarres. Maintenant, ils étaient superbes, tout à fait adaptés. Je me rappelais une affiche au plafond de la Free Press quand nos bureaux étaient dans le trente-sixième dessous... Une affiche pour un film, *The Beard*[1]. Avec « Grah roor ograrh... lion lionne... oh grahr... » (juste comme ça) imprimé dessus... Et, brusquement, je comprenais exactement ce que ça voulait dire.

« Tout s'éclairait en moi, brusquement. Aujourd'hui, j'ai tout oublié, mais il y a eu un moment où tout s'expliquait et collait parfaitement. Et j'ai dit à haute voix : “ Oh, mais bien sûr ! ”... Comment se faisait-il que je n'avais pas encore vu tout ça, que je n'avais pas réalisé tout ça, au lieu de résister tellement ? Ça n'a pas duré. Et ça ne s'est pas reproduit.

« Il y avait une espèce de sorcière, très gentille, qui dégageait des vibrations extraordinaires, chaudes, merveilleuses. Elle portait du velours rouge. Une dame âgée, une vraie sorcière, dans le meilleur sens. J'étais contente qu'elle soit là. Elle souriait à tout le monde, elle était dans le coup, à la fête, et elle s'occupait maternellement des rares personnes qui ne réagissaient pas bien.

« Il y avait une fille qui avait complètement perdu la boule. Elle était avec des amis, et je crois qu'au bout de quelques heures, ç'a été mieux. Et puis un type frappé de stupeur... j'ai envie de dire : catatonique. On avait essayé de le réveiller, impossible d'établir le contact... C'était un vague ami à moi, et je me sentais un peu responsable. Il fallait qu'il rentre chez lui... Il avait déjà été dans des hôpitaux psychiatriques. Perdu le contact avec les réalités, etc. Quand je m'étais rendu compte de

1. *To beard a lion :* braver un lion *(N.d.T.).*

ce qui se passait, je l'avais supplié de ne pas boire de ce Koll-Aid, mais il en avait bu... Et ça n'allait pas du tout. Ce sont les deux seules personnes à ma connaissance pour qui ç'ait mal tourné, mais je n'avais pas le contact avec tout le monde, j'en suis sûre.

« Je vous ai parlé de la bande magnétique (« Vous vous en FOUTEZ ?... Je m'en fous... ») et comment on l'avait repassée la fois d'après. C'était du show business. »

Show biz... Ouuuuui — et nnnnnon... Clair avait pris du LSD, elle planait, elle se demandait ce qui lui arrivait, si elle n'était pas devenue folle, etc., et elle avait entendu un cri délirant :

— Qui est-ce que ça intéresse !

Puis :

— Ray !... Ra-a-a-a-ay !... Qui est-ce que ça intéresse !

Des plus dingues. Mais il aurait été couvert par le brouhaha général et le tumulte du cérémonial, auxquels s'ajoutaient les lamentations des Morts Reconnaissants, ou du moins on ne l'aurait pas entendu si clairement, s'il n'avait pas été recueilli par un micro et amplifié par d'immenses baffles de théâtre...

— On s'en fout !

Il n'en fallait pas davantage pour quelqu'un comme Clair, Clair qui se demandait si ce n'était pas *elle* qui était devenue folle — ce cri d'une femme qui flippait, qui perdait la boule, le tout amplifié comme si l'on arrachait les entrailles et triturait la cervelle de toute l'assistance. Le chevalier servant et guide improvisé de Clair l'avait prise dans ses bras et lui avait dit : « C'est une bande qu'ils ont enregistrée. Rien qu'un truc. C'est Hugh Romney qui a fabriqué ça. » Bon, ça paraissait plausible. Hugh était un acteur, un grand humoriste, un artiste du truquage, un grand farceur... Et, de fait, c'était bien sa voix, dans le micro, entre deux cris :

— Mesdames et messieurs, y a un flic qui s'est désintégré dans la salle à côté ! Quelqu'un peut-il y aller et le remettre sur pied !

— *Ray ! Ra-a-a-a-ay !... C'est pas possible !*

Sur quoi en entendait de nouveau la voix de Romney :

— Est-ce que quelqu'un aurait un sédatif quelconque ? Il y a quelqu'un qui a des petits ennuis dans la salle à côté.

La salle d'à côté était le petit hall d'entrée par lequel Clair était passée pour sortir. Il y avait là une fille, assise par terre, qui flippait comme pas une. Les vétérans de l'acide connaissent bien ça. Ce sont des choses qui arrivent. Tout ce qu'il faut, c'est... Les Pranksters et autres hiérophantes du monde de l'acide avaient bien entendu : il y avait une fille, là-dedans, qui avait flippé, et qui criait *On s'en fout !* Norman Hartweg et Romney étaient venus. C'était une assez jolie fille, si seulement son visage ne se tordait pas tellement. Elle avait une jambe estropiée et hurlait *On s'en fout !* et *Ra-a-a-a-a-ay !* Ray, le Ray qui est là, Romney le regarde, et voit tout de suite le tableau. Ray est un grand gars aux cheveux en brosse, avec un maillot de corps et un blouson ou une espèce de veste par-dessus, qui lui moule impeccablement les muscles. On dirait un marin qui est tombé sur une bande de hippies et qui se demande *brusquement :* Merde, qu'est-ce qui se passe...

— *Ray !*

On n'aurait pas pu tomber plus mal. C'est un truc pour experts, et on n'en manque pas, quelques-uns des meilleurs experts qui soient, Romney, Norman, l'Emmerdeur — le voilà — et puis voilà Babbs... Ils font cercle autour de la fille — *Attention !* — Rappelez-vous Rachel Rightbred ! — Et ça lui a passé ! — et ils lui donnent des conseils d'experts :

— ... Essaye pas de résister...

— ... Laisse-toi aller...

— ... Ni accepter ni rejeter...

— ... Dans le sens du courant...

— ... On est avec toi...

— ... T'es entre les mains d'experts...

Des *experts* — les Pranksters sont là à la seriner, des mots, des mots, en pagaille — jusqu'à ce que Romney déniche de la Thorazine, un excellent calmant pour les mauvais trips au LSD qu'on veut écourter.

— Tiens, dit-il, prends ça...

Prends ça — la Fille-Qui-S'en-Fout et Ray dévisagent ce dingue déguisé au milieu de tout un groupe d'autres dingues pareillement déguisés, tous démolis, et qui essaye de lui tendre une capsule de Dieu sait quoi — quelle *diablerie* — Ray jette la Thorazine, la Fille-Qui-S'en-Fout la jette, les capsules valsent à l'autre bout du plancher, et la Fille-Qui-S'en-Fout s'y met :

Harrummmppparummmparrrumppparruuuuuuuumparum-pauharuharummmpa, elle marmonne, revient à elle, repart, glousse un coup, et ils s'écrient : Ah, elle en sort, et puis :

— On s'en fout !... Ray !... Ra-a-a-a-ay !... Oh, et pis à quoi bon !... Baise-moi !... Ray ! Baise-moi !... On s'en fout !

Ces mots ! — Ils lui reviennent tout le temps. Romney ne peut les chasser de sa tête. Le cri de la fille retentit à travers toute la salle, car Babbs s'est emparé d'un micro et le tient près d'elle, sous le nez de Ray, avec l'air de dire : Tiens, essaye-moi *ça*. La tête de Ray est agitée de soubresauts stupides. Babbs veut tout prendre au micro, pour que ça fasse *partie du test* — que ça ne soit pas un événement isolé — mais Tous-en-un, un anachorétique flippage — *On s'en fout !* Romney regarde Babbs, on s'en fout ! Eh bien, Babbs, lui, ne s'en fout pas ; toute une partie de lui ne s'en fout pas, mais une autre se consacre entièrement au Test, aux Archives, à un flippage pour les Archives, un flippage sur bande dans les Archives, la Fille-Qui-S'en-Fout dans les Archives des Pranksters, et le cri va s'enflant sur la grande salle, dans toutes les têtes, y compris celle de Clair...

Romney ne peut chasser de sa tête ce cri délirant. *Who cares,* ce Test devient pour lui le Who Cares Test, et il reprend le micro ; il a une mission, maintenant, et sa voix racle le micro :

— Ecoutez, cette fille a perdu la boule ! et vous vous en foutez ? Cette fille est en marmelade ! et vous vous en foutez ? Cette fille craque comme une biscotte ! et vous vous en foutez ? Cette fille est cuite dans la mélasse, elle marmonne dans son jus, elle en a jusque-là ! et vous vous en foutez ?

C'était très clair. Tous ceux qui ne s'en foutaient pas s'y mettraient, feraient quelque chose, déverseraient sur elle leur Energie, au moins jusqu'à leur dernière goutte de Plasma Dimensionnel, si cela leur faisait vraiment quelque chose. C'était devenu un test pour Romney, il le sentait, que de déterminer jusqu'à quelles profondeurs cela lui faisait quelque chose...

— *On s'en fout !* hurle-t-elle.

Il ne s'en fout pas ! Il le sent, et se sent s'élever...

... tandis que les bandes magnétiques continuent de tout prendre.

On s'épuise, finalement, même à Watts. Ceux qui ne sont pas dans le coup commencent à se tirer. Les Pranksters sont durs à la détente, ils sont toujours là, ainsi que quelques nouveaux initiés, comme Clair Brush. Norman sent que l'heure magique s'approche. L'Emmerdeur se lève, dans un costume de page bleu, et exécute une belle et amusante danse lente, qui accompagne parfaitement la musique... Page s'affaire derrière, avec ses projecteurs, ses films, ses diapos ; il élabore une sorte de collage vraiment splendide, en superposant les images animées sur les images fixes... Les Pranksters sont intrigués, ravis. Page opère de lents changements, combine formes abstraites et diapositives, et... *tout s'intègre...* tout...

Vers 6 h du matin arrivent de nouveaux flics, la brigade des stupéfiants, six, en civil — un nouvel initié qui a passé le cap des 3 h du matin, un dur à cuire, se dirige vers eux et leur déclare, avec un air de totale sincérité illuminé par l'ivresse de l'acide :

— Ecoutez, j'ai plus de Lucidité, maintenant, plus... de Lucidité, dans ce petit ongle... Ma Lucidité est tellement supérieure à la vôtre que... euh...

De toute évidence, à en juger par l'effort qui illumine son Visage, on ne saurait fabriquer en anglais de métaphore, d'expression de son orgueil, qui soit assez énorme pour traduire ce *degré* de supériorité ; son visage retrouve une lueur de calme franchise, quoique toujours un peu forcée, et il ajoute :

— Si vous alliez nous chercher des cigarettes ? On n'en a plus.

Le plus drôle est qu'un des flics y était allé et était très vite revenu avec une cartouche de Kool, qu'il avait distribués à la ronde. Vers 9 h du matin, il ne reste plus que les Pranksters, Clair, et quelques autres — et de nouveaux flics. Lesquels finissent par dire à Babbs qu'il devait faire sortir tout le monde, le soleil s'est levé sur Los Angeles, et les braves macaques de Watts s'en vont au boulot... Les Pranksters sortent en bande sous le soleil de Los Angeles. Le Démon a un visage orange semé d'étoiles d'argent ; il y en a un autre avec des cheveux fous, dont le visage est moitié or, moitié argent. Les dingues de la Day-Glo sortent en bande dans le soleil, ils sortent à 9 h du matin de la boîte de Pandore glacée...

Et Clair Brush de conclure :

— Je crois que c'est à peu près tout... J'ai incroyablement divagué... Est-ce que ça a duré ? Est-ce que j'ai changé ? Je ne peux pas me rappeler. J'en ai l'impression, mais je n'en suis pas sûre. Quand je me mets sous une lumière noire, ou un stroboscope, ça me revient, avec beaucoup d'intensité...

« Del Close m'a raconté, plus tard, que je me promenais

partout avec un air " merveilleux... au sens de pénétré de merveilleux ". Je ne peux imaginer meilleure description.

« Depuis, j'ai repris deux fois du LSD. Chaque fois, c'était différent, beaucoup moins dramatique, plus personnel, moins fort. La seule similitude importante, c'est l'effet physique, qui, pour moi, consiste en des contractions tout à fait comparables aux douleurs de l'enfantement, et un frémissement du bout de nerfs... comme une attente... pendant de longues périodes, l'impression d'être au bord d'un orgasme, sans aucun contact... Ça s'est reproduit à chaque fois. Autrement, tout était différent.

« En reprendre ? Oh, un jour, probablement... Rien d'urgent, aucune envie de courir après le brave revendeur du coin. Je crois que la meilleure façon est de le prendre avec un amant, mais quelqu'un que vous voudriez avoir dans la tête pendant longtemps, longtemps. Ça ne court pas les rues. Et c'est un lien dont on ne se débarrasse pas facilement.

« C'est tout, c'est tout. J'espère que ça suffit. »

Vers 1 h du matin, le téléphone sonne dans l'appartement de Romney, et le réveille :

— Romney, on devrait les tuer, les types comme vous !... Sept personnes inculpées !... Complètement défoncées !... Atroce !...

Plusieurs appels, à la suite. Et, finalement, la police de Los Angeles :

— C'est vous, Romney ? Ecoutez, on a un *bi-colore...*

Oh, le truc Di-men-sion-nel... Ça devait être Paul Foster. Quatre, cinq, six cents personnes avaient défilé toute la nuit dans cet asile d'aliénés, une orgie incroyable — et les flics ne pouvaient rien faire. Alors — vers 9 h du matin, dans le soleil aux reflets de lait caillé de Los Angeles, quand ils avaient vu ce clown s'éloigner du bâtiment en titubant, cet espèce de Druide moitié or moitié argent, ils l'avaient *harponné,* le bonhomme, pour... mais... pour ivresse publique, ou quelque chose d'aussi plausible. Mais vers 1 h de l'après-midi, ils n'ont plus qu'une idée en tête, bon sang, que quelqu'un vienne les débarrasser de ce bi-colore...

Merde, alors ! Même nous, on est dépassés ! On s'en lave les mains de ces : : : : : atrocités : : : : :

: : : : : Qu'est-ce... qui s'est passé, exactement ? Et : : : : :

: : : : : même pour certains Pranksters, la faction anti-Babbs, le Test était une catastrophe. D'une part, ils doutaient du droit qu'on avait de relever d'acide le Kool-Aid, et ils estimaient, d'autre part, qu'on avait cruellement traité la Fille-Qui-S'en-Fout, en l'enregistrant sur tous les haut-parleurs. Peu après leur retour à San Francisco, le Schisme éclata carrément au grand jour, et pour de bon. Un grand petit Morbio Inferiore, dans son genre — le Fossé dont parlait *Life*.

Le Test de Watts, à Los Angeles, après le Festival de San Francisco, avait fait exploser et se propager le phénomène psychédélique qui s'était jusque-là rapidement développé, mais dans la clandestinité. Et ceci d'une façon dont personne n'aurait pu rêver. Leary et Alpert, avec leurs expériences, avaient eu pas mal de publicité, mais, l'un dans l'autre, leur histoire paraissait se ramener à un phénomène assez isolé, sous la houlette de deux pontes de Harvard qui en parlaient d'un air assez solennel et ésotérique. Cette nouvelle histoire de LSD, L.A. [1]-San Francisco, avec tous ces gamins déchaînés et ce délire de rock' n' roll, semblait indiquer que la redoutable drogue avait contaminé la jeunesse comme une épidémie — ce qui était parfaitement vrai. Rares étaient ceux qui se rendaient compte que tout émanait de la même source galvanisante : Kesey et les Merry Pranksters.

Une équipe de *Life* avait rappliqué, conduite par un photographe, Larry Schiller, qui s'intéressait au monde du LSD et avait pris des photos lors du Test de Hollywood. Ils avaient interviewé les Pranksters, les avaient photographiés, et leur avaient dit qu'ils se proposaient de faire toute une tartine sur l'acide, et qu'ils espéraient les mettre sur la couverture. Ils avaient donc traîné l'autobus jusqu'à un grand studio où Schiller les avait tous pris ensemble. Babbs, lui, avait refusé d'y aller. Mais tous les autres, Norman, Hagen, Cassady, toute une floppée, y étaient allés, et Schiller avait pris un tas de photos. Norman trouvait ça grotesque. Et d'abord, le type travaillait en noir et blanc, alors que ce qui sautait tout de suite aux yeux, chez les Pranksters, c'était la couleur, la Day-Glo, plus elle brillait, plus elle dégageait de vibrations, mieux c'était. Puis Schiller les avait fait asseoir en groupe sur un fond noir, tandis que Cassady, debout au centre, battait des bras comme un

1. Abrévation couramment employée pour la ville de Los Angeles *(N.d.T.)*.

corbeau. Schiller se servit également d'un stroboscope, ce qui donnait à Cassady l'air d'avoir une multitude de bras, telle la grande déesse Shiva. Le strobe, à l'époque, était encore nouveau au plan de la photographie psychédélique, les mass media ne s'en lassaient pas. Il permettait de recréer l'expérience de l'acide, etc. Puis Schiller avait demandé à certains de rester, pour des photos individuelles : les plus hauts en couleur, comme Cassady, et Paul Foster, avec ses grosses rouflaquettes et son Uniforme de Prestige, et Norman, peut-être à cause de sa barbe. Les Pranksters ordinaires... les autres Pranksters étaient allés rejoindre Babbs dehors. Lorsque ceux qui étaient restés pour les photos individuelles ressortirent, le Démolisseur, Walker, et les autres — barrés.

Hagen n'arrivait pas à y croire.

— Eh bien, ils nous ont *eus !* dit-il.

Il y avait belle lurette, les Lurons.

Les choses étant ce qu'elles étaient, la force était d'importance. Nos lurons déconfits s'étaient débrouillés pour réintégrer la baraque délabrée, mais Babbs & Co avaient déjà vidé les lieux, emportant argent et provisions. Babbs leur avait laissé un mot pour leur dire que, quant à eux, ceux du noyau central, ils étaient partis pour organiser leur propre Test, le 19 mars. « Nous sommes toujours liés par notre grande idée » — Norman, Cassady, Hagen, Paul Foster, Roy Seburn, Marge, et un ou deux autres, pour se venger, s'étaient préparés de leur côté au Test du 19 mars. Mais ce dernier avait foiré, les gens de l'UCLA [1], où il devait avoir lieu, ayant retiré leur épingle du jeu après tout le bruit qu'avait fait le Test de Watts. Le point final. Tout se désintégrait. Etrange moment, étrange impression. Personne ne parvenait à comprendre pourquoi Babbs avait joué ce tour-là à Cassady ; aux autres, peut-être — quoique, en ce qui concernait Hagen, ce fût également assez étrange — mais à Cassady... Incroyable.

Cassady déclara qu'il s'en foutait et partit pour San Francisco. Norman et Paul Foster s'installèrent chez Hugh Romney. De fil en aiguille, Norman avait eu une occasion de partir en voiture pour New York avec Marge la Berge et Evan Engber.

1. Upland College of Los Angeles *(N.d.T.)*.

« A peine Leo nous avait-il quittés que c'en fut fini entre nous de toute foi et de toute concorde ; c'était comme si le sang qui donnait vie à notre groupe se vidait par une invisible blessure. »

Un jour, Paul Foster joua un tour de sa façon au Dieu Rotor. Il se mit à confectionner un panneau, un truc très compliqué, avec des enluminures. Orné d'une bordure noire, au centre de laquelle ces mots

IN MEMORIAM

en vieilles lettrines anglaises, et en bas : 23 janvier 1966, date de la disparition de Kesey. C'était tout, rien que *In Memorian,* et la date. Il l'accrocha au mur.

XXI

Le Fugitif

Magne-toi les fesses, Kesey. Avance. *Du vent. Barre-toi fuis cache-toi disparais désintègre-toi. File,* quoi.

Fffffffffffffffffffffffffonononononononononononce, ou est-ce qu'on va se contenter d'une réédition mexicaine à retardement de la scène sur le toit à San Francisco et rester là à nous extasier, pendant que le moteur tourne et que les flics remontent *v'nir nous chercher...*

ILS VIENNENT D'OUVRIR LA PORTE D'EN BAS, MON PETIT RETORS DE ROTOR, IL TE RESTE PEUT-ÊTRE DANS LES QUARANTE-CINQ SECONDES, EN ADMETTANT QU'ILS SOIENT SÛRS D'EUX, QU'ILS PRENNENT LEURS PRÉCAUTIONS, ET QU'ILS N'AILLENT PAS VITE

Kesey est assis dans la petite pièce, à l'étage supérieur de la dernière maison sur la plage, à 80 dollars par mois, dans la baie bleu paradis de Bandarias, à Puerto Vallarta, sur la côte ouest du Mexique, Etat de Jalisco, à deux pas des molles frondes vertes de la jungle propice aux appétits de babouins vigoureux et fumants de la paranoïa — Kesey est assis dans cette petite pièce miteuse, le coude sur la table, l'avant-bras levé, un petit miroir dans la paume, perpendiculairement, de telle sorte qu'on dirait un gros rétroviseur de camion, qui lui permet de les voir par la fenêtre sans qu'ils puissent le voir, eux...

ALLONS, MON POTE, T'AS BESOIN DU SCRIPT POUR SUIVRE LE FILM ? T'AS PEUT-ÊTRE ENCORE DANS LES QUARANTE SECONDES AVANT QU'ILS VIENNENT TE CHERCHER

— Une Volkswagen patrouillait dans la rue sans la moindre justification, si ce n'est qu'ils font visiblement équipe avec les faux ouvriers du téléphone, en bas, qui se sont mis à siffloter...

ÇA RECOMMENCE

— à siffloter à la façon des manœuvres basanés, des Indiens mexicains à l'esprit lent, à siffloter sans la moindre raison, si cen'est qu'ils sont visiblement de mèche, synchro, avec la Volkswagen. Une conduite intérieure jaune remonte la rue, sans plaque minéralogique, mais avec un numéro blanc décalqué — *exactement comme en prison* — un policier et deux types en chemise blanche dedans, ce ne sont donc *pas* des gens qu'on vient d'arrêter...

IL Y EN A UN QUI S'EST RETOURNÉ POUR REGARDER !

SI VOUS REGARDIEZ CETTE SCÈNE SUR UN ÉCRAN DE CINÉMA VOUS SAURIEZ QUELLES SERAIENT VOS RÉACTIONS PENDANT QUE VOUS MÂCHONNERIEZ VOTRE POPCORN AU TROISIÈME RANG D'ORCHESTRE : « QU'EST-CE QUE T'ATTENDS, ESPÈCE DE CRUCHE ! BARRE-TOI D'LA... »

— Mais il vient d'avaler cinq amphétamines, son vieux moteur est remonté et vrombit, il est on ne peut plus euphorique, fasciné, à l'aise, et on ne quitte pas comme cela son confortable abri sur la baie bleu paradis de Bandarias à peine un frais ruisselet de speed s'est-il mis à vous courir dans les veines. Tout est si minutieusement agencé dans ce scénario, tel qu'il peut le suivre dans son miroir de poche. Un clin d'œil, et il lui renvoie son propre visage vidé par la tension, un autre clin d'œil — tilt ! — et un gros moineau brillant plonge dans l'ouverture d'un lampadaire, sous le soleil qui décline. Chez lui.

ENCORE D'AUTRES CAMIONS DU TELEFONO ! DEUX GROS COUPS DE SIFFLET CETTE FOIS — SANS LA MOINDRE RAISON SI CE N'EST QU'ILS VIENNENT T'CHERCHER. IL TE RESTE PEUT-ÊTRE 35 SECONDES

— Kesey a son blouson de secours pendu au mur, un blouson de velours côtelé à la Jim-la-jungle, bourré de fil de canne à pêche, avec un couteau, de l'argent, du DDT, un savon, des stylo-bille, une lampe de poche, et de l'herbe. Il a vérifié montre en main qu'il peut passer par la fenêtre, plonger dans une ouverture sur le toit du dessous, descendre le long d'une gouttière, escalader un mur, et se retrouver au cœur de la jungle en 45 secondes — bon, il ne lui reste plus que 35 secondes, mais le tout est de partir avec de l'avance, et l'élément-surprise joue. Mais c'est si fascinant de rester là, en projection sub-astrale, grâce à l'afflux rafraîchissant de la Dexedrine, branché à la fois sur *leurs* cerveaux et le sien propre, avec tous ses torrents, ses affluents et ses méandres, à fouiller la situation dans tous les angles et à la rationaliser pour la centième fois en une fraction de seconde, comme, par exemple : S'ils ont déjà tant de monde.

les prétendus employés du téléphone, les flics dans la voiture jaune, ceux de la Volkswagen, qu'est-ce qu'ils attendent ? Pourquoi n'ont-ils pas déjà enfoncé les portes pourries de ce palais de rats — Mais le signal lui parvient avant même qu'il ait fini de se poser la question :

ET T'ATTENDS ! ILS SAVENT QU'ILS VONT T'AVOIR, IMBÉCILE, ÇA FAIT DES SEMAINES QU'ILS LE SAVENT. MAIS ILS SONT SÛRS QUE T'ES MÊLÉ A TOUTES LES HISTOIRES DE LSD QUI PASSE LA FRONTIÈRE DU MEXIQUE ET ILS VEULENT QUE LA PRISE VAILLE LE COUP QUAND ILS FINIRONT PAR TE TOMBER DESSUS. COMME LEARY : ILS DEVAIENT LE SURVEILLER DEPUIS DIABLEMENT LONGTEMPS AVANT DE POUVOIR ÊTRE CERTAINS QU'ILS LE COINCERAIENT POUR UN TRUC A SA MESURE. TRENTE ANS. POUR UN PROFESSEUR DE HARVARD PRIS AVEC DE L'HERBE. ÇA MONTRE A QUEL POINT ILS AVAIENT ENVIE D'EN FINIR AVEC TOUT CE TRAFIC. CE EN QUOI ILS AVAIENT TOTALEMENT RAISON — SINON DANS LEUR IMAGINATION, DU MOINS DANS LEUR ÉVALUATION DE LA MENACE ACTUELLE ET DE PLUS EN PLUS FORTE QUE CONSTITUE POUR EUX LE PSYCHÉDÉLISME

UN BRUIT EN BAS.

EUX ?

ENCORE 30 SEGUNDOS ?

— peut-être que c'est Marie la Noire qui revient avec de bonnes choses à manger et des trucs pour une nouvelle identité : Steve Lamb, suave reporter et emmerdeur tous azimuts...

COURS, IMBÉCILE !

Chhhhhhhhhhhhhhhhh. Le visage de Marie la Noire étouffera son sourire si tranquille et si secret.

Fffffffffffffffffffonononononononononononce. Ils auraient pu être si tranquilles, seuls, lui, le Démolisseur, et l'ardente et mystérieuse Marie la Noire, dans cette baie bleu-paradis de Bandarias à 80 dollars par mois, à Puerto Vallarta. Si le coup du suicide et la suite de la comédie, celle du Fugitif, avaient marché.

Le passage au Mexique avait été facile. Tout était facile, avec Boise. Il *savait tout*, toujours. Ils avaient embarqué le Démolisseur à Los Angeles, puis Jim Fish, et avaient longé la côte jusqu'à la frontière, à Tijuana. Ils l'avaient franchie sans encombre. Le poste-frontière ressemble à un grand octroi sur une super-autoroute, une grande nappe de bitume, et les dix ou quinze cabines des douaniers, en enfilade, pour toutes les voitures qui affluent de San Diego et des autres villes au nord. Tout en bitume et en plastique vert, comme s'il faisait partie de l'Amérique des super-autoroutes et des banlieues. Ils avaient passé la frontière avec Kesey caché à l'arrière du vieux camion à glissières de Boise, sans trop d'émotions. Le cœur au ventre, comme s'ils avaient retrouvé dans le cosmos un peu de l'élan initial des Pranksters. Et, en authentiques Pranksters, ils avaient dépensé un tiers de leur magot à l'achat d'un équipement stéréo pour le voyage, en sus de leurs autres trésors, magnétophones et stocks de bandes magnétiques.

Le plus emmerdant, maintenant, ce seront les visas, car le séjour au Mexique s'annonce assez long. Assez risqué d'essayer d'en demander un pour Kesey à Tijuana, qui n'est, en réalité, qu'un appendice de la Californie, un bidonville de San Diego. Ils pourraient être au courant de son affaire.

— On s'en occupera à Sonoita, man, dit Boise. Ils s'en foutent, là-bas. Deux thunes, et ils n'y voient que du feu.

Sonoita est à l'est de Tijuana, et juste au sud de l'Arizona. Ils y sont presque. Kesey leur montre sa bonne vieille carte d'identité, et tout va comme sur des roulettes. Il est devenu le fugitif — dans la vie, cette fois, et pour de bon.

Vers le sud, sur ce qu'on appelle la Route N° 2, puis la Route N° 15. Le camion cahote et grince dans la poussière sale, accompagné par les piaillements des poulets, sous les volutes de poussière sale que dégage le crottin fumant de cette partie occidentale du Mexique. Coyote, Caborca, Santa Ana, Querobabi, Cornelio, El Oasis, hi, Hermosillo, ha, Pocitos Casas, Cieneguito, Guaymas, Camxtli, Mixcoatl, Tlazolteotl, Quetzalcoatl, Huitzilopochtli, Tezcatlipoca, le Tezcatlipoca qui hante les carrefours déguisé en rat, en rat des montagnes, Tetzcotl, Yaotl, Ochpaniiztl, avec cet espèce de curé qui joue les Angels sur une moto faite de la peau de vaseline de la Fille-du-Gang-de-Durs Qui-Rencontre-un-Sale-Blanc... Un ramassis de crânes, des confetti de mort, ces ratières du Mexique occidental. Plus un centimètre de pittoresque, plus de burros, de châles, de chapeaux à la Zapata, de quartiers de pastèque rose-télé, de lis des eaux, de plumes d'or, de cils recourbés, de peignes plantés sur les cheveux, de tortillas et de tacos et de poudre de chili, de vendeurs de camote qui jouent de la flûte, de muletas, de toreros, de Olés, d'orchestres de mariachi, de lis des eaux ni de dahlias sanguinolents, de cantines minuscules, de serapes, de noires Marie de cinéma aux cheveux luisants et au petit cul encore pubère, relevé, rond et fumant. Rien de ce vieux Mexique des voyages organisés de 21 jours que nous connaissions et que nous aimions. Rien que cette foutue poussière sale et ces corps de rats gonflés au bord de la route, ces chèvres, ces vaches, et ces poulets les quatre fers en l'air à ces carrefours de crânes en décomposition.

Pour Kesey, ce Mexique où il fuyait n'était qu'un épouvantable désert infesté de puces. Grâce à Boise, il était supportable. Boise *savait tout,* toujours. Il était tout desséché, et avait un visage émacié et une horrible voix de crécelle avec l'accent monocorde de la Nouvelle-Angleterre ; il vous venait des antipodes, mais il était *là, maintenant,* et il *savait.* Le camion crève pour la quatorzième fois...

— T'en fais pas, man. On va le repousser sur un bout de roche, man... et y aura plus qu'à enlever le pneu pour réparer.

On repart. C'est toujours aussi plat, un pays à rats, plein de puces et de moustiques, on s'enfonce dans un vide total, comme les perspectives d'une peinture surréaliste, mais, grâce à Boise, vous finissez par comprendre que c'est du pareil au même, ici ou ailleurs. Boise scrute les rues d'un regard lascif, tandis qu'ils cahotent à travers ces poulaillers dévastés ; on dirait qu'il est à North Beach, un samedi soir, à reluquer une jolie muchacha blanche qui trottine le long de Broadway en remuant gentiment des fesses.

T'AS PLUS QUE 25 SECONDES, IMBÉCILE !

— On l'amène par ici et on lui fait sa *fête,* man ? dit-il. Toujours avec son accent de la Nouvelle-Angleterre, comme s'il vous disait : T'veux du Coca ? Kesey contemple le visage marqué de Boise, ses lèvres minces, il a l'air d'un vieillard, mais ses yeux ont une lueur plaisante et lascive, à la fois follement vivante et mortellement sûre. Boise, en cet instant, est dans le cercle des initiés, dans le minuscule petit nœud des Parfaits Pranksters, et s'élève définitivement au *sangha.*

A Guaymas, sur le golfe, Jim Fish veut descendre. *Déjà la paranoïa, Jim Fish ?* Il saute dans un autocar qui retourne aux U.S.A., abandonnant Kesey, Boise, le Démolisseur, et tout le matériel. Les choses n'ont-elles pas toujours été ainsi ? On est avec l'autobus, ou pas. Kesey retrouvait son moral. Grâce à

Boise, tout s'arrangeait ::: *On* sent sa présence, il est *là,* dans cette ratière, ce fol enfant de la Nouvelle-Angleterre.

— Hé, man...

Boise lui désigne au passage un chantier de construction.

... T'as vu *ça ?*

Comme s'il vous disait : C'est là que ça se passe, tout, dans ce chantier.

Toute une équipe d'ouvriers s'évertue à couvrir de stuc le plafond d'un bâtiment qu'elle est en train de terminer. L'un d'eux, un gros, mélange le stuc dans une baignoire. Un autre, un maigre, le ramasse à l'aide d'une petite truelle et le colle au plafond, paume renversée. Une petite quantité adhère tout de suite — trois ou quatre types debout sur un échafaudage de planches tapotent dessus pour l'égaliser — mais le plus gros retombe au sol, où s'accroupissent trois ou quatre autres ouvriers, qui s'emploient à le gratter pour le remettre dans la baignoire ; le petit maigre en effile encore une petite quantité sur sa petite truelle, et ils écarquillent encore les yeux pour voir ce qui va se passer. Tous accroupis comme des huaraches, avec leurs ridicules sandales tressées, toutes plates, sur l'échafaudage, au sol, ils attendent pour voir ce qui va se passer, pour voir ce que va faire le destin de cette petite pelletée de rien collée sur l'antre du Rat...

Tout est là, dans ce chantier — toute leur Aventure mexicaine...

— Ils ont un dicton : « Hay tiemp... »

Boise visse son volant pour éviter un marchand de glaces au beau milieu de la route.

... « ... o » : On a le temps.

20 SECONDES, IDIOT !

Les huaraches sont *le* pied du Rat. Tout colle. Le Mexique est le paradis du Rat. Mais bien sûr ! Ce n'est nullement ridicule — c'est parfait. Comme si tous les trucs à rats de toutes les ratières d'Amérique, tous les drive-in, les terrains de caravaning, les camions de livraison, les laveries automatiques, les cabarets de strip-tease, les magasins d'accessoires automobiles, les fosses septiques, les boutiques de souvenirs, les snack-bars, les garde-meubles, les living-rooms de série, les hôtels avec réchauds électriques, les étalages de livres de poche des gares routières, les fentes des petits juke-boxes individuels des petits restaurants, les toilettes de ciment nu des stations d'essence dont la pissotière est pleine d'urine, les toilettes des autocars Greyhound avec leurs serviettes en papier et leurs lunettes noires à palets ornées d'un filet de vomissure qui pendille, les magasins de surplus militaires avec leurs bikinis pour hommes, les rayons Géants avec leurs ensembles chemises de croisé vert et pantalons verts à fond en accordéon pour les honnêtes travailleurs, les bungalows à 8000 dollars dont les cloisons de plastique se replient en accordéon et où votre bébé dort dans un filet de plastique en guise de berceau, les tables de pique-nique avec banquettes incorporées qu'on utilise dans la salle à manger, les sandwiches barbecue accompagnés de boissons gazeuses aux fruits, les stores à lamelles d'aluminium, les comptoirs d'aluminium, les cafés « complets » à peine tièdes dans une grande tasse de porcelaine avec une flaque de liquide pâle dans la soucoupe, et quelques cendres, un macaque de chef, derrière le comptoir, qui détache une grillade à l'aide d'une truelle crayeuse et qui ne prendra votre commande que quand il aura fini, une salle d'attente de médecin où on-attend-son-tour et de modestes femmes de ménage, leurs robes collées au vinyl luisant des chaises, qui n'osent pas bouger de peur que vous ne regardiez dessous, les tartans de voiture de chez Sears et les casquettes de toile à visière, les robes synthétiques qui ressemblent à de la cellophane laiteuse pour les serveuses, les cornets de glace pour rats, les sodas pour rats, les sandwiches viande-et-salade pour rats, les biscuits au fromage pour rats, les Ratburgers — comme si tous les trucs à rats de toutes les ratières d'Amérique étaient partis à la recherche d'un pays, de leur Canaan, de leur Is-ra-ël, et l'avaient trouvé, au Mexique. Et ça a son esthétique de rat. La beauté de sa lourdeur...

Ils avaient atteint Mazatlan, la première vraie station balnéaire de la côte ouest du Mexique, quand on vient des Etats-Unis. Leur grand truc, à Mazatlan, c'était la pêche. La vieille Avenida del Mar et le Paseo Claussen étaient tout en murs blancs décorés de jolies petites scènes, artistiques représentations de Rats en train de pêcher, et en porches d'hôtels auxquels pendaient de grands poissons bleu argent, avec des gringos coiffés de casquettes à bec de canard qui sont là pour en attraper. De la musique mariachi, enfin ; les trompettes déraillent toujours, font des fausses notes, et reprennent l'air. Le Démolisseur a la brillante idée d'aller chez O'Brien, le bar de la plage, où il s'est fait proprement casser la gueule, une fois, par treize tapettes mexicaines. Le Démolisseur adore revisiter les lieux de ses débandades. *Comme les heures qu'il passe, sur la plage, à leur raconter que ce qui lui fait vraiment le plus peur, c'est d'être attaqué par un requin pendant qu'il nage... tout en épluchant les croûtes que lui ont faites les piqûres de puces, jusqu'à ce que ses jambes se mettent à saigner tout ce qu'elles savent... et qu'il retourne nager.*

Chez O'Brien, la paranoïa vous reprend tout de suite. Un entr'acte dans le film du Rat. L'endroit est sombre, et il y a un orchestre mexicain — Le Rat en déduit que ça risque de lui coûter trop cher. Ces gens-là ont toujours peur de ces sombres et pittoresques tavernes ; ils savent, d'instinct, qu'il leur faudra payer cette ambiance à la manque, un dollar le verre, au moins. Il y avait foule. Et, soudain, à travers la pénombre de l'alcool : *des camés.* Un groupe de jeunes avec des cheveux à la Jésus-Christ, des clochettes de temple bouddhiste, des colliers d'âne, des gilets brodés, des mandalas — bref, des camés américains. Le Démolisseur les a immédiatement reconnus. Ils sont non seulement américains, mais de San José, et certains d'entre eux ont participé aux Tests. *Il ne lui manquait plus que ça, au Fugitif, pour foutre en l'air toute son histoire de suicide : « Devine qui j'ai vu, au Mexique... »* Naturellement le Démolisseur, avec son penchant pour les catastrophes, les raccroche. On leur présente Kesey sous le nom de « Joe ». Ils ne font guère attention à lui, sauf une petite à la peau sombre, l'air mexicain, avec de longs cheveux noirs.

— Quand est-ce que t'es né ? demande-t-elle à Kesey.

Elle n'a pas l'accent mexicain. *On dirait la voix de Lauren Bacall à travers un entonnoir.*

— Je suis de la Vierge.

Inutile de tourner autour du pot, je la vois venir, droit au but.

— C'est c'que je pensais. Moi, j'suis du Scorpion.

— Merveilleux.

Elle connaît au mieux le Démolisseur, de toute évidence. Elle le connaît de l'époque. Mais ça fait une éternité, et voilà que bientôt, Démolisseur ou pas, Kesey et elle se détendent au grand air, un beau soir, sur la jetée, près de la plage de Mazatlan, une plage à rats, couverte de saletés et de fouillis, mais les vagues, le vent et les lumières du port l'enjolivent, et la lune qui frappe une espèce de colonne de ciment rejette dans l'ombre la fille et l'illumine, lui, comme si quelque décorateur avait tiré un trait, juste entre leurs corps. Et il décide de l'appeler *Marie la Noire.*

Marie la Noire rejoint donc la troupe des fugitifs, et ils partent pour Puerto Vallarta. Ils ont quitté la ratière. Un Mexique de livre illustré : la baie de Bandarias, couleur bleu paradis, une plage absolument blanche, et des petites villas toutes blanches au bord d'une jungle d'un vert soutenu et cru, impeccable. De grosses frondes vertes escaladent l'arrière des maisons de la plage. Des bruits de singes, ou qui leur ressemblent fort. De mystérieuses orchidées vénéneuses et des boules et des pétales oranges qui sautent et clignotent lorsque le feuillage bouge. Une belle jungle gothique, romantique. Le Démolisseur discute avec l'agent immobilier, un petit bonhomme huileux, et loue pour 80 dollars par mois la dernière maison en bordure de la ville. Si le loyer est bas, c'est qu'elle est trop près de la jungle pour les touristes, de la jungle et d'une pléthore de gosses mexicains, de volaille, et de poussière de bouse campagnarde. Boise repart pour les U.S.A., Kesey, le Démolisseur et Marie la Noire emménagent. Ils ont le premier étage de la maison, avec un escalier en spirale qui monte jusqu'au toit. Sur le toit, une sorte de butte en chaume, qui domine le paysage ; ce perchoir constitue un poste d'observation et un abri idéals. Kesey décide de tenter le coup et de téléphoner aux Etats-Unis pour faire dire à Faye et à tout le monde que tout est O.K. Il descend en ville et appelle Peter Demma, à la Hip Pocket Book Store de Santa Cruz. Petit déclic métallique des señoritas du central téléphonique. Puis :

— Peter ?

Et, du fond de la ratière :

— Ken !

Très surpris, naturellement...

Kesey passait donc le temps dans l'hacienda qui lui servait de refuge, en bordure de Puerto Vallarta, à siroter de la bière, à fumer de nombreux joints, et, de temps à autre, à prendre des notes. Il voulait mettre un peu de tout ça par écrit et l'envoyer à Larry McMurtry.

« Larry :

« Coups de téléphone aux Etats-Unis 8 thunes chaque fois mais pour ce qui est d'expédier ma prose quand j'ai envie de déconner, y a que toi... »

Pour lui parler de Marie la Noire, par exemple. A bien des

égards, elle est formidable. Silencieuse, avec une sorte de beauté rêveuse. Elle fait la cuisine. Elle a l'air du pays, et elle parle la langue. Elle peut même se dépatouiller comme une Mex. Elle va jusqu'à sonder le maire de Puerto Vallarta pour savoir dans quelle mesure Kesey est en sécurité dans cette ville. Hay tiempo, lui dit-il. La procédure d'extradition est interminable. C'est bien réconfortant...

Et pourtant, Marie la Noire n'est pas une véritable Prankster. Elle voudrait bien s'intégrer à tout ça, elle voudrait bien y aller à fond, mais *elle le fait sans conviction.* C'est le côté mexicain de son truc, à Marie la Noire. Elle a tous les attributs de la Mexicaine — elle en a l'air, elle parle la langue, son grand-père, même, était mexicain — mais elle ne l'est pas. Elle s'appelle Carolyn Hannah, et vient de San José, Californie ; son identité transparaît, elle l'a dans le sang. Kesey écrit dans son carnet de notes : : *Arraché son corps cuivré*

10 SECONDES, ESPÈCE D'ID-IIOT ! ! ! !

d'Indienne à la terre indienne et délave son sang indien au bouillon de poulet et aux boulettes de matzoh. Une bonne partie du feu qui couve sous cette sombre et rêveuse beauté ne va pas plus loin. Car elle le fait sans conviction. Et cependant c'est si agréable, ici, dans ce refuge de chaume perché sur le toit de la dernière maison de la rue. Une voiture la remonte — le Démolisseur et Marie la Noire reviennent. Kesey se penche pour regarder la voiture qui chasse devant elle le crépuscule, avant de se remettre à écrire, c'est un parfait poste d'observation, *qui me permet de les voir sans qu'ils me voient.* Ils y a des choses, comme ça... synchro.

Le Démolisseur et Marie la Noire remontaient la route sous un nuage de poussière, chassant devant eux les gosses et la volaille. Marie la Noire, désignant le toit de la maison, dit au Démolisseur :

— Regarde, Kesey.

Puis elle se perdit dans la contemplation de la jungle.

... J'parie qu'il croit qu'on peut pas l'voir.

LE TORCHON BRÛLE. Le Démolisseur ramène un télégramme de Paul Robertson, de San José, où c'est la panique. Le télégramme est plus qu'un signal d'alarme, il

> 5 SECONDES — IL TE RESTE 5 SECONDES — TU VAS PAS RESTER LÀ À ATTENDRE LA CURÉE ?

est catégorique. LE TORCHON BRÛLE, dit-il. Kesey devait apprendre par la suite que sa comédie de suicide avait été éventée, et que les flics avaient appris qu'il était à Puerto Vallarta. *Eventée ?* — Tu parles, le coup du suicide avait tourné à une sacrée comédie. Dee, pour commencer, avait vraiment déconné, comme Mountain Girl le craignait. Il était remonté à la recherche d'une falaise appropriée jusqu'à la baie de Humboldt, à environ 375 kilomètres au nord de San Francisco, près d'Eureka, Californie, et pas loin de la frontière de l'Oregon, en plein dans les bois. Il allait grimper la dernière colline avant d'y arriver, lorsque le camion à glissières avait refusé d'aller plus loin. Il était donc descendu en ville chercher un camion de dépannage. Le type du garage et son camion avaient remorqué l'engin-suicide sur le dernier kilomètre. Service rendu, payé, et merci bien. Toujours agréable de trouver quelqu'un pour vous aider à vous suicider. Sur quoi Dee avait balancé sur la rive du dessous les bottes bleu ciel qui devaient identifier Kesey — mais elles étaient tombées dans l'eau et s'étaient enfoncées sans un glou-glou. Après quoi, cette bougresse de falaise romantique et désolée battue par l'écume était demeurée si bougrement désolée pendant près de deux semaines que personne n'avait remarqué le camion-suicide, en dépit du « Votre Prochain Président : Ira Sandperl » sur le pare-choc arrière. Les gens avaient dû se figurer que cette vieille carcasse avait été abandonnée. La police du comté de Humboldt avait finalement vérifié, le 11 février. Quant au message annonçant le suicide, qui avait paru si inéluctablement convaincant à Kesey et à Mountain Girl tandis qu'ils fumaient leurs joints et partageaient l'exaltation d'un *Weltschmertz* à la Shelley — il dégageait un violent parfum de comédie, même pour ces balourds de flics locaux. Il y avait des détails qui ne collaient pas. Comme ce passage où il était question du camion qui s'écrase contre un arbre. Bon — eh bien, même en dé-connant, vous ne voyez pas Dee demander au type du camion de dépannage : alors, maintenant que vous m'l'avez tiré jusqu'ici, si vous me le foutiez contre un arbre, vous seriez gentil. Il y avait eu, enfin, ce dernier coup de téléphone triomphant à Peter Demma, à Santa Cruz. Ça l'avait vraiment mis dans tous ses états, d'entendre Kesey. Un tas de gens, un tas de gens qui l'aimaient bien, avaient vraiment peur qu'il ne soit mort. Et voilà que Kesey l'appelait — qu'il était *vivant* — et le chargeait d'un message pour Faye, et tout. C'était un samedi. Le lendemain soir, le dimanche 13 février, Demma était allé faire un tour chez Manuel, le restaurant mexicain de Santa Cruz, et était tombé sur son vieil ami Bob Levy. Et Levy lui dit, manière d'engager la conversation :

— T'as des nouvelles de Kesey ?

— Il vient de me *téléphoner !* dit Demma. De Puerto Vallarta !

Comme c'est intéressant.

Il se trouvait que Lévy était reporter au *Register-Pajaronian* de Watsonville, une ville des environs. Le lendemain après-midi, le lundi, le *Register-Pajaronian* publiait un article sur cinq colonnes à la une, avec ce titre :

LE ROMANCIER DISPARU RETROUVÉ AU MEXIQUE

Le lendemain mardi, le *Mercury* de San José reprenait la nouvelle et y ajoutait un peu de sel en tirant son article :

LE CADAVRE DE KESEY FAIT LA FOIRE A PUERTO VALLARTA

2 SECONDES, OH MON CADAVRE !
C'EST PAS MARIE LA NOIRE QU'J'ENTENDS SSSSSSSSOUFFLER DEHORS DANS L'ESCALIER
LA PORTE, BALLOT, C'EST UN FLIC QUI GRIMPE LE BRUIT QU'Y FONT UNIQUE AU MONDE
APPEL AIGU DES TELEFONISTAS
VOLKS QUI REDESCEND LA RUE
ÇA Y EST CETTE FOIS, VRAIMENT
ATTRAPE TON BLOUSON D'ENTRAÎNEMENT, IDIOT ! REPRENDS TON CONTRÔLE ! VAS-Y FFFFFFFFFFFFFONONONONCE DEBOUT DANS LES CELLULES DE BETZ LES PYRAMIDES GÉANTES DU CORTEX CÉRÉBRAL PRÉ-CENTRAL SOULÈVE-TOI ET SAUTE LES GANGLIONS HAUSSENT LES ÉPAULES ET GLOUSSENT

LES SYNAPSES S'ALLUMENT COMME UNE MER DE FLASHES POUR LES BEATLES LE MOTOR HOMUNCULUS LES PÈTE BÊTEMENT PFFUIIITT T'AS RATÉ TON FLASH OH PUISSANT MASTICATEUR, SALIVATEUR, VOCALISEUR, AVALEUR, LÉCHEUR, MORDEUR, SUCEUR, FRONCEUR DE SOURCILS, VOYEUR, ESQUIVEUR, CAJOLEUR, GAFFEUR, STIMULATEUR, DANS L'CUL, TRIPORTEUR ENBAGUÉ DOIGT-DANS-L'NEZ FLANCHEUR BUVEUR FORT-A-BRAS CONTORSIONNISTE DÉHANCHÉ CAPITULARD SAUTEUR COUREUR

ZÉRO::::::::: OOOOOOOOO:::::::: VAS-Y !

'fant d'putain ! Il finit par embrayer, bondit sur ses pieds, décroche son blouson, saute par la fenêtre de derrière, plonge dans le trou, descend le long de la gouttière — et maintenant, par-dessus le mur, mon vieux, dans la vaste jungle...

AWWRRRRRAMMMMANNNNNNN

KEKSEKÇA !

Il s'est penché, mais ne peut rien voir

KEKSEKÇA !

Là-haut, à la fenêtre par laquelle il vient de passer

BROWN !

Il le sent. Une vibration des fibres afférentes du parasympathique derrière les globes, et qui chantonne

HRRRRRRRRAMANNNNNNNNNN

Ils sont deux, un Mexicain trapu et cuivré avec un revolver à crosse dorée et un détrousseur de cadavres américain du FBI aux cheveux en brosse, à le regarder basculer comme un singe par-dessus le mur et s'enfoncer dans la jungle, le Mexicain basané a son revolver doré dans la main mais la cervelle qu'il y a derrière cette face de Mexicain est trop recuite et moisie au soleil du pays pour s'en faire il toucherait pas un chien en train de pisser

IL PLONGE

dans les frondes zébrées d'orange et de mauve-orchidée qui bordent la ville le moteur homunculus marche parfaitement maintenant et galope puissamment dans les jungles de livre d'images du Mexique...

Un instant plus tard, Marie la Noire pénétrait dans l'appartement. Kesey et son blouson de course avaient disparu. Encore sa bougeotte. Bon, il reviendra quand il en aura envie, quand il sera lessivé, et on sera tranquille un moment. Kesey était devenu bougrement paranoïaque, mais ça ne s'arrêtait pas là.

Le jeu lui *plaisait*. Il foutait le camp dans la jungle, mon vieux, et se cachait deux ou trois jours, fumait de l'herbe à gogo, et rentrait péniblement. Même avant le télégramme. Ils avaient élaboré tout un système de signaux. C'était lui, plutôt, qui l'avait mis au point. Quand tout allait bien, elle devait suspendre à la fenêtre de derrière, face à la jungle, une chemise jaune qui appartenait au Démolisseur. Elle avait des motifs marron et noir ; Marie la Noire trouvait qu'elle faisait un peu *tapette*. La bannière s'envolait, et Kesey rentrait, vanné, à moitié crevé, après avoir couru comme un dératé dans la jungle ou le long de la plage.

Pourtant, ça avait son charme. C'était dingue, mais ça avait son charme. Il émanait de Kesey un magnétisme qu'elle n'avait jamais rencontré. Un je-ne-sais-quoi, une sorte de pouvoir. Ses pensées, les choses dont il parlait, étaient on ne peut plus complexes, métaphysiques, énigmatiques, mais son comportement était rassurant, presque familial. Même au plus beau de ses crises de paranoïa, il semblait pleinement confiant. C'était vraiment étrange. Grâce à lui, vous aviez l'impression de faire partie de quelque chose de très... Il lui avait même donné un nouveau nom, Marie la Noire. Et elle était... Marie la Noire.

Quand elle était plus jeune, à San José, en Californie, elle avait toujours l'impression que sa vraie personnalité était étouffée par des séries de jeux qui lui échappaient. Superficiellement, rien à redire. Son père et sa mère étaient tous deux instituteurs, et la vie à San José était agréable et paisible, comme elle peut l'être dans les banlieues de Californie. Mais, la moitié du temps, dans ce pays, personne ne comprend rien à la vie qui vous attend. Des petites Iles aux Pingouins pleines de gosses qui jouent leur Lord of the Flies[1], un monde de tribus pygmées, invisibles aux yeux des adultes d'Ispahan, ces petits démons, des tribus d'étalons, des petits roués, d'Intel-Finks même, de boute-en-train, et une masse amorphe de cas désespérés, de laissés-pour-compte. Jusqu'à ce que... le psychédélisme fasse son apparition dans la région, l'herbe et l'acide, principalement. Le décor avait changé et, brusquement, un tas de... bon, de *gens merveilleux* avaient surgi de partout, des gens pleins de promesses, sauf qu'elles avaient jusque-là été étouffées par tous

1. *Le Seigneur des Mouches*, célèbre roman de Golding — Le Livre de Poche *(N.d.T.)*.

ces aimables jeux qu'invente la société. Brusquement, ils s'étaient retrouvés les uns les autres.

Un soir qu'elle s'était défoncée, elle avait fait l'expérience de l'unité, de l'Unicité des choses. Une lumière qui la frappait de dos éclatait en faisceaux devant elle, illuminant la pièce, rejaillissant au sol et sur les murs en grandes traînées bordées d'ombres. Cette chambre éclatait devant elle, se découpait en tranches ainsi isolées par ces traits de lumière qui vibraient dans le noir. Et soudain, tout était devenu très clair, la façon dont la pièce était construite, comment les morceaux s'agençaient, comment *tout* s'agençait ; on aurait dit que quelqu'un avait démonté pour elle les anneaux enchevêtrés d'une bague indienne. C'était clair, maintenant, comment *tout* se recollait, et le monde n'était pas irrémédiablement déchiré par ces jeux et ces cliques ineptes. Ce n'était que l'impression qu'il vous donnait tant que vous n'aviez pas la clé. Et voilà maintenant qu'il y avait des gens merveilleux qui l'avaient, cette clé, et qu'on pouvait partager leur expérience.

Sa mère lui avait donné de l'argent pour son second semestre à l'université de San José ; bien que cela dût peiner sa mère, elle savait bien ce qu'il lui restait à faire. Elle prit l'argent et partit pour le Mexique avec de merveilleux copains. En vérité, c'était un peu plus compliqué. Elle avait connu le Démolisseur à l'université, et savait qu'il devait partir pour le Mexique, pour Mazatlan ; elle n'avait pas encore entendu parler de Kesey, mais suivait le Démolisseur, tout simplement parce qu'il était vraiment épatant.

Mazatlan commençait à être le lieu d'élection des camés de l'acide sur la côte ouest du Mexique. Il n'était pas encore à la mode chez les touristes sérieux. Ils descendaient généralement plus bas, à Acapulco. Mazatlan, en même temps, n'était pas aussi typiquement et insupportablement... *triste*...que Ajijic, sur le lac Chapala, qui était la vraie Mecque de l'acide, au Mexique. Ces pauvres et tristes villages du lac Chapala, Ajijic, Chapala, Jocotepec, avec ce lac desséché, dont on ne voyait plus guère que la boue blanchie par l'écume qui la léchait et y clapotait encore, et ces esthètes ratés et convaincus dont les sandales clapotaient partout, ces bohèmes de 48 ans qui faisaient de la lèche aux camés de la dernière vague du Hip. Il n'y avait pas plus triste. Rien de plus triste que ce genre d'Américain qui a dit merde à tout le monde, qui s'est secoué, qui a planté là cette merdique fin de siècle, ce bazar, cette civilisation qui ne pense qu'à la guerre, pour s'en aller vivre parmi des gens qui existent, des gens naturels, genre nature, dans un pays où on est près de la terre, au Mexique, et on s'fout pas mal des salles de bains à carrelage — pour finir là, au Mexique, *assis* avec tous ces paumés effondrés, on est nature, ici, mon vieux, on existe... et on est bougrement malheureux, on n'est plus qu'une malheureuse vieille cloche qui ne sait plus où aller.

Mais Mazatlan — les camés, là, étaient heureux, à la fête. Elle s'y était donc installée et avait écrit à sa mère la lettre merveilleuse des Beautiful People...

Elle avait retrouvé le Démolisseur et, de façon plus inattendue, le fameux Ken Kesey, et des gens merveilleux. Mais il y avait une chose, à propos, précisément, de ces gens merveilleux... Des Merry Pranksters, plus exactement. Elle en avait même entendu parler à San José, de ces fabuleux Merry Pranksters. Naturellement, Kesey et le Démolisseur en parlaient tout le temps. Le fabuleux Babbs, la fabuleuse Mountain Girl, Cassady, l'Ermite, l'Emmerdeur, et les autres, tous fabuleux. Elle portait un nom de Prankster, Marie la Noire, mais elle n'était pas encore une Prankster. Elle le sentait, et jusqu'aux contours que prenait le monde de Kesey. Tôt ou tard, Kesey rejoindrait les Pranksters...

Bon... Sortons la chemise du Démolisseur quand l'alerte est passée. Cette chemise de tapette qui flotte. Laissons-le se payer son petit tour de jungle. Si ça lui plaît, ce jeu, faut pas le lui gâcher.

SHHHHHHHHHHWAAAAAAAAAP

Kesey laisse claquer derrière lui les frondes lascives de la jungle de Puerto Vallarta et traverse la route comme une flèche...

DES VOITURES ? UN MEX ET UN AMÉRICAIN DANS UNE VOLKS JAUNE PÂLE ?

Non, pas de voitures, mon vieux, et il file, de l'autre côté de la route, jusqu'aux rocailles dont la roche est couverte, en bas, près de l'océan. Son cœur bat la campagne. Kesey s'effondre, dans son blouson d'entraînement. Il écoute

CLAC !

le ressac battre les rochers — des petites vacances, dans un endroit pittoresque, avec la mer qui bouillonne un peu, au crépuscule. Il se concentre sur le ressac — est-ce par analogie ? — mais ça n'a pas de sens, comme ça. Son cœur bat trop la campagne, il déraille, à cette allure, et le ressac est maintenant branché sur un autre truc qui CLAQue contre les rochers

BRANNGGH

Un bruit de portière en fer-blanc en haut de la route comme le sinistre bruit de fer-blanc de la voiture de *Hud*, toujours de mauvais augure — le Mexicain basané et l'Américain aux cheveux en brosse style prêt-à-porter, roulant des yeux en haut de la route, et le Mex essoufflé protestant qu'il n'est *pas-supposé-être-de-service-aujourd'hui-señor*. Kesey regarde du côté de la mer. Il tire un carnet de la poche de son blouson. La couverture rose bien en vue, comme pour prouver qu'il n'y a là qu'un inoffensif artiste spécialiste du ressac qui dessine pli par pli les ondulations de l'eau, tel Léonard de Vinci, qui *devait* être un camé, il en avait toutes les petites manies, et qui s'est assis au bord de l'eau pour dessiner ces petits plis que fait l'eau quand elle saute sur la plage et se met aussitôt à repartir vers la mer, et ces minuscules petits plis de l'écume tout au bord, il les avait tous dessinés, un par un, tel un camé bourré de méthédrine et branché directement sur le Dieu Rotor. Toujours le ressac, et puis

KABOOM !

Ils commencent... par TIRER sur lui. Ils s'en foutent pas mal.

MORT OU VIF !

On a les armes et on a le droit, là, c'est signé, sur ce papier, bouge seulement, et on t'fait péter la cervelle, et tu as *déjà bougé*, Kesey...

MORT OU VIF !

KABOOM !

Mais rien ne se passe. Tout est silence, à part le ressac.

TU ES EN PLEINE PARANOÏA

Ils n'essayeraient pas de t'écrabouiller avec ces trompes d'éléphant. Ce doit être des ouvriers qui travaillent à la dynamite. Il remonte sur la route. Ce sont bien des ouvriers, qui suent et soufflent tout ce qu'ils savent, tandis que les frondes vertes continuent de claquer sur la colline. Il va s'asseoir et les regarder dynamiter

SÛR

qu'il va rester là, tranquillement, à les regarder, tandis que tous ces gringos qui reviennent de la plage défilent à toute vitesse et que les matrones se collent à la vitre : « *Hé, regarde, mon chou, c'est Ken Kee-zee...* »

Retourne dans ta jungle. Le cœur bat toujours la chamade, comme s'il était sur le point de s'effilocher, à travers les luxuriantes et épaisses cavernes de la jungle. Oui, m'sieur, r'gardez un peu par ici, qu'est-ce que c'est qu'ça. Une petite hutte triangulaire dans la jungle, une sorte de cabane de bûcheron, mais avec un lit de camp, et un petit tas de mangues, des papayas, une espèce de petit fruit insipide. Kesey s'abat sur la couche, ouvre sa fermeture Éclair pour donner de l'air à ses couilles en sueur, fouille dans son blouson, en retire trois mégots de joints, les enveloppe dans une feuille roulée en cône, et allume le tout. Il coupe en deux un fruit qui saigne un liquide blanchâtre, et le met de côté.

UN PIÈGE POUR CEUX QUI S'ENFUIENT DANS LA JUNGLE
parfait ce petit havre douillet pour vous envoûter, une hutte, un lit de camp, un fruit laiteux et douceâtre, un joint de fortune, oh, revoir le pays, rien qu'une fois, retrouver ces baquets beiges, à perte de vue, pleins de crème glacée, 31 parfums, on n'a qu'à choisir, en cônes ou en coupes

¡PARANOÏA !
Mais ce n'est pas une jungle pour rire, mon commandant. Des mouches à deux ailes, des Anapholes aux ailes tachetées, des Culex tarsalis, des Phlebotomus qui vous fichent une fièvre de huit jours et des plaies orientales quand elles vous mordent, des taons à tête verte qui vous fichent la maladie des lapins, des Loa loa Tularensis, des mouches tsétsé, des mouches mexicaines, des punaises, des poux, des fourmis velues, des morpions qui partent des couilles et qui vous grimpent sur le ventre, sous les bras, jusque dans les cils, pour vous coller un beau typhus, des rongeurs, des chenilles velues, des scarabées, des cafards, des tiques, des poux, idéal pour la gale et la petite vérole, des tiques femelles qui se cachent dans les cheveux sur la nuque et vous sucent à mort comme des ventouses, la paralysie vous prend par les orteils, atteindra-t-elle les poumons avant que ce gros boudin de salaud ne retombe, en agitant sur sa poche pleine de sang des petits pieds minuscules qui se tortillent comme le pelage des vers.

DDT !
Il va chercher la boîte de DDT dans son blouson et se met à en

saupoudrer le sol tout autour de la couche, pour délimiter ainsi le périmètre d'une efficace défense contre tous les poux de la jungle — c'est assez drôle, quand on y pense — et engager, à quatre pattes, une bataille sans merci contre ces microbes tandis qu'

ILS

vous encerclent pour vous mettre à l'ombre cinq, huit, vingt ans... et vous acculer enfin à l'extrême limite de vos convictions. Vous professiez qu'il fallait s'écarter du centre de ses certitudes et pousser jusqu'à l'extrême de ses limites, que le hors-la-loi, plus même que l'artiste, est celui qui teste toutes les limites de la vie, et que — Le Film : : : : C'est en plongeant totalement dans le Présent, en lui consacrant une totale Attention, jusqu'à ce que tout se retrouve dans le même courant, *synchro,* et en les imaginant toutes dans ce Film, que votre volonté déterminera ce courant et contrôlera toutes les jungles, grandes et petites.

L'AVANT-DERNIER JOINT DE TOUT LE MEXIQUE

Il le tire de sa poche et l'allume. *J'arriverai peut-être à m'en passer pendant un bout de temps.* Sû-û-û-ûr.

T'AS PLUS QU'A CROIRE A TOUTES CES CONNERIES QU'T'AS CLAIRONNÉES COMME QUOI ON ALTÈRE TOUT CE QU'ON ACCEPTE. QU'A Y CROIRE ! OU T'ES FICHU, MON VIEUX, T'ES PLUS QU'UN MORT VIVANT QUI S'ESTOMPE PROGRESSIVEMENT ET FINALEMENT INAUDIBLE COMME LES VOIX DANS LA CATHÉDRALE QUI MURMURENT DES COMPTINES !

Et maintenant que j'ai toute votre attention — s'il reste assis bien tranquille, le flux s'apaise dans ses oreilles, il peut se concentrer, avec une totale attention, un monde paisible, paisible, paisible, s'écoule dans le *présent,* plus de ces terreurs de jadis, plus de ces horreurs qu'on redoute pour l'avenir, rien que *ce* film, *maintenant,* les deux cordes parallèles vibrent, et il peut le *sentir,* ils sont tous emportés par le courant, les siennes, toutes les mouches du monde, les fourmis velues, les puces, les poux et les morpions, toutes les punaises et tous les tiques, tous les lézards, tous les chats, toutes les palmes, les plus anciennes, leur pouvoir même, il le maîtrise à volonté, et il est immunisé...

XXII

¡Diablo !

Mountain Girl avait tenu jusqu'au bout, avec Babbs, Gretch, Walker — à cause de la grande idée... et elle la prenait au sérieux — mais par quelque bout qu'elle le prenne, elle en revenait toujours à Kesey. Mountain Girl était enceinte depuis près de huit mois. L'autobus, Le Film, tout était totalement arrêté maintenant, en pleine déconfiture. Un jour, elle avait reçu un paquet par la poste, du Mexique, une bande magnétique, de Kesey. Et c'était sa voix. Elle pouvait à peine distinguer un mot, tellement la bande était défectueuse — tout ce qu'elle pouvait comprendre, c'est qu'il était quelque part dans la jungle, avec une paranoïa du tonnerre, et qu'il fumait beaucoup de marijuana.

O CHER DISPARU !

Babbs avait alors décidé de descendre en autobus jusqu'au Mexique. L'alerte qui avait suivi les Tests les avait eux-mêmes rendus un peu paranoïaques. Deux jours après l'annonce de la présence de Kesey à Puerto Vallarta, notre bonne presse californienne avait lancé un autre pavé : LES COPAINS DE KESEY DANS UNE LSD-PARTY A LOS ANGELES — le pavé de l'ours au sujet du Test de Watts. Mais c'était, surtout, qu'ils n'avaient plus le cœur à rien. Pas même Babbs. Change de décor, bon sang, c'était surtout ça.

Une dernière épreuve attendait Mountain Girl. Son procès, à San Francisco, pour détention de marijuana, suite au raid sur le toit. Toute la merde de la société, dont les Pranksters s'étaient libérés grâce à des années de laborieuse initiation — toute cette merde leur revenait, en paquets de lave. Et Mountain Girl devait rester là, grosse d'un enfant, assise dans son box comme un prisonnier de guerre dans une cage de bambou, pendant que la bonne société l'exposait comme un objet rare, gloussait, discutaillait, ronchonnait, secouait la tête, et versait sur elle quelques larmes. Droguée, séduite, et abandonnée, la pauvre petite mécréante. Ça avait pourtant eu son petit côté Prankster, bien qu'elle eût dû passablement se contrôler, rien que de les laisser jouer leur cirque, pour pouvoir en rajouter. Ce qu'ils voyaient, pour cette infortunée, c'était un nouveau départ dans la vie, pas un vol plané pour le Mexique, mais c'était leur fantaisie à eux, après tout.

Mountain Girl se présenta devant la cour, le 20 mars, dans une robe rouge qui lui remontait à six centimètres au-dessus des genoux (bien avant qu'on ne voie plus que des mini-jupes), et enceinte comme il n'était pas permis. Elle était venue au bras de l'Emmerdeur, son Chevalier-Servant. Il avait été épatant, tout du long. C'était grâce à lui qu'elle avait conservé sa raison. L'Emmerdeur l'avait accompagnée à son procès vêtu d'une chemise de velours vert, avec des pantalons de peigné jaune, étroits, et des bottes rouges ; lorsque les reporters s'étaient ramenés et mis en quatre pour le coup des sanglots, il les avait dignement fait marcher, c'était merveilleux.

— Nous devons faire l'impossible, avait-il déclaré, l'air aussi sincère, de dessous ses mèches de Prince Vaillant, que le président de l'Association des Etudiants, pour aider Carolyn à retomber sur ses pieds, et à quitter ce criminel genre d'existence...

Carolyn Adams, naturellement, puisque c'était sous ce nom de fantaisie que la connaissait le tribunal.

... Je me propose d'être la grande force stabilisatrice de sa vie, ajouta-t-il dans une vibration de jaune et de vert. Elle a commis bien des erreurs.

— Tu en es peut-être un exemple, avait répliqué Mountain Girl.

Tout le monde s'était bien amusé.

Tout le monde avait joué pour elle, devant la Cour, la comédie des sanglots, y compris son avocat. Comme si, après l'avoir bien regardée, et y avoir bien réfléchi, ils étaient tous du même avis, hmmmmmmmmm, cette pauvre fille de 20 ans, presque une enfant, mal conseillée, qui a fait une fugue, vous comprenez, et à qui ce démon de Kesey a joué pendant plus de sept mois la comédie de la séduction en lui parlant d'un foyer, avant de la laisser faire face toute seule à cette histoire de came, *sans compter* qu'il l'abandonne avec un enfant à naître. Urgggggggggghhhhhh, le procureur, l'avocat, le juge, tout le monde était d'accord. C'était ça, la Justice, c'était le jeu. Et où donc était ce démon respirant la came par tous les pores qui l'avait si vite abandonnée — on eût dit qu'ils voulaient tous rivaliser de gentillesse en soulignant pour elle la leçon de son malheur.

Steven Dedina, son avocat, avait déclaré : « Carolyn n'est pas un monstre, elle n'est pas une droguée. Sa seule drogue est son attachement persistant et inconsidéré à certaine lointaine personne. N'eût été cette intoxication-là, le défendeur ne serait pas ici, en ce moment. »

Mountain Girl s'en était donc tirée, le 22 mars, avec une amende de 250 dollars, pour avoir été trouvée en possession de marijuana. Si Kesey l'avait laissée dans la mélasse, c'était une mélasse qu'ils étaient bien incapables de comprendre.

Le voyage au Mexique avait été épouvantable. L'autobus s'était dépassé. Mountain Girl, dans l'état de grossesse avancée où elle était, avait tenu bon et ravalé sa bile pendant que l'engin cahotait, sautait et brinquebalait à travers le désert. Elle avait l'impression de n'être plus qu'un gros œuf de 100 kilos. Mais on était reparti ! C'était le principal. N'importe quoi valait mieux que ce qu'elle avait dû subir. Et ce n'importe quoi se posait là. L'autobus menaçait de s'effondrer tous les trente kilomètres, et Babbs suait tout ce qu'il savait pour le faire repartir. On ne recevait, du dehors, que de mauvaises vibrations. Des cadavres, principalement. Des cactus rabougris, de la poussière de crottin noir, et des cadavres gonflés, des chiens, des coyotes, des armadillos, une vache, tous morts, le ventre gonflé de gaz, morts et boursouflés, Babbs, Gretch, Faye, les gosses, Walker et Mountain Girl.

C'était le Démolisseur, cette fois, qui avait eu cette lubie. C'était lui qui s'était mis en rapport avec eux. Hagen était déjà parti avec une vieille guimbarde. L'autobus les conduisait maintenant à un rendez-vous clandestin à Mazatlan, où Kesey avait décampé après la grande alerte de Puerto Vallarta.

Kesey avait eu de bonnes raisons de s'inquiéter, à Puerto Vallarta, il n'y avait pas de doute. Le chef des Federales de l'endroit, Arturo Martinez Garza, avait organisé une battue dans toute la ville, le 16 février, deux jours après que les journaux de Californie eussent vendu la mèche. Ils avaient emmerdé tous les Américains qui traînaient et qui avaient l'air bizarres, l'air de bohémiens, et tout le tremblement. Mais Kesey avait déjà filé, il était reparti à Mazatlan. Le Démolisseur leur avait arrangé un rendez-vous sur la plage, tel jour, à telle heure.

Babbs cravatait dur, du jour et de nuit, à travers ce paysage de cadavres ; il désespérait d'arriver à temps, avec cet autobus qui n'arrêtait pas de lui claquer dans les doigts, et tous ses passagers malades, pas seulement Mountain Girl, mais il n'en continuait pas moins, comme si c'était une question de vie ou de mort. Et, finalement, Mazatlan, la mer, la grande boucle de maleçon — ils y était *arrivés.* Dans le sens du courant, un horrible courant, à vomir, mais ils y étaient *arrivés.* Ils se pointèrent au rendez-vous — pas de Kesey. Pas de Démolisseur, et pas de Hagen non plus.

C'était prévisible, mais c'en était trop, quand même, après tout ça, ce rendez-vous qui foirait. Ce n'était pas très cool que de rester là, près de la plage, dans ce sinistre autobus, les Mexicains n'avaient jamais vu un cirque pareil, mais c'en était trop, et ils étaient restés là, sur place, abattus, à laisser couler les heures. Ils s'étaient taillé un sacré succès auprès des Mexicains. Qui n'avaient jamais rien vu de pareil. « ¡Diablo ! » répétaient-ils. Les femmes abritaient leurs enfants sous leurs jupes. Toute une troupe d'indigènes s'était rassemblée autour de l'autobus ; ils n'arrêtaient pas de les fixer, ces dingues, et de sourire, d'entre leurs gencives violacées, de leur hideux sourire d'indigènes.

Heeeee ! — Une vieille guimbarde sans vitres s'approche et ralentit. Ce visage à la portière, le conducteur, cet air incrédule — c'est Hagen. Et cette vieille tête grisonnante qui pointe au bord de la portière arrière — serait-il *possible* que ce... Hagen s'arrête et descend. La portière arrière s'ouvre on ne peut plus allégrement, et en sort un bonhomme grisonnant, la tête inclinée sur le côté, dont toute la personne irradie la surprise et la consternation, et qui n'a pas du tout l'air d'apprécier les multitudes indigènes.

Il porte la chemise de sport délavée et adéquate du touriste, et des pantalons à fond de casserole. Il s'avance comme au milieu d'une scène de carnage dans une pièce du répertoire. On lui donnerait dix ou quinze de plus, l'air du bon vieux papa qui s'est inscrit dans un voyage organisé au Mexique. *Ecce* le Fugitif.

Me-e-erde, c'est trop absurde, c'est dingue, tout ça, ce rendez-vous clandestin, l'autobus rutilant de Day-Glo sur la plage de Mazatlan, les multitudes indigènes qui l'acclament, on dirait un combat de coqs, Mountain Girl superbe et rebondie, avec ses cheveux qui lui descendent jusqu'à la taille et encore tout jaunes de la teinture du dernier Test — ils auraient pu vendre des tickets pour le spectacle.

Tu as devant toi le nouveau Super-Fugitif, Mountain Girl : Steve Lamb — un corniaud de 45 ans. Carte d'identité en règle. Le permis de conduire du Démolisseur dont le Steve Lambrecht a été soigné de telle sorte qu'on puisse lire Steve Lamb, et dont la date de naissance a été corrigée pour lui donner 45 ans au lieu de 25. Des manières onctueuses, on ne fait pas mieux comme agneau que ce Steve Lamb [1], 45 ans, reporter, ornithologue à ses heures, emmerdeur comme pas un, et chroniqueur de la station de radio KSRO, dans la Bande des 590 mètres. Et il a amené son magnétophone, oui, m'sieur, pour enregistrer les bruits d'oiseaux. Et il peut toujours y avoir du sensationnel, on ne sait jamais, le reporter avisé est toujours prêt, même en vacances. Notre bon vieux Steve Lamb a appris le secret de l'invisibilité, qui est de se faufiler dans l'ornière, de se vautrer au plus profond et au plus dégueulasse du tunnel qu'à creusé la société pour ceux qui ont raison de redouter ta puissance, O Bande des 590.

Mais à quoi bon, ce n'est plus la peine, avec cet autobus qui se met à briller dans le crépuscule mexicain. ¡Et merde ! ¡Diablo ! ¡Cosmo ! Allons-y, fonçons, on est chez les Rats ! Qu'étincelle, de partout, le coup d'œil des Pranksters. Peignons-les assez gros et assez brillants pour qu'ils ne puissent même plus le voir ! Kesey, Mountain Girl, Babbs, Gretch, Faye et les gosses sont là, dans le cercle... Et, tout au bout, une petite jeune fille aux longs cheveux noirs qui a l'air mexicaine vient de surgir de la vieille guimbarde... Marie la Noire s'est perdue dans la contemplation de la mer.

1. *Lamb* : agneau *(N.d.T.)*.

XXIII

La marée rouge

Une foutue marée rouge, mon vieux, et les gens sont durs à la détente, à Manzanillo. Tropique du Cancer, 45 degrés de chaleur, pas de vent, un tas de moustiques, et cette marée rouge qui tue le poisson. Des milliers, des dizaines de milliers de ces foutus poissons morts qui flottent, ventre en l'air, dans la marée rouge. Une incroyable puanteur, et quelque chose dans l'air, recraché par l'océan, qui vous brûle les yeux. Il y a des gens qui ont l'impression que c'est leurs poumons, comme quand on a la grippe. Il n'est pas de pire calamité que cette marée rouge, parce qu'on vit de la pêche, ici, à Manzanillo. A moins que ce soient ces dingues d'Américains. En plus de la marée rouge, ils nous sont tombés comme s'ils sortaient tout droit, ces cinglés d'Américains. Une foutue peste, tout le temps à se balader dans cet autobus démoniaque. Ils s'amènent sur la plaza, près du grand jaracanda, dans cet autobus démoniaque couvert de fleurs de choléra fluorescentes, complètement dingues, plus criardes encore que les fleurs rouges du grand arbre

LA MARÉE ROUGE !

et les vieilles femmes et les enfants s'écrient : « ¡Diablo ! » en se signant, ce que ces dingues d'Américains trouvent très drôle. Mais pas nous.

Le plus grand, celui qui a toujours un large sourire ironique, avec des yeux comme des ampoules électriques de chez eux et des pantalons de toutes les couleurs, s'amène sur la place du marché en compagnie d'une blonde qu'il appelle Gretch et d'une ribambelle d'enfants blonds derrière ; il regarde de tous les côtés en roulant de la tête, avec son sourire, et quand il voit que le monde entier le regarde, il lève en l'air ses grands bras de singe, et ses yeux au ciel, et se met à crier :

— ¡ Eat Alley ! ¡ Eat Alley ! ¡ Montrez-moi l'Eat Alley[1] !

— Vous voulez dire le *marché,* señor ?

Sur quoi il sourit et fixe intensément le pauvre mestizo qui viendrait sans s'en douter de proférer la plus pénétrante remarque jamais prononcée de toute l'histoire du Mexique :

— Ouais ! Ouais ! C'est ça ! C'est ça ! C'est ça !

Et le monde entier s'écarte, éberlué, tandis que l'étrange équipage s'en va révolutionner la place du marché.

Il circule pas mal d'histoires sur ces dingues. Il y en a beaucoup qui croient que ce sont des Allemands, des réfugiés de quelque complot qui a raté. Ils prennent leur drôle de façon de parler pour de l'allemand. D'autres croient que ce sont des gangsters américains qui se cachent. Moi, je crois qu'ils sortent tout droit de la marée rouge.

¡ Aguaje !

Pas de doute ! Là, dans l'océan où l'eau était jadis du plus pur bleu-vert ou, au pire, jaune-vert, près de la plage, on voit maintenant de larges bandes d'eau rougeâtre, comme s'il y avait un canal qui coupait à travers l'océan, et qui s'étendait sur des kilomètres, une eau chaude, trouble et épaisse comme du mucus. Les poissons meurent presque sur le coup, dès qu'ils y entrent. J'ai vu un mulet qui était tombé dessus. Il était passé de l'eau bleu-vert à la marée rouge et, d'un coup, le voilà la quille en l'air, comme s'il était paralysé, et puis qui se débat pour se redresser, et puis qui barbote follement, comme s'il avait le mal de mer, et puis qui remonte à la surface, où il tournoie en faisant des éclairs dans le soleil, et puis qui s'effondre, se renverse de nouveau, paralysé, et puis qui coule, et puis, petit à petit, pas de doute, qui remonte et flotte, mort, pour aller rejoindre la grande meute puante de tous les poissons morts, de tous les crabes, de tous les bars, de tous les mulets, de tous les harengs, de tous les maquereaux, de toutes les crevettes, et même de toutes les bernaches, de toutes les coques, de tous les poissons volants, de tous les merlins, de tous les marsouins, de toutes les tortues, de toutes ces immenses nappes de tissu puant et gluant qui flottent en un effroyable banc mort sur la marée rouge. Tués sur le coup…

— par quoi ? par le plancton. Le monde entier sait que c'était

1. Jeu de mots sur *eat alley* : l'allée où l'on mange, et *Italy* : l'Italie *(N.d.T.)*.

le plancton qui était cause de cette marée rouge — comme si on pouvait appeler ça une cause. Car il y en a toujours, des millions d'invisibles corpuscules animaux, des milliers dans une seule tasse d'eau de mer. Ce sont eux qui donnent des reflets bleu-vert, et sa couleur à l'océan ; ailleurs, ce sont des reflets rouges, et ça donne la mer Rouge, sans que ça touche aucun animal, ou ça fait le vermillon de la Mer Vermillon, et le lait de soufre rose-rouge du Lac de Sang. Mais ici, près de notre paisible baie de Manzanillo, dans l'océan Pacifique, ce petit... hum... dinoflagellant de *Gymnodinium brevis,* avec son unique cellule et ses deux battants, qui n'arrête pas de battre et de remuer, commence par se multiplier. Si on le regardait dans un microscope, comme il est arrivé à Darwin de le faire, on dirait soudain qu'il *explose,* il se divise en deux, lesquels se divisent en quatre, et ainsi de suite, dans une progression d'une extrême rapidité, jusqu'à ce qu'il y en ait plus de dix millions dans une tasse d'eau, je vous le jure, et leur pigmentation rouge, qui reflète la lumière, donne à l'eau sa couleur rouge, et finalement, avec toutes ces salopes de millions d'explosions, un poisson aussi puissant que l'aconitine se répand dans l'eau — mais *pourquoi ?* — *pourquoi* a-t-elle commencé *maintenant,* cette explosion maligne du plancton en

— un vaste et immortel Animicula de Masse, de vingt kilomètres de long et de cinq kilomètres de large, et immortel, ô combien. Le premier petit *Gymnodinium brevis* vit aussi tranquillement que le 128 milliardième, dans une marée rouge qui ne cesse de s'étendre. Car ils se multiplient par simple division cellulaire. Les grands merlins meurent, les marsouins, toutes les créatures de la mer, les pêcheurs, meurent, mais le *Gymnodinium* est immortel, il est, d'un seul coup, le frère de tous les *Gymnodinium brevis* qui ont jamais existé, pas de passé, pas de futur, rien qu'un Présent, et ils sont immortels, les petits salauds. Pas de *cause,* señor, pas de *point de départ* dans le temps, rien que le point auquel votre destin a croisé le 256 octillionième *Gymnodinium,* en même temps que tous ses ancêtres et descendants dans cette bonne vieille baie de Manzanillo, et vous voilà cuit. Tout ce que nous savons, c'est qu'hier il y avait des poissons, et qu'aujourd'hui les poissons sont morts, et que le plancton empoisonné et ces cinglés d'Américains sont vivants, et que demain il va nous falloir trouver la cause et le remède — ou serait-il bien *possible* qu'hier et demain ne soient encore que du Présent qui s'étend comme ça, sur vingt kilomètres par cinq de large d'immort...

Le Présent, Esau, Judith, Bashemath, Reuel, suspendus dans le mucus. Quelle histoire, Mountain Girl est étendue sur son lit. Elle fixe le plafond. Et leur plâtrage, c'est dégueulasse. Et tout le monde suspendu dans du mucus à 45 degrés : elle, Kesey, Faye, leurs enfants, George Walker, et la nouvelle poupée, Marie la Noire ; une maison près de la mer, toute neuve, du conforme et du certifié, tout chaud, plâtre et aggloméré, elle pourrait passer à travers en grattant avec ses mains. A vingt mètres de là, de l'autre côté de la route qui mène à la plage, la Cabane aux Rats. Une usine à purin. *Ouais*. Habitée par Babbs, Gretch, et les enfants de Babbs. Un curieux petit bâtiment, sans purin, avec du carrelage brillant partout. Et les v'là tous coincés et pris au piège comme des mouches dans ce mucus à 45 degrés de la baie de Manzanillo, avec la marée rouge qui empeste, par-dessus le marché. Hagen, avec sa jambe dans le plâtre. Julius Karpin, le Dur des Durs des Camés de la côte, un affilié des Pranksters, de Berkeley, avec *sa* jambe dans le plâtre. Mais c'est justement pour ces diverses raisons qu'ils ont choisi Manzanillo : isolé, de rares Américains pendant l'été, pas dans le circuit des touristes, un désert tranquille. Coincés dans une ville de constipés. Pas de routes vers ne nord, pas de routes vers le sud. Neuf ou dix heures d'autobus jusqu'à Guadalajara, un enfer, l'seul moyen de retrouver le monde extérieur. Impossible de sortir et d'rien fgaire pendant la journée, à cause de la chaleur. Impossible d'sortir la nuit, à cause des moustiques. Derrière la Cabane, une jungle dégueulasse, avec des cocotiers et toute la merde qu'y peut y avoir dans une jungle. Des démangeaisons qui se baladent comme une aine infestée de morpions. Toutes sortes de vermines exotiques. Les plaies enflammées, un paradis pour les moustiques, sans parler des scorpions qui sortent de c'te poussière de merde qu'on dirait des homards, la vermine de la vermine. Et faire le mort dans cette merde. A attendre. Et quoi. Le fric, surtout. Tous les jours à supplier sur l'autel du Télégrafo pour qu'l'argent vous arrive des States. Les avocats de Kesey sont supposés s'démener pour ça, de leur côté. Et tous les jours une bonne âme, comme la poupée que Kesey a ramenée, Marie la Noire, qui se pointe au

Télégrafo sous un faux nom pour le télégramme qu'elle attend d'un avocat de San Francisco. Ou de l'avocat de Mexico qu'les avocats des States lui ont dégoté, à Kesey, pour arranger les choses avec la police mexicaine. Estrella, qu'il s'appelait. L'« Avocat-Star » ? Allez-y voir. L'Ile du Diable, et nous, les fugitifs. Aucun sens du temps. Y n'nous arrive des U.S.A. que des mauvaises nouvelles, des nouvelles incroyables. Ron Boise, qui avait un rhumatisme cardiaque, est mort d'une attaque, à trente-deux ans. Norman Hartweg a un un accident de voiture en repartant sur la côte est avec Marge la Berge et Evan Engber, il est à l'hôpital à Ann Arbor, presque complètement paralysé. Des trucs incroyables, une apocalypse. Et ici, *le temps n'existe plus.* Y a plus qu'un *maintenant* absolument mort qui s'étend devant et derrière dans l'éternité.

Mountain Girl est étendue sur son lit, le regard aux cieux, à travers les effluves de chaleur qui s'élèvent du mucus à 45 degrés de la baie de Manzanillo. Elle ne plane pas, elle n'a rien pris. Elle déraille un peu, peut-être, mais elle ne plane pas. Non, elle ne déraille même pas. Mais c'est comme l'acide, avec les décalages dans le temps ; on dirait qu'ils ont tous été rejetés dans une époque primitive, et de façon permanente. Et c'est *vraiment* du permanent. Kesey ne pourra jamais retourner. Ils le boucleraient pour de bon. Ce qui veut dire qu'elle ne peut pas retourner, elle non plus. Comment ? Retourner à cette cage de bambou pour se faire engloutir sous les gloussements, les sermons et les pleurnicheries ? Aucun d'entre eux ne peut retourner, retourner à quoi, y a plus rien, tout est ici, maintenant. Le Mexique, aussi plat que Kesey l'avait prévu, ce jour-là, à La Honda, quand elle s'était mise à apprendre l'espagnol. Aucun d'entre eux ne le parle vraiment, sauf Marie la Noire. Toujours dans un cocon, sans contact avec ces dignes constipés de nativos. Mais les Pranksters sont des primitifs, réduits à leurs seules ressources, ils revivent l'existence primitive de l'homme, avec le seul vague espoir d'un merveilleux miracle de ce Télégrafo sacré, qui leur permettrait peut-être d'échapper à ce gouffre... d'il y a 3000 ans.

Trois mille ans plus tôt, Mountain Girl descend au bord de l'eau, là, derrière, tous les jours, pour laver le linge, les langes, et autres saloperies. Tous les jours, sous ce soleil plein de sel, dans ces effluves de chaleur, à travers les herbes rabougries et la poussière de crottin, pour laver le linge dans les eaux du... Nil, et la fille du Pharaon était descendue à la rivière pour se laver ; et ses servantes l'accompagnaient le long de la rive ; et quand elle avait aperçu l'arche, au milieu des iris, elle avait envoyé sa servante pour le chercher... Et c'est comme si elle se voyait elle-même descendre vers la rivière, jeune fille, 3000 ans plus tôt, descendre vers la rivière, au même instant, quelque part au... Moyen-Orient, c'est toujours le Moyen-Orient, un Moyen-Orient de vieille Bible illustrée, 45 degrés, au milieu des joncs, et cette éternelle corvée de lessive, rien à lire, à part le *Nova Express* de William Burroughs, et le Nietzsche et le Dostoïevski de Kesey, et des passages de la Bible, tout le monde peut lire *Nova Express* en deux heures, mais la Bible, on peut traîner... et progressivement, sans que personne ait fait le moindre commentaire, sans même s'être flippés, ils se retrouvent dans une autre dimension du temps, une tribu biblique, les femmes de la tribu se lavent dans la rivière, ils vivent comme les enfants d'Isaac et de Rebecca dans le Livre Un, ils prennent même des identités bibliques, ils choisissent, chacun son personnage de la Bible, *en vérité,* on est *vraiment* revenu 3000 ans en arrière, le présent s'est étiré à l'infini vers le passé jusqu'à... la Genèse, jusqu'à Esau, Kesey, c'est Esau, le poilu, et Esau était un chasseur astucieux, un homme des terres, et Jacob était un homme des plaines, il vivait sous la tente, 13 : Se ressemblaient-ils ? Décrivez-les — Esau était un chasseur avisé, et Jacob un homme paisible, qui aimait son fover, 14 : Qui était l'aîné ? — Esau. 15 : Attachait-il de l'importance à son droit d'aînesse ? Une preuve ? — Il l'avait vendu, quand il avait faim, et qu'il se sentait faible, à Jacob, pour un plat de haricots en conserve, ou autre aliment de ce genre. Ainsi des milliers de personnes, pour leur plaisir immédiat, risquent-elles ou perdent-elles leur âme. 16 : A qui l'avait-il vendu, et contre quoi ? — Voir N° 15. 23 : Qui Esau avait-il choisi pour femme ? — Judith et Bashemath, des Hittites ; Genèse 26 : 34 ; 24 : Ses parents avaient-ils approuvé son choix ? — Non, ils en furent peinés ; et Bashemath donna le jour à Reuel... il y a 3000 ans — car le temps n'existe plus ici, il n'y a plus qu'un éternel présent qui s'étend éternellement sur l'univers entier et toute l'histoire de celui-ci ; car le monde est en quête de son propre niveau ; lequel n'est autre que la mer ; et toutes les créatures de la mer périront ; mais le *Gymnodinium brevis,* qui ne connaît d'autre temps que le présent, vivra éternellement ; vous avez entendu dire que ceux des temps anciens disaient que la Terre est ronde ; mais, en vérité, je vous le dis...

Kesey s'étendait dehors, près de la casa grande, dans un hamac. Marie la Noire, serrée dans des pantalons noirs, rêvassait et se perdait dans la contemplation de la mer, en leur tournant le dos, ce qui agaçait tout le monde. Il en riaient un peu sous cape. Ce qui ne manquait pas, bien sûr, de la faire se buter. Les plâtres de Julius et de Mike Hagen étaient recouverts de motifs reproduisant ceux de l'autobus, à la Day-Glo la plus sinistre et la plus flamboyante. Kesey restait étendu dans son hamac, à lire Nietzsche :::: Qui est-ce qui aurait pu croire que cette vieille Walkyrie à moustaches était tellement dans le coup, un vrai camé...

Et toutes sortes de petites routines. Hagen collectionnait blessures et traumatismes. A Barcelone, il avait eu un accident de moto ; il n'avait pas dételé, et avait fini par se démantibuler irrémédiablement l'épaule. Au Canada, même chose. Et maintenant, au Mexique, avec sa jambe cassée dans un plâtre recouvert de Day-Glo, il avait senti quelque chose... d'affreux... là-dessous, l'avait épié, avait découvert une tique, avait découpé son plâtre, et en avait trouvé deux autres, avec du pus qui suintait de partout. Il avait enfermé le tout avec des bandes adhésives.

— Pourquoi qu't'as mis toutes ces bandes sur ton joli plâtre, Mike ?

— J'avais des tiques.

Deux jours plus tard, il ne pouvait même plus marcher jusqu'à la Cabane aux Rats. Il ne lui restait plus qu'à s'en remettre à la diligence des Rats de l'Hôpital Civil.

— Passe-moi un peu de speed, Julius, j'en aurai besoin, avec ces salauds.

Kesey avait essayé de le remonter en lui annonçant qu'il pourrait filmer le prochain mariage de Mountain Girl et de George Walker.

— Hé ! fait Hagen. On pourrait p't'être demander au type, au *major jefe,* de célébrer la cérémonie là-bas.

Hagen se met à sautiller sur son plâtre et à claquer des doigts. *La Dexedrine commence à faire son effet et à le chatouiller, là-dessous.*

— J't'en fous, dit Mountain Girl.

— Avec un tas de fleurs.

— J't'en fous.

Mountain Girl ressemble à une grande et magnifique Amazone — mais très abattue, avec ses sinistres cheveux jaunes, vestiges du Test, qui lui tombent jusqu'à la ceinture, coiffés d'une petite couronne noire, une espèce de calot, là où la couleur naturelle reparaît, à la racine. *Elle est comme Mike, elle repousse le plus longtemps possible de toutes ces conneries mondaines qui la débecquetent. Ça fait trois semaines qu'on sait qu'elle voudrait bien se marier légalement, et que son fils ait tous les avantages de la loi mexicaine, et ça fait neuf mois qu'elle sait bien qu'elle ne pourra pas reculer la date plus longtemps.*

George, Faye et le Démolisseur reviennent du marché avec des provisions. George a mis les pantalons de velours bleu du Démolisseur, une chemise avec de larges bandes verticales oranges et blanches, que lui a confectionnée Gretch, et des bottes qui lui montent jusqu'aux genoux, sur lesquelles il a peint des diagonales orange et blanches. Ses cheveux ont gardé au bout l'horrible teinture orange du dernier Test. Tout a été réglé, à la mairie, pour le mariage de Miss Carolyn Adams et de Mr. George Walker, et à l'Hôpital Civil pour le bébé.

— On achètera un landau blanc et...

— J't'en fous.

— ... et on prendra un film sur la plage, au coucher du soleil, avec des micros. Babbs pourrait amener un câble et un haut-parleur — et on pourra avoir de la *musique* : Gretch nous jouerait la *Marche Nuptiale* à l'orgue !

— J't'en fous, dit Mountain Girl.

Mountain Girl et George avaient donc été mariés, en ville, sans fanfares. Et Mountain Girl avait eu son bébé à l'Hôpital Civil, une petite fille blonde, en parfaite santé, qu'elle avait appelée Sunshine[1]. Au niveau de l'Océan...

Kesey à la casa grande — *y a toujours un triangle sous l'édredon, à la baraque avec ces quatre chambres et toutes ces*

1. Rayon de soleil *(N.d.T.)*.

interminables variations intermédiaires sur le même thème : Faye — moi — George — Mountain Girl.

Mountain Girl a un sourire amer :

— Regarde-moi ce mur. Horrible. Non, mais j'suis sérieuse, regarde-moi ça. J'pourrais m'gratter un chemin à travers en cinq minutes.

— Si tu nous roulais un joint ?

— On pourrait pas l'fumer dans ma chambre ? J'aurais pas à sauter chaque fois qu'Faye claque la porte...

— Hmmmm...

— Tant pis. J'vois qu'y a des complications. Ça m'évite de m'laisser aller, d'ailleurs.

Ils reprennent un peu du poil de la bête dans la torpeur de la marée rouge. Les Pranksters se remettent à certains de leurs petits trucs. Hagen, de retour de l'Hôpital Civil, boitille, mais se démène, et a retrouvé son doux charme juvénile d'antan. Pas de chaînes stéréo, de projecteurs, de bandes vidéo dans les parages, sur l'île du Diable, mais il a déniché le plus bel engin qui soit, et emmerde un pauvre indigène jusqu'à ce qu'il le lui cède : une tortue. Une énorme tortue de mer, qui pèse dans les 75 kilos. Le monstre les enchante, mais nul ne sait exactement qu'en faire, pas même Faye, femme de pionnier et cuisinière, diététicienne, technicienne et mécanicienne hors pair. Peu de chance qu'ils mettent jamais la main sur un chaudron capable de l'accommoder. Ils se contentent donc de peindre à la Day-Glo une immense tête de mort et d'immenses tibias sur sa carapace, et la remettent à la mer, en se réjouissant des 200 ans de vie supplémentaires qu'ils lui ont ainsi assurés. Nul, au pays de Zecotopetl, le dieu de la mort, ne s'avisera de lui donner la chasse pour en garnir *sa* marmite...

Babbs, après de nombreux jours de bouderie dans sa redoute à purin, se ramène, goguenard. « *Salut, Je-e-ed !* » fait-il de son ton le plus lascif au jeune fils de Kesey, qui a à peine trois ans. Il n'y a vraiment que Babbs au mieux de sa forme pour jouer les Be-elzébabbs et parler sur un tel ton de vieux lubrique cinglé à un gosse de trois ans.

Page Browning s'est ramené, il ronge son frein, tout l'enchante, les Rats, les Huaraches. Tout le monde porte des

Huaraches, au Mexique ! Le Diable en personne n'aurait pas pu inventer appareil plus pénible et plus ingénieux.

— C'est par là qu'ils les tiennent ! Avec ça, on peut pas courir, on peut pas marcher, y n'vous vont jamais, y vous blessent les pieds. Vous avez plus qu'à vous t'nir peinard. C'est comme ça qu'y tiennent le pays. Y les tiennent, avec ces croquenots !

Et ainsi de suite. Et, soudain, voilà Sandy Lehmann-Haupt qui fait son apparition — à moto, et qui revient du bout du monde. Il a fait tout le chemin à moto depuis New York, la moitié des U.S.A. et la moitié de cette Ratière, jusqu'à l'extrême limite du Mexique, au sud-ouest ; c'est pas de la tarte, même pour un Neal Cassady. Il a l'air plus solide, plus calme, plus confiant, en meilleure santé que jamais ; Kesey le regarde, il n'arrive pas à y croire. Mauvais présage, mais il est bien incapable de dire pourquoi...

Jusqu'à Bob Stone qui se pointe. Bob Stone, un revenant du bon vieux temps de Perry Lane. Il arrive dans une voiture de louage. Il a pris l'avion jusqu'à Mexico, et loué une Hertz. *Esquire* l'a chargé d'un reportage sur Kesey en Exil. Ah — le vieux monde l'attend donc encore. Stone est resté cet écorché qui voit des agents du FBI et des Federales derrière tous les cocotiers — si ce n'est des scorpions — et qui pourtant ne manque pas, comme toujours, de plonger la tête la première dans les pires chaos, les pires débâcles, dont un Prankster puisse rêver. « Attention, c'est dangereux », leur crie-t-il, en s'élançant lui-même élégamment de la première falaise venue.

On s'envoie de la Dexedrine. Stone et Babbs planent. Ils sont partis avec la Hertz et remontent à l'intérieur des terres en direction de Tepic. Ils reviennent en gloussant et en s'esclaffant sur leur bizarre rencontre avec l'Animal des Routes. Cela faisait deux jours qu'ils n'avaient pas dormi. Mais la dex les tenait, et ils avaient roulé toute la journée dans la poussière de crottin, au milieu des broussailles et des burros. A la nuit tombée, le spectacle était devenu vraiment étrange. Stone aperçoit une série de petits ponts, qui se transforment en monstres épouvantables. Babbs les voit, lui aussi. Ils font de la corde raide pour filer entre, à travers le *no man's land*, à un poil près, mais les monstres tombent tous en même temps sur la route ! — et le plus grand, on n'en a jamais vu de si grand, si grand qu'il enjambe la route, comme une tarentule plantée aux deux bords sur des pattes de trois mètres de haut, se dresse devant eux ; il attend sa *nourriture,* au milieu, ils l'attendent, ce corps et ses mâchoires immenses et répugnantes, et leur voiture ralentit, ils n'osent ni foncer ni s'arrêter.

— Non ! T'approche pas d'lui ! hurle Stone.

— Non, dit Babbs. Faut y aller. Faut passer à travers.

— A *travers ! !*

— Il le *faut,* dit Babbs. Si on n'y va pas, on n'*avancera* jamais.

On dirait tout à coup que l'humanité tout entière, et son histoire, en dépendent.

— Je sais ! Mais c'est trop...

— Faut qu'on passe ! dit Babbs.

Ils se précipitent vers la catastrophe, la fin de...

Et passent à *travers !...*

Ce n'est qu'un de leurs foutus engins, une espèce de grosse machine pour la construction des routes, qui se traîne à l'allure d'une savate mexicaine. Les mestizos qui sont dessus contemplent, abasourdis, cette voiture qui vient de leur filer *dessous* à 90 ou 100 à l'heure...

Stone et Kesey remontent lentement en direction de Sonora. Ils planent et se sentent bien. Stone se croit derrière les vitres teintées d'un taxi, quoique ce soit lui qui conduise. Jouons donc les taxis ! Ils ramassent un gosse, un Américain, qui repart pour la Californie en auto-stop. Ils peuvent le prendre jusqu'à Sonora...

— En Californie, on y va, dit Stone.

— En Californie ! fait Kesey, avec son accent le plus stupide.

— Ouais, dit Stone. C'est c'type-là — Kesey — j'le conduis en Californie pour qu'y voit l'soleil se lever. Il n'a jamais vu l'soleil se lever.

— Oooh, dit Kesey, tu m'fais marrcher. L'soleil qui *s'lève...*

— C'est pas une plaisanterie, dit Stone. Y s'lève, et tu vas l'voir.

Bizarre, comme ça, de se retrouver dans un taxi avec Kesey, derrière ces vitres teintées, au fin fond du Mexique.

— Ooooooh, dit Kesey.

Le gosse demeure obstinément muet.

— J' mens pas ! dit Stone. Regarde, là-haut, tu l'vois, il est là, *l'soleil !*

— Euhhh, euhhh, *Bon Dieu,* t'avais raison, il est là, le *soleil !*

Mais... y r-r-r-rremplit tout l'ciel ! Il éc-c-c-c-claire toute la vallée ! Il il-l-l-l-lumine l'Océan !

Quelques kilomètres plus loin, le gosse élève la voix, en essayant de prendre le ton le plus naturel possible :

— Dites donc, les gars, j'crois qu'j'vais plutôt descendre à Tepic, au lieu d'Sonora. J'viens d'me rappeler, faut qu'je voie quelqu'un, à Tepic.

Et il descend.

Ne jamais faire confiance à un Prankster !

Et Cassady — Cassady s'était embarqué dans un autre de ses éternels véhicules et ppoussait ppoussait ppoussait, sur les rivages de cette Ratière, à son éternelle allure, armé d'un nouvel engin, non moins typique. Un marteau de forgeron de deux kilos dont la poignée est entourée d'adhésif enduit de Day-Glo, et avec lequel il jongle du matin au soir comme il jouerait avec un club de golf. Il le lance en l'air, le rattrape, le relance, en spirale, en double, triple, quadruple spirale, des spirales classiques, des excentriques ; ses épaules, ses coudes, ses genoux, ses pieds se propulsent et dansent la gigue dans tous les sens. La Mauvaise Farce et le Schisme sont oubliés depuis longtemps, apparemment. Si quelqu'un au monde peut arrêter cette foutue marée rouge et envoyer bouler dans toutes les directions cet air visqueux en moins de deux, c'est bien Cassady. Ils commencent donc par fumer un peu d'herbe, puis grimpent sur le toit de la casa grande, où ils s'asseoient tous pendant que Cassady se démène et fait son cirque avec son marteau de forgeron ; le crépuscule tombe, et Cassady, tout à son truc va si vite qu'il n'en est plus qu'à 1/30 de seconde à peine de l'Instant parfait. Il exécute ce sauvage ballet américain au bord d'un petit bassin, dans l'eau duquel ils peuvent voir son ombre, et la leur, quand ils se penchent pour regarder, mais qui se réfléchit en un playback parfaitement asymétrique, comme s'ils regardaient vers *le-haut,* resplendissant de Day-Glo, et d'étoiles crépusculaires ; ils invoquent du passé toutes sortes d'apparitions, une porte lunaire pour un monde pris dans cet immense acte d'auto-contemplation, Domnu, *sattva* et *rajas,* tous d'un coup, *fons et origo,* en un clin d'œil, le Film — Maintenant.

Le manche est mouillé, Harry !

Et la Fente se met à battre des ailes comme battent les langues de cuir sur la roue de la fortune dans les foires, c'est un oiseau-rat, mais il saura trouver le trou du ciel. Kesey, dans la casa grande, le vent qui se lève, le ciel plein de nuages, la Fente qui s'ébroue, et leur plâtre, à ces Rats, qui se recouvre de feuilles de bandes dessinées, le capitaine Merveille, des scènes entières du Dr Strange, du Sous-Marin, de l'Incroyable Epave, de l'Heure Fantastique, de la Torche Humaine — bref, de Super-Héros. Tous les camés les croient conçus et dessinés par des dingues de la méthédrine, à cause de la ferveur phosphorescente et minutieuse de leurs mains. Des Super-héros ! Ubermenschen ! Etrange, quand on y pense, que Nietzsche, ce curieux petit misanthrope à la Peter Lorre, avec ses grosses moustaches et sa triste redingote noire de professeur à l'université de Tübingen, ait été si à fond, à l'essence de la chose...

Et Kesey entend ici la voix de Bob Stone :

— Nietzsche est au ciel, maintenant, Ken, et il nous dit : « J'aime bien c'que vous faites, ça m'botte — mais faut pas lire mes livres... »

Elle était dans le coup, la vieille Walkyrie. Le monde n'était pas une ligne continue et éternelle des relations de cause à effet, il était fini et se répétait éternellement, de sorte que tout ce qui avait jamais été et serait jamais se retrouvait dans le *présent*, en un éternel Retour, et n'attendait que les Super-Héros pour refaire surface ; après quoi, on passait à une totale réévaluation. Il combinait cette idée de Nietsche à sa propre conception du *s'en-tenir-au-présent* — de l'homme qui assiste éternellement à son propre film et ne peut jamais parvenir au paradis de derrière l'écran : comme Nietzsche l'avait annoncé, la vie est un cercle, et c'est d'y aller qui compte, pas d'y arriver. *Vivre dans l'instant. Des tas de gens intelligents l'ont dit. J'ai essayé. J'y ai consacré beaucoup de temps et d'énergie. Pour m'apercevoir qu'on les avait roulés — c'était simple : pour ce qui était de vivre dans l'instant, j'avais raison, mais on ne l'atteint jamais, cet instant ! Orggggggg !*

Pourtant, comme les Pranksters et nombre de ses familiers et de ses proches le croient, il sait qu'il est quand même arrivé à la voir, la grande bête qui bat des ailes, et qu'il est quand même quelque part de l'autre côté de l'écran, parvenu à l'essence vraie, pleine et nue de la chose — à ce qu'on appelle communément la lumière... Il se souvient, maintenant :

C'est la nuit. Il a fumé de l'herbe. Il plane, est descendu au bord de l'eau, et s'est assis là. Les enseignes lumineuses de la ville — Coca-Cola ? — brillent sur la baie. Toutes les lignes se détachent nettement : la ligne primitive, l'Age de Pierre, celle de l'herbe.

COUPURE

c'est la nuit, même endroit, il s'est défoncé à l'acide, les lignes ne sont plus droites, elles forment des demi-cercles parfaits, la ligne de l'acide, celle du présent, se rejoingnent en un cercle parfait, comme les araignées auxquelles ils avaient injecté de l'acide, et qui tissaient des petites toiles parfaitement rondes

COUPURE

c'est la nuit, même endroit, flippé à l'opium, la première fois qu'il prend une drogue toxique, les lignes commencent en cercles et finissent en petites boucles, le genre de petites boucles qu'on trouve dans l'eau des estampes japonaises, les petites boucles qu'on retrouve dans les lignes de cette étrange bande dessinée, *l'Esprit,* et c'est la ligne du futur, qui complète le cercle sans qu'il soit besoin, à chaque fois, de faire tout le chemin, on y arrive directement quand on sait d'où ça part

COUPURE

C'est la nuit. L'orage éclate. Il fait chaud. Il s'est flippé à l'acide, les éclairs déchirent le ciel — *là !* — *là !* — et l'électricité le traverse, sort de lui, lui fait une seconde peau, un habit d'électricité, s'il doit jamais y avoir un moment, c'est maintenant — *Maintenant !* — il élève et rabat la main sur le ciel pour situer le prochain éclair — *Maintenant !*— il faut refermer la brèche entre l'œil et lui, et la *faire,* cette rentrée dans le *Présent*... en Super-Héros... l'ouvrir... jusqu'à ce qu'il s'écroule sur la plage, où Mountain Girl le découvre, se tenant la gorge et hoquetant comme si elle était bouchée par le sable...

Au-delà de l'acide. Ils ont terminé le voyage, bouclé la boucle, tous tant qu'ils sont, et ils en ressortent en Super-Héros, referment la porte derrière eux, et foncent à travers le trou dans le jeune ciel, ou s'en vont ballotter dans la spirale. Tout s'éclaire ! *Presque vu*[1] ! — Ils sont nombreux à l'avoir vu — Paul, quand il s'adressait aux premiers Chrétiens : ils avalaient le vin du Saint-Esprit — tôt ou tard, il faudra bien qu'il coule en vous *pour de bon,* le sang du Christ — Zoroastre, quand il disait à ses

1. En français dans le texte *(N.d.T.).*

fidèles : Il ne suffit pas de boire l'eau sacrée pour *voir* les flammes du Vohy Mano… Il faut que, toi-même, tu *deviennes* ces flammes, mon vieux — Et le Dr Strange, le Sous-Marin, l'Incroyable Epave, l'Heure Fantastique, la Torche Humaine, se baladent sur les murs de la casa grande, comme autant de Cassady jouant du marteau dans un stroboscope, *fons et origo* ::::: et il n'y a pas d'autre choix : faire en sorte que la chose demeure en vous, ou être condamné à grimper éternellement dans la tourelle pour n'apercevoir à chaque fois qu'un fugitif bout d'horizon :::::

XXIV

Un coup dur

Hagen, pendant ce temps, était de plus en plus... pareil à lui-même. Un irrésistible charmeur... Une belle jeune recrue de Californie avait tenu absolument à le suivre au Mexique. *Cher Papa, Ne te fais pas de soucis pour moi. Je suis au Mexique avec des gens merveilleux...* Son père avait tout de suite flairé de la *drogue* et du *beatnik* là-dessous, et tiré toutes sortes de ficelles pour la faire rentrer, après l'avoir dénichée. Les Pranksters devaient y voir plus tard l'èxplication de la mystérieuse catastrophe qui les avait attendus sur la route de Guadalajara.

Hagen, Kesey et Ram Rod[1] roulaient en direction de Guadalajara dans un camion à glissières, un soir, lorsqu'ils tombèrent sur un barrage des Federales mexicains. Que faire ? Demi-tour ? Foncer à travers ? Jouer la comédie ? Tout marchait si bien, à l'époque, du côté des autorités, qu'ils se sentaient forts, pleins de confiance. Kesey avait décidé de s'arrêter, et de leur faire le coup du film, de les mettre dedans. Dieu sait que les Pranksters avaient l'habitude, avec les flics.

Seulement voilà — ils ne parlaient pas le mexicain, bien sûr, et ça n'avait pas pris. Les Federales les avaient épinglés tous les trois, avaient immédiatement fouillé le camion pour voir s'il n'y avait pas de la marijuana, et en avaient trouvé. L'affaire était dans le sac. Dehors, sous la pluie, dans le noir, en pleine Ratière. Les Mexicains n'emmerdent pas les gens pour les histoires de marijuana que les flics des U.S.A., mais ils ont le même genre de lois, et ne sont pas tellement enchantés d'accueillir les camés. Kesey, de plus, était « recherché », comme on dit. Bref, une vraie catastrophe.

La Route N° 15 longeait la voie ferrée qui remontait de la frontière du Guatemala. Entre la route et la voie, les masses

1. Littéralement : Baguette de fusil *(N.d.T.)*.

sombres et épineuses des gros feuillages, de la broussaille, pleines d'épines et de lames de rasoir, toute une merde. Kesey sourit d'un air triste et se lance dans sa pantomime : Bon-vous-nous-avez-eus, les gars, c'est-régulier, c'est l'jeu. Les Federales prennent sa carte de touriste, laquelle se trouve être fausse. Z'avez-gagné-les-gars, bon, laissez-moi seulement une seconde, faut'qu'j'aille faire un tour dans les buissons avant qu'vous nous embarquiez. Faut qu'je pisse un coup. On est tous égaux, les gringos et les Mex, et tout c'que vous voudrez quand on a b'soin d'pisser, pas vrai, les gars ? D'accord, disent les Federales. Et Kesey s'enfonce dans les broussailles...

... Lorsqu'il aperçoit, du coin de l'œil, un train qui ralentit sur la voie secondaire, dans un coude...

... Magne-toi les fesses ! Kesey plonge dans le fourré, les épines et les feuilles en lames de rasoir lui déchirent les jambes, tandis que les lumières du train secouent sur ces masses épineuses un étrange rideau ocre, pisseux ; il fonce à travers cette merde, se laisse frôler par le train, saute sur l'accrochage, se raccroche à une échelle, monte sur le toit du wagon. Une rafale de pluie s'abat soudain, des éclairs illuminent le décor et exposent Kesey à la vue des Federales — qui soufflent et galopent à travers les fourrés comme des Mexicains de comédie, en se faisant trouer des boutonnières dans la panse, et en hurlant : *¡hoy ! ¡pronto !* Puis

HRHAAAAAAAAAAAAAAMMMNNNNNNNNNNN

voilà que ces salauds lui *tirent* dessus. Mama veut pas qu'on fume ici ! Ça vous met vos convictions à rude épreuve... Noir — le Cosmos le trahit encore un instant à la lueur d'un éclair — la cavalcade et les halètements reprennent.

HRHAAAAAAAAAMMMNNNNNNNNNNNNN

Des flics de comédie — jusqu'à ce que le train accélère. Kesey, épuisé, s'abat sur le toit du wagon, en route pour la Ville-Limite de Dieu sait qui, Dieu sait où.

Qui n'est autre que Guadalajara. Il n'a plus d'argent sur lui, pas d'herbe, plus rien. Il se dirige vers l'inévitable place des fêtes, où il se terre dans l'obscurité, tout trempé et frissonnant. J'me d'mande si on tolère les clochards amerloques, dans c'patelin ? Au lever du jour, un Mexicain traverse le parc et engage la conversation. Il parle anglais. Un jeune, mince, dans les vingt ans, très beau, genre Rudolf Valentino, presque féminin

¡ UN PÉDÉ !

Il propose à Kesey de le laisser se reposer dans sa chambre d'hôtel

¡ UN PÉDÉ !

Il est tellement vanné, il frissonne tellement, qu'il le prend au mot. Il se réveille longtemps après, indemne. Mario est lui-même fauché, mais expédie un télégramme port dû à Manzanillo, sous le nouveau faux nom de Kesey, Sol Almande. *Salamandre,* vous saisissez — la bête qui vit dans le feu. Kesey traîne toute la journée, et celle du lendemain. Mario est tout à fait inoffensif, un cœur d'or, c'est tout.

QUEL JEU JOUE-T-IL ?

Kesey va prier sur l'autel du Télégrafo. Les employés, en sandales, sont assis devant des piles de télégrammes qui voltigent dans tous les sens. *Hay tiempo.* Il faut savoir les prendre, dit Mario. On monte au premier. Le Chef fouille dans le tas à la recherche du message qu'attend le fiévreux Almande. Rien.

Le lendemain matin, Kesey se décide, et se rend au consulat américain où il joue le pauvre pêcheur américain fauché, chauve et larmoyant, qui se trouve coincé et qui doit absolument rentrer à Manzanillo. Une certaine Miss Hitchcock lui donne 27 pesos pour son ticket d'autobus troisième classe. Kesey s'embarque. Mario lui fait un gentil geste d'adieu. T'as des œillères, Kesey, t'as pas compris ce genre de gentillesse, humble et pure, des Mexicains — c'était tout ce qu'il voulait, Mario, un être simple, muy sympático. Le voyage en autocar avait été horrible, secoué pendant dix-huit heures à travers la Ratière, moitié route moitié absence de route. Ils vous regardent avec des yeux de camés, totalement ouverts, des yeux qui attendent quelque chose, plutôt qu'ils ne cherchent à vous cacher quoi que ce soit. On s'arrête souvent pour pisser. Kesey, vidé, se contente de traînailler jusqu'à ce que le chauffeur reparte. Il a faim, il est vidé, comme une gousse. Au bout d'une dizaine d'heures, ils ont fait halte, et le chauffeur vient dans le fond de l'autocar, le fixe du même regard totalement ouvert, sympático, lui donne six pesos, comme ça, sans un mot, qui ne représentent guère que 17 cents, mais bons pour un tacos ou un truc du même goût, et retourne à l'avant. Etrange pays que cette Ratière ! Ils *savent,* parfois. Il y a de l'espoir ! — et pas seulement pour l'élite des Superconscients, mais pour les multitudes insoupçonnées qui s'ouvrent et regardent. Et qui vous attendent, ici, dans cette Ratière.

De retour à Manzanillo. L'adrénaline remontait. Hagen et Ram Rod moisissaient en prison. Comme tout le reste, au Mexique, une prison douce et pénible à la fois. Dégoûtante, dégoulinante de tiques, de vermine, de scorpions, toute la gamme. La nourriture était dégoûtante, elle aussi. Mais vous pouviez vous faire livrer tout ce que vous vouliez vous envoyer, si vous pouviez payer, une plantureuse enchilada, de la marijuana, du speed ou de l'acide. Hagen et Ram Rod restaient à la fois dans la panade, et délicieusement dans les vaps.

Kesey, de toute façon, commençait à sentir que l'étau se resserrait, ce n'était qu'une question de temps. Ce n'étaient pas tellement les Mexicains qui l'inquiétaient. Les Mexicains étaient toujours prêts à un quelconque marché. C'étaient les zélotes de l'autre côté de la frontière, les détrousseurs de cadavres du FBI, qui l'inquiétaient. Il avait entendu parler de Morton Sobell, l'espion atomique, qui avait reparu un jour dans une ville-frontière, accompagné d'un agent du FBI, et que les Feds[1] avaient tout de suite pris en charge. Que le FBI arrive à s'emparer physiquement de vous, sur leur sol, et les Mexicains ferment les yeux. Et ces têtes de mule de flics du comté de San Mateo. Le bruit courait que ces zélotes-là passaient leurs vacances au Mexique rien que pour chasser un peu le Kesey et faire les gros titres des journaux. La casa grande et la Cabane aux Rats devenaient de moins en moins sûres. Les camés commençaient à se pointer, un à un, avec de larges sourires de copains, des gosses de Californie, de New York même, qui avaient fini par apprendre *où est Kesey*. Ils s'amenaient toujours comme si, naturellement, les Pranksters, en les voyant, allaient sauter de joie, quoi — *nous, la cohorte sacrée, les initiés de l'acide, du mouvement...* La mâchoire inférieure dégoulinante de sourires. C'était le fin du fin, visiblement, chez les camés de l'acide, que de savoir *où est Kesey*. Ça prouvait qu'on était vraiment dans le coup. — *Ouais, j'ai vu Kesey, là-bas*. Et puis... certains Pranksters avaient amené des amis. Et des filles, bien sûr. Page était arrivé avec une grande blonde, genre pucelle

1. Diminutif familier des agents de la police fédérale des USA *(N.d.T.)*.

danoise, qu'ils appelaient tous Doris Delay. On se serait cru à La Honda, annexe des tropiques. La Honda dans le Tropique du Cancer. Les gens s'entassaient les uns sur les autres, et déambulaient partout, dans la maison, la Cabane aux Rats, l'autobus. Une fille nommée Jeannie s'était fait mordre par un scorpion, une nuit. Tout le monde s'était réveillé. Que faire ? Ils réfléchirent un moment, décidèrent de laisser couler, et se rendormirent. Elle avait survécu.

Kesey était resté très large. On ne rejetait personne. *Mettre mes idées à l'épreuve.* De toute façon, il n'était plus possible de garder le moindre semblant de secret dans ce nouvel épisode du Film. Il n'y avait plus, pour le Fugitif, qu'une question de temps et, en attendant, de minau-nau-nau-nau-nau-nau-nau-deries... Tout ce spectacle le rebutait. Kesey se renfrognait, montait en voiture, et filait sur une falaise surplombant l'Océan, où il fumait de l'herbe et contemplait les flots... comme Marie la Noire, quand on y pense.

Marie la Noire subissait son enfer propre. Elle était terriblement seule. *Seule ?* Comment une personne aussi ouverte pouvait-elle se sentir seule au milieu de tant de gens si ouverts, qui faisaient tant de choses ensemble, et se flippaient ensemble tout le temps ? se demandera-t-on. Est-ce que *Mountain Girl* pourrait jamais se sentir seule ? C'était impensable. Mountain Girl était complètement dans le coup, synchro. Marie la Noire était probablement la seule à s'être jamais sentie seule... dans toute la hiérarchie des Pranksters.

La hiérarchie des Pranksters ? Officiellement, il n'y en avait *aucune.* Kesey lui-même, théoriquement, n'était que le non-navigateur, le non-maître. Certes, ils étaient tous frères et égaux, car il n'y avait entre eux aucune compétition, aucun jeu. Ils avaient laissé tout ça loin derrière, dans le monde des caves... mais... appelez ça un jeu, ou ce que vous voulez : pour le moment, parmi les femmes, c'était Mountain Girl qui était la première, qui était la plus proche de Kesey, suivie par Faye, ou était-ce le contraire, et Marie la Noire venait probablement en troisième position, mais si loin derrière que cela n'avait pas d'importance. Parmi les hommes, Babbs était toujours le favori... *pas de jeux...* mais on aurait pourtant dit, parfois, qu'il y en avait un, l'éternel jeu de la *personnalité...* L'allure, l'éternel *charme* de l'*agressivité,* le côté *ouvert,* et même les aptitudes athlétiques — comme partout ailleurs, ça rapportait...

Et cependant, peu à peu, Marie la Noire était devenue une Prankster. On le sentait, c'était dans l'air, qu'elle était une Prankster désormais. Elle avait altéré le courant, et sans se laisser couler avec.

La petite amie de Page, Doris Delay, avait fait la même expérience. Il y avait quelque chose qu'elle aurait bien voulu leur demander, à tous, mais comment ? Finalement, elle était allée trouver Sandy Lehmann-Haupt, et lui avait demandé : « Qu'est-ce qu'ils veulent dire — *Ne jamais faire confiance à un Prankster ?* »

XXV

L'Agent Secret Numéro Un

Un après-midi... Page arrive en trombe à la casa grande :

— Hé ! Y a un type sur la route, de l'autre côté, qui prend des photos de nous !

Pas de doute. Il y a un type qui se penche au rebord d'une fenêtre dans une villa en construction, de l'autre côté de la route qui mène à la plage — un autre miracle de l'aggloméré. Le soleil fait briller les lentilles de son appareil. Kesey sent monter l'adrénaline, va falloir filer, mais Page se précipite vers la villa, comme si elle lui appartenait, suivi de près par Babbs.

A l'intérieur, il trouve un Mexicain en tenue d'homme d'affaires, costume métallique, chemise blanche et cravate, qui paraît dans les 30 ans.

— Qu'est-ce que vous foutez-là ? dit Page.

— Hello, amigo ! fait le type.

Il n'a pas l'air de se démonter. Il parle l'anglais.

... Je pense peut-être, j'achète cette maison. Vous aimez cette plage ?

— Ouais ! Ouais ! C'est ça ! C'est ça ! C'est ça ! dit Babbs.

Babbs arbore un sourire de comédie poussé à une telle intensité que le type flanche un peu, momentanément.

— Oui ?

— Ouais ! Ouais ! C'est ça ! C'est ça ! C'est ça !

— Oui. Je suis heureux. J'aime l'opinion d'une autre personne pour ces choses. Alors — au revoir, amigos !...

Et de faire mine de sortir.

— Envoyez-nous des photos, si elles sont bonnes, dit Babbs.

— Des photos ?

— Ouais ! Ouais ! C'est ça ! C'est ça ! C'est ça !

— Quelles photos ?

— De nous. On aime les photos. On en a toute une

collection. On aime les photos *pas posées,* vous savez ? J'parie que vous en avez réussi quelques-unes.

— Oui.

Le Mexicain a l'air pensif.

... Je vais vous dire, mon cher, peut-être vous pouvez m'aider.

— Ouais ! Ouais ! C'est ça ! C'est ça ! C'est ça !

— Je souis du service secret de la Marine mexicaine, et peut-être vous pouvez... nous... aider. Nous avons des rapports que les sous-marins russes se promènent des cess eaux.

— Des Sous-ma-rins ! dit Babbs, jouant la plus totale surprise.

Plusieurs Pranksters s'étaient rassemblés devant la casa grande pour observer la scène, à la porte de la villa.

— Oui, dit le Mexicain. On a des rapports que cess sous-marins viennent jousqu'à la plage, la nuit. Avez-vous remarqué cess genre d'activités ?

— *Re*-marqué ! dit Babbs. Seigneur, vous *parlez !* V'devriez faire un tour par ici, un d'ces soirs ! Y a des nuits qu'y en a tellement qu'vous pouvez plus dormir. Y font des signaux, ça brille dans les carreaux, que'que chose de terrible, et leur code est *pas facile. Pas facile,* comme code. Mais on y arrivera, à l'lire. On a un tas de gens qui y travaillent, et qu'ont d'la tête. Tenez, ce gars-là...

Il montre Page, et continue à ratiociner sur l'incroyable et impudente activité, dans ces eaux, des sous-marins russes — tandis que Cassady traverse la route en lançant haut son marteau, avec des loopings, des simples, des doubles, des triples, et en le rattrapant derrière son dos, avant de recommencer, sans jamais les regarder une seconde. Cassady travaille sur une brique, sur une clôture à moins de cinq mètres du Mexicain, mais toujours sans dire un mot, sans même les regarder, en jouant des bras et des jambes, dans tous les sens. Il est tout à son boulot. Puis il retraverse la route.

— Oui, dit le Mexicain. Permettez-moi de vous demander. Nous avons reçu un rapport sur un de cess Russes qui est peut-être venou par ici avec un sous-marin. Il a dans les un mètre soixante-cinq... très... musclé... environ trente ans... des... cheveux blonds, frisés, un peu chauve sur le dessus... Vous avez vu quelqu'un comme ça ?

— Un *Russe !* dit Babbs. Z'avez vu l'Eat Alley ?

— L'Eat Alley ?

— Ouais ! Ouais ! C'est ça ! C'est ça ! C'est ça ! La place du marché. On n'entend qu'le russe, sur c'te place du marché. Y sont partout. Y s'cachent *déjà* même plus, mon vieux !

Le type incline la tête et dévisage Babbs de dessous ses paupières, comme pour bien mettre l'image au point.

A ce moment même...

FEEOOFEEOOFEEOOFEEOOFEEOOFEEOOFEEOOFEEOO

¡ Hop !

Cassady, de l'autre côté de la route, à environ six mètres, s'est brusquement précipité et a frappé comme un sourd un coup de son marteau de deux kilos sur la brique, qu'il réduit en poussière, à moins de cinq mètres du Mexicain.

— Oui, dit le Mexicain. Merci, amis.

Il tourne les talons, descend un bout de chemin, s'engouffre dans une conduite intérieure, et décampe.

Mais il est de retour le lendemain, le petit connard. Il se ramène en se dandinant. Babbs va à sa rencontre.

— Amigo ! fait le type. Vous avez encore vou des Russes !

Avec un large et généreux sourire, l'air de dire : Bonne plaisanterie, hein, les gars, ça reste entre nous.

Babbs réfléchit un moment et l'invite au Polynésien, qu'on en discute un coup, d'homme à homme.

O.K., fait le Mexicain. Ils se dirigent donc vers ce restaurant polynésien, au bout de la route, en ville. Cela aura du moins l'avantage d'éloigner le type de la casa grande. Kesey avait pris ses précautions, il était prêt à filer avec une des voitures. Il pouvait filer dans la jungle, mais c'est un vrai cul-de-sac. Et la route non plus, c'est pas du mouron. Si c'est vraiment après lui qu'ils en ont, ils pourraient boucler la N° 15 avec une telle rapidité qu'il ne s'en sortirait jamais. Tant pis, faut sortir de là, de toute façon. Kesey et Stone prennent donc la voiture de ce dernier et montent à la falaise qui domine l'Océan, pour discuter tranquillement le coup.

Ils se garent là, et contemplent la marée rouge, qui suppure au pied de la falaise. Cette foutue marée rouge. Ils examinent la situation sur toutes les coutures. Kesey a pris sa décision : inutile de filer dans la jungle ou par la route. C'est *leur* jeu, à eux, le jeu du gendarme-et-du-voleur. C'est *leur* film, ils le connaissent sur toutes les coutures, et *ils* savent bien comment ça va finir, et *nous* aussi, on le sait bien. La justice triomphe après une joyeuse chasse à l'homme, et le Fugitif bouffe de cette poussière de merde, dans la dernière bobine, pour bien montrer l'horreur de cette vie de camé. La seule façon de s'en sortir, c'est d'en faire un film à eux, de l'incorporer à leur film, d'imaginer qu'il est dans le film des Pranksters, ce petit connard. Et personne ne va lâcher : Mammy, le film m'amuse plus, c'est trop *vrai,* Mammy. Faut se cramponner, mon Commandant, et y croire dur comme fer ! Ou vous la bouclez... Ils évoquent les films qu'ils ont pu voir, avec des Fugitifs qui s'en tirent, et ils tombent sur *Casablanca,* le film de Humphrey Bogard. Bogart avait fui à Casablanca, au milieu du désert, pendant la Deuxième Guerre mondiale, et y avait ouvert un restaurant où il aidait et renseignait les Résistants venus d'Europe. Et voilà qu'une espèce de nazi ou de vichyste, genre FBI, le flic craché, vient lui poser des questions.

— Pourquoi est-ce que vous êtes venu à Casablanca ? lui dit-il.

— Pour les eaux, dit Bogart.

— Y a pas d'eaux, ici, dit le flic. On est au milieu du désert.

— Oh ? dit Bogart. On m'a mal renseigné.

C'est ça ! Le Film ! Stone et Kesey repartent donc rejoindre Babbs et le Mexicain au Polynésien.

Le petit connard mexicain et Babbs sont en train de s'en payer. Ils ont six ou huit bouteilles de bière sur la table. Le Mexicain est devenu très volubile, il parle fort, fait de grands gestes, les invite à s'asseoir, et continue sa salade. Il veut savoir comment Kesey s'appelle. Sol Almande, dit Kesey. Babbs s'est donné un autre nom à la gomme, et Stone déclare qu'il travaille pour *Esquire.* Le Mexicain étudie un bon de caisse d'*Esquire* que Stone lui a montré, comme s'il s'agissait d'un document des plus compromettants. Puis il tire son portefeuille de sa poche intérieure et le leur flanque sous le nez, avec une grosse plaque frappée du numéro 1.

— Qu'est-ce que c'est ? dit Babbs.

— *Ça !* Je suis l'Agent *número uno !*

— L'A-gent Se-cret Nu-méro Un ! dit Babbs.

— Ouais ! Ouais ! C'est ça ! C'est ça ! C'est ça ! dit l'Agent Numéro Un, qui renverse la tête pour examiner Babbs.

Un mélange de Zorro et de Néron.

Sur quoi il se lance dans un récit de ses exploits.

— Elizabette Taylor vient à Mexico ? Si. C'est oune de mes affaires. Je la connais très bien. Je vais à son hôtel, et elle a tous cess gens... Euh...

Il retourne ses paumes et se désarticule le menton, comme s'il doutait qu'ils puissent jamais se faire une idée du nombre.

... tous ces fonctionnaires qui s'occupent de ci et de ça, même dans le corridor, il y en a une, une grande maricón — une tapette — qui me dit : « Personne né peut entrer ! Personne. »

... Personne, hein, qué je lui dis. C'est une grande maricón. Pas de doute. Il y a cet air qu'ils ssont, cess maricóns. Ils ssont des cojinas comme des habichuelas, ça sé voit sur le vissage, dans la voix... Douces comme de la plume, cess maricóns...

... MARICON ! jé lui dis.

... Sa voix, elle fait des « houps ! » — vous savez ? — comme une pétite glouglou.

... POUSSE-TOI, MARICON !. !.

L'Agent Numéro Un saute presque de sa chaise en mimant la scène, ses yeux lui sortent de la tête, ils éclatent, on le dirait galvanisé par un mille volts.

Puis il s'effondre.

... Eh bbb-ien... fait-il, tout doucement, avec le sourire de quelqu'un qui s'apprête à piquer un roupillon.

On peut voir d'ici le maricón s'aplatir, se dissoudre, se liquéfier, et lui ouvrir la porte de l'appartement de Miss Taylor

Plus moyen de l'arrêter, maintenant, l'Agent Numéro Un. Sa cervelle bouillonne de ses exploits. On croit l'avoir fait comme un rat, il tient tête. On lui tire dessus de tous les côtés, il sort son revolver et tire, *une seule* balle, amigo, une seule, et la question est réglée. Ces enfants-dé-salopes se croient plus fort qué lui, à eux de jouer, il a déjà joué, lui, il les attend, comme un seau d'eau sous le robinet. Et ainsi de suite.

Le plus étrange, cependant, est qu'aucune de ces fabuleuses affaires n'a plus rien à voir avec une quelconque vedette. Il s'agit toujours d'histoires de marijuana, auxquelles sont généralement mêlées des Américains. Oui.

Finalement, il sort son appareil-photo et les photographie un à un.

— Pourquoi est-ce que vous ne viendriez pas chez nous, demain soir ? dit Kesey. On a une party. Il y aura un *tas* de gens.

— Chez vous ?

— Ouais, pour fêter notre départ, demain soir.

— Départ ?

— Ouais. On quitte le Mexique, on retourne en Californie, alors on donne une party.

— Bon, merci bien, amigo. Jé viendrai.

Leur premier Test au Mexique allait suivre.

L'Agent Numéro Un n'était pas le meilleur flic des deux Amériques, mais il ne leur restait visiblement plus beaucoup de temps, dans ce bon vieux Mexique. Et il était temps de se remettre au Film, et avec tous les projecteurs. Et à l'autobus. Leur nouvelle lubie était de repartir avec l'autobus, et de ne plus s'arrêter. De parcourir le Mexique en organisant des Tests et, en même temps, de ne *pas lâcher l'autobus*, de ne pas cesser de tourner le Film, à toute pompe.

Ils avaient organisé le Test de Manzanillo dans la cour de la Cabane aux Rats de Babbs, sous l'égide du purin. Un tout petit test ; tous les camés de la région étant les bienvenus. Pas de Morts Reconnaissants, bien sûr, aussi avaient-ils donné dix thunes au latino combo du restaurant polynésien pour qu'ils descendent jouer chez eux pendant les entr'actes. Les Pranksters, en attendant, s'étaient occupés eux-mêmes de l'orchestre, en déroulant tous leurs fantastiques écheveaux de câbles, avec Gretch à l'orgue, les films, les lumières, et tout ce tremblement. Le ciel était plein d'éclairs, c'était très joli, et les Pranksters psalmodiaient leurs étranges mélopées chinoises, dont les plaintes électroniques se répercutaient sur les terres basses d'alentour. Mais d'Agent Secret Numéro Uno, point.

Kesey, pourtant, espérait bien que le type viendrait. Il était juste assez cinglé pour qu'on l'utilise dans le Film. N'était-il pas lui-même une créature de fantaisie ? De toute façon, il valait mieux le laisser récolter ici de nouveaux détails pour sa fabuleuse carrière que de le voir se terrer dans les cocotiers et s'apprêter à sauter dessus après avoir bien mijoté son ultime flicaillerie. Auquel cas il ne leur resterait plus qu'à s'en aller valser et gémir au bord de la marée rouge.

Les musiciens polynésiens étaient revenus jouer. Bien agréable de flipper à ce rythme syncopé. Un peu de repos, et puis, brusquement, merde...

¡Hoy ! ¡ Pronto !

... Ce cri modulé, de derrière la Cabane aux Rats. Où l'ai-je déjà entendu, ce cri ?

¡HOY ! ¡ PRONTO !

Toutes griffes dehors, prêts à l'assaut. Les Mexicains font généralement les choses en grand. Bon, allons-y — voyons un peu les Federales s'en payer avec les mariachis, comment ils vont buter sur les aigus, se ressaisir, et se remettre à souffler et à galoper avec leurs crosses d'or, et des étoiles plein les dents

¡HOY ! ¡ PRONTO !

Entrez donc, les gars, on s'en paye, ici, chacun pour soi...

... Et ce n'est que le propriétaire du Polynesian Palace qui se pointe, et qui est furieux parce que son combo est retenu par ces dingues, que l'entr'acte est passé depuis longtemps, et qu'il a assez d'ennuis comme ça avec ces histoires de marée rouge sans qu'ils se mettent encore à tirer au flanc chez les dingues.

— ¡ Hoy ! ¡ Pronto ! ne cesse-t-il de hurler. ¡ Dépêchez-vous ! ¡ Magnez-vous les fesses, au boulot ! hurle-t-il, en poussant son troupeau hors de ce délire et de ce palace à purin.

¡ HOY ! ¡ PRONTO !

Les éclairs crépitent de façon assez dingue. C'est un bon signe. Signe que le Film continue.

Les Pranksters quittèrent Manzanillo le lendemain, sans que l'Agent Numéro Un se soit autrement manifesté. Pas un mot, pas un signe. L'autobus dans toute sa splendeur, et une petite caravane de voitures. Ils s'arrêtèrent à Guadalajara pour y donner un Test, dans un restaurant. Le Test dura deux nuits et, chaque soir, un élégant Mexicain, dont l'estomac ballonnait sous la flamboyante chemise blanche des nuits de Mexico, s'était ramené avec une poupée et était resté jusqu'au bout. Ils n'avaient pas pris d'acide, mais avaient dansé, souri, et semblé s'amuser. C'était le jefe de la police locale, à ce qu'il paraît. On n'est vraiment pas seuls.

L'autobus, chargé de tout un matériel pour les Tests, était arrivé cahin-caha à Aguascalientes, à 550 kilomètres au nord-ouest de Mexico. Aguascalientes est dans les tierras frescas, à 1 800 mètres de hauteur. Une ville agréable, étrange, au climat paradisiaque à la fin de l'été, construite au-dessus d'un vaste réseau de tunnels par... une race inconnue... des Pranksters du temps jadis, il y a des millénaires de cela. Sandy, brusquement, débordait d'enthousiasme. Il avait embarqué sa moto dans l'autobus. Cette aventure mexicaine le fortifiait de jour en jour.

Les sources minérales ! s'exclamait-il. Faut les essayez ! Un bain chaud et apaisant dans une de ces sources vous imprégnait jusqu'aux os de ce paradis — *la propreté vient après.* Aguascalientes : c'était pour aboutir à ce petit morceau de Ciel dans les sommets que s'empilaient, roche par roche, toutes ces tierras del fuego.

Mountain Girl écoutait. Et, bon, elle n'en attendait pas davantage. Ils traînèrent dans Aguascalientes le restant de la journée. S'il y avait une chose à laquelle Kesey ne pouvait résister, c'était bien la perspective d'une longue et chaude trempette. Il était toujours prêt à passer une heure dans un bon bain, et ces Aguascalientes en valaient bien quatre ou cinq, facilement.

Kesey et un bon nombre de Pranksters partirent donc s'immerger jusqu'aux bajoues dans les sources chaudes. Hagen devait rester sur place à surveiller l'autobus et le matériel. Sandy s'en alla faire un tour à moto.

Sandy fut vite de retour. Il avait l'air des plus remonté, impressionnant. Solide, avec un blouson orange rutilant de Day-Glo, et son engin couvert de Day-Glo orange. Il remonta dans l'autobus, se dirigea vers le fond, et réapparut avec le gros Ampex.

— Qu'est-ce que tu fais avec ça ? dit Hagen.

— Il me faut quelque chose de lourd à l'arrière de ma moto, pour voir si ça marche, dit Sandy. Je vais avoir un tas de trucs à ramener à New York, et je voudrais savoir ce que ça peut donner pour la manœuvre.

— Ah — j'sais pas, dit Hagen.

Il y a quelque chose qui cloche, là-dessous.

... Le matériel des Pranksters doit pas sortir de l'autobus. Tu sais c'que le Chef a dit.

— Il *quitte* pas l'autobus, dit Sandy. C'est seulement que j'veux rouler deux minutes avec pour voir si l'engin tient l'coup avec un poids comme ça.

Tout en attachant l'énorme morceau sur le siège arrière de sa moto. Le paquet est si gros et si lourd qu'il est douteux qu'il puisse faire plus de dix kilomètres avec.

— J'crois pas qu'tu devrais, dit Hagen.

— J'reviens tout de suite, dit Sandy.

Il part en trombe sur la moto, dont l'arrière s'affaisse.

Une heure passe, deux heures, il n'est toujours pas revenu. Hagen s'inquiète. Kesey revient des bains. *Allons-y !* s'écrie-t-il. Il a tout de suite vu de quoi il retourne. Le fatidique Ampex que Sandy avait dégoté, un an auparavant. Il s'est *taillé*, l'enfant-d'salaud.

Ils sautent dans une voiture et filent sur l'autoroute, vers le nord, en direction de Zacatecas. Sandy a une belle avance, mais ne peut aller très loin avec un chargement comme ça à l'arrière. Ils foncent à travers les carrefours du vieux Mexique, plantés de panneaux de Coca-Cola et de Carta Blanca, passent Chicalote et Rincón de Romos, et s'arrêtent partout pour crier aux cowboys du drugstore du coin :

— Hé ! Z'avez pas vu un gringo sur une moto — un cinglé tout en orange ?

— Non.

— Non.

— Non.

Les salauds, ils sont trop avachis dans leurs huaraches pour vous le dire. Les poursuivants repartent dans la poussière de crottin, mais finissent par abandonner, et font demi-tour pour rejoindre péniblement l'autobus.

— Merde, dit Mountain Girl, c'est les tripes de not' Test, cet Ampex.

Toute cette complexe machinerie, les décalages réglables, la synchro, les enregistrements sur bandes pour les Archives — ils ne peuvent rien faire sans cet Ampex. Sandy a pris l'Ampex des Pranksters — car il ne fait pas le moindre doute, à leurs yeux, que tout l'équipement leur appartient. A eux, les Pranksters, et pas au Prankster Sandy Lehmann-Haupt. La famille Prankster, l'ordre des Pranksters étaient au-dessus de tous les liens, de tous les contrats et de tous les titres de possession ordinaires — qui est ma mère, qui sont mes frères ? Et il se tourna vers ceux qui étaient assis autour de lui, et dit : Voici ma mère et voici mes frères ! Car ceux qui obéissent à la volonté de Dieu, ceux-là sont mes frères, mes sœurs, et ma mère.

Il ne leur restait plus que l'image de c't'enfant-d'putain qui s'escrimait sur sa Suzuki en remontant la grande autoroute nationale mexicaine pour ramener... ses *possessions* à New York. New York. C'était donc pour ça qu'il s'était si bien entraîné. Huit mille kilomètres sur cette foutue moto de

125 kilos pour revenir chercher ses possessions électroniques et les traîner jusqu'à la frontière, à la tombée de la nuit, dans un carnaval de Day-Glo.

A un kilomètre et demi environ de là, Sandy s'était reposé à l'ombre d'un grand auvent de tôle ondulée. A deux pas, en plein soleil, la piste de l'aéroport d'Aguascalientes, autour de laquelle traînassaient des Mexicains basanés en combinaison de travail. Sandy avait tenu parole, d'une certaine façon. Il avait roulé deux minutes, comme il l'avait dit. Puis il avait tourné à droite, jusqu'à l'aéroport, s'était garé sous l'auvent... et avait attendu... Kesey était-il tellement enfoncé dans le Présent, avait-il une telle prescience des choses, lui décocherait-il la flèche du Zen... ou, plutôt, le laisserait-il l'*attirer* directement à lui, et l'emmerderait-il jusqu'à ce qu'il remonte dans l'autobus, lui faisant définitivement savoir, par la même occasion, qui avait le Pouvoir, et pouvait exercer à jamais son contrôle sur l'esprit de Sandy...

Assez étrangement, cette crise de paranoïa, tandis qu'il reprenait là son souffle, à l'ombre, n'avait duré qu'un éclair. De fait, il était étrangement calme, comme si l'alerte était passée, alors qu'elle n'en était qu'au début. Sandy avait *réussi*. C'était *son* film. Il les avait attirés dans *son* scénario. Mike Hagen. « A-a-a-ah, j'sais pa-a-a-as. Tu sais c'que l'Chef a dit... » Sandy savait. Il avait été avec l'autobus pendant trois ans. Ce voyage avait constitué tout en même temps une libération et un emprisonnement : libération, pouvoir, volonté, on ne pouvait pas aller plus loin — mais la volonté de *qui ?* De l'esprit collectif ? Eh bien, mais il n'avait jamais eu de guerre des rêves avec cet esprit collectif, il ne lui avait jamais été asservi, il n'avait jamais été soumis à aucun jugement définitif, n'avait jamais entendu prononcer le mot magique : O.K., Sandy.

Impossible, naturellement, de trimbaler le grand Ampex cinq mille kilomètres sur cette moto. Il ne serait déjà plus, en arrivant à la frontière, à force d'avoir dansé, qu'un petit amas de pièces luisantes et fantasques, du genre des transistors où Paul Foster cachait son acide. Mais Sandy avait pensé à tout. Il y avait, à Aguascalientes, un bureau des chemins de fer. Il y amènerait l'Ampex et l'expédierait à New York, en port dû. Il pourrait repartir lui-même à moto. Libre comme l'air.

Un an plus tard, j'eus une conversation avec Sandy à Central Park, au bord du lac. Il avait l'air en forme, calme, solide. Il avait pour petite amie une jolie blonde, que j'avais rencontrée. Il travaillait comme ingénieur du son dans une maison de disques. Nous avions bavardé un long moment en évoquant ses aventures en compagnie des Pranksters ; la nuit était tombée, nous en étions à évoquer les dernières nouvelles que nous avions pu avoir de Kesey, il commençait à faire sombre, nous nous étions levés, et nous dirigions vers la sortie. L'un dans l'autre, Sandy parlait de Kesey, et de toute cette histoire, avec beaucoup de chaleur, sans la moindre trace de rancune. Il faisait de plus en plus sombre, nous nous étions levés et étions sortis du parc. Et, juste avant de nous quitter, Sandy s'était retourné et m'avait dit : « Vous savez... Je serai toujours avec l'autobus. »

« Léo ! Léo ! Tu es Léo, n'est-ce pas ? Ne me reconnais-tu plus ? Nous étions ensemble frères de la Ligue, et devrions le rester. Nous étions tous les deux du voyage vers l'Est. »

Les Pranksters poursuivirent jusqu'à Mexico et les environs, et y organisèrent deux autres Tests, mais sans grande sensation. Les camés américains de la région d'Ajijic — San Miguel de Allende — et du circuit de la capitale s'y retrouvèrent avec une certaine fierté — *Ouais... J'ai rencontré Kesey et les Pranksters à Mexico, et on s'est tous défoncés.* Plus quelques Indiens, qui se flippèrent d'un air taciturne.

Les avocats de Kesey, dans l'intervalle, se débattaient avec les autorités d'immigration de Mexico pour lui obtenir un visa de longue durée. Ils lui soufflaient le chaud et le froid. Et de plus en plus. Les Pranksters et l'autobus semblaient partout suivis par des voitures pleines de petits connards tirés à quatre épingles. Stone savait mieux que les autres à quoi s'en tenir, mais se cramponnait au volant. Cassady entraînait l'autobus à travers les Tierras frias du Mexique, avec sa nouvelle lubie, qui était, contre vents et marées, de sillonner de long en large le pays sans jamais freiner ni s'arrêter pour quoi que ce soit ; mieux valait s'enfoncer dans les broussailles jusqu'au cou que de s'arrêter pour des charrettes, des voitures ou des animaux. Il était passé de sa danse échevelée et par à-coups directs, spasmodiques, à une ligne continue — *la nouvelle ligne* — et Kesey le constatait, même chez lui, l'éternel Cassady... Mais naturellement ! — chez lui tout le premier — on était passé du Feu à l'Eau, de l'Age de Pierre à l'Age de l'Acide et, dans un moment — *maintenant* — Hailleurs...

Magne-toi, Kesey ! Il était temps de ramener l'Hailleurs aux USA, à San Francisco, et d'affronter les flics, et tout ce qui vous y attendait. Les autorités mexicaines faisaient allusion à la possibilité de le foutre dehors, dans un mois, peut-être sous prétexte qu'il n'avait pas de visa. Mais ils avaient, de toute façon, écumé le pays, la Ratière. Ils avaient écamé sa fabuleuse came. Ils s'en étaient gavés. Ils avaient... En vérité, mon Commandant, ils l'avaient asséchée, la Ratière.

Ils avaient présentement l'idée de pousser jusqu'au bout le jeu du Hors-la-loi, de jouer les Fugitifs au sein même des USA. Vous n'avez jamais vu un Prankster en Fuite ? Regardez bien, on a un film pour vous ; vous serez tout de suite dans le coup...

Kesey avait un bon scénario pour le voyage de retour. Allez-y, en grand, et de la couleur, et ils ne vous verront même pas. Son idée consistait à rentrer incognito en appliquant le principe de la lettre volée d'Edgar Poe. Allez-y au culot, et ils ne croiront jamais que c'est vous.

Kesey choisit Brownsville, au Texas, pour rentrer aux Etats-Unis. C'était la ville-frontière la plus à l'est, pratiquement sur le golfe du Mexique, et la moins indiquée pour des camés. La plupart d'entre eux rentraient par l'autre bout, à l'ouest, du côté de Tijuana, pour être tout de suite en Californie.

Il avait donc coiffé un chapeau de cowboy et, juste avant d'arriver en vue du poste douanier de Brewnsville, avait loué à un Mexicain un cheval de ranch, tout blanc. Il s'était avancé avec son chapeau de cow-boy planté drôlement de travers, en jouant de la guitare, et roulant la caboche comme s'il était saoul. Il avait passé la frontière, titubant sur son vieux cheval blanc, sous le nom de « Jimmy Anglund », le fou-chantant.

— Combien de temps vous êtes resté, au Mexique ?

— Un sacré moment, toujours trop long.

— Puis-je voir votre visa ?

— J'l'ai pas sur moi.

— Et où est-il ?

Un visa — comment diable aurait-il pu savoir ? V'nu pour un rodéo dans c'te foutu Matamoros, et v'là-t-y pas qu'ils le saoulent, ces foutus Mexs, leurs foutues bonnes femmes et leur margaritas, et qu'y l'laissent le cul par terre dans les rues de Matamoros, après lui avoir pris son argent et ses papiers, complètement lessivé, et il avait rebu, et était resté saoul, comme ça, dans c'te foutu pays, avant d'finir par se briquer les tripes à la terre cuite, et il était qu'un brave garçon qui v'nait d'Boise, dans l'Idaho, et c'est là qu'y r'tourne, fini l'Mexique, et plus d'Las Vegas...

— Vous avez pas une carte quelconque ?

— T'nez, c'est tout c'qui m'reste...

Il montre au troufion une carte de crédit de la Bank of America, au nom de James C. Anglund, Las Vegas, Nevada.

Ils le laissent passer. Il repart en pinçant sa guitare et en caracolant, quoiqu'ils lui aient repris son cheval — on peut pas risquer qu'une *maladie* s'faufile, vous comprenez, c'te pays d'Rats...

Et « Singing Jimmy Anglund » se met à faire de l'auto-stop dans la poussière avec sa Rat-tière sous le bras...

XXVI

Le Jeu du Gendarme et du Voleur

Il piaffe Jimmy et chante
D'une voix rauque et dormante,
Dans la poussière et le crachin gras
De Brownsville pointe sa barbe poivre et sel,
Lève le pouce sur les routes
Du Texas dont le ventre bat,
Hiiii ! sur l'air du gendarme et du voleur.

Super-Héros solitaire
Héros cosmique des super-autoroutes,
Il ne ment jamais.
Car la franchise est le meilleur masque
Au jeu du gendarme et du voleur.

Z'avez-vu ça, les flics ?
Sporanges flippés à peau de camé,
V'là ma Rra-tière
Et mon costume de cow-boy en daim.
Des bottes rouges de Prankster
Qui viennent de Guadalajara.
Mon chapeau de cow-boy
Vous dit de quel côté je suis
Au jeu du gendarme et du voleur.

J'suis pas Clark Kent.
J'suis pas Steve Lamb.
Popeye le Marin je suis ce que je suis
Au jeu du gendarme et du voleur.

Passe une voiture
L'emmène pas très loin
Au jeu du gendarme et du voleur.

Au volant
Dans c'te sale histoire de pouce-en-l'air sous la poussière et le crachin
Un requin du Mississippi
Avec un sourire d'ébonite.
La route est dure
La tâche est lourde, lourd fardeau
Dans ce jeu du gendarme et du voleur.

Merde.
Il se barre, le
Fils du Cosmos,
A l'arrêt des cars où y-a-des-œufs-qui-t'regardent, Stop-Café.
Dans l'autobus !
Au jeu du gendarme et du voleur.

Un Greyhound humide
Et puant de pisse fumante
D'une traite jusqu'à Salt Lake City
En autobus
Au jeu du gendarme et du voleur.

Oh
Ce voyage en seconde
Avec des pare-chocs dans le cul
Ça me rappelle
Les yeux du FBI loin derrière maintenant [1]
Droit devant toi ! Super-Héros
De mon jeu du gendarme et du voleur.

Pris l'avion
Pour San Francisco tard dans la nuit.
Alerte aux flics ?
Après un héros en chemise de daim ?
Embusqués, prêts à tirer ?

1. Jeu de mots sur *F.B. Eyes :* les yeux du FBI, et le Federal Bureau of Investigation de J. Edgar Hoover *(N.d.T.)*.

Sur une super-cloche en bottes de cloche rouges ?
Pensez-vous.
Torpilleur des idées reçues,
Son costume de Prankster, ce festival d'Orlon paranoïaque
Est à peine visible,
Ce cow-boy risible
Ce batteur cardiaque
Suit d'autres tambours
Au jeu du gendarme et du voleur.

A partir de l'aéroport
Avec une escorte de Pranksters à la redresse et gratinés
Neal et Hugh
Cette équipe de bande dessinée à la Day-Glo
S'attaque au film :
MERDE AUX FLICS !
Sus à la mondaine
Sus aux Feds
Sus au Shérif de San Mateo
Sus au cogne de San Francisco
Sus aux juges dans leurs prétoires
Nous ne mollirons ni ne faillirons
Nous irons jusqu'au bout
Nous vous poursuivrons sur les plages
Nous vous poursuivrons sur les terrains d'atterrissage
Nous vous poursuivrons dans les champs, les rues, les collines
Et les arbres.
Fameux scénario
Le film est croustillant
Dans ces arbres.
Regardez, c'est le gibier
Qui lui met du sel sur ses plaies, à J. Edgar Hoover !

Ouais ! Le jeu du gendarme et du voleur.

Kesey se terre chez un vieil ami, à Palo Alto. Dans un étrange état. Il est entré dans le film des flics, le Jeu du Gendarme et du

Voleur, et ce sont eux qui finiront par gagner, parce que c'est leur film — *On t'a eu !* A moins qu'il n'en fasse son film, à lui, ce qui implique des risques et une audace extrêmes. Me voilà, les gars... On se faufile et on s'embusque, et votre cœur bat la chamade, dans ce jeu, et ils aiment à vous imaginer ainsi, traînant votre infortune comme un reptile... Alors...

NE PLUS SE PLANQUER !

Son idée, en bref, est de jouer les diable-à-ressort, éclatant de Day-Glo, de leur sauter juste sous le nez, ici et là, en public, et de disparaître aussitôt, dans une odeur de légende ressuscitée [1]. Comme un de ces assassins de cinéma qui expédient des messages ampoulés à la police, au sujet des jeunes filles *au pair* qu'ils ont l'intention d'étrangler — et qu'ils étranglent, pendant que le monde entier tremble pour l'os hyoïde de la prochaine victime. Sauf qu'il n'a étranglé personne, lui. Il s'est contenté de fumer de l'herbe. On ne le dirait jamais, à en juger par tout le ramdam que ça a fait, à San Francisco...

Etrange pensionnaire. Son ami ne sait trop que penser du numéro : Kesey saute brusquement de la crise de paranoïa et d'un souci aigu de sa sécurité à un extraordinaire mépris de toute précaution, sans la moindre logique ; il se lève vers 1 h de l'après-midi, mange, puis sort s'asseoir dans le jardin, avec sa chemise de daim, et reste là à jouer de la flûte. Essayez de jouer quoi que ce soit qui sorte un peu de l'ordinaire, qu'on entende autre chose qu'un poste à transistors, dans ces jardins de Palo Alto, et ça fait une drôle de révolution ; alors ce grand Homme des Cavernes, tout en muscles, qui joue de la flûte... Quelques accords, de-ci, de-là, ça fait un orchestre, mon Commandant — et Kesey et un ou deux Pranksters se mettent à tambouriner, gentiment

A tambouriner
A se pomper le cortex
Rat - ta - tata
A déconner, piailler, hululer
Tout ce qu'elles peuvent, ces oies sauvages,
Ces sirènes à aigrettes ! Avec des mégascopes !
A vous crever le tympan ! ET MERDE POUR LES FLICS !

1. Celle de Scarlet Pimpernel, le Mouron Rouge, illustrée pendant la dernière guerre par le film de Leslie Howard : *Pimpernel Smith (N.d.T.)*.

jusqu'à ce que, vers 2 h du matin, la maison soit envahie d'assez de Rat-tières, de cris de déments, d'enregistrements, d'euphorie tapageuse engendrée par la marijuana, pour tirer tout Palo Alto de son douillet tunnel de rêves pendant quinze ans — mais, brusquement, vers 4 ou 5 h du matin, Kesey, le dernier, dans cette folle sarabande, à avoir tenu le coup, s'avise que l'heure est à un maximum de mesures de sécurité, et disparaît au fond de la cave, à l'abri des caisses d'emballage, dans un nid d'épis de maïs. Comme ça, du moins, pas de risque que ces salauds lui tapent sur l'épaule — le coup de la Gestapo : *Debout, Kesey...*

Leur film — mais il se réveillait et reprenait presque aussitôt le sien. Neal, Hugh Romney, Kesey, et un petit détachement de Hell's Angels s'en étaient allés participer à un « trips festival » de trois jours, qui avait commencé le samedi soir 1er octobre à l'université de l'Etat de San Francisco. De la graine qu'on a semée... Les Tests ont déjà bien pris dans le monde étudiant. L'université de l'Etat de San Francisco est devenue la véritable *universitas* des camés de l'acide, un peu comme celle de l'Ohio pour les dingues du football. Ils se sont lancés à fond dans ce Test, avec le plus fidèle éclectisme.

> Alpha,
> Beta,
> Ça tisonne dans le delta.
> Des films dans le fumoir.
> *Fraternisez*[1] *!*
> Colliers d'ânes,
> Colliers d'ânes,
> Clochettes de temple,
> Sandales et
> Mandalas
> *Psychédéliques !*

Les Hell's Angels roulent à plein gaz pour le Fugitif. Ils aiment ça. Ils foutent les foies à tous les flics qui les approchent, en maraude ou en formation. Pour quelque mystérieuse raison, toutes les lumières des bâtiments du campus sont restées allumées. Le Festival a lieu dans le gymnase — lequel est plein

1. Les « fraternités », dans les universités américaines, sont le plus souvent désignées par des lettres de l'alphabet grec *(N.d.T.)*.

d'échafaudages ; films et projections lumineuses balayent les plafonds ; on a installé des tours de Contrôle, et les Morts Reconnaissants sont à l'orchestre. Tout ceci en minutieux hommage aux Tests originaux. Et, soudain, voici

KESEY

dont la voix, à partir de la station de radio du campus, envahit le gymnase... Une drôle de galère, même pour les Hell's Angels qui montent la garde à la porte du studio. Mais à peine ont-ils accroché tous les câbles et se sont-ils mis à tambouriner, que Cassady, dans le hall, armé d'un micro, annonce

KEN KEEEEE-ZEEEEEE

Il est près de 4 h du matin. Kesey, caché dans le studio, s'adresse à eux, au milieu du plus formidable enchevêtrement de câbles que les Pranksters aient jamais monté : il s'étend sur tout le campus, jusqu'au gymnase. Le Hell's Angel Freewheeling Frank, complètement défoncé, échoue dans le studio, et y découvre Kesey, sur un tabouret, tout emmailloté de fils, de la nuque aux pieds, qui joue de la guitare électrique et qui martèle un poème dans le micro, sous une violente lumière fluorescente, et un panneau : ÉMISSION EN COURS — *Le Dieu du LSD — Tellement de fils, ça m'effraye — Il me fait penser à un satellite qui tourne, ce Dieu* — sur quoi Frank le secoue, reçoit immédiatement une décharge électrique, s'assoit par terre, et se met à jouer de l'harmonica, tandis que Kesey psalmodie à l'adresse des multitudes qui admirent, dans le gymnase, les volutes des projections lumineuses : « Vous tous qui êtes là, debout, assis, à ramper de tous les côtés, aux quatre coins de la salle, cette démence en couleurs qui vous entoure et qui est au-dessus de vous, au plafond, c'est celle que vous avez dans la tête ! » — Sur quoi Kesey quitte majestueusement le studio...

Il est furieux parce qu'il n'a pas réussi à capturer mon esprit — se dit Frank — *il en a capturé tant de millions qu'il ne peut même plus sourire.*

Mais ils n'étaient plus des millions, ni même des centaines, dans ce gymnase, car il se faisait tard, et il ne restait plus qu'un petit groupe de camés, des durs à cuire ; nombre d'entre eux tellement flippés qu'ils n'avaient plus aucun sens du temps et de la géographie. *Tout,* à leurs yeux, était réel, Mani, le maya chohan de Madame Blavatsky, Ken Kesey au micro... Kesey a fini par se montrer et s'avance au milieu des survivants, mais ils sont tous lessivés, et il est à peine visible... dans son paranoïaque et flamboyant costume d'Orlon...

Et pourtant ! La rumeur circule déjà parmi les camés de Haight-Ashbury. Kesey est revenu, leur *Homme,* le Castro qui a conquis pour eux tout ce qu'ils ont aujourd'hui. Les graines qu'on...

...a semées... Dans la Marée Rouge de cette Rat-tière de Manzanillo, Kesey et les Pranksters avaient été tellement coupés du monde qu'ils n'avaient aucune nouvelle de San Francisco. Une parfaite Ile du Diable. Ils n'avaient qu'une vague idée de ce qui pouvait se passer chez les camés de Haight-Ashbury. Mais aujourd'hui, même plus besoin de regarder, quoi. Ça vous saute aux yeux. Tout un carnaval... On n'a qu'à se promener du côté de Haight-Ashbury... Kesey tente le coup... Merde, ce grand gaillard musclé qui se promène dans Haight-Ashbury, avec des bottes et un chapeau de cow-boy — il... a l'air *sain.* Les flics restent perplexes devant ces nouveaux venus, ces *longs-cheveux,* ces *beatniks* — ils sont encore plus bizarres que les beatniks de North Beach, ces cinglés. Ils brillent bleu comme un tube de TV. Ces hippies... leurs cheveux à la Jésus-Christ, des hommes qui ont des cheveux jusqu'aux épaules et des barbes jusqu'à la poitrine, maigres et plats, et mous comme... des *poitrinaires !* Sergent, y sont collés aux vitrines au bout de Haight Street, près d'c'te Boutique Psychédélique, comme si qu'on avait suspendu dans les vitrines un tas d'tubards et qu'y-z-avaient dégouliné sur l'trottoir pour vous fixer avec leurs grands yeux d'revenants, vous fixer, comme ça, sans plus. Et un tas de saloperies, de bizarreries, des trucs indiens des Indiens d'Amérique et des Indiens des Indes, des serre-tête avec des perles, des colliers d'âne et des clochettes de temple — et ces trucs *en chair et en os* qui se baladent dans Haight Street dans des costumes, ou des demi-costumes, qu'on dirait une espèce de manteau de portier, avec des lisérés et tout l'tremblement, mais des blue-jeans comme pantalons, et des bottes de bizuths... *Les flics !* — Oh, ils en restaient sur deux ronds de flanc.

Les poivrots, les drogués, ils connaissaient ça par cœur, et le LSD aussi, ils étaient *au courant,* mais ce *truc-là,* maintenant... Les camés pouvaient leur en faire voir de toutes les couleurs, un délire. Haight-Ashbury avait toujours été un petit quartier bien tranquille, un quartier d'habitations ouvrières en haut de la colline, au-dessus du parc du Golden Gate ; Blancs et Noirs y cohabitaient en paix. Les loyers de North Beach avaient augmenté, et de nombreux jeunes couples qui s'emballaient pour la bohème avaient déménagé à Haight-Ashbury. Ainsi que quelques vieux beatniks, qui fréquentaient l'Unicorne Bleu. Mais c'était le Festival de huit mois auparavant qui avait vraiment lancé le quartier. Huit mois ! — et ça avait été comme une brusque éclosion, comme si les Tests avaient pris racine, et qu'il en était sorti toute une génération qui avait totalement adopté ce mode de vie.

Les Morts Reconnaissants s'étaient installés dans une maison où ils ne se contentaient pas de la vie communautaire habituelle, où on habite tous ensemble, les uns sur les autres, c'est tout. Ils y vivaient à la mode Prankster, en groupe qui a un nom, et une mission ; la musique et une vision psychédélique du monde... Oui... Un certain Chet Helms, un type maigre, on aurait presque dit qu'il était en creux, avec une chevelure à la Jésus-Christ et une barbe châtain clair *incroyables,* il en avait partout, et des lunettes rondes à monture métallique, avait un autre groupe, le Chien de la Famille. Ils vivaient à la mode Prankster, eux aussi, dans un garage, où l'on dansait le rock'n'roll au milieu d'un tas de symboles indiens. Ils avaient participé au Festival. Helms était un camé, mais un camé qui avait pas mal de sens pratique. Il l'avait vu venir, avec ce Festival, la nouvelle vague. Et il avait organisé un Festival permanent, toutes les semaines, avec des billets, au Avalon, un dancing au coin de Van Ness et de Sutter[1]. Bill Graham, qui avait été l'impresario du premier Festival, s'était mis de la partie, lui aussi, et avait son Festival au Fillmore, un autre dancing au coin de Fillmore et de Gary. Graham et Kesey s'étaient bagarrés, lors de ce premier Festival, sur des questions du genre de savoir qui tiendrait la caisse, et ça avait fini par un sale moment, quand Graham lui avait tendu la main pour qu'on fasse copain-copain, et que Kesey l'avait regardé sans mot dire avant de lui tourner le dos. Ce qui n'avait pas empêché Graham de reprendre le truc, exactement dans le même style. Le Fillmore comme l'Avalon reproduisaient le Test des Pranksters avec le même mélange audio-visuel, le rock' n' roll, les projections de films, et les étranges amibes intergalacti-

1. Les adresses, aux Etats-Unis, se situent par référence à la plus proche intersection *(N.d.T.).*

ques des projections lumineuses. On avait même été, à l'Avalon, jusqu'à des détails comme les stroboscopes et des sections de la piste où l'on pouvait s'amuser avec de la Day-Glo dans un éclairage de lumière noire. Tout y était, sauf... la quatrième dimension... le Cosmos... l'heure fatidique... l'expérience, le *kairos... Ils savent* où *c'est, mais ils ne savent pas* ce que c'est... Ces dancings n'en étaient pas moins la grande enseigne et la grande porte... de La Vie.

Les nouveaux groupes communautaires étaient également dans le coup. Comme les Diggers[1], dont le chef, un certain Emmett Grogan, avait fait de Kesey son héros. Ils aimaient les farces. Ils avaient ce qu'ils appelaient un Cadre de Référence, un immense cadre de 2 m 75 de haut, qu'ils dressaient devant les gens, dans la rue, en leur demandant de passer à travers... « pour qu'on soit tous dans le même cadre de référence ». Après quoi ils distribuaient gratuitement de la nourriture à tous ceux qui rentraient dans le parc, camés, poivrots, n'importe qui, vers 4 h de l'après-midi. Des produits qu'ils mendiaient aux grossistes, pour lesquels on faisait de la réclame, etc. C'était un foutu spectacle, que de les voir puiser ainsi à la louche, tous les jours, dans de grosses boîtes à lait... Il y a, à l'intersection de Fulton et de Scott, une grande bâtisse gothique, croulante, un monument drôlement délabré, qu'on appelle l'Ambassade Russe. Un nouveau groupe, la Calliope Company, y vit ; il est dirigé par un acteur, Bill Tara. Ce groupe comporte nombre de personnages pittoresques, tels Paul Hawken, Michael Laton, qui ne se sépare jamais de sa toque d'astrakan, et Jack la Veine, un Irlandais grisonnant, qui rit tout le temps, avec une barbe de montagnard, une casquette de chauffeur de taxi, et des basques de tweed du décrochez-moi-ça... Tous assis dans un grand salon vide, mais rutilant de vieilles boiseries, et des murs de quatre mètres cinquante de haut... Jack la Veine parle de sa petite amie Sandra, une fillette qui vient d'arriver de son comté de Bucks, en Pennsylvanie :

— J'm'amène — il fait un geste de la tête en direction de la chambre qu'il occupe au-dessus — et, pigez-moi ça : elle s'est roulé un joint *gros comme ça,* comme un *cigare,* mon pote !... et elle tire dessus en écoutant la radio, elle tire dessus et elle

1. Littéralement : les terrassiers. Ou, en argot courant : ceux qui pigent *(N.d.T.).*

s'gargarise, j'veux dire, avec son *Corona* — c'était *superbe !* Le bon temps, quoi.

Mais bien sûr ! L'ésotérique nostalgie des tout premiers jours de la *découverte,* le premier petit entrebâillement des portes de l'esprit, avec un peu de marijuana, et *les trucs qu'on fait,* à ce stade-là ! — cette façon de se gargariser en écoutant la radio — *Vous savez ?* Et c'est merveilleux, tous ces gosses qui s'amènent à Haight-Ashbury... pour y vivre La Vie... Un carnaval ! Le Jardin du Paradis ! Un grand La Honda, en pleine ville ! A la vue de tout le monde ! Avec tous les accessoires. L'argent coule à flots. C'est pas le problème. Merde, on peut se faire neuf ou dix thunes en trois heures en faisant la manche. Seigneur, quand les braves gens voient un gosse avec de la barbe, des perles, des fleurs, et une pancarte autour du cou qui proclame que *Mon cœur est plus Fier que Mon Estomac,* ça les fait bougrement sauter, et ils vous refilent la pièce, des billets d'un sac. C'est pas croyable. Et si ça marche pas, on peut toujours...

— Y a quelqu'un qui veut un boulot régul' ? demande une certaine Jeannie, qui vit ici, à l'Ambassade.

— Ouais, dit Michael Laton.

Il s'avère que Jeannie travaille trois ou quatre heures toutes les nuits comme cireuse de chaussures, Topless Shoe Shine [1], dans un petit réduit, sur Broadway, à North Beach, et qu'ils ont besoin d'un bonimenteur sur le trottoir pour attirer la clientèle. Michael Laton accepte, d'accord, boulot régul', et fait le planton, la nuit, en frac et en haut-de-forme, pour racoler les dentistes qui tombent sur des Topless à tous les coins de rue et n'en peuvent plus de tirer la langue. Ils entrent dans la baraque, grimpent sur un siège, posent leurs pieds sur les appuis, et regardent les tétons de Jeannie danser la gigue des quatre-vingt-dix secondes qu'elle met à leur cirer les chaussures pour deux dollars, pendant qu'un grand macaque lugubre se tient prêt, tout à côté, une bouteille de bière remplie de grenaille à proximité de la main, à casser la gueule aux rouspéteurs et aux obsédés sexuels, et ils ressortent en faisant exactement la même réflexion : « Et le plus drôle, c'est qu'elle vous les cire bougrement bien ! »

— ... alors j'm'envoie un peu d'acide, rien qu'pour m'mettre en forme, quoi, vous savez, raconte Michael Laton, et v'là ces

1. *Topless* — littéralement : le haut du corps dénudé *(N.d.T.).*

deux Marines qui s'amènent, un grand sergent, et un autre, avec des galons sur les manches, jusque-là. J'me sens comme si j'avais deux mètres, tellement qu'j'suis déjà bourré, et comme s'y-z-étaient qu'des *fourmis,* et j'leur crie, comme ça, en pleine face : « Y vont vous mettre au chômage, les gars, s'y-z-arrêtent la guerre ! » et l'sergent m'fait : *Ouaiais ?* — Et, man ! On dirait qu'c'est l'*contraire :* c'est *eux* maintenant, brusquement, qu'ont deux mètres, et c'est *moi*la fourmi ! Et...

Un vrai carnaval ! Et ça n'était pas de la politique, ce qu'il avait dit, rien qu'une farce, parce que la politique, la Nouvelle Gauche, tous ces trucs-là, brusquement, c'est comme si c'était du *passé,* dans les milieux hips de la région de San Francisco, même à Berkeley, la citadelle de la Révolution Etudiante, et tout. Un gosse sur qui on pouvait toujours compter, par exemple, qu'il s'agisse de manifester pour les ouvriers de la vigne, ou même pour des choses dangereuses, comme de travailler pour CORE dans le Mississippi [1], se pointe, un jour — et ça se voit tout de suite, il est devenu un camé. Ses cheveux ont pris un côté Jésus-Christ. Il est habillé comme un déguisé. Mais, surtout, il a désormais cette attitude si tolérante, et, pourtant, si méprisante, à l'égard de tous ceux qui continuent de lutter selon les vieilles méthodes du militantisme politique, que ce soit pour les droits civiques, contre la guerre au Vietnam, contre la misère, ou pour les peuples libres. A ses yeux, ils sont toujours prisonniers des vieux « jeux de la politique », ils se font les complices des oppresseurs en jouant le même genre de jeu qu'eux et en utilisant le même genre de stratégie, alors que lui, avec l'aide des composés psychédéliques, il explore les étendues sans limites de la conscience humaine... Prenez Paul Hawken, ici, à l'Ambassade... En 1965, un brillant militant. Chemisettes, blue-jeans, et duffle-coats. Il avait fait la Marche de Selma, avait travaillé pour CORE dans le Mississippi, comme photographe, risqué sa vie à photographier les conditions de travail des Nègres, etc. Aujourd'hui, il porte un grand manteau de hussard, avec des parements d'or. Ses cheveux lui retombent sur le front et dans le cou en grandes boucles noires, formidable, on se croirait à Mykonos.

— Alors, comme ça, CORE et toi, vous avez plus beaucoup d'rapports, à c'qu'il paraît.

1. Association pour la défense des droits civiques des Noirs *(N.d.T.).*

Il se contente de rire.

... Et les trucs dont tu t'occupais l'année dernière ?

— Tout ça a changé. T'aurais dû les voir, quand ils sont partis pour Sacramento...

Les étudiants qui étaient partis de Berkeley pour manifester à Sacramento.

— Ouais, dit Tara.

— Tous des types des fraternités, avec des chemises de sport, les cheveux courts, leurs voitures, et des panneaux peints, tu sais, comme ceux des dessinateurs de publicité. Et y avait du fric, là-dedans.

— Ouais, dit Tara, et ils parlent tous de *canal.* Y vont faire ci et y vont faire ça par le *canal régulier,* ou y peuvent pas faire ci ou ça par le canal régulier, y vous parlent tous de canal.

— Ouais, dit Paul, et y tendent le poing — il lève le poing et le secoue dans un large geste goguenard — et y vous disent : « On s'en va manifester à Sacramento, avec nos petites amies ! » Tout a changé. Tous des types des fraternités, avec leurs Mustangs.

Tous des types des fraternités, avec leurs Mustangs ! Il n'est pas d'épithètes plus cinglantes dans les cercles intellectuels un peu hips de Californie. *Tous des types des fraternités, avec leurs Mustangs.* Savourez-moi ça. Oh, Mario, Dylan, Joan Baez, oh, Liberté de Parole et Anti-Vietnam — qui, jouissant de tout son bon sens, aurait pu croire que ça finirait comme ça, en douze mois : livré aux rejetons du pare-brise et du super-marché — *tous des types des fraternités, avec leurs Mustangs* — c'est incroyable, mais c'est exactement ce que cet *agent provocateur* de Kesey avait prophétisé, quand il ronronnait sur son foutu harmonica et qu'il vous disait : *Z'avez qu'à leur tourner le dos et leur dire d'aller se faire foutre...*

Fausses audaces ! Boy-scouts de la bohème ! Les grands rassemblements de Berkeley, qui attiraient jadis 10 000 personnes ont aujourd'hui de la chance d'en compter un millier. Tout a changé ! Même histoire pour les macaques. Les Noirs, soudain, ne sont plus à la mode, à l'exception d'un ou deux revendeurs de came, comme Superspade, et d'originaux comme Gaylord et Heavy. On vous explique, à Haight-Ashbury, que c'est parce que les Noirs ne prennent pas de LSD. Le grand attrait des macaques, du point de vue hip, a toujours été ce qu'on appelle leur côté *cool.* Et, justement, le LSD vous envoie bougrement balader ce genre de carapaces de plomb, il vous fait tout déballer, vos complexes et tout. Les macaques, d'autre part, ne s'en ressentent guère pour cette *nostalgie de la boue*qu'affectionnent tous ces gosses de Blancs, ces rejetons des classes moyennes qui viennent à Haight-Ashbury s'entasser dans des taudis, mener une vie foutrement *rudimentaire,* vous saisissez, par terre, sur des matelas graisseux dont les plus rebutants, les plus cloches macaques de Fillmore ne voudraient pas, s'enfiler leur soda au goulot, en se passant la bouteille de bouche à bouche, plus de tous ces vieux préjugés américains comme la marotte de l'hygiène et de la plomberie, vous saisissez, on dirait même qu'ils en pincent pour toutes ces drôles de maladies médiévales, cette vermine qui leur grouille dans les parties — les *morpions !* Tu connais ça, mon pote, quand tu regardes ton bas-ventre et que tu vois cette petite *gale,* ou je ne sais quoi, elles sont minuscules, les petites salopes, et t'en ramasses une, tu l'arraches, quoi, et elle se met à *ramper !* Oh, merde ! Et voilà qu'elles se mettent toutes à ramper, et tu te mets à explorer tes couilles et ton pubis, et elles sont *vivantes.* Une jungle comme tu n'en a jamais vu, dans ta peau, dans tes poils, et du vivant, un foutu bestiaire, je te jure, une flicaille, on dirait des petits crabes nous qui pourraient danser sur une tête d'épingle, et tu continues ta pêche, mais, à chaque fois, tu en découvres *huit* de plus qui se faufilent dans le veld et les savanes, et t'en deviens pratiquement *aveugle* de fixer cette petite Afrique entre tes jambes, et c'est l'heure du A-200, mon pote — Le A-200 ! Du soufre liquide ! — la seule solution — cette *petite bouteille verte,* mon pote ! Si tu t'en *souviens !* Et ainsi de suite... La *nostalgie de la boue !...* La...

... Vie... Même dans un endroit comme La Jolla, au nord de San Diego, la plage la plus chic du Pacifique, T..., un des jeunes sportifs les plus brillants, se ramène un jour sur un trois-roues de livraison, du genre qu'utilisent les garçons de courses des drugstores, et s'arrête à tous les coins de rue, et les gosses rappliquent, et — *servez-vous !*— il a toutes les pilules, toutes les capsules que vous pouvez imaginer, et de l'herbe à la pelle, et... La Vie, quoi. Même des cliques de fanas du surfing, comme le Pump House Gang[1] — les mystères de la mer, et tout le tremblement ! — ils y viennent, à La Vie, et il y en a qui

1. La Bande du Pavillon *(N.d.T.).*

remontent la plage, qui quittent le Pavillon, les éternelles *belles* marées, bonnes pour le surfing, qu'ils avaient l'habitude d'attendre comme des sacristains, et qui remontent jusqu'au Parking, où ils restent assis dans leurs voitures aux vitres couleur améthyste pour jouir pleinement du soleil du Pacifique qui passe à travers ces drôles de carreaux, et les flics se demandent ce qu'ils peuvent bien foutre toute la journée dans ces voitures, au lieu d'être sur la plage, et ils les secouent, et ils fouillent les voitures, et ne trouvent rien, mais les avertissent — *On sait bien que vous vous cachez pour boire de la bière, les gars...* De la bière !... Un des chefs de la bande, Artie, s'est ramené à Haight-Ashbury ; on s'est déjà donné le mot dans toutes les écoles de Californie où l'on est à la coule, bien que les journaux n'aient encore jamais parlé de Haight-Ashbury... Haight-Ashbury ! Ils connaissent tout de cette nouvelle légende, jusqu'à Owsley, qu'on surnomme aujourd'hui le Lapin Blanc, le paranoïaque génie de l'acide... Artie, donc, se ramène à Haight-Ashbury, se promène le long de ces interminables enfilades de fenêtres sur la baie, de taudis avec vue imprenable, et devinez qui il trouve, assis sur le trottoir au coin de Haight Street, mais c'est J..., le J... du bon vieux temps du Pavillon, assis là avec un sac en plastique près de lui.

— Salut, J... !

J... lui jette à peine un regard et fait : « Oh, salut, Artie », comme si c'était tout, bien sûr qu'ils sont là, tous les deux, à Haight-Ashbury, ça fait des années, avant d'ajouter : « Tiens, prends ça », de fouiller dans son sac en plastique, et de lui offrir un sachet d'herbe, comme ça, pour rien, en public... Artie s'en va rendre visite à Anchovy, chez qui tout le monde peut crécher. Anchovy, qui était peu connu à La Jolla, au bien vieux temps du surfing, il ne pratiquait pas ce sport, est devenu un type merveilleux, le bon Samaritain de Haight-Ashbury pour tous les gars de La Jolla. Artie fait la tournée de l'endroit, un vrai... carnaval ! Tout le monde travaille pour le Patron avec une étonnante dextérité : on s'envoie le LSD d'Owsley qu'on a déniché dans les distributeurs automatiques de confiserie, on fume de l'herbe, on avale de la méthédrine, on baise, on s'en paye, partout, n'importe quand, où et quand on en a envie, dans la rue, pratiquement... Un peu plus tard, Anchovy a organisé des Love-in, qu'il appelle des Trans-Love Airways, sur le campus de l'université, à San Diego, et tout le monde s'en paye, sur l'herbe, au son du plus bruyant rock'n'roll qu'on ait jamais entendu, et fume de la marijuana qu'il en sort un foutu nuage, tout *vert,* bon sang, et filme le tout pour... les *archives,* et les voilà alliés à des *gens vrais,* des Gens Merveilleux, cette bande de motards qu'on appelle les Pallbearers[1], version locale... des Hell's Angels... Ah, hmmmmm... Et Artie s'appuie contre un arbre pour fumer un faux joint bourré de vulgaire tabac, du Bull Durham, parce qu'il faut bien *avoir l'air* d'être dans le coup, tout le temps... Mais la coupe va bientôt déborder, c'en est *trop...* Près de neuf commissariats différents organisent une rafle monstre pour libérer de cette peste les écoles du comté de San Diego, s'abattent sur la Colonia Tijuana, autrement dit le Bidonville de Tijuana, ainsi nommé dans les milieux underground de La Jolla à cause de tous ces appartements près de la plage qu'un tas de gens dans le bain partagent, cet été, et quelques-unes de ces belles âmes du Pavillon se font piquer là, mais c'est La Vie, un monde divisé entre *camés* du surfing et *paumés*de la souffrance... Il fallait les voir, d'ailleurs, les flics, quelle rigolade, quand ils ont découvert les plafonds de la Colonia Tijuana entièrement tapissés d'immenses arabesques formées d'anneaux de bière en boîte, pris les uns dans les autres, et ondoyant si délicieusement dans les remous argentés de leurs enivrants reflets...

La Génération des Sursis ! Pas la Génération Perdue, ni la Beat Generation, ni la Génération Silencieuse, ni même la Génération des Fleurs, mais la Génération des Sursis, des gosses qui se font épingler de tous les côtés, aux quatre coins de la côte, et qui s'en tirent tous, la première fois, avec une mise en liberté surveillée — *Qu'est-ce que c'est qu'ça !* — à la veille d'un nouveau millénaire, et parce qu'il n'y a *plus* aucun moyen au monde d'arrêter ça. Comme un gros bloc de pierre qui dévale une colline — vous pouvez le regarder, en parler, crier, et dire : Merde ! Mais vous ne pouvez pas l'arrêter. Le tout est de savoir la direction que ça va prendre. Pour l'intant, à Haight-Ashbury, ça peut prendre deux directions. Il y a celle du Bouddhisme, le truc à Leary. Certains, des têtes solides comme Michael Bowen et Gary Goldhill, veulent fonder ici une Ligue pour la Découverte Spirituelle, rassembler le mouvement tout entier en une seule église, et lui donner un objectif, sinon une certaine respectabilité légale. Ils ont beaucoup sacrifié à ce rêve-là.

1. Littéralement : porteurs des cordons du poêle *(N.d.T.)*.

Goldhill est épatant ! C'est un Anglais qui écrivait des trucs expérimentaux pour la TV anglaise, la BBC l'avait envoyé aux U.S.A. pour qu'il essaye d'obtenir une bourse importante, une Guggenheim ou n'importe quoi, il était allé en vacances au Mexique, et il était tombé sur des camés américains, à San Miguel de Allende, qui lui avaient dit : Mon vieux, faut qu'tu reviennes à la saison des pluies et qu'tu goûtes de ces champignons magiques, et que j'vous fiche mon billet s'ils ne lui envoient pas un télégramme, à Guadalajara où je n'sais où — PLUIES TOMBÉES CHAMPIGNONS POUSSÉS — et il était revenu, par curiosité, et avait goûté de ces champignons, exactement comme Leary, et découvert l'Organisation, et tout abandonné, la TV, la BBC, tout le cirque, pour se consacrer exclusivement à La Vie... Quant à Bowen, il a un appartement dont les murs sont tapissés de tentures imprimées des Indes, avec des matelas par terre, des théières et des tasses indiennes, décorées à la main, et trois petits cristaux suspendus au plafond par des fils presque invisibles qui vous reflètent toutes les lumières, comme des joyaux de l'espace, un logement dégagé de toute la merde et de tous les gadgets de la vie moderne et plastifiée des Américains, car, comme l'a dit Leary, l'endroit où vous vivez doit être un tel sanctuaire de pureté que le Bouddha lui-même pourrait y sentir, du fond des siècles, de l'an 485 avant Jésus-Christ, et s'y tenir chez lui. Et, un jour, l'herbe repoussera dans les rues, dans une pastorale pureté, car la vie n'est que de la merde, sous le joug des mauvais karmas, une lutte incessante contre la catastrophe, que l'on n'évitera, finalement, que par une suprême purification de l'âme, une suprême passivité, grâce à laquelle on ne sera plus *rien*... qu'un vaisseau où *tout* s'écoule... Le Tout-en-un...

... Et puis il y a la direction de Kesey, celle qui prévaut aujourd'hui à Haight-Ashbury, en tant que mode de vie... *au-delà de la catastrophe...* et qui consiste à prendre tout ce qui bouge, tout ce qui fonctionne, n'importe quoi, les fils à haute tension, les tubes, les rayons, les volts, les décibels, les faisceaux, toutes les projections et toutes les combustions de l'Amérique de la bannière étoilée, du néon et de la Day-Glo, et de le porter à un extrême assez mystique pour vous conduire aux limites occidentales de l'expérience...

Le Jour... allait venir, mais il manquait au mouvement un grand chef charismatique, un visionnaire qui pourrait assurer sa cohésion. Leary était trop vieux, il approchait de la cinquantaine, et trop détaché, trop lointain, dans sa retraite de Millbrook, dans l'Etat de New York. Quant à Kesey — on le croyait enfoncé dans ses marais, en exil dans quelque refuge mexicain infesté de crocodiles... Et voilà que les Merry Pranksters refont surface à San Francisco, de retour du Mexique par leur propre chemin... La Calliope Company leur donne son Entrepôt de Harriet Street pour un mois ; c'est un vieux garage que Tara veut convertir en théâtre, au bas d'un hôtel abandonné, au centre nerveux de la ville, où Jack Dempsey opérait jadis, dans une salle spécialement conçue, avec un plancher incliné qui est aujourd'hui la proie de la vermine et des poivrots — mais c'est le *Colored Power*[1] ! Et l'autobus phosphorescent et les Pranksters s'y abattent, et nos bons camés rappliquent à leur tour et se rassemblent là, à la lueur lubrique de la Day-Glo, comme ce gosse, le Telepathic Kid, qui reçoit des messages mentaux — *on a besoin de lits* — et qui grimpe sur une échelle et se met à installer les plate-formes des échafaudages... tandis que les Pranksters se retrouvent — l'Ermite, retour de sombres aventures dans la vallée de Napa ; Steward Brand et Lois Jennings, qui reviennent du sud-ouest ; Paul Foster, retour des Indes... Ils ont tous rejoint la vieille garde mexicaine, Cassady, Babbs, Gretch, Mountain Girl, Faye et ses enfants, Ram Rod, Hagen, Page, Doris Delay, le Démolisseur, Marie la Noire...

... Et tout à coup, la vérité se fait jour, la rumeur se répand dans tout Haight-Ashbury, propagée par tous les tambours de la jungle : *Kesey lui-même est de retour* :::: L'HOMME[2] ::::

Telle était la toile de fond de la rencontre secrète, au sommet, entre Kesey et Owsley. Impossible d'imaginer une plus folle scène. Et d'abord, la rencontre avait eu lieu dans l'appartement de Margot St. James, dont on aurait dit qu'elle l'avait tiré, au hasard de ses lectures, de la description d'un festin romain, dans un roman historique. Ça avait commencé par un véritable débat. Owsley, le Lapin Blanc, était assis d'un côté, et Kesey, le

1. Jeu de mots sur le Pouvoir — *Colored :* des gens de couleur, appellation respectueuse des Noirs, ou du Coloré, de la Couleur, incarnée par les Pranksters *(N.d.T.)*.

2. Il faut prendre ici cette expression — *The Man* — au sens littéral : Notre Homme, le Grand Homme, l'Homme de la Situation, comme à celui que lui donnent les drogués : le Pourvoyeur *(N.d.T.)*.

Fugitif, de l'autre. Owsley était vêtu comme un camé de la haute — cheveux longs, chemises de duel à manches bouffantes, gilet, perles, amulettes, mandalas sur la poitrine, pantalons collants, bottes montantes. Kesey portait sa chemise de daim, des pantalons de velours côtelé fauves et étroits, ses bottes rouges de Guadalajara — et était d'humeur railleuse et bouffonne. Debout, tout autour, près de Margot, quelques Pranksters, des camés de Haiht-Ashbury, de l'université de San Francisco, de Berkeley, et deux ou trois Hell's Angels, dont Terry la Cloche.

Kesey expose sa théorie sur la nécessité d'aller « au-delà de l'acide ». On trouve ce qu'on cherche, dans l'acide, et il est temps de nous mettre à le chercher sans acide ; inutile d'ouvrir la porte et de franchir le seuil si on finit toujours par en ressortir. Il nous faut passer à l'étape suivante... Cette conception, naturellement, secoue un peu Owsley. Sa voix crève le plafond :

— Des conneries, Kesey ! Tout ça, on le doit aux *drogues*. Y a que les drogues, mon vieux. On n'aurait rien vu de tout ça sans les drogues...

Et ainsi de suite.

Kesey penche la tête et glousse de son petit rire du pays :

— Non, c'est pas les drogues. De fait — il ricane et glousse — j'vais le leur dire, à tous, d'essayer sans...

Et ainsi de suite.

L'assistance suit la discussion comme un match de tennis. Les têtes se rabattent d'un côté, puis de l'autre. Un malheureux, un gosse de l'université de San Francisco, en est littéralement obsédé, juste devant Terry la Cloche, à quelques centimètres. Il n'arrête pas de reculer en se dévissant la tête, jusqu'à ce qu'il se retrouve collé à lui et lui bouche la vue, ce qui ne serait rien s'il n'éprouvait encore le besoin de sortir une cigarette et de la lui allumer, pratiquement, sous le nez, à quelques centimètres près du moins, ce qui, pour Terry, est du pareil au même.

Le gosse lance une bouffée. Terry la Cloche l'interpelle :

— Hé, mon vieux, t'as pas une cigarette ?

Sur un ton qu'il faut entendre pour bien comprendre. Le ton de la douce menace railleuse, spécial aux Hell's Angels, qui rappelle un peu celui que le type du premier étage emploie avec son chien de garde : « Viens ici, mon vv-ieux... (POUR QUE J'ÉCRASE CETTE BRIQUE SUR LA TÊTE). » Il l'a dit d'une voix très douce, mais qui en laisse l'assistance tout interdite. Un silence religieux.

— Hé, mon vieux, t'as pas une cigarette ?

Le gosse flaire la catastrophe. La sensation lui remonte du plexus solaire à ses lèvres en vers de terre. Mais il n'a pas encore complètement pigé. Il se dépêche de plonger dans la poche de sa chemise, d'en tirer ses cigarettes, de secouer le paquet pour en laisser poindre une, et de l'offrir à Terry la Cloche, qui la prend et la met dans sa poche. Avant d'ajouter, avec le même sourire doux et menaçant se faufilant au coin de sa barbe :

— Tu m'en passes une autre ?

O.K., bredouille le gosse, qui plonge dans sa poche et secoue le paquet pour en dégager une autre, que Terry la Cloche prend à nouveau et remet dans sa poche. Le gosse est frappé de stupeur, comme un lapin immobilisé par les phares d'un puma. Il sait que c'est le moment de déguerpir, mais il ne peut plus bouger. Frappé pile, raide, fasciné par son imminente destruction. Comme s'il n'y avait plus rien à faire, que de jouer son rôle jusqu'au bout. Il remet ses cigarettes dans sa poche, et c'est précisément à *ce* moment, naturellement, que ça recommence, le petit manège doucereux :

— Tu m'en passes une autre ?

O.K. — Terry la Cloche en prend une autre. Le gosse remet le paquet dans sa poche, et Terry la Cloche lui dit :

— Tu m'en passes une autre ?

O.K. — Terry la Cloche en prend une autre, et tous les yeux sont maintenant fixés sur le lapin et le serpent ; les cœurs palpitent dans l'attente du prochain hyoïde broyé — combien est-ce qu'il lui reste de cigarettes, au gosse, les supporters ? Huit — Dix ? — Et puis après, quand il n'en aura plus ?

Tu me passes ta chemise ?

O.K. — Euhhh...

Tu me passes tes bottes ?

O.K. — Euhhh...

Tu me passes tes pantalons ?

O.K. — Euhhh...

Et maintenant, ta PEAU, salope !

Ma... peau !

Oui, ta PEAU, *salope ! Ton* CUL ! *Le dernier vestige de ta fierté, de ton honneur !* AAARRRRRRRCHHHHHHHHH !!!!!... Et ses os craquent comme une fricassée de bébés ortolans...

Tout le monde, dans la pièce, en un instant, imagine la scène, comme un gang de brutes, en prison, ils voient le film, Terry la

Cloche se farcit lentement la volaille — fascinant ! — il se fait la main pour le hyoïde à broyer de la semaine prochaine !...

Jusqu'à ce que deux autres Pranksters s'interposent, sur l'air de « C'est qu'un bébé, Terry, l'charries pas ». Et le débat Kesey-Owsley avait repris.

Il s'en était fallu de peu. Pas de crânes fendus. On avait vu pire, côté Angels. Le gosse s'en était tiré, ce soir-là, avec une bonne moitié de paquet de cigarettes. Mais ça vous restait dans la gorge. Les Hell's Angels, quoi qu'il en soit, avaient fini par symboliser tout ce qui, dans l'expérience Kesey, faisait paniquer le monde hip. Les Angels étaient trop bougrement vrais. Des *hors*-la-loi ? Certes, ils l'étaient, de leur propre choix, dès qu'on leur donnait le signal, sur toute la ligne, jusqu'à la Ville-Limite. Hailleurs ! Le monde hip, la vaste majorité des camés de l'acide, jouaient toujours l'éternelle comédie des intellectuels bourgeois — Voyez mes ailes, Liberté ! Envolons-nous ! — Mais vous ne vous attendez quand même pas à ce que je saute de cette falaise, hein ? L'éternelle comédie d'un Clement Attlee, chauve comme Lénine, impétueux comme un tank de panoplie, qui parle de sang, avec des trémolos, aux dockers de Liverpool — et qui finit enterré en pantalons rayés, un coussinet violet sur la poitrine, et une pièce à l'effigie de la reine sur chaque paupière. Au fin fond de leur cœur, les camés de Haight-Ashbury n'avaient jamais pu se laisser aller assez loin pour les adopter, les Hell's Angels. Ouvertement, en public, ils les acceptaient — ils en avaient fait, soudain, leurs Durs et Purs témoins, la minorité d'élection, qui remplaçait celle des macaques. En privé, les camés demeuraient fidèles à leur classe, et à ses paniques viscérales... L'ennui, avec Kesey, c'était qu'il parlait sérieusement.

Mais ! Accélérons le mouvement. Kesey, un après-midi, se présenta inopinément à l'université de Stanford, à la classe de littérature expérimentale d'Ed McClanahan. Il passe la tête par la porte, sourit de dessous son chapeau de cow-boy, et s'écrie : « Bon anniversaire, Ed... » C'est réellement son anniversaire. Puis il entre, le Fugitif, avec sa chemise de daim et ses bottes rouges de Guadalajara ; il explique aux étudiants pourquoi il veut aller au-delà de l'écriture, passer à des formes... plus électriques... et disparaît, le sacré Pimpernel.

C'était alors que les camés de Haight-Ashbury avaient organisé le premier grand « be-in », le Love Festival du 7 octobre, à l'occasion de l'entrée en vigueur, en Californie, de la loi contre le LSD. Des milliers de camés s'entassèrent, en grande tenue, agitèrent des clochettes, chantèrent, dansèrent extatiquement, se défoncèrent d'une façon ou d'une autre, le tout accompagné de leur geste satirique favori à l'adresse des flics, qui consistait, en leur offrant des fleurs, à enterrer ces salauds sous un monceau de tendres pétales d'amour. Oh, Seigneur, mon vieux Tom, c'était fantastique, un truc à vous faire bougrement péter la cervelle, des milliers de camés éperdus d'amour qui leur en faisait perdre la boule, aux flics, et tout le monde qui s'en donnait à cœur joie, une fiesta d'amour. Et qui est-ce qui se pointe tout à coup, au beau milieu de tout ça, là-bas, au bout du Golden Gate, du côté de la sortie, mais notre Pimpernel en personne, dans son costume de cow-boy et ses bottes rouges, et au moment où la rumeur rebondit de bouche à oreille et commence à agiter la foule pour de bon — *Kesey est là ! Kesey est là !* — le voilà qui disparaît, ce maudit Pimpernel.

Et pour le cas où il y aurait encore quelqu'un qui n'aurait pas compris tout le sens de l'affaire, Kesey avait lancé son pavé dans la mare. Il avait rencontré Donavan Bess, un journaliste du *Chronicle* de San Francisco, lui avait raconté l'histoire de sa fuite au Mexique, et lui avait confié ses plans, en tant que Fugitif. L'article mettait le feu aux poudres : Interview Secrète du Fugitif Recherché par le FBI — avec toute la sauce ; il s'étalait en gueulardes sur toute la longueur du journal. Le passage qui avait frappé toutes les imaginations était celui où Kesey affirmait :

« J'ai l'intention de rester dans ce pays en fugitif, et comme du sel sur les plaies de J. Edgar Hoover. »

Puis — la plaisanterie était merveilleuse : une interview à la TV. Et tous les yeux, dont ceux du F.B. Eyes, peuvent contempler impuissants le visage du Fugitif, bien en face, qui rayonne ainsi dans tous les foyers, tous les bars, tous les hôpitaux, et tous les bureaux de commissariat de la Baie. Rien que d'y penser, c'était merveilleux. Tout avait été mis au point avec beaucoup d'astuce, en collaboration avec Roger Grimsby, un gros bonnet de la télévision de San Francisco, qui travaillait pour la KGO, filiale locale de la CBS. Ils avaient eu la fantaisie d'enregistrer cette interview dans un repaire du quartier de Portrero, à San Francisco, qui était assez loin à la fois de Haight-Ashbury et de North Beach, et de la diffuser deux jours plus tard, le vendredi 20 octobre. La fantaisie avait tourné au rêve. Grimsby avait enregistré la bande, sans histoire aucune et, le vendredi après-midi, le visage de Kesey avait fait irruption dans tous les foyers, bars, hôpitaux et commissariats de la ville, pour le répéter, en personne :

« J'ai l'intention de rester dans ce pays en fugitif, et comme du sel sur les plaies de J. Edgar Hoover. »

Regardez, c'est le gibier
Qui lui met du sel sur ses plaies, à J. Edgard Hoover !
Ouais ! Le jeu du gendarme et du voleur.

Il ne reste plus que la grande scène du III. Le Fugitif Extraordinaire ! Kesey, dans cette fantaisie, se présentera lui-même, en personne, en chair et en os — *Kesey !* — à quelques *centimètres* seulement de la plus grande collection de flics de toute l'histoire de la drogue, avant de

DISPARAÎTRE

comme la Mandragore. Les Pranksters organiseront un festival de trips absolument monstre, le Test de tous les temps, le bouquet final, la veille de la Toussaint, au Winterland, la plus grande salle de San Francisco, pour tous les camés de la côte ouest, des deux côtes, de toutes les galaxies. Naturellement, les flics convergeront tous sur cette hideuse bacchanale, au cas où ils y dégoteraient Kesey et d'autres criminels et malfaiteurs. Mais bien sûr ! Partie intégrante du jeu ! Ce sera un bal masqué, ce Test. Impossible de savoir qui est qui, parmi tous ces dingues. A minuit sonnant, Kesey, masqué et déguisé en Super-Héros, tenue adéquate, celle du Capitaine America, sorti du Panthéon de la bande dessinée, montera sur scène pour y annoncer sa vision du futur, de ce qui se présente « au-delà de l'acide ». *Qui est donc ce prophète d'apocalypse ?* — Il arrachera ensuite son masque — *Mais... c'est Ken Kee-zee !* — et, tandis que les représentants de la loi se précipiteront, il sautera sur la corde qui sera tombée du toit au beau milieu de l'estrade, la grimpera à la force des poignets, sans même se servir de ses jambes, cape au vent, d'une seule traite, jusqu'en haut, passera par une trappe sur le toit où Babbs, Capitaine Minuit des Fusiliers-marins, l'atteindra avec un hélicoptère, et ils s'élèveront dans l'ozone de la Californie en jetant un dernier coup d'œil sur les visages relevés, lunaires, de tous ces sergents et limiers avantageux, confondus, dépassés, hébétés, déboulonnés, *écrasés !* Ouais ! Ouais ! C'est ça ! C'est ça, C'est ça !

c'est ça c'est ça c'est ça c'est ça match nul nul nul nul vingt-cinq minutes après l'émission de télé de Grimsby, dans l'après-midi du vendredi 20 octobre, Kesey et Hassler quittent San Francisco par la route du port et roulent vers Palo Alto dans un vieux camion rouge à glissières. Cette nouvelle fantaisie... ce nouveau film, pour du réel, *bonne mère* — et ça a marché. Cachés dans leur repaire, ils viennent de regarder Kesey le Fugitif à la télé. La farce était vraiment merveilleuse. Le FBI et tous ces flics, partout, *écrasés,* en public, de la façon la plus humiliante. Le soleil de l'après-midi tombe en oblique sur l'autoroute, et toutes ces multitudes de souliers noirs et luisants ont sorti leurs 300-chevaux de fantaisie et plongent dans la bousculade, à la sortie du port, vers les barrières de péage. Assez calme, d'ailleurs, vu l'heure

ON S'EN EST TIRÉS

des milliers de voitures filent sur la voie express où elles s'engloutissent comme autant de Futur-o-matiques des Salines, avec des feux arrière qui leur font des bandes rouge vif comme de la confiserie... C'est reposant, pour une heure de pointe, ça vous hypnotise, ça bourdonne, et ça brille comme des bonbons acidulés rouges, le soleil passe à travers et illumine le camion, du côté de Kesey, c'est très reposant, il enlève son déguisement, son chapeau de cow-boy et ses lunettes noires

REGARDEZ, C'EST LE GIBIER

QUI LUI MET DU SEL SUR SES PLAIES, A J. EDGAR HOOVER l'Emmerdeur, au volant, est à peine conscient de toutes ces voitures à la dérive, ces petites coquilles qui reluisent, avec toutes ces petites boules tondues qui se redressent, à l'intérieur...

KESEY !

Et voici que soudain, à sa gauche, l'Emmerdeur aperçoit une voiture pleine de têtes luisantes et glabres, pleine à craquer, et d'yeux fixés sur eux — Kesey et lui — et des bras d'Alumicron gris, maintenant, qui s'agitent par la portière, se rabattent, lui font signe de Se Ranger, avec un tas de grimaces et de cris dont le bruit est étouffé par la cascade de l'heure de pointe, et il y en a un dont le portefeuille ballotte à la portière et qui leur rabat sa plaque sous le nez

SAUVE-TOI ! FOUS LE CAMP ! DISPARAIS !

Mais il n'y a plus d'issue. Tout est clair, brusquement — c'est l'heure de pointe, ils sont coincés — et leur camion, de toute façon, ne peut semer cette conduite intérieure. De l'autre côté, les bornes ! — l'Emmerdeur essaye de se faufiler entre les voitures et de les semer ainsi, comme au basket-ball, mais rien à faire. Les flics surnagent et les collent, avec des grimaces et des gestes, perdent un peu de terrain, et les rattrapent toujours

LA !

Kesey lui fait signe : le remblai, au tournant. L'Emmerdeur coupe et freine. Une embardée

ZOUM !

Kesey jaillit de la portière et plonge dans le remblai, par-dessus le parapet, dans un nuage de poussière...

L'Emmerdeur reste là, assis, tandis que la conduite intérieure, dans une embardée, vient se planter juste devant lui pour lui couper la voie. On dirait une vingtaine de portières qui claquent en même temps, des visages glabres et des corps d'Alumicron gris qui sautent de tous les côtés, se penchent sur le parapet...

TOUS EN CHAUSSURES NOIRES, LUISANTES

L'un d'eux lui a ordonné de descendre. L'Emmerdeur sort de son camion et s'assoit au bord de la route. Comme c'est étrange. L'essaim des voitures aux pare-chocs de sucre d'orge continue de s'écouler, de l'hypnotiser. L'Emmerdeur prend la position du lotus, jambes croisées sur l'asphalte. Il regarde droit devant lui. Trois paires de

CHAUSSURES NOIRES, LUISANTES, GENRE FBI

l'entourent. *Ils ont tous des chaussures noires, brillantes, comme ça.* L'un d'entre eux retourne à la voiture, en revient avec un pistolet à fusées éclairantes, et le met en joue. L'Emmerdeur se demande s'il a l'intention de lui tirer dessus avec ça. Une mort à la Day-Glo. La trame de l'âme, le corps causal, l'ablation, les Upanishads, Krishnamurti, l'enveloppe karmique de l'âme, la conscience du nirvâna — tout s'enchaîne et se rejoint ici, comme dans une conserve de ragoût, et il n'est même pas dans les vaps. De l'autre côté de la route, au bord de la baie, de grandes et grasses mouettes tournent en dessinant dans les airs une sorte d'étrange grand O, atterrissent sur la berge au-dessous du niveau de la route, puis s'ébrouent à nouveau, en semant des saletés, mais c'est un joli manège, malgré tout...

LE CANAL DE LA VISITACION

C'est le canal de la Visitacion qu'ils ont choisi pour leur karma... Ah, on est branchés, cet après-midi... Et les mouettes s'empiffrent dans ce canal des saloperies dont elles vont ruminer la cire qui dessinera dans le ciel ce gros O huileux, et l'Emmerdeur se rappelle tout à coup que c'est aujourd'hui son anniversaire, et qu'il a vingt-sept ans.

Kesey dévale le remblai. Il dérape en soulevant la poussière comme dans un Western. La brume s'étend sur les marécages, au loin. Kesey enjambe une barrière sur un éboulis, au fond du remblai

CR-A-A-A-A-AC

un piquet lui accroche l'échancrure de son pantalon et lui déchire fort proprement l'intérieur des deux jambes, dont les pans lui battent sur la peau comme à ces cow-boys de bidonville qui courent et s'ébattent dans les marécages pauvres constructions marginales qui s'enfoncent suçotées par la fange dernière bande de terre minée sur laquelle on puisse construire des habitations avant qu'elles ne sombrent aussitôt dans le limon et le compost pauvres gosses du Canal qui jouent au ballon dans la dernière rue sans danger avant que le limon ne les rattrape au vol ils ne cessent de le fixer lui

ET LE FANTÔME QUE J'AI SUR LES TALONS ?

comme si le monde entier n'était plus qu'une interminable partie de ballon entre gosses au bord du limon des milliers de gosses se déploient à l'horizon comme un banc d'oursins

ET CETTE LUEUR D'ALUMICRON DERRIÈRE MOI ?

des chaussures noires brillantes qui clapotent derrière lui ça s'arrête ne bouge plus et

ON T'A EU !

au jeu du gendarme et du voleur.

XXVII

Au-delà de l'acide

Ils retiennent contre Kesey trois crimes : sa première condamnation dans le comté de San Mateo pour possession de marijuana, qu'il n'a jamais purgée ; son arrestation, à San Francisco, sous la même charge, à la suite de quoi il s'était enfui au Mexique ; sa fuite illégale pour éviter les poursuites, laquelle relève d'une loi fédérale. Un criminel et un fugitif... qui — oui — se proposait, par-dessus le marché, de faire mettre au FBI le nez dans son caca... et à propos de came, encore... avant de tirer l'échelle. Ils le baladèrent pendant trois jours entre les cours et les prisons fédérales et celles du comté, à San Francisco et à Redwood City. Il faudrait un miracle pour le sortir de là, ne serait-ce que sous caution — une inspiration, une vision:::: hmmm, une vision:::: on peut y arriver:::: Les avocats de Kesey, Pay Hallinan, Brian Rohan et Paul Robertson, ont une vision. Ils se retrouvent devant la cour, à Redwood City, le lendemain matin, pour solliciter une mise en liberté provisoire sous caution. Justice Moderne, le nouveau style, ce prétoire, tout en grands panneaux de bois clair, plein, et planté bas, comme... les *bancs familiers* des faubourgs. Il y fait très clair, sous les tubes fluorescents. Kesey est assis à la table de la défense, vêtu d'une chemise de travail bleue. Robertson, debout, entretient le juge d'une certaine vision qu'a eue Mr Kesey, celle du « dépassement de l'acide », une inspiration, un miracle, une lumière qu'il a vue ; oublions les détails de ce qui a pu se passer sur la plage de Manzanillo, il ne s'agit pas... des mêmes lumières... Quoi qu'il en soit, Mr Kesey a un plan des plus généreux... Il est rentré volontairement d'exil et a quitté son refuge, risquant inéluctablement arrestation et emprisonnement, afin d'organiser un rassemblement monstre de tous les amateurs de LSD, passés, présents et potentiels, dans le seul but de les adjurer de dépasser cette pestilentielle intoxication...

Robertson parle d'or. C'est un grand discours. Kesey, assis très droit derrière la table, fixe le juge de son regard d'acier. Mais les paroles de Robertson font l'effet d'un brouillard. Une purée de pois dans laquelle il disparaît, avant d'en ressortir sous une brume légère. Il s'est littéralement métamorphosé sous vos yeux. Il a découvert la religion, le repentir, la rédemption, compris ses erreurs, et il va faire profiter La Jeunesse de cette triste leçon... Faye et les gosses sont dans la salle. Ainsi que nombre de leurs vieux amis de Perry Lane, Jim et Dorothea Fadiman, Ed McClanahan, Jim Woltman, et quelques autres... Plusieurs d'entre eux offriront leurs maisons en garantie, il y en aura pour 35 000 dollars[1]... Les chérubins du repentir et de la rédemption planent sur la salle. Les reporters, dont je suis, prennent fiévreusement des notes... Kesey, maintenant, est debout, les bras croisés, devant le juge, qui lui fait un sermon... Kesey est peut-être un lion, du point de vue littéraire, et un héros romantique, aux yeux d'une jeunesse égarée, mais, pour cette cour, il n'est qu'un crétin, un enfant, un égoïste qui n'a pas su venir à maturité, un... Le juge en rajoute, il s'en gargarise, il s'en gave, mais il est évident que ce ne sont là que précautions oratoires pour finir par dire que, dans ces conditions, il va lui accorder sa mise en liberté sous caution... Kesey, cependant, est sur des charbons ardents... On peut le voir serrer les mâchoires, et se préparer à décoller ses lèvres... Dieu sait que Hallinan et Robertson en sont conscients. Ils l'encadrent, le serrent de près. Au premier signe, ils le prendront à la gorge, comme des bandits... *Ferme-la, bon sang. Pour le moment, tiens-toi peinard. Ça n'est que du baratin...* Mais le juge en a terminé. C'est fini. Kesey est libéré sous caution dans le comté de Mateo.

Et tout l'édifice s'écroule. Le FBI abandonne sa plainte pour fuite illégale. Il semble, tout à coup, que l'affaire ne les intéresse plus, malgré le sel sur les plaies de J. Edgar Hoover, et le reste. Retour à San Francisco. Kesey se présente devant le juge, en chemise de sport décolorée, pantalons de travail, et bottes. Le juge a préparé un discours formidable, il déclare que l'affaire a été gonflée par la presse, que ce n'est, à ses yeux, qu'une banale histoire de drogue, que Kesey n'est pas un dragon, rien qu'un

1. Les sommes requises pour une mise en liberté sous caution, aux Etats-Unis, peuvent être prêtées par des officines privées, spécialisées dans les « bailbonds » *(N.d.T.)*.

vulgaire chacal. Kesey va dire quelque chose, Hallinan et Rohan se penchent, prêts à lui sauter à la gorge, mais tout finit bien, encore une fois, et il se trouve de nouveau libéré sous caution, à San Francisco. Incroyable. Il ne lui a fallu que cinq jours pour s'en tirer.

Dans la geôle de San Francisco
Avant qu'on ait payé sa caution
Kesey avait rencontré un gosse qu'avait des ongles magiques.
« Vas-y, lèche », disait le gosse
Et tout le monde y allait.
Ils lui avaient tous léché les ongles et s'étaient défoncés.
Vingt-sept psychés
  Dans les vaps comme des Fusées
A travers les pistes de ciment
Bien lessivées de la geôle de San Francisco.
Le gosse avait du LSD sur ses ongles magiques.

Et maintenant...
Kesey avait raconté cette histoire
Aux journalistes de l'endroit
Qui se pressaient autour de lui dans le prétoire
Après sa mise en liberté sous caution,
Rien que pour leur prouver combien il était vain
D'essayer de combattre la drogue
Avec des trucs comme les flics et les prisons.
Essayez donc d'arrêter un gosse qu'a des ongles magiques !
Et ils avaient titré :
UNE ORGIE AU LSD DANS LA PRISON DE SAN FRANCISCO !

Ah...
Certains camés de l'endroit l'avaient traité de Judas.
Il a donné une planque, le Judas !
Tandis qu'il s'en tirait si adroitement,
De la taule, lui, avec une caution.
Une planque sous les ongles, qu'il avait donnée !

Si l'on savait la vérité...
Ces braves cœurs en tombaient en pâmoison.
Ils redoutaient les vibrations malignes

De ce foutu Adieu à l'Acide
Que préparaient Kesey et les Pranksters,
Leur dernier rassemblement, à ces dingues de la Day-Glo.

Comme si, je veux dire,
Vous savez,
Vous *voyez ça d'ici :*
Dix mille enfants des fleurs, de l'herbe et de l'acide, du speed et des graines, vestes jaunes, nitrite d'amyl,
Dix mille camés, dingues, beatniks, hippies, petits serins, qui descendent de la pointe de Haight Street
Avec des clochettes, des sonnettes de temple, des tambourins, des colliers d'âne, de la fumée, de l'herbe, en traînant les pieds, des bottes de lutin, et se prosternent en masse
Devant le Prophète de retour dans les boyaux du Winterland.
Toute cette psychédélie qui gémit au bourdonnement polyphonique de l'orchestre des Merry Pranksters !

Il l'a facile, ce Super-Héros de cinq colonnes à la une
Cet étonnant Cagliostro, Elmer Gantry, Néron de la Day-Glo...

A l'étage supérieur de l'Ambassade Russe, dans une pièce extrêmement sombre et délabrée... On dirait que ça risque à tout instant de prendre feu, là-dedans, de s'enflammer spontanément, au moindre toussotement, peut-être — et on est cuit. Jack la Veine est assis sur le lit, ou, plus exactement à terre, sur un matelas, le dos au mur... absolument nu, à l'exception de sa casquette de chauffeur de taxi et du grison qui orne son visage et sa poitrine laiteuse comme un Camembert... Enroulé jusqu'à la ceinture dans une couverture marron... Et si vous voulez avoir des nouvelles de Kesey, vous n'avez qu'à regarder ! Un long message sur une feuille de papier à dessin, fixée au mur par une punaise :

CHER KEN,
LES GARS DE LA
TAULE T'ENVOIENT LE BONJOUR.
ILS VOUDRAIENT DES NOUVELLES
DE LEUR ARGENT. ES-CE QU'IL FAUT
QU'ILS S'ADRESSENT A TOI OU AU
JUGE OU A QUI ?

Sandra, la fille qui vient du comté de Bucks, est assise, recroquevillée, au pied du matelas. Un petit tas tout tendre, tout pâle. On n'en ferait qu'une bouchée, de cette fillette assise en boule sous le seul article de décoration de cette pièce, une lampe à pied ; elle ne rêvasse plus au son de la radio, et se contente d'écouter, tout simplement, d'écouter Jack me parler de cette lettre :

— Eh bien, mon vieux, on en a emmerdé, et on en a piqué, des braves camés, après que Kesey a raconté tout ça.

— Les flics, tu veux dire...

— Tu parles. Un sale raffut. Et y a un tas d'gars par ici qui portent pas Ken Kesey dans leur cœur. Et y lui ont envoyé cette lettre.

Ce qui, évidemment, n'est pas tout à fait vrai, puisque la voilà, épinglée au mur. Mais l'intention y est...

Des craquements dans ces escaliers à la merci d'un incendie — un petit brun en T-shirt et en jeans se glisse dans la pièce. Il transporte une boîte ronde, en plastique, de la crème de gruyère, et un couteau dans un fourreau...

— Jack ! fait-il, dans un étrange chuchotement.

... un de ces longs couteaux à la garde incrustée d'un tas de perles de fantaisie, comme on peut en voir dans les boutiques à souvenirs de Chinatown [1].

— Un sale raffut, me raconte Jack la Veine, sans prêter attention au type.

— Jack... regarde ça, fait celui-ci.

— C'est joli, Frenchy, dit Jack.

— Jack... c'est *superbe,* dit Frenchy.

— Et y a un tas d'gars par ici, recommence Jack, à mon intention...

— C'est superbe, dit Frenchy. Jack — tu sais où j'pourrais trouver d'la morphine ?

— Non, dit Jack, qui reprend : Y a un tas d'gars par ici...

— C't'un truc superbe, dit le gosse.

— ... qui portent pas Kesey dans leur cœur, et y lui ont envoyé cette lettre.

— Jack...

Frenchy s'accroupit au sol, ouvre la boîte, tire le couteau de

1. Quartier chinois des grandes villes américaines *(N.d.T.)*.

son fourreau, et plonge la lame dans le fromage. Et quelle lame ! Trente centimètres de long, gravée de démons chinois. Il la porte à sa bouche et essuie sur sa langue des lamelles de fromage. Sandra, recroquevillée, reste silencieuse ; elle savoure la vie. Jack ratiocine sur la perfidie qui se manifeste chez ces gens de la haute...

J'ignore de quel argent il s'agit — « Ils voudraient des nouvelles de leur argent »... Mais la substance est assez claire. Kesey s'est vendu pour éviter une condamnation à cinq ans, ou pire. Il va couronner le tout en rassemblant les gosses au Winterland pour leur dire d'arrêter de prendre du LSD... Sale dégonflé...

Et sale affaire pour Kesey, bien sûr. S'il avait répliqué aux juges par un discours de Super-Héros, ç'aurait probablement été la fin des haricots, il se serait fait boucler pour un bout de temps. D'un autre côté, en se contentant de jouer les prophètes orientaux et de les regarder bien en face pendant qu'on brode sur cette nouvelle lubie de « dépassement de l'acide », il risque de passer pour un dégonflé, à Haight-Ashbury...

Tous ces braves camés... Ils s'en sont payé... un été d'euphorie, l'année du siècle, du LSD à profusion, et des centaines de gens merveilleux qui les rejoignent, et plus de petits jeux à la petite semaine. La vague va s'étendre sur le monde entier, engloutir toutes ces conneries, dans un bain d'amour et de conscience, et rien ne pourra les arrêter. Je dois leur rendre cette justice, aux camés. Ils veulent vraiment en finir avec tous ces petits jeux. Leurs cœurs sont purs. Je n'ai rencontré parmi eux qu'un ou deux cyniques ou arnaqueurs. Mais maintenant que l'heure approche, ils se le demandent tous... Hmmmmm... Qui est-ce qui va leur montrer et leur éclairer la voie ? Et un autre petit jeu reprend, celui de la politique... Hmmmmm... Comme je l'ai dit, leurs cœurs sont purs ! Et cependant, Chet Helms et le groupe Family Dog ont leur idée, Bill Graham a son idée, les Morts Reconnaissants ont la leur, de même que les Diggers, la Calliope Company, Bowen, et même Gary Goldhill... Un peu comme dans le mouvement socialiste, à New York, après la Première Guerre mondiale — la Révolution est imminente, comme tout le monde le sait et en est d'accord, et pourtant, Seigneur, chacun a son petit manifeste, les Lovestonites, les Socialistes tendance Dubinsky, le CPUSA (Bolchevik), les Wobblies, ils ont tous leurs machines à écrire et leurs ronéos, et se bagarrent comme des déments, et dénoncent les fausses interprétations du Message dont ils sont tous coupables... Non que les camés de Haight-Ashbury en soient déjà à s'écharper entre eux, mais que faire, en ce qui concerne Kesey ? Se croiser les bras, et les laisser faire tranquillement, lui et les Pranksters ? Les laisser essayer de détourner du LSD un tas de gosses impressionnables, comme les journaux disent qu'il en a l'intention ? Le laisser jouer peut-être son va-tout au Winterland et s'emparer inopinément du contrôle de tout le mouvement ? De la politique, en un mot...

Et les Pranksters... Je les ai bientôt retrouvés dans le garage de la Calliope, le vieux garage de Harriet Street, l'ex-fabrique de pâte à tarte, au fond d'un vieil hôtel. Je me baladais dans cette folle pénombre, entre toutes ces planches délabrées, ces tristes recoins, ces couvertures râpées, ces échafaudages, ces fauteuils de théâtre déglingués, la grande masse lumineuse de l'autobus mijotant dans sa graisse, les matelas pourris où les gens s'étendaient pour dormir, et la station Shell du coin où tout le monde allait pisser, et je me demandais ce qui pouvait bien justifier leur exubérance. Ça me dépassait. Quand j'y pense, ils essayaient tous de me l'expliquer... L'Emmerdeur, par exemple, avec ses discours sur un monde plein de jeux et de contradictions futiles, et la façon dont les Pranksters allaient lui montrer comment il fallait vivre... Avec l'étui de sa brosse à dents qui brillait dans la pénombre... Il était gentil. Il essayait de me donner une idée d'ensemble, en quelques mots. Il ne s'agissait pas de ces histoires de gendarmes et de voleurs, au Mexique, mais de...

Les Pranksters arrivent de tous les côtés... Le vieux Schisme est oublié... Paul Foster est de retour des Indes, l'air émacié, il a perdu sa moustache et ses favoris, sa tête est rasée, mais le Dieu Rotor se terre et rugit au loin... Page me parle des huaraches... Mountain Girl, Doris Delay, l'Ermite, Freewheeling Frank le Hell's Angel, Cassady qui joue de son marteau, Babbs, Gretch, George Walker... Le Démolisseur joue les Torrence d'Arabie en s'amenant avec une coiffe arabe[1]... Et, finalement, Kesey reparaît, tandis que Faye et les enfants repartent... Les Flag

1. Jeu de mots sur Lawrence d'Arabie et le prénom Torrence, formé à partir de torrent — *torrential :* torrent — torrentiel *(N.d.T.).*

People... L'autobus qui étincelle... Le brouillard mystique se lève...

Dans le studio réservé au programme télévisé de John Bartholomew Tucker, station KPIX, Van Ness Avenue. Je suis assis dans le studio ; le public disparaît dans la pénombre derrière l'écran noir des projecteurs, des caméras, des raccords et des rouleaux de câbles... Bon, on va s'amuser...

LES DANGERS DU LSD

Le titre de l'émission s'étale en grosses lettres sur la cabine d'enregistrement ; trois morceaux de sucre ont été dessinés dessous... en symbole du LSD, évidemment, comme les quatre X du whisky... Une voix annonce

« et l'écrivain Ken Kesey... »

Sur le plateau, devant le fatras des tripodes, des câbles, et tout ce qui s'ensuit, dans une mare de lumière, Kesey, revêtu de sa chemise de daim et de ses bottes rouges de Guadalajara, est assis sur un de ces sièges tournants tapissés de fibre de verre d'un blanc laiteux qu'affectionnent les organisateurs d'interviews télévisées... et Tucker, dont c'est l'émission, a toute l'élégance de bon ton en Californie... Son autre invité, Frankie Randall, a l'air d'un yachtsman de Las Vegas, comme s'il allait, d'un moment à l'autre, vous faire un long discours sur une histoire très fâcheuse qui vient d'arriver, dans un parking de Los Angeles, à son El Dorado décapotable. Comme vous pouvez le voir, l'émission est *équilibrée,* pour employer leur expression... On se laisse prendre à un rêve éveillé... un délice pour l'esprit... Ça commence par un bout de causette avec Randall sur le salon Persan et les dîners chez Sardi, et les journées sur la plage de Malibu — « Et où vas-tu, maintenant, Frankie ! — Eh bien, je pars la semaine prochaine pour le lac Tahoe, John ! — et puis, sur un ton grave, il vous présente le vieil homme d'Etat de Psychedelphia[1], qui va vous parler des dangers du LSD et

1. Jeu de mots sur une cité imaginaire de la psychédélie et la ville de Philadelphie, où siégèrent les pères de la Constitution américaine *(N.d.T.).*

adjurer nos enfants d'y renoncer, comme s'il avait à faire à un ex-communiste repenti, revenu de la guerre des classes avec quelques anecdotes encore toutes chaudes, et la morale qu'il tire de ses expériences. Le bon dosage ! Une bouffée de la puanteur des antres de la drogue, et puis, la douche froide.

— Eh bien, dites-moi, Ken, pourriez-vous nous donner une idée de ce que c'est qu'un trip au LSD ?

— Ouais, ça vous fait péter la calebasse.

Tucker le regarde fixement.

— Bon... Et maintenant, vous... vous proposez de recommander à tous de ne plus en prendre, c'est bien ça ?

— J'vais leur dire de passer à l'étape suivante.

— L'étape suivante ?

— Il est temps de passer à l'étape suivante de la révolution psychédélique. Il m'est impossible de préciser, comme ça, ce que ce sera, je n'en sais rien, mais je sais que nous en sommes arrivés à un certain point, et que nous n'avançons plus, nous ne créons plus rien, c'est pourquoi il nous faut passer à l'étape suivante...

L'étape suivante ?... Et ça continue comme ça... Ils n'arrivent pas à comprendre, nom de Dieu, ce que ce grand cow-boy leur raconte... Parle-nous du *danger,* mon vieux, de ces *morceaux de sucre* qu'on a mis, là, au-dessus... Plus bas, devant moi, au milieu des câbles et des projecteurs, un technicien et un assistant de production sont en train de gribouiller fiévreusement quelque chose sur une grande ardoise, avec un marqueur, et la fourrent sous les yeux de Tucker et de Kesey, hors du champ des caméras...

N'OUBLIEZ PAS LES DANGERS DU LSD ! PARLEZ DES DANGERS DU LSD — SPÉCIALEMENT POUR LES JEUNES !

— Kesey se contente de les regarder, avec son plus large, son plus inscrutable sourire de vieux paysan, ce qui, sur les écrans, donne l'impression qu'il vient de se tourner vers un vieux pote qui lui souffle : Bien envoyé, Kee-zee...

Plus tard dans la journée, Kesey, les Pranksters et l'autobus se retrouvent sur les écrans de télé de San Francisco ; ils sont en route pour le Winterland et les préparatifs de l'ACID TEST

GRADUATION... Micros partout... Kesey porte la combinaison des Flag People et un énorme chapeau de paille...

— Ken ! Ken ! fait un commentateur de la télé qui a rejoint sa position. Ken, pourriez-vous nous parler du message que vous allez adresser aux jeunes au cours de la soirée ?

— Je vais leur dire, répond Kesey : “ Il ne faut jamais faire confiance à un... ”

BRAAAAAAAAAAAANG

Un gros caillot de friture grésille dans le micro...

— Pourriez-vous répéter ça, Ken ?

— Braaaaaaaaaaaang, fait Kesey.

— Ha-ha. Non, juste ce que vous alliez dire.

— Jamais faire confiance à un Prankster, dit Kesey.

Un vol de drapeaux vivants jaillissant de l'autobus s'abat à ce moment-là sur les écrans...

Jamais faire confiance à un Prankster !... Merde... Ça les fait tous frémir de nouveau, à Haight-Ashbury, y a pas à dire. Une nouvelle crise de paranoïa, et une belle. Les pauvres camés se traînent devant les étalages de Haight Street. Ils se terrent et jacassent dans leurs living-rooms tapissés d'imprimés indiens. Toute cette histoire tourne au stakhanovisme. Kesey n'est pas un déviationniste de droite, mais un déviationniste de gauche. Il ne va pas foirer et dire aux jeunes d'arrêter de prendre du LSD, ce n'est qu'un alibi, une couverture, mais il va leur jouer un tour de sa façon, une monstrueuse facétie qui va compromettre à jamais le mouvement psychédélique... Mais les camés de Haight-Ashbury, à cet égard, forment une espèce de tribu, je m'en aperçois. Ragots et téléphone arabe, ils ne connaissent que ça, ils adorent ça, ils y sont à l'aise, comme des poissons dans la source d'une grotte... Et une idée formidable commence à mijoter dans le cerveau collectif... l'Acide Test Graduation doit avoir lieu le lundi 31 octobre, veille de la Toussaint, au Winterland. Le Parti Démocrate de Californie y organise un grand meeting, le lendemain soir, pour soutenir contre Ronald Reagan la candidature de Brown, le Gouverneur sortant. Kesey et les Pranksters ont organisé leur coup au Winterland pour la veille de la Toussaint, pas vrai ? Au lieu de « dépasser l'acide », ce sera encore un Test, qui prendra d'incroyables proportions. Le Kool-Aid électrique y pleuvra comme un typhon, bouillira dans toutes les veines. 6000 camés qui se sont fait péter la cervelle et qui rebondissent aux quatre coins comme des balles de golf électrisées... A en crever le plafond... Mais ce n'est pas tout. Ils ne vont pas s'arrêter là ! ces maniaques... Les Pranksters vont barbouiller toutes les portes, toutes les rampes, tous les murs, tous les sièges, les calorifères, la plomberie, de DMSO... assaisonné de LSD... Vous pigez ?... Le DMSO s'approche de la formule idéale des alchimistes, c'est le solvant universel. Une goutte de DMSO sur le bout du doigt, trente secondes après vous en avez le goût dans la bouche. Ça vous traverse la peau et tout le système à une allure étonnante. Du DMSO au LSD... Quelle vision ! Le lendemain soir, tout le Parti Démocrate de Californie sera dans les vaps, complètement défoncé, tous flippés, cuits. Huit mille gros-culs emphysémateux, Sénateurs, Délégués, Membres des deux sexes du Comité National, Membres du Congrès, le Gouverneur lui-même, qui hurlent à la mort comme des sorcières, font des sauts de carpes, gloussent, crachent, et rosissent comme des crêpes folles, sur quoi les Policiers Sourds tombent sur tout le mouvement psychédélique en brandissant leurs knouts...

Seigneur ! Quelle fricassée... Les camés ne savent plus si Kesey est en train de les vendre ou d'enfoncer son grand chandelier romain dans le cul de la société. Ils en sont fascinés. Ils viennent les espionner dans la pénombre de l'Entrepôt. Leurs yeux brillent, dans l'embrasure de la porte, enfiévrés comme ceux des hépatiques... Ils entrent, regardent fixement l'autobus, Kesey, Mountain Girl, Cassady, Babbs... Il en est entré tout une section, leurs perles tintent, ils sautillent de partout comme des gauchos, fixent l'autobus et poussent des « Wowwwww ! Wowwwwwww ! » et échangent des sourires, genre : « C'est vraiment foooormid », et les Pranksters, tout à coup, se taisent. « Des flics », fait Mountain Girl, d'un ton de total dégoût. « Comment qu'tu vois ça ? — Regarde leurs souliers. » Ils ont des bottes à lacets comme les ouvriers des lignes téléphoniques. « Des camés porteraient jamais des chaussures lourdes comme ça », dit-elle. Mais ça ne dure pas. Les Pranksters se sentent des ailes. Ils ont toute la ville dans le film, maintenant, les flics et tout. On ne parle plus partout que de Kesey, à la TV, à la radio, dans les journaux. C'est une vedette, la combinaison idéale, le Bon-Mauvais Garçon, qui exhale tous les parfums secrets du péché, mais promet de se consacrer au bien. Ils ont sillonné toute la ville en autobus, semant la confusion dans l'esprit de la communauté... Et jusque dans

Fillmore, le grand quartier nègre, avec du rock'n'roll dans les haut-parleurs, drapeaux américains à tous les vents, et un grand panneau

COLORED POWER

au-dessus de l'autobus, traversant le ghetto dans un festival de Day-Glo. Les macaques de Fillmore ne savaient foutre plus sur quel pied danser. Ils étaient peut-être *sérieux,* ces cinglés de Blancs ? Sauf qu'ils n'étaient plus dans la course, question vocabulaire [1]. Ou est-ce que c'était de la rigooooooooooolade — ils en étaient encore à se le demander que l'autobus était déjà loin, à vagir dans un autre quartier. Puis il avait arboré le grand panneau

ACID TEST GRADUATION

et traversé Haight-Ashbury, le bas de la ville, North Beach et Berkeley, pour annoncer la plus grande réunion de camés de tous les temps. Les Pranksters se trémoussaient à toutes les portières. George Walker avec ses caisses, Page avec sa guitare électrique. Mountain Girl, suspendue à l'arrière de l'autobus, éclatait de mille soleils et hurlait à l'adresse des multitudes éberluées les slogans de la campagne électorale et les diverses facéties de Kesey :

— Un seul Gouverneur : Kesey !

... Un homme fidèle à ses idées !

... Son passé parle pour lui !

... Le candidat des imbéciles !

... Un joint dans tous les coins !

... Pas d'âme sans came !

Les Pranksters, à nouveau, étaient *immunisés.* Toute cette foutue ville était dans le film. Après quoi...

... Le Winterland. Oui... Ils ont trouvé, comme d'habitude, le bon endroit pour la partie la plus difficile de leur fantaisie. Le Winterland est parfait. C'est le plus grand cirque fermé de la

1. Le terme jadis respectueux de *colored,* pour « noir », est aujourd'hui considéré comme dérisoire par les militants du « Pouvoir Noir » *(N.d.T.).*

ville, et il est fort bien tenu. On y présente des spectacles sur glace, etc. La direction du Winterland ne voulait pas traiter directement avec Kesey et les Pranksters. Des maniaques ! Du gibier de potence... Bill Graham était intervenu. Graham et Kesey n'étaient pas au mieux, mais Graham acceptait d'être leur producteur, leur imprésario, la tête froide au poste de commande. Il avait signé le contrat. Contrôler la nouvelle vague et en profiter, c'est son boulot. Mais l'affaire, pour lui, a aussi son côté esthétique et moral. Au fond, c'est un convaincu... Hmmmm... Quant à Kesey... Bon... On verra. Halinan et Roban, quoi qu'il en soit, rédigent le contrat entre Graham et Intrepid Trips, Inc. Il est signé, la garantie est versée, tout est légal, réglé.

Il y a aussi les Morts Reconnaissants. Kesey les veut pour la Graduation. Ils sont indispensables, dit-il. Mais les Morts se sont engagés par contrat à jouer le même soir au bal costumé annuel du California Hall. Ironie de la chose, c'étaient les bienfaiteurs des Pranksters, les gens de la Calliope Company, qui l'animaient, avec un imprésario nommé Bob McKendrick. Kesey, McKendrick, deux types de la Calliope, Paul Hawken, Michael Laton, et Bill Tara, se retrouvent dans un appartement branlant au dernier étage de Pine Street, tout en poutres et en baies vitrées. Pas de meubles, rien qu'un matelas dans le living-room. La pièce est inondée de soleil. Kesey est assis sur le matelas. Les autres sont accroupis au sol. Sauf McKendrick. Il reste debout au milieu, comme s'il était sur des charbons ardents. Il a des pantalons noirs étroits, des mocassins noirs et pointus, un pull-over léger noir, et une chemise à col ouvert... La tenue hip courante. Le soleil l'a haché en vingt-sept morceaux, qui ne cessent de se trémousser.

— Ecoute, Ken, dit-il, tu es un chef, un prophète, pourrait-on dire, et tu es porteur d'un important message, et ça me botte, tu sais ? Ça m'inspire le respect... Mais, moi, je suis obligé de voir les choses d'une autre façon. Il faut que je rende des comptes à un tas de gens, et il s'agit d'une grosse somme.

Vingt-sept morceaux ! — et qui s'agitent tous. C'est une chance inespérée, dans le jeu des imprésarios, que cette soirée dansante au California Hall. Kesey, toujours assis, le travaille obstinément. Combien de temps va-t-il lui falloir avant de piger — Bon sang, mon vieux ! Associons nos efforts. Rejoignez les Pranksters au Winterland, patronne le tout. S'il ne le fait pas, de toute façon, tous ceux qui sont... dans le bain iront au Winterland, et ils se retrouvera le bec dans l'eau avec son truc du California. McKendrick est dans tous ses états. Ses pantalons noirs sont lustrés par le soleil. D'un côté ou de l'autre, il flaire un désastre. Laissez-moi me ressaisir ! Il s'immobilise. Il est d'accord. Il se retire du California, il rend leur liberté aux Morts. Battu, écrasé — en mille morceaux, nom d'une pipe. En bougonnant. Les camés bougonnent, eux aussi. Ils dénoncent l'appétit de pouvoir de Kesey. *L'appétit de pouvoir de Kesey.* Quant aux Morts Reconnaissants... Ça marche bien, jusqu'ici ! Depuis les Tests, ils sont devenus *quelque chose,* les pionniers de la nouvelle musique, du rock de l'acide, et les maisons de disques sont à l'affût :::: hmmmmm :::: du *prochain truc ?* Merde. Tous dans le même bain, maintenant. Au Winterland.

Le vendredi soir, les Pranksters décident de faire une virée au Fillmore. Bon, quoi, c'est vendredi soir. Kesey, Cassady, Babbs, Page, une douzaine d'entre eux environ, tous en Porte-Drapeau. Cassady joue du marteau. Le spectacle, aux abords du Fillmore, vaut drôlement le coup. Le dancing est en plein dans le Ghetto, entre Fillmore et Gary, c'est le vendredi soir, et il y a un tas de jeunes dehors, dans la rue, comme d'habitude, c'est vendredi soir, avec leurs galurins, et des vieilles Négresses qui achètent leur épicerie pour le week-end, des voitures qui se serrent, des marchands de vin, des drugstores, des visages noirs partout. Et, au milieu de tout ça, ces cinglés de Blancs. Des gosses en tenue psychédélique qui caquettent et déconnent sur le chemin du Fillmore. Le Colored Power ! — Pour ça, ils n'en manquent pas. Kesey et les Pranksters montent au dancing, qui est au premier étage. Kesey va parler au caissier et au contrôleur. Toute une conférence. Le contrôleur monte. Il revient... Les vibrations sont assez mauvaises... Ils ne peuvent entrer sans payer leurs billets... Y a du Graham là-dessous... mauvaises vibrations — et une drôle d'insulte. Les Pranksters ressortent discuter le coup entre eux. Il y a une palissade derrière le Fillmore, gardée par un foutu chien policier qu'a pas l'air commode... Graham... Cassady s'éloigne... Il revient au bout de quelques minutes.

— Je suis tombé sur Bill Graham, dit-il. Il était dehors à inspecter les pneus de voitures pour voir s'ils avaient pas récolté des pièces perdues dans les creux. « Bill... » que j'lui dis, et y m'dit : « Ecoute, Neal, on est d'deux mondes différents. T'es un hippie, et j'suis un square. *Square*[1] » Il a fait comme ça — Cassady forme un carré à l'aide de ses pouces et de ses index — « T'es un hippie et j'suis un square », qu'y m'dit. « J'ai quitté l'bateau en 1955, et tu y es toujours. On est dans deux mondes différents. T'es un hippie, et j'suis un square. » J'te l'dis, Chef, fait-il à l'adresse de Kesey, j'ai eu un très mauvais pressentiment. J'me suis rappelé c'que tu nous as dit, à propos des mauvais pressentiments, n'empêche que j'en ai eu un très mauvais.

Kesey rit, mais...

Le samedi, toute la journée, les Pranksters travaillent comme des fous. Ils remuent toutes sortes d'appareils, des micros, des spots, des amplis, des baffles, des strobes, et même un engin électronique, tout ce qu'ils avaient pour les Tests, et davantage. Ils ne peuvent commencer à monter leur matériel au Winterland avant le lendemain dimanche, parce qu'il y a quelque chose en soirée. Ils travaillent d'arrache-pied jusqu'à une heure avancée de la nuit... A cinq heures du matin, le torchon brûle. Rohan, l'avocat de Kesey, est réveillé chez lui par un coup de téléphone... C'est Graham, très excité, qui lui explique un million de choses, à toute vapeur.

Ça chauffe dur, dans le bureau de Graham, au Fillmore. Ça a duré toute la nuit. Graham a pas mal de mauvais pressentiments. Il sait ce que ça veut dire, lui aussi. Et par cœur — ainsi que Chet Helms et les Morts Reconnaissants, et un tas d'autres : : : : Les trois quarts du populo sont là, dit Graham, de tous les côtés, ils s'accrochent... Tout le monde a les foies. Est-ce qu'on va laisser faire Kesey? Le laisser courir à cette catastrophe ? Le laisser : : : : *dépasser l'acide ;* de quoi qu'il puisse s'agir, ça ne sent pas bon, et pour personne... Ils ont sorti tout le paquet, le dégonflage, l'appétit de pouvoir, la façon dont Kesey a forcé la main à McKendrick, le DMSO... Le DMSO !... Exactement ! Bon Dieu, Bill, tu ne comprends donc pas... Ils font pression sur Graham pour qu'il retire son épingle du jeu... Ils me tiennent, ils me coincent, je suis écartelé, dans tous les sens, les sauvages... Plus ils parlent, plus il devient urgent d'*agir,* ou autrement, bon Dieu, pourquoi est-ce qu'on a discuté

1. Littéralement : carré. Le mot, en argot, est employé comme adjectif dans le sens de régulier, de normal, ou de cave. C'est uniquement dans ce dernier sens qu'il est employé comme substantif *(N.d.T.).*

toute la nuit... Un espoir se fait jour sous leurs aisselles en sueur... Helms a tout pigé. Kesey a une mentalité toute militaire. Il pense au pouvoir, mais en termes de calcul différentiel. Il joue le renard du désert — attirer l'ennemi sur son propre terrain par un tour de passe-passe en prétendant qu'on n'est revenu que pour adjurer les jeunes de cesser de prendre de l'acide, et quand on a réussi à rassembler ces milliers de caves, on leur en fait tâter. Kesey feinte, il bluffe, et ainsi de suite... Et les Morts... Pourquoi sacrifier à Kesey tout ce que nous avons si durement conquis ? Comme le dit Ralph Gleason, dans son éditorial... Kesey va tout nous foutre par terre, toute la nouvelle vague, à San Francisco. Et Graham... Je suis tombé sur Cassady, dans la rue. Il brandit son marteau, comme s'il allait me faire sauter la cervelle si je ne joue pas le jeu... Un tas de mauvais pressentiments. Kesey est un espèce d'Elmer Gantry, dit Graham... Exactement ! Elmer Gantry, le prédicateur démagogue... De toute façon, on frise une foutue catastrophe... S'il rate son coup, on est tous cuits. S'il réussit, il enlève tout le mouvement psychédélique, et l'entraîne dans les trucs à la Elmer Gantry, à la Father Divine, à la Daddy Grace, à la Cagliostro, du blablabla de charlatan, la théocratie du marteau de forgeron, une farandole de fascisme phosphorescent, le Roi Hérode éventrant la Génération des Fleurs, Baisage & Corruption, F-outu, T-ordu, Elmer Gantry, Cagliostro, Néron de la Day-Glo... Stoppez-le...

En bref, Graham retire son épingle du jeu. Il n'y aura pas d'Acid Test Graduation au Winterland.

Tard dans l'après-midi, à l'Entrepôt — Seigneur, que c'est lugubre ! Certes, ça a toujours eu l'air d'un abattoir, mais la débâcle s'insinue partout, comme de la vase. La vermine reprend le dessus... La vermine ! Les puces ! Les cafards ! Les rats ! La gale ! L'impétigo ! La chtouille ! Les hémorroïdes ! L'herpès ! Comme des furoncles sur les débris de la catastrophe... Faye, Mountain Girl, Babbs, Gretch, Marie la Noire, Page, Doris Delay, Stewart Brand, Lois, l'Ermite, Roy Seburn, Gut, l'ex-Hell's Angel, Chuck, le frère de Ken, le Démolisseur — ils sont tous là, à grouiller, dans la pénombre, mais ils ne sont plus des Porte-Drapeau, plus question de costumes, la guerre est terminée, quoi... Ils se sont groupés en cercle sur les strapontins et les vieux fauteuils de théâtre près de l'autobus... ACID TEST GRADUATION... La pancarte s'étale toujours sur le flanc de l'autobus... Merde... Kesey, qui a remis sa chemise de daim, arrive au milieu, un immense fauteuil — bourré de toutes petites plumes ! — sur la tête, le dépose à terre, le dos à l'autobus, s'assoit — le fauteuil s'enfonce — et le cercle des Pranksters se forme désormais à partir de lui. Kesey fixe son carnet de notes à spirale, et se met à parler d'une voix si douce que j'ai du mal à l'entendre, au début... de tout ce qui vient de se passer... de Danny Rifkin et de quelques autres, qui sont venus lui dire qu'ils se retiraient de l'histoire du Winterland.

— Il ne m'a pas fallu longtemps pour comprendre qu'ils n'allaient pas changer d'avis, dit-il. Ils vont pas changer, ils risquent trop gros... Dès qu'ils sont partis, je me suis étendu un peu pour réfléchir, et je me suis dit qu'on a tout ce qu'il nous faut sur place...

SUR PLACE ?

... dans cet entrepôt, et c'est ici qu'on va le faire. On va l'arranger ici, la Graduation, et on sera entre nous. Ce sera notre scène, à nous. Il y a un certain nombre de gens qu'on veut avoir avec nous, et ils viendront, et ce sera bien mieux que tout ce qu'on aurait pu faire au Winterland...

IL SIFFLOTTE

... Ici, on est sur notre terrain, et on peut faire ce qu'on veut, c'est notre cirque à nous, et on n'a plus besoin de compromis ni de finasseries. On va le faire à notre manière à nous, et on sera les Super-Héros de toute la Baie...

DERNIÈRE ÉCHAPPÉE DANS LE CIEL

... Une des raisons pour lesquelles ça n'a pas marché, c'est qu'on avait vu trop grand, c'était trop dangereux, et ils ont tous eu peur. Ils se prennent tous pour des aigles, mais ils ne se comportent pas comme des aigles, alors il va nous falloir nous y mettre nous-mêmes. On a essayé de l'autre façon, mais ça ne les intéressait pas... Alors on va se limiter aux gens sur qui on peut compter pour que ça colle. Avec ces gens-là, s'ils ont quelque chose à dire, ils le sortent, sans histoires, c'est d'eux que ça partira, ça ne s'arrêtera pas. Et c'est ça, la grande fantaisie. On ramène tout ici, dans la Cabane aux Rats.

DANS LA CABANE AUX RATS

Kesey enfle la voix. Il commence à distribuer les tâches : Page se chargera d'arranger la scène et les sièges. Roy Seburn décorera les lieux en accrochant un tas de chiffons partout. Faye et Gretch s'occuperont de la nourriture et de la boisson. L'Ermite bouchera tous les trous dans les murs. Le Démolisseur dressera une liste et expédiera les invitations...

L'ÉLITE !

L'idée est de dresser une liste et de contacter le maximum de gens tout de suite, cet après-midi et ce soir, par téléphone, par messagers, n'importe comment. Ils se mettent à penser à tous ceux qui sont assez près de

TOUTE CETTE DRÔLE D'AVENTURE

pour qu'on les invite à ce dernier rallye... Quelle perspective !

VOUS VOUS RAPPELEZ

tous ces Pranksters qui sont partis à la dérive, comme June la Lune, Marge la Berge, la Sensuelle X, l'Anonyme, Norman Hartweg...

— Louez une ambulance pour le ramener de Ann Arbor !

Seigneur, tous ces souvenirs... les gens de Perry Lane... Sandy Lehmann-Haupt...

CAR, MALGRÉ TOUT, IL ÉTAIT LA QUAND

ça valait vraiment le coup...

— Hugh Romney !

— Bonnie Jean !

Et Paul Sawyer, et Rachel Rightbred... et tous ces dingues qui avaient rejoint l'autobus dans sa merveilleuse aventure, au hasard de la route...

— Mary Microgram !

— Et ce petit gars qui avait écrit un poème sur le hasch !

Ils prennent note...

— Et ce gars avec ses oreilles, ce *drôle* de type ! dit Babbs.

Ils prennent note...

Ils prennent note...

— Et ce couple, à Portland !

— Et le joli petit Indien de Haight Street !

Ils prennent note...

— Le Chimiste Fou !

OUAIS ! OH MERDE, TU TE RAPPELLES

— Big Nig !

FAUT M'PAYER

— Culley !

— Owsley !

SURVIVRE

— Ce type, en prison !

— La Fille-Qui-S'en-Fout !

RA-A-A-A-Y

— Ray !

— Pancho Pillow !

— J. Edgar Hoover !

Ils prennent note...

REGARDEZ, C'EST LE GIBIER

— Gaylord !

— Jim Fish !

— L'Agent Numéro Un !

¡MARICONES !

— Le Cos-mos !

Le Cos-*mos*

Oh merde quelle marée du fond des âges La Honda en long en large et en travers et le Rat et ça revient et ça déborde et ça rebout comme un volcan s'ils pouvaient s'asseoir dessus et voyager voyager voyager voyager comme ça ici dans la pénombre et repousser cette vermine de petits poux en costumes d'hommes-grenouilles six petits brassards spongieux sur chaque patte cette petite vermine de morpions qui se camouflent pour grimper partout comme de minuscules écorchures dans la cervelle c'te foutue gangrène de catastrophe, la morose perspective se terrait dans les replis de tous les esprits jusqu'à ce que grâce à l'euphorie de cette famélique fiesta de cosses qui pètent toutes seules Page finisse par y aller franchement et bien haut dans ce trou d'évier dartreux de l'Entrepôt, de l'antique voix des Cavernes et du faut-pas-m'raconter-d'-conneries :

— Ça fait plaisir d'savoir qu'on va participer à la plus grande branlade de tous les temps.

Quandmerdemême ! Le fameux soir, la veille de la Toussaint, l'heure magique et tant attendue... Je n'arrive pas à y croire, les Pranksters ont complètement transformé l'endroit. Il faut leur tirer son chapeau, ils ont dû travailler comme des Turcs. Comme bâtiment, c'est toujours assez pestilentiel, cet Entrepôt, mais il y a de l'électricté dans l'air, une splendeur de Ratière. Le plus splendide est un immense parachute orange et blanc, un truc énorme, rien que la soie, pas les cordages et tout le tremblement, accroché au plafond par le milieu et déployé aux quatre coins comme un de ces dais majestueux, à l'Orangerie de Versailles, qui abritait les festins sur l'herbe de Louis XV. Il étincelle ! Le *grand luxe*[1] » Un de ces parachutes, authentique, qu'utilisent les astronautes après leur rentrée dans l'atmosphère... Hmmmmm... Oui... Quel spectacle ! Les Pranksters sont redevenus des Porte-Drapeau, dans leurs combinaisons cousues de drapeaux américains. Mountain Girl, revêtue de sa combinaison étoilée, est assise à l'entrée qui donne sur la Sixième Rue ; elle vérifie le nom des invités sur la liste épinglée à la porte, dont l'écriture empruntant aux caractères du Dieu Rotor est celle de Paul Foster. Mountain Girl ouvre la fermeture Qui-Peut-Pas-S'Coincer de sa combinaison et allaite Sunshine, tandis que les rares, les fidèles... les si nombreux !... défilent devant elle... Leurs visages sont peints d'arabesques style Art Nouveau, de même que leurs chapeaux napoléoniens et leurs masques ; leurs cheveux ont des teintures bizarres, ils portent des pyjamas chinois brodés, des robes taillées dans des drapeaux américains, du polyéthylène diaphane, des saris de super-marché, des châles d'imprimés indiens des manteaux de cosaques des fourrures sans manches et ça suce ça tire du Bourbon du hasch avec des voiles brodés des sarongs des saris des serre-tête des papillons des cannes des gilets des redingotes des robes de prêtre de magistrat d'universitaire des rayures des bandes des rabats des lanières des bottes de Hookah des bottes de harem des bottes à la mexicaine des bottes à la Durango des bottes de lutin des bottes de Chevalier des bottes à la mode des bottes à la Wellington et à la Day-Glo des bottes de Flagellation des perles des médaillons des amulettes des totems des os polis des crânes de pigeon des squelettes de chauve-souris des thorax de grenouille des fémurs de chien des tibias de lémur la rotule d'un coyote... Bref, un sacré cirque, un carnaval au grand complet, une panoplie. Les Hell's Angels arrivent, avec leurs couleurs, leurs blousons à tête de mort, en grande tenue, la barbe peignée, rafraîchie, Terry la Cloche, Pete le Coureur de Fond, Ralph, d'Oakland, et toutes leurs petites amies... Minijupes et bas couleur framboise... Chocolate George... Tempête ! Pétarade ! Chocolate George ne voit pas son nom sur la liste, et sa petite amie n'arrête pas de geindre : « Qu'est-ce qui se passe, George, on peut pas rentrer ? » Jusqu'à ce que Mountain Girl éclate de rire, comme si elle déconnait, et leur fasse signe de passer. Un gosse d'environ dix ans pointe sa tête à l'intérieur et

1. En français dans le texte *(N.d.T.)*.

hurle : « Qui est-ce qui fume de l'herbe, par ici ? » — de la voix la plus comminatoire qu'on puisse imaginer... Agressif, ce petit démon. On a même installé une nursery dans l'entrée, et ils ont un mal de chien à empêcher l'Ermite de rester là. Kesey est dans son coin, en combinaison étoilée, à observer, sans dire grand-chose ; il écoute un grand Angel d'Oakland avec une chemise et une cravate à pois sous son blouson réglementaire — « J'ai mis une chemise et une cravate, Ken, vu qu'c'est la Toussaint »... Rock n' roll dans tous les haut-parleurs, il y en a partout, sur les côtés, au plafond, et jusqu'au sommet du parachute qui sert de dais... Des microphones, des caméras de cinéma, des caméras de télévision... Oui... Les Rares et les Fidèles ! — mais la rumeur de cette sauterie dans ce vieil Entrepôt sordide court la ville, il est du dernier chic d'être au courant... Irrésistible, bien sûr... Trois stations de télé ont envoyé leurs caméramen, quatre stations de radio leurs micros et leurs magnétophones. Herbert Gold, le romancier, est là, avec son sourire de réclame pour after-shave. La fille d'Ingrid Bergman, Pia Linstrom... Oh, doux frisson d'adrénaline ! Alors, c'est ça ! Comment — c'est ça... *la nouvelle vague ?...* Où ça ? Voici qu'arrive le correspondant à San Francisco du *Women's Wear Daily,* Albert Morch, un petit personnage claironnant avec un Rolleiflex autour du cou... Catherine Milinaire, de *Vogue,* un appareil de photo miniature dans les mailles de son sac de soirée, trône au milieu des Angels, des camés, et de la Génération des Sursis comme une princesse d'écurie... Larry Dietz, le chroniqueur de Los Angeles... et moi... Kesey observe et ne dit rien et... se pose des questions... Hmmmmm... Les Rares et les Fidèles, et le reste du monde. On est à la noce, d'accord. Mais, bonne mère ! Ces costumes ne sont pas pour célébrer la Toussaint, mais pour la libération des âmes mortes... Des tenues sacramentelles, en vérité...

Sommes-nous aveugles ?... L'Oblation... La Consécration... La Communion... Bon... Les Anonymous Artists of America grimpent sur scène... On dirait des fées sorties du *Songe d'une Nuit d'Eté,* merde, chemises bouffantes et longues robes dans des pastels phosphorescents comme vous n'en avez encore jamais vu, masques mortuaires à la Day-Glo éclatant de mille feux derrière les instruments. La musique submerge brusquement la salle, à travers un million de baffles... Une tornade de sopranos... électriques, sans parler de la machine électronique qui hurle comme un cinglé de la logistique...

Au milieu de tout ça, sous le grand dais du parachute et les projecteurs, sur le tapis moisi, déchaînés... la Prankster Doris Delay, en combinaison étoilée, et le Hell's Angel Terry la Cloche, avec un tuyau-de-poêle à bords effilés, des lunettes noires, une barbe réglementaire, un énorme pull-over à rayures noires et marron de raton laveur, le gilet sans manches et la tête de mort des Angels, des blue-jeans et des bottes de motard... Mon Dieu, une belle party en votre honneur, Doris Delay et Terry la Cloche... Ils se trémoussent et s'abattent de tous côtés comme s'ils jouaient de la binette... mais avec une sorte de cérémonieuse gaucherie. Ils dansent environ une minute, puis les autres se précipitent, un torrent, des couples de camés en tenue de fantaisie, ils suivent le rythme du rock n' roll, mais comme des dératés, ils sautent, battent l'air de leurs bras, renversent la tête, virevoltent et lévitent... Ils sont dans un état... un état d'extase... Gary Goldhill est resté au bord et regarde. Il a une énorme veste de pyjama chinoise rouge-laque, brodée d'un dragon d'or. Cet Entrepôt l'abasourdit... Pourri !... Insensé !... Amis, ou génies malfaisants ? Après tout — la Terre peut être à la fois Paradis & Enfer. Il fait le plongeon... fouille dans la poche de son pantalon, et avale une potion...

Déjà, quelques sourires ensorcelés éclatent dans la foule... Béatitude aux lèvres humides... Ils rayonnent, les yeux écarquillés comme des nodules de plastique. Le Telepathic Kid est tellement défoncé, avec un sourire si humide et luisant, qu'il n'est plus qu'une sorte de grand orgasme psychique qui, d'un instant à l'autre, va se déployer, s'exfolier, comme... un grand lis... Un blondinet avec une veste blanche à la Nehru et un gros pendentif d'argent sur la poitrine s'est agenouillé devant l'orchestre, les mains levées et jointes comme pour prier, et son visage s'illumine d'un sourire d'une telle béatitude, d'une telle pureté, le sourire de l'acide, que ses dents en grésillent... une marmite de perles qui bouillent... Les Pranksters, Babbs, Gretch, Page, et quelques autres, prennent le relais de l'orchestre ; ils sont totalement électrifiés, et se lancent dans une musique chinoise de science-fiction, des plus sonore et des plus bizarre. Ils torturent si bien la machine électronique qu'elle se coince toute seule dans la plus incroyable cacophonie, le dernier recoin de son écheveau de circuits, et exhale de ses soudures un hurlement de dimension purement topologique. Le moment suprême, avec une machinerie à tout casser, le summum. Kesey reste dans son coin, silencieux, dans l'ombre, à... la Centrale de Contrôle, mais il a enlevé sa combinaison étoilée ; il a la poitrine nue et ne porte plus que ses culottes blanches, une cape de satin blanc nouée autour du cou, et une écharpe rouge, blanc et bleu en diagonale sur le devant. C'est... le Capitaine America ! Le Flash ! Le Capitaine Merveille ! Le Super-Héros, en un mot...

Soudain, au plus fort du délire, les lumières s'éteignent, plus de son, ils sont remplacés par un unique projecteur braqué sur le centre de la piste. Chuck, le frère de Ken, est en haut, dans les poutres, à s'occuper de l'éclairage. On peut entendre les voix de Babbs et de l'Emmerdeur au micro, dans le noir. Ils tambourinent et chantonnent : « Tu crois qu'y dégageraient le centre si on leur demandait ? — Pour sûr, Babbs, qu'ils vont l'dégager, et plus vite qu'y n'te faut de temps pour le dire... » Mais les gens, pris dans l'obscurité, continuent de traîner. « S'ils dégagent pas l'centre, dit Babbs, c'est qu'y sont qu'un tas d'cons... » Bon, essayons la méthode directe ! Ils dégagent le terrain sur l'ellipse formée par le faisceau du projecteur, et Kesey sort de l'obscurité. Il a retiré sa cape et son écharpe. Plus qu'il n'en pouvait supporter, je suppose. Il n'a plus que ses collants blancs de danseur et sa carrure de lutteur. On distingue vaguement, sous les collants, un caleçon fantaisie — il a exactement la touche qui s'impose... dans cette Ratière... Il tient un micro portatif à la hauteur de sa bouche... Kesey en collants devant ce cercle de lumière autour duquel s'entassent, dans le noir, tous ces camés... C'est chouette, c'est théâtral... et si bizarre, en même temps... Certains camés ont tout de suite pigé. Sans un bruit, ils se mettent à jeter des trucs dans le milieu, des morceaux de sucre, des capsules, du papier à cigarettes, deux ou trois joints, des perles, des amulettes, des serre-tête, tous les fétiches et tous les totems du psychédélisme. Ce cercle de lumière est... un autel... Kesey parle au micro, de sa voix traînante de paysan...

— Quand on était là-bas, au Mexique, on a appris un tas de choses sur les vagues. On est restés six mois, là-bas, à étudier les vagues. Même dans le noir, on peut les sentir...

Elle vous fout un coup, cette voix. Qu'est-ce qui se passe ? Jusqu'à présent — une party, un délire. Et, tout à coup, on se retrouve à un tout autre niveau... inconnu... On ne comprend plus. Les équipes de télé essaient de raccourcir le champ et se mettent en position. C'est maintenant qu'il va dire aux gosses de lâcher le LSD ?... C'est pour ça qu'on est venu... Des *vagues ?*

Kesey poursuit :

— Je crois que l'homme est en train de changer... d'une façon radicale et fondamentale... Les vagues s'amassent, et se font de plus en plus fortes à chaque fois. La conception que nous avons de la réalité est en train de changer. Et c'est ce qui s'est produit ici, à San Francisco... Je crois que la nouvelle génération est tout à fait différente. Ils ont une autre démarche... Je le vois dans leur musique... Jusqu'ici, c'était comme ça... Vie-*mort,* vie-*mort...* Aujourd'hui, c'est... mort-*vie...* mort-*vie...*

Les équipes de télé essaient de passer leurs micros aux camés qui sont près de Kesey. Ils voudraient que ceux-ci les tiennent près de lui, pour qu'on puisse mieux l'entendre. Les types de la télé les supplient, vont même jusqu'à leur souffler des ordres, comme au théâtre. Les camés sont écœurés et se contentent de les regarder fixement. Kesey lance quelques aménités dans la direction des équipes de télé... Ces salauds, avec leur façon de se mettre... en *position...* Tout ce qu'ils veulent, c'est se servir de vous un petit moment... Des trous d'épingle dans notre ballon, des flatulences cardiaques, des... Les types de la télé sont furieux, à leur tour. Petits morveux de camés !... C'est pas de la tarte, de travailler ici. Faut ci, faut pas ça — il y a une sacrée bagarre dans l'air...

— ... Depuis un an, dit Kesey, on a vécu dans le Jardin d'Eden. C'est l'acide qui nous en a ouvert la porte. Un Jardin d'Eden et d'Innocence, et une fête. L'acide vous ouvre la porte, vous n'avez plus qu'à entrer et rester un moment...

C'est à cet instant précis — mystères du synchronisme ! — que quatre policiers, quatre grandes silhouettes bleu sombre, passent la porte qui donne sur la Sixième Rue. La rumeur éclate dans la foule des ténèbres : Les flics ! Les flics !... Une dernière descente monstre pour couronner le tout ! Ça fait une drôle de panique dans l'obscurité, les corps s'écrasent contre les murs du garage, comme un troupeau de rats gigantesques et endimanchés qui cherchent leurs trous... Foutons le camp d'ici !... Car c'est la Génération des Sursis, n'est-il pas vrai, les gosses sont en liberté à la condition expresse qu'ils ne fréquenteront aucun drogué notoire... Ils en sont presque à creuser le ciment du sol... Les quatre policiers avancent lentement, en regardant à gauche et à droite. Cassady est au micro, loin derrière Kesey, sur l'estrade, de fait, et commence à se moquer des flics qui viennent d'entrer :

— Quatre sergents tirés à quatre épingles, vous comprenez, ils cherchent les perles de la porcherie...

— C'est la police ? fait Kesey.

Il a l'air stupéfait.

— Les flics du poste...

— Eux aussi, ils viennent par vagues, dit Kesey, c'est le même processus...

Ouais !...

Les flics se sont arrêtés devant la foule, dans l'obscurité, et se contentent d'observer.

— Il y a les flics, et il y a les policiers, dit Kesey. Le flic vous dit : « Faites pas ça. C'est défendu, et y a pas à discuter. » Le policier vous dit : « Vous pouvez le faire, mais si vous allez trop loin, vous allez écoper. » Le policier est en seconde ligne, au milieu de la route. A l'intérieur de nous, j'veux dire.

Un spot s'éclaire brusquement et isole Cassady dans un petit cône de lumière.

— C'est comme Ken nous a dit, une fois, fait Cassady : « Ignorez-le pendant vingt ans, et le flic disparaît... »

— Hum !... Hum !... Hum !...

Ce sont des Hell's Angels, dans le coin... Les quatre flics se contentent d'examiner le campement, et se retournent pour quitter les lieux. Cassady insiste :

— Oui ! La violence, vous comprenez... Y aura aucune violence. Si on voulait de la violence, on a des gars qui pourraient s'en charger...

— Hum !... Hum !... Hum !... Yaou !... Yahhhhhou !... *Y a qu'les flics morts qui soient d'bons flics !*

« *Y a qu'les flics morts qui soient d'bons flics !* » Mais les flics ne s'en dirigent pas moins vers la sortie, du même pas lent et chaloupé, en se frayant leur chemin à travers un groupe de Hell's Angels, comme si ces derniers n'existaient pas. Les flics sont partis, mais ils ont fait des trous dans le ballon. L'atmosphère n'y est plus. Kesey essaie de la recréer, sur le même ton paisible et doux, mais cela n'est pas facile. Il fonce, leur parle de sa vision, la vision de l'Au-delà de l'Acide, des tracés de lumière qu'il avait vus, de l'autre côté de la baie, à Manzanillo, du tracé de l'herbe...

— ... et j'en avais fumé, de l'herbe, de l'Or d'Acapulco, pour être précis...

Applaudissements dans l'obscurité. De l'Or d'Acapulco ! Oh, merde, on est des initiés, c'est la crème des herbes. Mais ça s'est drôlement dégonflé. Kesey y va à fond : la ligne de l'acide, le cercle qu'il faut boucler, les petites lumières de l'autre côté de la baie... Tout en métaphores, en allégories, ils en perdent la boule... Le rock n' roll, la frénésie ambiante, les caméras de la télé, l'obscurité, les flics, et maintenant... *ça*... On n'arrête pas de rebondir d'un niveau à l'autre. Merde ! Qu'est-ce qu'il raconte, qu'est-ce qu'il... *fait*... Finalement, le crochet au bout — le cercle qui se referme sans aller jusqu'au bout. Il leur raconte tout, mais — qu'est-ce...

— On est passés par cette porte et on est restés un moment, et on est repassés par la même porte. Mais tant qu'on n'ira pas assez loin... et au-delà... on n'ira nulle part, on n'expérimentera plus rien de nouveau...

Ils se sentent mal à l'aise, ils enfoncent leurs chemises sous leurs ceintures, les ressortent, trop de plis dans le ballon, on en perd la boule... et ces foutus chacals de la télé qui vous plantent leurs micros partout comme s'ils enregistraient la pendaison de Lenny Bruce...

— On va voir où on en est. Faut secouer ça. Faut le danser.

Les lumières reviennent, la musique reprend, les couleurs sont là, tout repart à fond de train. Goldhill est complètement démoli. La musique qui passe à travers ses ganglions nerveux le soulage... Amour ! Soyez bénis, bénis ! Lumières éclatantes ! Les Hell's Angels se démènent de nouveau, tout le monde danse. Mais cela ne dure guère. Kesey est au milieu de la foule. Les gens font cercle autour de lui. La musique s'arrête. Il a l'air un peu vitreux, mais décidé à plonger, comme s'il allait empoigner tout ce désordre aux épaules et le secouer pour le remettre à sa place. Il tient un morceau de glace, qu'il embrasse, s'enfonce dans la bouche pour en couper un bout, qu'il repasse à Cassady. Celui-ci l'embrasse à son tour et le frotte sur sa poitrine nue. Un truc avec de la glace... Les caméramen de la télé et les radio-reporters tentent de se faufiler. On les repousse. Tout tangue et roule. Kesey et Cassady sont assis par terre et communient au-dessus de la glace. Les Pranksters et quelques autres camés se regroupent autour de Kesey et de Cassady... dans la position du lotus... Gary Goldhill les rejoint. Il est prêt.

Le gosse aux dents qui grésillent s'assoit parmi eux, défoncé... La position du lotus... Son dos se renverse, dans sa veste à la Nehru, raide comme un piquet. Il est en extase. Ses perles bouillent, bouillent. Ils se tiennent les mains et ferment les yeux — dans une même communion... Ils serrent les paupières, dans l'attente de... *l'énergie*. Ça vient ! Ça vient ! Un bruit aigu, perçant, monte du cercle... Vous entendez ça !... C'est bizarre... La moitié des spectateurs sont ahuris, et *embarrassés*. Qu'est-ce que c'est, une veille de Toussaint, une party, ou une séance de spiritisme ? Bon Dieu... Albert Morch, du *Women's Wear Daily*, confie à Catherine Milinaire : « Dites donc ! Quand je vous ai rencontrée, hier soir — je ne savais pas que vous étiez la fille du duc de Bedford !... » On est dans la religion ! Les Angels s'agitent. Ils sont debout, derrière le cercle. « Hé ! Mettez la musique !... » A l'intérieur, Kesey, Cassady, et les autres — se sont mis à tambouriner. Le gosse aux dents qui bouillent a entendu une voix. Il serre toujours les paupières. Il sourit, étincelle : « Une remorque en panne, dit-il, une route cahoteuse, et une remorque en panne. » Sa voix est au bord du délire et des larmes... à moins qu'il n'éclate à tout moment d'un rire saccadé, insensé... « Une remorque en panne et une route cahoteuse et, dans la poussière, une *erreur*... une *erreur*, mais ce n'est pas *important*... Ce n'est pas *important*, une erreur... c'est le contexte qui compte... Une route cahoteuse et une remorque en panne, et quatre stations d'essence, toutes blanches et aseptisées, et des tuyaux, en l'air, pour de gros hommes avec des lunettes de soleil qui ne voient pas la route et la remorque... »

Goldhill est en extase... Des vagues d'énergie sortent de partout... Comme... de noirs fantômes !... Kesey & Cassady — son esprit, qu'est-ce qu'ils veulent en faire... Ils m'ont *eu*, ils m'ont coincé là, dans cette Grande Attente — de quoi ? D'une idée ? D'une révélation ? De l'amour ? D'une sensation ? D'une percée — vers quoi ? Ou n'est-ce qu'une

COMÉDIE

Ils lui jouent la comédie ! Ils se foutent de lui ! Mais — l'*idée* que nous attendons — il peut la *sentir*, physiquement, elle surgit... Il se concentre fortement, pour la décrire

PRESQUE VU [1] !

1. En français dans le texte *(N.d.T.)*.

Démoniaque hallucination collective ! Il regarde autour de lui... Tout tangue et roule...

CIRQUE OU ENFER

Il est entouré de tortués et de damnés, d'âmes mortes-à-jamais... Il se lève dans un embrasement de pétards chinois crachés par le dragon de son pyjama, et se dirige vers la sortie de la Sixième Rue, mais... Les Morts et les Damnés ! Ces visages !

LES HELL'S ANGELS

Les Hell's Angels ont envahi le couloir, prêts au

MASSACRE

Il retourne dans la foule, sombre dans un vide... Comme si sa vie, tombée hors du temps, n'était plus qu'un ruban qui tourne sans fin... De noirs fantômes ne cessent d'éclore à la surface de fosses antédiluviennes où bout un détergent charbonneux

ATTRAPEZ

Ça ! Hare Krishna Hare Krishna Krishna Krishna Hare Hare Hare Rama Hare Rama Rama Rama Hare Hare — et, à mesure qu'il chante, il devient... Krishna !... Le Christ !... Dieu... Et il rejaillit du vide intemporel pour s'élever dans la nuée argentée... de l'Esprit Universel...

— On y était presque, dit Kesey, qui rouvre les yeux. On y allait. Il y a trop de bruit...

Mais le nuage est passé, quoi.

Les gens se bousculent, ils s'apprêtent à partir. Ils sont abasourdis et embarrassés. Quelle foutue party... Les Angels vont s'en aller, les équipes de la télé. Herbert Gold en a assez... Albert Morch... Il va bientôt être trois heures du matin... Les gens regardent fixement l'estrade, mais aucun signe de musique. C'est fini ? Vous êtes dans l'autobus ?... Dans la course ?

Kesey replonge. Les lumières s'éteignent de nouveau. Le changement, maintenant, est total. C'est une tout autre... chose... Kesey se dirige vers l'autre côté de la piste, et s'assoit. Le faisceau du projecteur tombe sur lui. Les Pranksters se regroupent, ressortent de tous les coins du garage : Mountain Girl, l'Ermite, Babbs, Gretch, Doris Delay, Page, l'Emmerdeur, Cassady, Marie la Noire, le Démolisseur, Gut, George Walker, Ram Rod, Stewart Brand, Lois Jennings, ils rejoignent Kesey. L'Emmerdeur a un micro portatif et parle dans l'obscurité :

— Tous ceux qui sont avec nous, tous ceux qui sont avec nous dans ce truc, rapprochez-vous. Si vous n'êtes pas dans le truc, si vous n'êtes pas avec nous, il est temps de nous quitter. Vous pouvez vous rapprocher et entrer dans le truc, ou vous pouvez partir, parce que... c'est le moment...

Un pavé dans la mare ! Ça y est — ceux qui étaient un peu dégoûtés par le tour que prenait la soirée le sont complètement, maintenant. Les gens se précipitent vers la porte de la Sixième Rue, avec de grands gestes et des bougonnements. Les Pranksters, dans l'intervalle, se sont rapprochés de Kesey, en bousculant les gens, en leur marchant dessus. Ils s'installent et se recroquevillent en cercle autour de Kesey. D'autres se faufilent dans l'ombre vers le cône de lumière qui lui éclaire le visage et le dos. Kesey a l'air affolé. Il fixe la lumière. Il a un micro à la main. Il fait un geste, comme pour dire : Laissez-les passer...

— Je les connais, dit-il. On a été ensemble !

Toute l'Allégorie... Le tableau des Plaines de... Le cercle s'est resserré autour de lui ; les Pranksters sont derrière. Puis quelques-uns des anciens de Perry Lane. Quelques camés, ceux qui sont tout à fait dans le coup, comme Goldhill et le Gosse-aux-Dents-qui-bouillent ; et, de plus en plus loin, selon le degré de leur foi, les rangées de fidèles... Contre les murs, quelques groupes, ceux qui ne professent aucune foi, mais qui sont trop flippés ou trop curieux pour partir. Cassady enjambe les corps ramassés, assis dans la position du lotus, et se dirige vers le premier rang... Kesey le regarde ; après quoi il s'effondre, pris de vertige, apparemment... Sa tête roule...

— Adieu, Neal ! dit-il.

On dirait qu'il est sur le point de s'évanouir. Cassady se rapproche encore. Kesey se penche sur son micro.

— « Regardez-le », qu'ils vous disent, « le brillant romancier... Il avait des milliers de fidèles... Il ne lui en reste plus que ces quelques-uns... » Mais je peux...

Il laisse tomber sa phrase et son idée. L'Entrepôt est silencieux et noir, à l'exception d'un seul petit spot sur Kesey...

— Allez chercher Faye et les gosses.

Silence. Puis on entend le bruissement de Faye qui traverse l'assistance, suivi de sa petite fille, Shannon, et de l'aînée, Zane. Elle porte dans ses bras le dernier-né, Jed. Ils étaient restés dans la nursery, près de la porte sur la Sixième Rue. L'un des enfants pleure ; on dirait qu'il hurle. Et l'on n'entend rien d'autre. A vous donner le frisson... Faye et les gosses, Mountain Girl et Sunshine, et tous les Pranksters, ont resserré le cercle autour de

Kesey. Ils se tiennent tous la main et ferment les yeux. Silence. Le hurlement reprend

ARCHÉTYPIQUE ! SUGGESTION !

Une voix sort des groupes agglutinés contre les murs. Une fille, avec une voix de médium, qui scande :

— L'en-fant-pleu-re-Il-faut-d'a-bord-faire-quel-que-chose-pour-l'en-fant...

Kesey ne dit rien. Ses yeux sont hermétiquement clos. Un son aigu et perçant s'élève du cercle, ponctué par le hurlement de l'enfant. *Fantastique manifestation sonore du pouvoir de l'esprit* — Goldhill est conscient de cette énergie

ILS SONT PRESQUE

Mais la fille n'abandonne pas :

— Oc-cu-pez-vous-de-l'en-fant-Il-y-a-un-en-fant-qui-pleu-re-Et-c'est-tout-Il-y-a-un-en-fant-qui-pleu-re-et-per-son-ne-ne-s'en-oc-cu-pe...

ÇA Y EST PRESQUE — PRESQUE VU [1] !

... Pour-quoi-est-ce-que-cet-en-fant-pleu-re-Ça-n'in-té-res-se-per-son-ne ?

ON LE SENT ! LE NIVEAU DE VIBRATION !

Kesey relève les yeux. Le projecteur éclaire en plein son visage. Les Pranksters se lâchent les mains. La musique reprend. Les Anonymous Artists of America jouent une version discrète de « Pomp and Circumstance », avec des fioritures à la grosse caisse...

THE ACID TEST GRADUATION

Ils ne sont plus qu'environ cinquante. Les lumières remontent un peu autour de la scène, mais le reste du garage est toujours dans l'obscurité. Cassady est sur l'estrade, devant un micro. Il ne porte plus qu'une paire de pantalons kaki qui lui retombent sur les hanches, et une toque d'université, du genre qu'on met pour recevoir son diplôme. Il tient à la main tout un tas de diplômes, d'ailleurs. Remonté comme une moto. Ses genoux, ses coudes, sa tête se secouent, se tordent, battent la mesure, et se projettent dans tous les sens... Il se lance dans un déluge de mots. Les Anonymous Artists of America jouent derrière lui, en sourdine. A chaque fois que la petite blonde frappe un grand coup sur ses caisses, Cassady se raidit, une secousse spasmodique, comme si quelqu'un venait de lui botter le bas du dos. Il

1. En français dans le texte *(N.d.T.)*.

bredouille en distribuant à la ronde les diplômes de l'Acid Test Graduation. Ça a fini par marcher après tout... enfin... Où en est-on ? Merde, quelle heure est-il ? Cinq heures du matin, ou... Personne n'en sait foutre rien... Kesey, dans la pénombre, a sombré dans le grand fauteuil. Quelques-uns des... *lauréats* ont resurgi, des Pranksters pour la plupart. Ils revêtent des toges et des toques noires, sautent sur l'estrade, et reçoivent leur diplôme des mains de Cassady... Un rouleau couvert d'enluminures par Paul Foster et le Dieu Rotor...

Gut, le Hell's Angel, pousse un Youpie, et exécute une petite danse lorsqu'on appelle son nom. Nombre de lauréats manquent à l'appel. La Fille-Qui-S'en-Fout...

— La Fille-Qui-S'en-Fout, dit Cassady. Elle a pas pu être des nôtres, ce soir, vous comprenez, elle a dû rester à l'écurie pour se faire la voix avec le reste du chœur, elles sont dans les deux cents, fameuses voix, à un poil près, toutes en chœur, à hurler le nom du même cow-boy, Ray, vous comprenez, il a pas pu non plus — hum — perdu dans sa boîte à pansements, à passer les fauteuils au A-200...

... Les batteries roulent, Cassady se raidit, se tord et se déhanche, et les Pranksters se précipitent vers l'estrade, l'Emmerdeur, Babbs, le Démolisseur, l'Ermite, Mountain Girl, Gretch, Paul Foster, Marie la Noire, Page, Walker, Hagen, Doris Delay, Roy Seburn, ils montent et redescendent dans un envol de robes noires... avec leurs *diplômes* — pour ils ne savent trop quoi... tandis que l'aube filtre à travers la fente dans la porte du garage, derrière l'orchestre. Ces foutues paillettes d'argent glacé... Et la lumière monte à l'intérieur, la pénombre prend des reflets orange de punaises. Le silence est total. Le monde est réveillé, par tranches... Et la chaleur du jour se faufile dans le garage, et de toutes ces paniques, du musc et des taches de graisse de cette Ratière, surgit l'essaim des certitudes, des mites, de la vermine, des poux, des puces, des mouches à fruits, des larves, des charançons, de tous les microbes et de tous les suintements — qui se mettent à frétiller, à ramper, à suppurer, à grésiller, à se tortiller et à chuinter. Et le monde ordinaire respire, tousse, et s'étouffe, il a des spaghettis dans la gorge, et s'étrangle de frousse...

Les camés de San Francisco connurent deux ou trois jours de stupeur après l'échec du projet de soirée au Winterland des

Pranksters et cette étrange nuit dans le garage. On se frappa un peu la poitrine... Oh, cette Peur et ces Doutes auxquels nous avons cédé, on ne peut vraiment pas se le permettre quand on est solide, et ça vous paralyse le plus brave... Mais, comme d'aucuns l'affirmaient, Kesey cherchait à nous avoir ou à nous couler, et ça valait autant. L'esprit communautaire, qui ne voulait pas se montrer antigags, adopta la théorie du torpillage. Kesey les avait vendus, dès le départ, pour éviter d'aller en prison. Ça réglait autre chose, aussi, de bien agaçant... cette *salade* que les Pranksters vous servaient toujours, leur histoire de 400 chevaux-vapeur, cette lubie du drapeau américain à tous vents, de la Day-Glo, du Ouais à toutes les sauces, leur sinistre néon, leur... façon de jouer les *super-héros,* avec tous ces câbles et ces bobines et ces amplis, le coup du chrome électro-pastel qui vous en met plein la vue. On est loin du Bouddha. La vie, c'est de la merde, a dit le Bouddha, une série de mauvais karmas, le satori est passif, il consiste à ne pas bouger et à se laisser aller, à se laisser emporter par L'Esprit Supérieur, et à ne pas y mêler Teddy Roosevelt. La Grâce est dans une contrée lointaine, qu'on appelle les Indes... Oh, cet art de vivre qu'ils ont, là-bas, mes frères... Qu'importe la plomberie, et la saleté des rues, s'ils sont passés maîtres dans l'art de vivre...

Les Pranksters avaient nettoyé le garage avant que la Calliope Company ne s'y réinstalle, ils avaient empilé tous leurs débris dans le terrain vague d'à côté. Puis ils étaient partis chez Babbs, à Santa Cruz. Leurs débris étaient restés là, sur le terrain vague , vaste et bizarre amoncellement de rebuts, un bric-à-brac de costumes, de masques, de morceaux de bois recouverts de Day-Glo, de slogans bizarres peints à la Day-Glo sur des rouleaux de papier de boucherie, tout était resté à l'abandon, à trembloter au vent, dans la journée, de façon insensée... et à briller, la nuit... Une belle tache sur le blason de Harriet Street. Les voisins, des Japonais et autres besogneux, étaient peut-être des mal lotis, mais ils avaient leur fierté. Ils se constituèrent en délégation et se rendirent à l'hôtel de ville pour exiger que leur quartier demeure propre. Le bureau du maire vit là un exemple de cette fierté locale qui vous régénère une Ville, car si l'on était arrivé à insuffler à un quartier aussi misérable un si bel esprit de corps... Aussi le maire promit-il tout son appui, et ce fut un véritable défilé, une cérémonie officielle, avec les autorités, le corps sanitaire, et les équipes de la télé. La Ville prêta main-forte aux braves habitants de Harriet Street, et l'on procéda en grande pompe à la destruction de l'étrange tas d'ordures — *Dieu sait combien de générations de saoulards dégénérés et insensés* avaient pu s'en mêler pour transformer ainsi cette pauvre rue isolée en véritable jungle. La Day-Glo étincela et grésilla jusqu'au bout...

La Calliope Company organisa un Test à elle dans le garage. Cassady, qui se baladait dans tout San Francisco avec sa nouvelle voiture, en entendit parler et se pointa. Il entra par la porte de Harriet Street, désormais marquée du numéro 69, pour sacrifier à l'humour de l'époque ; il était remonté à bloc, et accompagnait un invisible Joe Cuba de ses déhanchements et de ses coups de pied... Top speed, et défoncé au speed, comme les trente ou quarante camés réunis pouvaient le voir à la façon dont ses yeux tressautaient, tic tac toc toc toc tac toc tac toc tic tic tic tic tic tac toc tac toc tic tic tic tic tic toc tac toc tac toc tac — à moins qu'il ne fût absolument abasourdi par ce Test. Aucun éclairage, à l'exception de quelques projections lumineuses des plus lentes et des plus fluides, et aucun bruit, si ce n'était un enregistrement hi-fi des plus doucereux de... *qu'est-ce que ça peut foutre*... d'une cithare ? d'une cithare ? d'une cithare ?... Le garage était astiqué, chaste et pur, avec des trucs du genre le plus méticuleux sur les murs, des tissus imprimés indiens, des teintures délicates et compliquées du plus pur goût macrobiotique et végétarien. Quelques cristaux suspendus dans le vide recueillaient un par un les rayons de lumière comme... des joyaux... Et tous ces braves camés étaient effondrés dans le plus grand silence, calés contre les murs, ou étendus de tout leur long, chacun à macérer dans son propre jus, à attendre le Bouddha, le Tout-en-un qu'on avait invité, et le Bouddha aurait pu se pointer à tout moment et se sentir tout de suite chez lui, que ce soit en l'an 485 avant Jésus-Christ ou aujourd'hui même, le...

... pauvre corniaud... Cassady n'en croit pas ses yeux... Il se met à tambouriner à cent à l'heure, mais personne ne le suit. Ils se contentent de le fixer de leurs grands yeux d'améthyste, pleins de tolérance et de pitié, tandis que les siens fusent, et que ses épaules ondulent et sautillent...

— Hé ! Vous voulez pas *faire* quelque chose — vous secouer un peu, vous pigez — que ça se dérouille...

Ils se contentent de le fixer, ces enfants précieux, paisibles, aux luminescences mauves, et de sourire comme un foutu tas de nonnes, d'un sourire plein de tolérance, de pitié, et de paix... Et il fait demi-tour et disparaît par la porte de Harriet Street en roulant de la tête et des épaules et en lançant des coups de pied, dans un ultime battement d'ailes.

Oh Seigneur, un autre petit bourgeon dans toutes les affres, palpitations et excitations, de la découverte. Ses yeux sont ouverts comme la flore du matin, ses lèvres sont humides et brillantes ; elle sourit comme une nonne en transe, et ses dents se mettent à grésiller... en se cramponnant à la cage thoracique. Elle se plante devant vous, devant tout le monde, bien en face, et vous déclare, extasiée :

— J'com-j'com-j'com-j'com-*mence à piger !* On est — tous — *ici,* d'accord ? On est tous *ici !* On est — *i-i-i-i-i-ci !*

Avec un grand geste de la main pour ramener le cosmos, absorber cette Fantasia-à-ses débuts... qui, de fait, n'est qu'une taverne, La Grange, à 15 kilomètres de Santa Cruz, dans la Scotts Valley. La Grange est le première boîte de nuit psychédélique de la région, et c'est vraiment une grange, convertie jadis en théâtre, et aujourd'hui en boîte de nuit psychédélique par Leon Taboory, qui est ainsi le premier, et le seul, dans cette vallée, à s'exposer aux récriminations de l'église en bas de la route, de la police locale, des gens de la ville, et de leur journal, mais z'en faites pas. Pour la petite fille, qui vient de se flipper au LSD, sa première capsule, c'est un premier avant-goût du Paradis, rien de moins...

— J'com-mence à piger ! On est tous i-i-i-i-*ci,* et on peut faire tout c'qu'on veut !

... C'est à Doris Deláy et au Démolisseur qu'elle fait cette révélation. Doris, qui joue les mères-poules, la rassure :

— C'est ça. On est tous là, et tout marche bien, et t'es au poil.

Le petit bourgeon s'affale sur un pliant près de Doris et la dévisage.

— J'devrais m'méfier de toi...

— Le stade paranoïaque, dit Doris au Démolisseur. Ce serait l'moment d'raconter l'histoire...

— ... pa'ce que j'suis bourrée.

— Je sais, dit Doris. D'raconter c'te vieille, vieille histoire — d'amour et de gloire, qu'on passe pour la première fois dans la région...

Ils sont près de quatre-vingts camés, passionnés de jazz, gens à la page, etc., à écouter le trio *The New Dimensions*, composé de Dave Molinari, d'Andrew Shushkoff, et d'un petit râblé à la basse. Le petit râblé porte un petit chapeau, le genre sportif, sa signature, comme qui dirait, et une paire de grosses lunettes de soleil cubaines, avec élastique, quoiqu'il fasse assez sombre, comme il sied dans un night-club ; il n'y a que quelquesprojections lumineuses destinées à créer l'atmosphère... psychédélique... ah, hmmmmmm... Il pétrit, gifle et bat le beurre comme aux bons vieux jours de Sam Stewart. *The New Dimensions* — c'est vraiment très drôle. Ça doit faire sourire Ken Kesey et les Merry Pranksters, de l'autre côté, qui attendent leur tour en préparant leurs instruments, les guitares électriques et les basses, l'orgue de Gretch, les caisses de Walker, et un sacré monceau de câbles, de cadrans, d'amplis, de haut-parleurs, d'écouteurs, et de micros — allons-y pour la voix, allons-y pour la voix — dans tout leur éclat. Les Nouvelles Dimensions... Ouais. Ce trio vous ramène à la fin des années 40 et au début des années 50, quand le jazz en était, comment dire, à sa *forme finale,* il avait la frousse, et c'était épatant. Molinari — ou ne serait-ce pas plutôt Shushkoff ? — est au piano, un drôle de *raffut* — Oh Bon Dieu, tu t'souviens ? — la tête plongée au plus bas, dans les profondeurs, l'âme profonde de cette époque. C'est tellement... nostalgique, quoi... Les troupes qui resurgissent de la Scotts Valley, dans l'Amérique hip de l'après-guerre.

Les Pranksters ont installé leurs propres baffles aux quatre coins de la grange, et Babbs vérifie les micros en surveillant les sauts de l'aiguille sur les cadrans... Son masque de fantôme à la Day-Glo luit dans l'obscurité. Il porte sa chemise Sésame et un pantalon bariolé avec un tas de rayures. Il souffle dans le micro, chantonne un brin, surveille les aiguilles, siffle un peu, fredonne un peu, pas mal, essaie un petit hululement, de mieux en mieux, et le voici plutôt qui sifflote et fredonne en chœur avec les New Dimensions, que sa voix éclipse comme celle d'un fantôme bourré sur les ondes de la radio. Kesey est assis sur un pliant au Centre de Contrôle, à vérifier les écouteurs. Cassady a son Rattar, qui n'a plus aucune corde, et dont on ne compte plus les couleurs qui le recouvrent. Doris Delay joue les bonnes tantes auprès de la petite fille défoncée qui commence à piger...

Les New Dimensions finissent leur programme. Ils sont drôlement furieux, bien sûr. Ils se demandent quel est le... *péquenot* qui s'est mis à hurler comme ça, bon sang d'bonsoir... Ils s'avancent d'un air menaçant, tous les trois, le petit râblé au chapeau et aux lunettes de soleil en tête, vers les suspects, qui ne peuvent être que les Pranksters. Le petit râblé interpelle Babbs :

— Eh, dis donc, qui est-ce qui fait tout ce...

— Qui fait quoi ? dit Babbs.

— Ça va, tu *r'passeras,* mon vieux, avec tes qui-fait-quoi. Tu sais quoi-qu'on-fait, mon vieux. Comme quoi, j'veux dire...

— Y a quelqu'un qu'a fait que'que chose ?

— Comme, quoi, j'veux dire, c'est... *Tu r'passeras !* A d'autres ! Ça, j'veux dire... *ça grince !*

— Oh, ce *drôle de bruit,* tu veux dire ! Ça doit être quand j'rembobine.

— Sûr ! Tu rembobines !

— Ouais ! Ouais ! C'est ça ! C'est ça ! C'est ça !

C'est qu'un truc de rien du tout... Tu pourrais l'manœuvrer de la main gauche. Le petit gars est furieux. Il ne trouve pas les mots pour exprimer tout son dégoût.

— Quoi, c'te vacherie quand y a quelqu'un qui joue — c'est... quoi — c'est SQUARE !

Ça y est ! Il l'a dit ! La pire insulte qu'il connaisse ! La bagarre n'est pas loin. Kesey s'en mêle, pour les calmer :

— Il ne l'faisait pas *contre* toi — il essayait d't'*accompagner.*

Le petit gars regarde fixement Kesey sans souffler mot. Puis il hurle de nouveau, dans le silence :

— C'est... c'est SQUARE, quoi !

— Ouais ! Ouais ! C'est ça, C'est ça ! C'est ça ! dit Babbs. Et c'est lui qu'a fait ça !

Il désigne du doigt Cool Breeze, assis à une petite table surmontée d'une bougie, qui s'est recroquevillé sur une feuille de papier et s'est plongé avec intensité dans une sorte de dessin fantastique.

— C'est bien d'lui ! fait Cassady, qui embraye aussitôt : Y faudrait un fantôme pour l'attraper, l'Cool Breeze [1], vous saisissez...

1. Littéralement : Brise fraîche *(N.d.T.)*.

Et ainsi de suite, toute une chanson — en bref : ne jamais faire confiance à un Prankster... Et les New Dimensions, dégoûtés, s'éloignent...

Ils ne veulent plus jouer et rangent leurs instruments ; Taboory, le patron, est coincé. Il ne sait qui se mettre à dos, bon sang. Kesey est un géant... D'un autre côté, les New Dimensions savent jouer... Mais il est déjà trop tard. Les New Dimensions le plaquent en faisant un pied de nez à toute la baraque. Les Pranksters se mettent en piste pour leur numéro. Ils passent leurs écouteurs, qui sont reliés à un système de décalage réglable. Ils n'entendent donc pas ce qu'ils sont juste en train de jouer, mais ce qu'ils jouaient il y a une seconde. Ils se règlent sur eux-mêmes, à l'encontre de toute progression normale, mais suivent néanmoins toute une... orchestration, la symphonie de leur cortex, leur musique à eux... ah, hmmmm... Seulement, les gosses qui les écoutent n'arrivent pas à comprendre ce qui se passe... C'est *bizarre,* quoi... Les Pranksters enfilent leurs écouteurs et prennent leurs instruments ; Kesey est à la guitare électrique, de même que Page et l'Emmerdeur, Babbs est à la basse électrique, Gretch à l'orgue électrique, et George Walker à la batterie. On dirait qu'ils sont prêts à démarrer, mais rien ne se passe. Ils attendent... que... l'*énergie...* s'accumule, vienne grésiller dans les écouteurs... une explosion spontanée... mais ça ne marche pas. L'un d'eux a commencé, personne n'enchaîne, et il devient vite évident qu'aucun de ces dingues ne va plus jouer, à l'exception du batteur... Ils ne *chantent* pas non plus, ils improvisent en cours de route... Le chef, le grand baraqué, Kesey, chante :

« C'est une... carte routière... qu'on aurait dû nous distribuer, pour qu'on puisse arriver aux limites du temps... sur un cheval qui vole dans un sillage rouge-tungstène... »

Et le type masqué à la basse continue : « ... les cris déferlent sur la plage, la bombardent d'arcs-en-ciel sanglants... Il fait nuit, et ma vision s'égare... »

Bon... Les gosses de La Grange se lèvent... Tant pis...

Babbs rote dans un micro. Ça fait rigoler. Mais est-ce de l'art ? Kesey aboie comme un chien. George Walker parle au micro :

— Où est-y parti, c'chien ? J'ai entendu... *chien !...* Là, juste sous mes pieds !

Les gens s'arrêtent et hésitent. L'Emmerdeur chante dans un micro qui n'est branché que sur les écouteurs... Seules les oreilles des Pranksters peuvent l'entendre :

« Commencez comme on a commencé... par le commencement... Faites comme on a *fait...* au début... Au commencement... au commencement... »

Il chante sur le réseau d'un espace intérieur.

Mais la débâcle est totale... Les gosses partent en masse... Seuls les Pranksters... Une atmosphère de total découragement... C'en est... trop... pour des mortels...

Les Pranksters eux-mêmes sont en débandade... Ils quittent la salle... descendent au sous-sol... Hagen secoue la tête : « C'est comme une vague... » Ces tas de déchets aux premières heures du matin... Marie la Noire déniche un matelas dans un débarras et s'étend... Cassady, qui n'est pas du tout dans les vaps — il vole même assez bas — propose à une fille de la reconduire chez elle en voiture... Il ne reste plus que Kesey à la guitare, et Babbs à la basse ; leurs écouteurs leur renvoient avec un certain décalage le son de leurs instruments et de leurs voix... Taboory lui-même, le patron, en a marre... « Fermez bien la porte quand vous partirez », recommande-t-il à Kesey, avant de s'éclipser...

Toutes les lumières sont éteintes. Seule subsiste la faible lueur des cadrans de la Centrale de Contrôle des Pranksters... Kesey et Babbs ont fermé les yeux et tambourinent doucement... seuls au centre de la vaste pénombre... L'univers entier se contracte, s'épaissit, se faufile dans les écouteurs, ricoche avec un certain décalage dans le petit matin, et Kesey chante sur sa guitare, qui nasille et chevrote :

« ... et de temps à autre vous pouvez l'entendre souffler des ronds de fumée autour d'un nuage et essayer de lacer son soulier... »

Et Babbs : « ... et le message part et se propage un peu, mais — s'arrête... »

Et Kesey : « C'est assez dur, de jouer du violoncelle sur une seringue hypodermique et de se servir comme archer d'une chauve-souris pétrifiée... »

Et Babbs : « Oui, c'est dur de travailler avec ce genre d'instruments sans que vos genoux en perdent leurs sourires... »

Et Kesey : « ... et les soldats songent aux humbles puces... »

Et — : « ... les latrines regrimpent autour de mes genoux... »

« Alors installons-nous dans ce clapier de laissés-pour-compte et pensons à tout ce que nous avons fait... »

« ... Oui... au Mississippi, cette petite garce qu'on a roulée dans les champs de coton... »

« ... Et pourtant... tu voudrais bien attraper le premier métro pour le Ciel... »

« Si je pouvais me procurer un nouveau jeu de balances, comment que j'me magnerais les fesses pour quitter le troisième balcon... Sur quoi il se leva et eut un haut-le-cœur et regarda le balcon à ses pieds et les petits-maîtres et les grands gardes-chiourme poilus de tous ces échantillons de la sombre faune intestinale... »

« ... et ses dents tombèrent par douzaines et Hitler et ses cousins pestiférés se mirent à pousser dans la cave comme une nouvelle sorte de blé hybride, et les corbeaux ne les touchaient pas... »

« ... et sur le balcon le vieux True Blue s'essuya le nez aux vêtements de son oncle... »

« J'ai pris de la pseulobine et une longue carotte... »

« ON L'A FAIT PÉTER ! »

« ... Dix mille fois au moins... »

« ON L'A FAIT PÉTER ! »

« ... tellement qu'on peut plus compter... »

« ON L'A FAIT PÉTER ! »

« ... Juste au moment où tu t'mets à penser *J'vais gagner...* »

« ON L'A FAIT PÉTER ! »

« ... mais y reste plus rien... »

« ON L'A FAIT PÉTER ! »

« si on pouvait se débarrasser de ces timbres commerciaux qui se mettent en travers de la marchandise... »

« ON L'A FAIT PÉTER ! »

« ... Dix millions de fois au moins... »

« ON L'A FAIT PÉTER ! »

« ... c'était parfait, alors qu'est-ce que ça fait ?... »

« ON L'A FAIT PÉTER ! »

« ... parfait... »

« ON L'A FAIT PÉTER ! »

Épilogue

Trois semaines plus tard, le 30 novembre, s'ouvrait à San Francisco le procès de Kesey, pour détention de marijuana — l'histoire de son arrestation sur le toit. Le jury se prononça pour une peine sévère par 8 voix contre 4. Le second procès, qui eut lieu au mois d'avril, aboutit à une autre majorité, mais de 11 voix contre 1, cette fois. Le procureur le laissa cependant plaider *nolo contendere* un chef d'inculpation moins grave : « s'être trouvé dans un endroit où il savait qu'il y avait de la marijuana ». Verdict : 90 jours. En mai, il perdit son appel de la première condamnation prononcée par le comté de San Mateo, pour détention de marijuana — l'histoire de La Honda. Il était condamné à six mois de travail dans une ferme pénitentiaire, une amende de 1 500 dollars, et trois ans de liberté surveillée. Son autre condamnation, celle des 90 jours, se voyait confondue avec celle-ci.

Kesey, avant de purger sa peine, était parti avec l'autobus pour sa ville natale de Springfield, dans l'Oregon ; il n'avait emmené que Faye, les gosses, et Ram Rod. Les Pranksters s'étaient largement dispersés. George Walker et Cassady étaient partis pour le Mexique. Mountain Girl, accompagnée de son bébé, Sunshine, avait déjà rejoint les Morts Reconnaissants. Marie la Noire et Paul Foster s'étaient rendus à la ferme communautaire de Hugh Romney, la Ferme du Cochon, près de Los Angeles. Babbs et Gretch étaient allés à San Francisco. De même que l'Ermite…

Kesey, en juin, rejoignit sa ferme pénitentiaire ; elle se trouvait à quelques kilomètres seulement de son ancienne baraque de La Honda. On le casa dans l'atelier du tailleur. Il fut libéré en novembre, au bout de cinq mois. Il retourna alors dans l'Oregon, où il s'installa avec sa femme dans un hangar sur le terrain de la ferme de son frère Chuck, au bout d'une route caillouteuse au sud de Springfield. On appelait ce hangar le Space Heater House, en raison d'un chauffage au gaz qui lançait un jet de flamme dans l'espace quand on l'allumait.

On découvrit en février le corps de Neal Cassady près d'une voie de chemin de fer aux abords de San Miguel de Allende, au Mexique. Certains Américains du cru racontèrent qu'il avait brûlé sa chandelle par les deux bouts pendant deux semaines, et s'était baladé un soir du côté de la voie de chemin de fer. Son cœur avait flanché, tout bonnement. D'autres disaient qu'il avait perdu tout courage, qu'il se sentait devenir vieux, qu'il s'adonnait aux tranquillisants, et qu'il avait fait la bêtise de boire de l'alcool après avoir pris un barbiturique. On l'incinéra.

Avec le printemps, divers Pranksters... Babbs et Gretch, George Walker, Mike Hagen, l'Emmerdeur, Marie la Noire... retrouvèrent épisodiquement le chemin de l'Oregon. Kesey s'était remis à écrire et travaillait à un roman. L'autobus était là, garé près du hangar.

NOTE DE L'AUTEUR

Je me suis efforcé non seulement de raconter l'histoire des Pranksters, mais aussi d'en recréer l'atmosphère mentale, la réalité subjective. Je ne crois pas que l'on aurait pu, sinon, comprendre quoi que ce soit à pareille aventure. Tous les événements que je rapporte, tous les dialogues ici consignés, j'en ai été témoin, ils m'ont été racontés par des gens qui y étaient, ou ils se trouvaient enregistrés sur bande magnétique, sur film, par écrit. J'ai eu la chance de recevoir l'aide de nombre de personnes exceptionnellement douées et éloquentes, au premier rang desquelles Ken Kesey lui-même (les Pranksters ont rassemblé dans leurs « Archives » un maximum de bandes, de journaux intimes, de lettres, de photos, sans parler du film de 40 heures qu'ils ont tiré de leur voyage en autobus). Kesey a également été assez généreux pour me permettre d'utiliser ses lettres à Larry McMurtry, dans les chapitres consacrés à sa fuite au Mexique. La plupart des dialogues et des passages en italiques des chapitres XXI et XXII en sont extraits.

Pour tous les Pranksters, comme j'ai essayé de le montrer, les événements que décrit ce livre relevaient à la fois de l'aventure collective et de l'exploration intérieure. Nombre d'entre eux atteignirent sur ces deux plans à une grande lucidité. Je pense tout spécialement à mes conversations avec Mountain Girl, L'Emmerdeur, Marie la Noire, Stewart Brand, Ken Babbs, Page Browning, Mike Hagen, Doris Delay, Hugh Romney, le Démolisseur, George Walker, et Neal Cassady. Sandy Lehmann-Haupt m'a parlé du temps qu'il a passé chez les Pranksters en termes particulièrement détaillés, complets et pénétrants.

Plusieurs excellents écrivains, en sus de Kesey, ont été mêlés à cette saga des Pranksters. L'auteur dramatique Norman Hartweg a retracé pour moi ses expériences, dans une série d'enregistrements au magnétophone. Edward McClanahan m'a apporté des renseignements sur diverses phases de l'aventure des Pranksters, et Robert Stone m'a raconté beaucoup de choses sur la période vécue au Mexique par le fugitif qu'était devenu Ken Kesey.

J'ai également eu la chance de trouver des gens comme Clair Brush, qui a rédigé pour moi un mémoire de 15 pages sur l'Acid Test de Watts, auquel elle avait assisté, et que j'ai largement cité dans mon récit. Parmi les nombreuses personnes avec lesquelles j'ai bavardé ou correspondu, je tiens à nommer plus particulièrement Vic Lovell, Paul Sawyer, Paul Krassner, Pat Hallinan, Brian Rohan, Paul Robertson, Jerry Garcia, Gary Goldhill, Michael Brown, Anne Severson, Paul Hawken, Bill Tara, Michael Laton, Jack la Veine, Bill Graham, John Bartholemew Tucker, Roger Grimsby, Marshall Efron, Robin White, Larry McMurtry, Larry Schiller, Donovan Bess, Carl Lehmann-Haupt, et Mr. et Mrs. Fred Kesey.

Table

IMPRIMERIE BUSSIÈRE A SAINT-AMAND (2-90)
D.L. 1er TRIM. 1980. N° 5414-3 (10429)

Collection Points

SÉRIE ROMAN

DERNIERS TITRES PARUS

R121. Incognito, *par Petru Dumitriu*
R122. Les Forteresses noires, *par Patrick Grainville*
R123. L'Ange des ténèbres, *par Ernesto Sabato*
R124. La Fiera, *par Marie Susini*
R125. La Marche de Radetzky, *par Joseph Roth*
R126. Le vent souffle où il veut, *par Paul-André Lesort*
R127. Si j'étais vous..., *par Julien Green*
R128. Le Mendiant de Jérusalem, *par Elie Wiesel*
R129. Mortelle, *par Christopher Frank*
R130. La France m'épuise, *par Jean-Louis Curtis*
R131. Le Chevalier inexistant, *par Italo Calvino*
R132. Le Dialogue des Carmélites, *par Georges Bernanos*
R133. L'Étrusque, *par Mika Waltari*
R134. La Rencontre des hommes, *par Benigno Cacérès*
R135. Le Petit Monde de Don Camillo *par Giovanni Guareschi*
R136. Le Masque de Dimitrios, *par Eric Ambler*
R137. L'Ami de Vincent, *par Jean-Marc Roberts*
R138. Un homme au singulier, *par Christopher Isherwood*
R139. La Maison du désir, *par France Huser*
R140. Moi et ma cheminée, *par Herman Melville*
R141. Les Fous de Bassan, *par Anne Hébert*
R142. Les Stigmates, *par Luc Estang*
R143. Le Chat et la Souris, *par Günter Grass*
R144. Loïca, *par Dorothée Letessier*
R145. Paradiso, *par José Lezama Lima*
R146. Passage de Milan, *par Michel Butor*
R147. Anonymus, *par Michèle Manceaux*
R148. La Femme du dimanche *par Carlo Fruttero et Franco Lucentini*
R149. L'Amour monstre, *par Louis Pauwels*
R150. L'Arbre à soleils, *par Henri Gougaud*
R151. Traité du zen et de l'entretien des motocyclettes *par Robert M. Pirsig*
R152. L'Enfant du cinquième Nord, *par Pierre Billon*
R153. N'envoyez plus de roses, *par Eric Ambler*
R154. Les Trois Vies de Babe Ozouf, *par Didier Decoin*
R155. Le Vert Paradis, *par André Brincourt*
R156. Varouna, *par Julien Green*
R157. L'Incendie de Los Angeles, *par Nathanaël West*
R158. Les Belles de Tunis, *par Nine Moati*
R159. Vertes Demeures, *par Henry Hudson*

R160. Les Grandes Vacances, *par Francis Ambrière*
R161. Ceux de 14, *par Maurice Genevoix*
R162. Les Villes invisibles, *par Italo Calvino*
R163. L'Agent secret, *par Graham Greene*
R164. La Lézarde, *par Edouard Glissant*
R165. Le Grand Escroc, *par Herman Melville*
R166. Lettre à un ami perdu, *par Patrick Besson*
R167. Evaristo Carriego, *par Jorge Luis Borges*
R168. La Guitare, *par Michel del Castillo*
R169. Épitaphe pour un espion, *par Eric Ambler*
R170. Fin de saison au Palazzo Pedrotti, *par Frédéric Vitoux*
R171. Jeunes Années. Autobiographie 1, *par Julien Green*
R172. Jeunes Années. Autobiographie 2, *par Julien Green*
R173. Les Égarés, *par Frédérick Tristan*
R174. Une affaire de famille, *par Christian Giudicelli*
R175. Le Testament amoureux, *par Rezvani*
R176. C'était cela notre amour, *par Marie Susini*
R177. Souvenirs du triangle d'or, *par Alain Robbe-Grillet*
R178. Les Lauriers du lac de Constance, *par Marie Chaix*
R179. Plan B, *par Chester Himes*
R180. Le Sommeil agité, *par Jean-Marc Roberts*
R181. Roman Roi, *par Renaud Camus*
R182. Vingt Ans et des poussières
par Didier van Cauwelaert
R183. Le Château des destins croisés, *par Italo Calvino*
R184. Le Vent de la nuit, *par Michel del Castillo*
R185. Une curieuse solitude, *par Philippe Sollers*
R186. Les Trafiquants d'armes, *par Eric Ambler*
R187. Un printemps froid, *par Danièle Sallenave*
R188. Mickey l'Ange, *par Geneviève Dormann*
R189. Histoire de la mer, *par Jean Cayrol*
R190. Senso, *par Camillo Boito*
R191. Sous le soleil de Satan, *par Georges Bernanos*
R192. Niembsch ou l'immobilité, *par Peter Härtling*
R193. Prends garde à la douceur des choses
par Raphaële Billetdoux
R194. L'Agneau carnivore, *par Agustin Gomez-Arcos*
R195. L'Imposture, *par Georges Bernanos*
R196. Ararat, *par D.M. Thomas*
R197. La Croisière de l'angoisse, *par Eric Ambler*
R198. Léviathan, *par Julien Green*
R199. Sarnia, *par Gerald Basil Edwards*
R200. Le Colleur d'affiches, *par Michel del Castillo*
R201. Un mariage poids moyen, *par John Irving*
R202. John l'Enfer, *par Didier Decoin*
R203. Les Chambres de bois, *par Anne Hébert*
R204. Mémoires d'un jeune homme rangé
par Tristan Bernard
R205. Le Sourire du Chat, *par François Maspero*

R206. L'Inquisiteur, *par Henri Gougaud*
R207. La Nuit américaine, *par Christopher Frank*
R208. Jeunesse dans une ville normande
par Jacques-Pierre Amette
R209. Fantôme d'une puce, *par Michel Braudeau*
R210. L'Avenir radieux, *par Alexandre Zinoviev*
R211. Constance D., *par Christian Combaz*
R212. Épaves, *par Julien Green*
R213. La Leçon du maître, *par Henry James*
R214. Récit des temps perdus, *par Aris Fakinos*
R215. La Fosse aux chiens, *par John Cowper Powys*
R216. Les Portes de la forêt, *par Elie Wiesel*
R217. L'Affaire Deltchev, *par Eric Ambler*
R218. Les amandiers sont morts de leurs blessures
par Tahar Ben Jelloun
R219. L'Admiroir, *par Anny Duperey*
R220. Les Grands Cimetières sous la lune
par Georges Bernanos
R221. La Créature, *par Étienne Barilier*
R222. Un Anglais sous les tropiques, *par William Boyd*
R223. La Gloire de Dina, *par Michel del Castillo*
R224. Poisson d'amour, *par Didier van Cauwelaert*
R225. Les Yeux fermés, *par Marie Susini*
R226. Cobra, *par Severo Sarduy*
R227. Cavalerie rouge, *par Isaac Babel*
R228. Tous les soleils, *par Bertrand Visage*
R229. Pétersbourg, *par Andréi Biély*
R230. Récits d'un jeune médecin, *par Mikhaïl Boulgakov*
R231. La Maison des prophètes, *par Nicolas Saudray*
R232. Trois Heures du matin à New York
par Herbert Lieberman
R233. La Mère du printemps, *par Driss Chraïbi*
R234. Adrienne Mesurat, *par Julien Green*
R235. Jusqu'à la mort, *par Amos Oz*
R236. Les Envoûtés, *par Witold Gombrowicz*
R237. Frontière des ténèbres, *par Eric Ambler*
R238. Les Deux Sacrements, *par Heinrich Böll*
R239. Cherchant qui dévorer, *par Luc Estang*
R240. Le Tournant, *par Klaus Mann*
R241. Aurélia, *par France Huser*
R242. Le Sixième Hiver
par Douglas Orgill et John Gribbin
R243. Naissance d'un spectre, *par Frédérick Tristan*
R244. Lorelei, *par Maurice Genevoix*
R245. Le Bois de la nuit, *par Djuna Barnes*
R246. La Caverne céleste, *par Patrick Grainville*
R247. L'Alliance, tome 1, *par James A. Michener*
R248. L'Alliance, tome 2, *par James A. Michener*
R249. Juliette, chemin des Cerisiers, *par Marie Chaix*

R250. Le Baiser de la femme-araignée, *par Manuel Puig*
R251. Le Vésuve, *par Emmanuel Roblès*
R252. Comme neige au soleil, *par William Boyd*
R253. Palomar, *par Italo Calvino*
R254. Le Visionnaire, *par Julien Green*
R255. La Revanche, *par Henry James*
R256. Les Années-lumière, *par Rezvani*
R257. La Crypte des capucins, *par Joseph Roth*
R258. La Femme publique, *par Dominique Garnier*
R259. Maggie Cassidy, *par Jack Kerouac*
R260. Mélancolie Nord, *par Michel Rio*
R261. Énergie du désespoir, *par Eric Ambler*
R262. L'Aube, *par Elie Wiesel*
R263. Le Paradis des orages, *par Patrick Grainville*
R264. L'Ouverture des bras de l'homme
par Raphaële Billetdoux
R265. Méchant, *par Jean-Marc Roberts*
R266. Un policeman, *par Didier Decoin*
R267. Les Corps étrangers, *par Jean Cayrol*
R268. Naissance d'une passion, *par Michel Braudeau*
R269. Dara, *par Patrick Besson*
R270. Parias, *par Pascal Bruckner*
R271. Le Soleil et la Roue, *par Rose Vincent*
R272. Le Malfaiteur, *par Julien Green*
R273. Scarlett si possible, *par Katherine Pancol*
R274. Journal d'une fille de Harlem, *par Julius Horwitz*
R275. Le Nez de Mazarin, *par Anny Duperey*
R276. La Chasse à la licorne, *par Emmanuel Roblès*
R277. Red Fox, *par Anthony Hyde*
R278. Minuit, *par Julien Green*
R279. L'Enfer, *par René Belletto*
R280. Et si on parlait d'amour, *par Claire Gallois*
R281. Pologne, *par James A. Michener*
R282. Notre homme, *par Louis Gardel*
R283. La Nuit du solstice, *par Herbert Lieberman*
R284. Place de Sienne, côté ombre
par Carlo Fruttero et Franco Lucentini
R285. Meurtre au comité central
par Manuel Vásquez Montalbán
R286. L'Isolé soleil, *par Daniel Maximin*
R287. Samedi soir, dimanche matin, *par Alan Sillitoe*
R288. Petit Louis, dit XIV, *par Claude Duneton*
R289. Le Perchoir du perroquet, *par Michel Rio*
R290. L'Enfant pain, *par Agustin Gomez-Arcos*
R291. Les Années Lula, *par Rezvani*
R292. Michael K, sa vie, son temps, *par J. M. Coetzee*
R293. La Connaissance de la douleur
par Carlo Emilio Gadda
R294. Complot à Genève, *par Eric Ambler*

R295. Serena, *par Giovanni Arpino*
R296. L'Enfant de sable, *par Tahar Ben Jelloun*
R297. Le Premier Regard, *par Marie Susini*
R298. Regardez-moi, *par Anita Brookner*
R299. La Vie fantôme, *par Danièle Sallenave*
R300. L'Enchanteur, *par Vladimir Nabokov*
R301. L'Ile atlantique, *par Tony Duvert*
R302. Le Grand Cahier, *par Agota Kristof*
R303. Le Manège espagnol, *par Michel del Castillo*
R304. Le Berceau du chat, *par Kurt Vonnegut*
R305. Une histoire américaine, *par Jacques Godbout*
R306. Les Fontaines du grand abîme, *par Luc Estang*
R307. Le Mauvais Lieu, *par Julien Green*
R308. Aventures dans le commerce des peaux en Alaska *par John Hawkes*
R309. La Vie et demie, *par Sony Labou Tansi*
R310. Jeune Fille en silence, *par Raphaële Billetdoux*
R311. La Maison près du marais, *par Herbert Lieberman*
R312. Godelureaux, *par Eric Ollivier*
R313. La Chambre ouverte, *par France Huser*
R314. L'Œuvre de Dieu, la part du Diable, *par John Irving*
R315. Les Silences ou la vie d'une femme, *par Marie Chaix*
R316. Les Vacances du fantôme, *par Didier van Cauwelaert*
R317. Le Levantin, *par Eric Ambler*
R318. Beno s'en va-t-en guerre, *par Jean-Luc Benoziglio*
R319. Miss Lonelyhearts, *par Nathanaël West*
R320. Cosmicomics, *par Italo Calvino*
R321. Un été à Jérusalem, *par Chochana Boukhobza*
R322. Liaisons étrangères, *par Alison Lurie*
R323. L'Amazone, *par Michel Braudeau*
R324. Le Mystère de la crypte ensorcelée *par Eduardo Mendoza*
R325. Le Cri, *par Chochana Boukhobza*
R326. Femmes devant un paysage fluvial, *par Heinrich Böll*
R327. La Grotte, *par Georges Buis*
R328. Bar des flots noirs, *par Olivier Rolin*
R329. Le Stade de Wimbledon, *par Daniele Del Giudice*
R330. Le Bruit du temps, *par Ossip E. Mandelstam*
R331. La Diane rousse, *par Patrick Grainville*
R332. Les Éblouissements, *par Pierre Mertens*
R333. Talgo, *par Vassilis Alexakis*
R334. La Vie trop brève d'Edwin Mullhouse *par Steven Millhauser*
R335. Les Enfants pillards, *par Jean Cayrol*
R336. Les Mystères de Buenos Aires, *par Manuel Puig*
R337. Le Démon de l'oubli, *par Michel del Castillo*
R338. Christophe Colomb, *par Stephen Marlowe*
R339. Le Chevalier et la Reine, *par Christopher Frank*
R340. Autobiographie de tout le monde, *par Gertrude Stein*

R341. Archipel, *par Michel Rio*
R342. Texas, tome 1, *par James A. Michener*
R343. Texas, tome 2, *par James A. Michener*
R344. Loyola's blues, *par Erik Orsenna*
R345. L'Arbre aux trésors, légendes, *par Henri Gougaud*
R346. Les Enfants des morts, *par Henrich Böll*
R347. Les Cent Premières Années de Niño Cochise
par A. Kinney Griffith et Niño Cochise
R348. Vente à la criée du lot 49, par *Thomas Pynchon*
R349. Confessions d'un enfant gâté
par Jacques-Pierre Amette
R350. Boulevard des trahisons, *par Thomas Sanchez*
R351. L'Incendie, *par Mohammed Dib*
R352. Le Centaure, *par John Updike*
R353. Une fille cousue de fil blanc, *par Claire Gallois*
R354. L'Adieu aux champs, *par Rose Vincent*
R355. La Ratte, *par Günter Grass*
R356. Le Monde hallucinant, *par Reinaldo Arenas*
R357. L'Anniversaire, *par Mouloud Feraoun*
R358. Le Premier Jardin, *par Anne Hébert*
R359. L'Amant sans domicile fixe
par Carlo Fruttero et Franco Lucentini
R360. L'Atelier du peintre, *par Patrick Grainville*
R361. Le Train Vert, *par Herbert Lieberman*
R362. Autopsie d'une étoile, *par Didier Decoin*
R363. Un joli coup de lune, *par Chester Himes*
R364. La Nuit sacrée, *par Tahar Ben Jelloun*
R365. Le Chasseur, *par Carlo Cassola*
R366. Mon père américain, *par Jean-Marc Roberts*
R367. Remise de peine, *par Patrick Modiano*
R368. Le Rêve du singe fou, *par Christopher Frank*
R369. Angelica, *par Bertrand Visage*
R370. Le Grand Homme, *par Claude Delarue*
R371. La Vie comme à Lausanne, *par Erik Orsenna*
R372. Une amie d'Angleterre, *par Anita Brookner*
R373. Norma ou l'exil infini, *par Emmanuel Roblès*
R374. Les Jungles pensives, *par Michel Rio*
R375. Les Plumes du pigeon, *par John Updike*
R376. L'Héritage Schirmer, *par Eric Ambler*
R377. Les Flamboyants, *par Patrick Grainville*
R378. L'Objet perdu de l'amour, *par Michel Braudeau*
R379. Le Boucher, *par Alina Reyes*
R380. Le Labyrinthe aux olives, *par Eduardo Mendoza*
R381. Les Pays lointains, *par Julien Green*
R382. L'Épopée du buveur d'eau, *par John Irving*
R383. L'Écrivain public, *par Tahar Ben Jelloun*
R384. Les Nouvelles Confessions, *par William Boyd*
R385. Les Lèvres nues, *par France Huser*
R386. La Famille de Pascal Duarte, *par Camilo-José Cela*